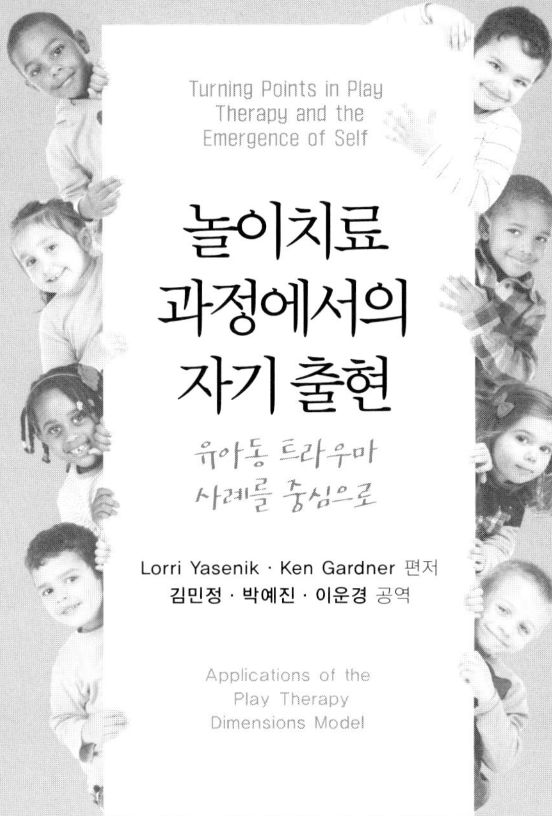

Turning Points in Play Therapy and the Emergence of Self

놀이치료 과정에서의 자기 출현

유아동 트라우마 사례를 중심으로

Lorri Yasenik · Ken Gardner 편저
김민정 · 박예진 · 이운경 공역

Applications of the Play Therapy Dimensions Model

학지사

Turning Points in Play Therapy and the Emergence of Self: Applications of the Play Therapy Dimensions Model

by Lorri Yasenik and Ken Gardner

역자 서문

놀이치료 과정에서의 변화는 점진적으로 이루어지지만, 치료적 개입의 방향을 결정짓는 중요한 순간들이 있다. 이 책은 그러한 전환점(turning point)을 깊이 있게 탐구하며, 기존의 임상 사례 개념화와 차별화된 접근을 제시한다. 전환점이 단순한 치료의 흐름 속에서 자연스럽게 발생하는 것이 아니라, 치료자의 자기사용(self-use), 아동의 자기 발달 과정, 놀이 환경의 맥락적 요소 등이 복합적으로 작용하여 형성됨을 구체적인 사례를 통해 설명한다.

이 책이 놀이치료자에게 중요한 이유는, 전환점이 임상에서 어떻게 작동하는지를 면밀히 분석하여 치료적 개입을 보다 체계적이고 효과적으로 할 수 있도록 돕기 때문이다. 많은 놀이치료 문헌이 놀이의 치료적 의미를 강조하지만, 이 책은 전환점이 발생하는 구체적인 순간과 그 기제를 파악하는 것에 중점을 둔다. 치료자가 아동과의 놀이에서 어떠한 방식으로 개입해야 하는지, 언제 개입을 줄이고 지켜봐야 하는지를 실제 사례를 통해 상세히 설명하며, 특히 치료자의 자기 사용이 이러한 순간에 미치는 영향을 강조한다.

또한 이 책은 놀이치료자의 전문적 자기(professional self) 발달이라는 중요한 주제를 다룬다. 치료자의 자기 이해와 개입 방식이 어떻게 변화하는지를 분석하고, 치료자가 자신의 몰입도와 개입 수준을 조정하면서 아동과의 관계에서 중요한 전환점을 만들어 가는 과정을 탐색한다. 특히 '몰입도: 치료자의 자기 사용 척도(Degree of Immersion: Therapist Use of Self Scale)'를 활용하여 치료자가 자신의 개입 방식을 점검하고, 임상적 장면에서의 의사결정을 보다 정교하게 결정하도록 돕는다.

이 책이 다루는 또 하나의 중요한 특징은 흔히 다루기 어려운 임상적 사례에서의 전환 과정을 상세하게 기술했다는 점이다. 성적 학대, 복합적 관계 트라우마, 치료 저항이 강한 내담자 등 임상에서 다루기 어려운 사례들을 포함하여, 이러한 아동들이 치료 과정에서 변화를 경험하는 순간을 어떻게 포착하고 활용할 수 있는지를 탐색한다. 또한 놀이치료 차원 모델(Play Therapy Dimensions Model)을 활용하여 전환점이 발생하는 사분면을 분석하고, 치료자의 역할이 어떻게 변화되어야 하는지를 세밀하게 설명한다.

이 책은 놀이치료자가 임상에서 실제로 활용할 수 있는 실질적인 지침을 제공하며, 단순한 개념적 설명을 넘어 놀이치료에서의 변화가 어떻게 형성되고 촉진되는지에 대한 깊이 있는 이해를 돕는다. 놀이치료자가 내담자와의 관계에서 보다 효과적인 개입을 고민할 때, 치료적 흐름에서 중요한 전환점을 발견하고 이를 활용하는 능력을 길러 줄 수 있는 소중한 자료가 될 것이다. 또한 아동상담사 또는 놀이치료자로서 자신의 상담 과정을 점검해 볼 수 있는 자기 사용(Self-Use)관련 체크리스트를 제공함으로써, 자기 분석과 통찰의 기회를 가질 수 있을 것이다.

역자 일동

서문

이 저서는 학생, 슈퍼바이저, 강사, 그리고 숙련된 놀이치료 실무자를 대상으로 한다.『놀이치료 차원 모델(Play Therapy Dimensions Model)』(Yasenik & Gardner, 2012)을 중심으로 한 통합적 의사결정 틀을 바탕으로, 각 저자는 이 모델을 활용하여 놀이치료 과정에서의 전환점을 설명한다. 또한 '치료자의 자기사용'이 아동의 자기 출현에 미치는 영향을 상세한 사례 분석을 통해 탐색한다. 이 책의 핵심 전제는 임상 현장에서 효과적인 놀이치료를 위한 전환점이 어떻게 발생하는지를 깊이 이해하고, 이러한 전환점이 아동의 치료적 변화에 어떤 영향을 미치는지를 분석하는 것이 필수적이라는 점이다. 치료자가 자기를 활용하는 방식은 치료 과정에서 중요한 변화를 이끌어 낼 수 있다. '치료적 전환점(therapeutic turning point)'이라는 개념은 성인 심리치료 문헌에서 새로운 개념이 아니다. 전환점은 자살(De Leo, 2010)과 같은 특정 임상적 이슈뿐만 아니라, 심리치료에서 중요한 변화를 다룬 고전적인 사례 연구(Schoenewolf, 1990)를 통해 분석되어 왔다. 그러나 이러한 개념에 대한 연구는 놀이치료 문헌에서는 현저히 부족한 실정이다.

제1장에서는 전환점의 개념을 네 가지 주요 형태 또는 하위 유형으로 나누어 설명하며, 사례 삽화를 통해 각 유형의 핵심 특성을 제시한다. 제1장에서 논의된 바와 같이, 전환점의 한 형태는 사고, 행동, 정서, 또는 특정 대상에 대한 이해의 변화로 나타난다. 놀이치료 관점에서 전환점을 살펴볼 때, 특히 아동 발달과 자기의 출현이 중요한 요소로 고려된다. 또한 기존에 아동이 인식하지 못했던 새로운 수준의 자각이 출현하는 것과 같은 독특한 형태의 전환

점도 포함되어야 한다. 이러한 자각이나 의식(consciousness)의 증가는 상징적(symbolic) 또는 언어적(verbal) 수준에서 발생할 수 있으며, 이는 변화 과정에서 중요한 요소로 작용한다. 이러한 변화는 거시적 또는 미시적 관점 모두에서 의미 있는 영향을 미친다. 놀이치료자는 전환점을 촉진하는 역할을 하며, 아동과 함께하는 발달적 여정에서 중요한 동반자가 된다.

치료자가 자기사용(self-use)을 이해하고 이를 모니터링하는 능력을 강화하기 위해, 이 책의 저자들은 세심한 자기 성찰 도구인 〈**몰입도: 치료자의 자기 사용 척도**(Degree of Immersion: Therapist Use of Self Scale)–**부록** A(Appendix A)〉를 활용하여 임상 사례에서 특정한 전환점을 탐구한다. 이 도구는 제1장에서 소개되며, 놀이치료 차원 모델(Play Therapy Dimensions Model)의 일부로 처음 발표된 이후 놀이치료 실무자들 사이에서 널리 사용되어 왔다. 이 책에서는 이를 전문가 임상가들이 더욱 효과적으로 활용할 수 있도록 보완하였으며, www.jkp.com/catalogue/book/9781785923883에서 내려받을 수 있다. 독자들은 임상 실천을 향상하기 위해 이 도구를 적극적으로 활용할 것을 권장한다.

또한 이 책에서 제시하는 또 하나의 핵심 개념은 **자기의 발달**(development of self)이 회복, 성장, 변화의 중심 개념이라는 점이다. 이를 설명하기 위해, 다양한 놀이치료 모델(아들러 놀이치료, 아동 중심 놀이치료, 처방적 접근, 통합적 접근, 상호 주관적 관계 정신분석 접근 등)을 통해 여러 가지 사례를 분석한다. 이와 더불어 『**Embodiment–Projection–Role(E–P–R) 발달 패러다임**』(Jennings, 1999), 『**놀이치료 접근법 배우기**(Learn to Play Therapy Approach)』(Stagnitti, 1998, 2016), 『**순차적 놀이치료 모델**(Sequential Play Therapy Model)』(Goodyear-Brown, 2010)과 같은 다양한 임상 패러다임도 함께 다루고 있다. 후속 논의 및 사례 설명을 위한 기초를 마련하기 위해, 제1장에서는 자기(self)의 발달과 관련된 핵심 개념 및 연구를 개괄적으로 다룬다. 여기에는 **발달 및 자기 개념 전문가인** Susan Harter(2012)의 연구도 포함된다.

각 전문가는 발달적 틀 및 기타 이론적 구성 요소를 활용하여 아동의 자기 발달에서 나타나는 변화 및 성장의 주요 지표를 논의한다. 특히 이러한 논의는 실무자와 교육자에게 유용한데, 다양한 사례 맥락에서 초기 아동기부터 후기 아동기까지의 연령 범위를 다루며, 발달적 어려움, 복합적 관계적 트라우마, 성적 학대와 같은 다양한 문제를 포함하기 때문이다. 독자의 이해를 돕기 위해, 〈표 서문-1〉에서는 각 장의 개요를 제공하며 다음과 같은 요소를 탐구한다.

- 주요 의뢰 사유
- 아동의 연령
- 임상가들이 채택한 주요 이론적 접근법
- 치료의 단계 및 기간

대부분의 장에서는 확인된 전환점을 요약하는 표를 포함하고 있지만, 몇 가지 예외가 있다. 예를 들어, 제5장에서는 복합 트라우마 치료에 대한 통합적 관점을 제시하며, 증상의 양상과 개입 전략을 설명하는 통합 사례를 활용한다. 여기에는 부모-아동 작업도 포함된다. 독자가 내용을 보다 명확하게 이해할 수 있도록, 치료의 주요 단계를 검토하고 전형적인 전환점 사례를 함께 제시한다. 제10장에서는 이러한 접근 방식의 변화를 다룬다. 놀이치료 과정에서 발생하는 "고착 지점(stuck points)"을 탐색함으로써, 치료자들이 복잡한 시스템 내에서 직면하는 도전 과제를 이해하고 창의성을 발휘해야 하는 필요성을 강조한다. 제13장에서는 기존의 임상 사례 개념화에서 벗어나, 놀이치료자의 전문적 자기 발달을 탐구한다. 특히 이 장에서는 전문적 자기 발달을 가로막는 환경적 장벽과 성장에 기여한 요인을 함께 분석한다.

표 서문-1 장 요약(Chapter Summary)

장 (Chapter)	주요 의뢰 사유 및 아동 연령	이론적 접근	치료 단계/기간
2	4세: 특정 언어 장애	놀이 프로그램 (Learn to Play Program)	–
3	8세: 행동 문제	아들러 접근(Adlerian)	1.5년: 학교 기반 상담
4	5세: 복합 트라우마	인본주의적(Humanistic), 통합적(Integrative), E-P-R 접근	73회기
5	4세: 복합 트라우마	통합적(Integrative)	95회기
6	5세: 성적 학대	유연한 순차적 놀이치료(Flexibly Sequential Play Therapy)	16회기 이상
7	3세: 성적 학대	아들러 접근, 트라우마 중심 (Adlerian; trauma informed)	19회기: 고백 및 치료
8	4세: 성적 학대	통합적, 상호 주관적 관계 정신분석(Integrative; Intersubjective and Relational Psychoanalysis)	고백 및 초기 치료
9	7세: 트라우마	통합적, 트라우마 중심 (Integrative; trauma informed)	42회기/2년
10	6세: 복합 트라우마	통합적, 트라우마 중심 (Integrative; trauma informed)	+20회기
11	11세: 관계적 트라우마	통합적, 트라우마 중심 (Integrative; trauma informed)	–
12	9~14세: 관계적 트라우마, 성적 학대	통합적(Integrative)	장기 치료 (100회기 이상)

이 책은, 먼저 제1장 '놀이치료를 통한 전환점과 자기 발달의 이해'를 읽으면 도움이 될 것이다. 제1장에서는 놀이치료 차원 모델(Play Therapy Dimensions Model), 몰입도: 치료자의 자기사용 척도(Degree of Immersion: Therapist Use of Self Scale), 그리고 가장 중요한 개념인 전환점과 자기(self)의 출현에 대한 핵심 이론을 개괄적으로 다룬다. 그러나 각 장은 독립적으

로 구성되어 있어 특정 모델, 접근법 또는 의뢰 문제에 초점을 맞추어 개별적으로 읽을 수도 있다. 독자의 이해를 돕기 위해 대부분의 장에서는 요약 표(summary table)를 제공하는데, 이 표는 치료 과정의 단계별 전환점을 연대기적으로 정리하며, 놀이치료 차원 모델에 따라 각 전환점이 발생한 사분면(quadrant)과 전환점에 영향을 미친 요인(특히, 치료자의 자기 사용)을 파악한다.

이 요약표만으로도 놀이치료 실무자가 사례개념화(case conceptualization) 역량을 개발하는 데 유용하게 활용할 수 있다. 즉, 기본적인 놀이 기술부터 높은 수준의 인식과 차원 높은 놀이 기술, 인지, 언어를 활용한 임상 장면에서의 문제 해결까지 폭넓은 영역을 포괄하는 이 책은 놀이치료 과정에서 성장 경로(growth pathway) 내내 발생하는 중요한 전환점(turning points)을 강조하고 있다.

로리 야세닉 & 켄 가드너

차례

제**1**장

놀이치료의 전환점 및 놀이치료를 통한 자기 발달의 이해

Lorri Yasenik & Ken Gardner

놀이치료에서 자기(Self)의 출현

자기(Self)의 출현(the emergence of self)은 무엇을 의미하는가? 과거와 현재의 많은 저술가가 심리치료 문헌에서 자기의 개념(그리고 자기의 사용)을 고찰해 왔다(Baldwin, 1987; Bragan, 1996; Erwin, 1997; Gergen, 1996; Hobson, 1985; Kahn, 1997; Wosket, 1999). 자각(consciousness)이란 자기 이해(self-knowledge)와 자기 인식(self-awareness)의 정도와 관련이 있으며, 전부는 아니더라도 대부분의 치료는 주된 개입 형태로 '대화(talk)'에 초점이 맞춰져 있지 않더라도 자기 개발(self-development), 자기 작용(self-agency),[1] 자기 효

1) 자기 작용은 심리학에서 'personal agency'라고도 불리며, 자신의 행동을 통제하고 있는 느낌과 행동이 삶에 미치는 결과를 설명하는 용어이다. 이것은 원치 않는 마음의 소리를 걸러 내고, 감정적 · 신체적 균형을 찾아내고, 좀 더 명료하게 생각하고, 자신을 옹호하는 힘과 능력을 말한다. 자기 작용은 인생에서 이것 없이는 사실상 성공이 불가능하다는 힘이다. 자기 삶의 행위자(agent)가

능감(self-efficacy), 자기 인식(self-awareness)에 관심이 있다. 포스트모더니즘에서 다시 받아들인 제임스(James, 1990)의 이론은 다시 한번 현재의 중요한 구성 개념으로 여긴다(Harter, 2012). 인식자(knower)로서의 주체적 자기(I-self),[2] 인식 대상(known)으로서의 대상적 자기(Me-self), 그리고 자기 개발 부분으로서의 여러 대상으로서의 자기의 개념은 놀이치료에서의 전환점들과 밀접한 관련이 있다. 이러한 개념들은 어떻게 관련되어 있는가? 상당히 중요한 것은 서사(narrative)[3] 및 자전적 기억(autobiographical memory)을 통한 자기 이해이며, 이는 하터(Harter, 2012)가 자기에 대한 가장 기초적인 이야기(a rudimentary story)라고 언급한 것이다. 약 2세 때부터 시작하여 아이들은 시간이 지남에 따라 자전적 기억을 포함하여 자기 연속성(continuity of self)에 대한 감각을 형성하기 시작한다(Nelson, 2003). 어린아이들은 언어 발달 및 인칭대명사의 사용으로(약 3세 반까지는 과거 시제 사용이 발달) 주체적 자기에 대해 생각하고 말하는 방법을 확장할 수 있고, 대상으로서의 자기에 대한 범주적(그리고 연속적) 지식을 정교화한다(Bates, 1990; Miller et al., 1990). 아동의 자전적 자기 및 개인적 서사의 발달에 있어서 부모와 양육자는 매우 중요하다. 이는 자기 이해의 전환점을 가능하게 하며, 결국 치료적으로 변경과 변화를 가능하게 하는 표상적 자기(representational self; Nelson, 2003)로 이어진다.

수많은 인지적 한계에 근거하여 성인의 자기 이론은 발달 중인 아동의 자기 이론과 비교할 수 없다. 하터(Harter, 2012)는 다음과 같이 언급했다.

> 즉, 주체적 자기는 대상으로서의 자기의 생성자 역할에서 아동기에는 내적으

된다는 것은 자신이 어디에 있고 자신에게 무슨 일이 일어나고 있는지 알고 있을 뿐만 아니라, 상황을 만드는 능력이 있다는 것을 의미한다.

2) I-self와 Me-self는 사회심리학에서 조지 미드(George H. Mead)가 사용한 용어로, I-self는 개인의 능동적인 측면을 말하고, Me-self는 개인의 사회화된 측면을 의미한다(출처: 위키피디아).

3) narrative는 서사, 이야기, 담론, 담화 등 다양한 의미로 번역될 수 있는데, 이 책에서는 원서의 의미에 가장 가까운 서사로 번역하였다.

> 로 일관되고 논리정연하게 조직되고, 검증할 수 있거나 경험적으로 타당하고, 계층적으로 조직된 가정 체계를 만들 수 있는 능력을 갖추고 있지 않다. 사실, 이러한 자기(Self)상을 구성할 수 있는 능력이 잠재적으로 나타나는 것은 초기 성인기 아니면 후기 청소년기가 되어서이다(p. 9).

따라서 하터(Harter, 2012)는 주체적 자기가 대상으로서의 자기의 출현에 영향을 미치므로 다양한 발달 단계에서 주체적 자기를 분석할 것을 주장하였다. 또한 발달적 변화에 초점을 맞추면 치료자가 분리 및 통합 수준을 다룰 수 있다(자기 이론의 두 가지 수준). 분리를 통해 인지능력을 향상하면 아동이 경험을 차별화하는 데 도움을 줄 수 있다. 통합을 통해 특성 및 능력과 관련된 자기에 관한 더 상위 순위의 일반화를 할 수 있다.

놀이치료자는 놀이치료에서 자기의 출현을 따라가고 지지하는 데 좋은 관찰 기술을 갖는 것이 중요하다. 놀이치료에서 주체적 자기의 존재를 보여 주는 징후를 인식하는 것은 변화와 성장이 일어나기 위한 토대의 일부이다.

놀이치료에서의 전환점

치료에서 전환점을 확인할 때 무엇을 관찰할 수 있는가? 성인에 대한 문헌들에는 치료적 전환점을 설명할 수 있는 다음과 같은 가능한 방법들이 반영되어 있다. 즉, 치료 목표를 검토하고 증상 완화와 정서 상태의 변화를 확인, 치료 전후의 경험에 관한 개인의 차이, 갑작스러운 극적인 호전, 치료자와 내담자 간의 공감대, 치료자와 내담자의 관계에서의 전이와 역전이, 내담자의 성장에 영향을 미치는 치료자의 성장, 부적응적인 대처 방식에서 좀 더 통합된 적응 상태로의 갑작스러운 전환 등이다(Stone, 2015). 심리치료 및 정신분석 문헌에서도 역시 고전적인 사례들에 초점을 맞추어 치료자와 내담자 모두의 전환점들을 검토한다(Schoenewolf, 1990). 쇼네울프의 『분석적 치료에서

의 전환점: 위니컷에서 켄버그까지』에는 아이 내담자의 전환점들에 대한 언급이 있다. 예를 들어, 에릭슨(Erikson)은 비지시적 놀이를 통해 세 살짜리 여자아이와 작업하는 것으로 묘사된다. 에릭슨은 (놀이치료로는 알려져 있지 않지만) 자발적인 놀이는 자기 치유적이라고 주장하였고, 행동과 정서의 변화를 나타내는 놀이 활동을 찾았다. 비슷한 맥락에서 위니컷은 아홉 살 남자아이와의 작업에서 자신의 진정한 자기(authentic self)를 활용하는 것으로 묘사된다. 이 아이에 대한 그의 진정성은 아이와의 관계 및 자신의 경력에서 중요한 전환점을 만들었다. 이 아이와의 경험이 있고 난 뒤 얼마 되지 않아 그는 "역전이에서의 증오"에 관한 논문을 썼다. 이 논문은 치료자가 객관적으로 자신의 내담자를 증오할 수 있는 것의 중요성을 설명했다. 다른 사람들은 위니컷이 자신의 진정한 자기를 활용하는 것으로 보았다.

놀이치료실에서 전환점은 다양한 형태와 방식으로 올 수 있다. 렌드레스(Landreth, 2002)는 아이들이 놀이치료에서 "통찰력 있는 돌파구(insightful breakthroughs)"로 크고 갑작스러운 변화를 보이는 것은 일반적이지 않다고 언급하였다. 치료적 성장은 느린 과정으로 묘사된다. 렌드레스는 치료자가 아동의 성장과 변화를 재촉하려는 목적으로 여러 가지 기술을 시도하면 아동은 더 의존할 수 있고, 아동과 일관되게 '함께' 있지 않을 가능성에 대해 언급하였다. 랜드레스는 다음과 같이 지적했다.

> 아동의 비언어적 행동은 아동의 행동하거나 기능하는 방식의 전체성을 이해하는 중요한 단서를 제공할 수 있으며, 놀이치료에서 치료 과정을 이해하는 데 유용한 정보를 제공할 수 있다. 변화는 수백 가지의 작은 방식으로 일어나고 있으며, 치료자는 단지 변화 과정을 보여 주는 징후들을 찾아야만 한다(p. 353).

전환점을 살피는 한 가지 방법은 렌드레스(Landreth, 2002)가 치료적 '처음(first)'이라고 묘사한 것이다. 아동의 공간 사용 확대, 치료자인 당신에게로의 접근, 재료 사용의 변화, 정서적 변화, 불필요한 한계 설정, 새로운 놀이 주제의 개발 또는 놀이 주제의 정교화, 그리고 아동이 반복적인 놀이 주제를 중단하는 것 등과 같은 작은 처음들을 찾아보라. 전환점은 한 회기 중 한순간에 또는 여러 회기에서 여러 순간에 걸쳐 일어날 수 있다. 치료자–내담자 관계가 매우 중요하며, 이러한 관계적 요소가 전환점에 기여한다는 점에 대해서는 치료 문헌에서 이견이 거의 없다.

놀이치료자가 전환점을 식별할 수 있는 범주가 고려되었다. 사례 검토 및 놀이치료 회기의 비디오 사례 관찰을 통해 네 가지의 주요 기여 영역이 나타났다. 이러한 영역들은 자기 및 자기 이해의 발달과 관련이 있다. 확인된 고려 영역들은 놀이치료자에게 전환점의 유형을 좀 더 쉽게 관찰하는 방법을 제공할 수 있으며, 일단 관찰되면 치료자는 아이 내담자를 지지하고 그와 '함께' 머물기 위해 자신을 특정한 방식으로 이용하도록 선택할 수 있다. 네 가지 유형의 전환점에 대한 설명과 도움이 되는 사례가 다음에 제시되어 있다.

전환점의 네 가지 유형

전환점 유형 1: 사고, 행동, 정서의 변화 또는 무언가에 대한 이해(깨달음)

사고의 변화는 사고의 패턴, 사고와 아이디어의 순서, 상황의 한 측면 또는 여러 측면에 대한 인지적 이해, 그리고/또는 상징적 또는 언어적 표상(표현)을 통한 문제해결력과 관련한 인지능력의 향상으로 관찰된다. 때로는 무언가에 대한 사고방식의 변화나 정교화는 행동의 변화나 개인이 무언가에 대해 느끼는 방식의 변화로 이어질 수 있으며, 이는 무언가에 대한 전반적인 이해를 넓혀 준다. 다른 경우는 치료에서 공격성과 같은 반복적인 행동은 정서 변화만을 일으킬 수 있다. 예를 들어, 행동 표현은 분노를 동반한 공격성을 통합적으로 경험하게 할 수 있다.

저스틴은 위탁 돌봄을 받고 있던 세 살 반 된 아이였다. 언어 지체를 보였으며, 아직 배변 훈련을 받지 않았다. 저스틴은 끙끙거리며 다양한 물건에 대한 욕구를 암시함으로써 놀이치료자의 관심을 끌었다. 일단 물건들을 손에 넣으면 저스틴은 그것들을 모래 상자 안에 던져 버렸다. 이런 일은 회기를 거듭하여 일어났다. 물건을 향한 저스틴의 행동이 던져 버리기(목적이 있는 조작은 없거나 거의 없는)와 관련이 있고, 그러고 나서 회기가 끝나곤 했다는 점에서 이 아이의 놀이는 혼란스럽고 질서가 문란한 것처럼 보였다. 혼돈처럼 보였던 것이 항상 모래 상자에 담겨 있다는 점이 주목할 만한 것이었다. 약 5회기 후에 여전히 말을 하지 않은 채 저스틴은 내던지는 행동을 반복했지만, 모래 상자의 구석에 작은 공간을 남겨 두었다. 그러고 나서 저스틴은 작은 아이 피규어를 가리키며 그것을 그 구석에 놓았다. 저스틴은 인형 집을, 그다음에는 고무 새를 가리켰다. 그런 후 새 위에 아이 피규어를 올려놓고, 그 둘을 인형 집 쪽으로 던졌다. 저스틴은 아이 피규어를 집에 두고, 2개의 어른 피규어를 골라 그것들도 인형 집에 두었다. 저스틴은 피규어들을 서로 가까이에 놓고 나서 아이 피규어를 모래 상자의 구석으로 다시 던졌다. 무질서에서 질서가 나타났다. 저스틴의 놀이 행동이 자신의 실제 생활에서 일어나는 일을 포함하는 것으로 바뀐 것 같았다. 저스틴의 놀이 행동은 새로운 이해 및 이러한 상황의 변화를 나타내는 순차적 능력을 보여 주었다.

전환점 유형 2: 이전에는 아동이 이용할 수 없었던 인식 수준의 출현, 전반적 또는 미시적 의미에서의 변화 과정에서 유용한 것

18개월에서 27개월 사이의 아이는 자기를 '나(I)' '나를(me)' '나의(my)' '내 것(mine)'으로 언급하기 시작한다(Bates, 1990; Miller et al., 1990). 언어는 아동이 주체적 자기(I-self)에 대해 생각하고 이야기하도록 돕기 시작하며, 대상으로서의 자기(Me-self)에 대한 지식을 확장한다. 자기 개념은 자신에 대한 신념의 모음으로 간주되며, "나는 누구인가?"라는 질문에 답하는 데 도움을 준다. '주체적 자기'는 관찰되고 있는 '대상으로서의 자기'를 인식하게 되는 관찰자가 된다. 제임스(James, 1892)는 '주체적 자기를 자기 인식 발달의 기능'으로 보았다. 자기 인식은 신체적 자기 인식에서 먼저 발달하고, 자기 행동과 가치에 대한 자기 참조(self-references)를 포함한 언어적 서술의 사용으로 진화한다. 치료를 받는 아동은 주체적·대상으로서의 자기 과정에 등장하는 복잡성으로 인해 방해를 받았을 가능성이 크다. 주체적 자기의 대상으로서의 자기에 대한 잠재적인 부정적 평가에서 오는 불편함에서 거리가 있는 재료를 제공함으로써 아동이 회복하고 자기와 다른 사람들에 대한 도식적 표상을 긍정적으로 전환할 수 있다. 경험과 감정은 은유를 통해 드러나고, 정돈되고 재정돈될 수 있다. 은유는 주체적 자기(대상으로서의 자기에 대한 정보 제공자)를 즉각적으로 소유하지(ownership) 않고도 관찰하고 참여할 수 있게 한다. 치료하는 동안에 아동은 제삼자(그, 그녀 또는 그것)를 참조하여 경험과 감정 상태를 언급하는 것과 자기 인식 및 소유를 좀 더 면밀하고 의식적으로 보여 주는 인칭대명사 '나(I)'를 사용하는 것 사이에서 이동할 것이라는 점이 종종 주목된다. 이러한 현상이 나타나면 이는 아동이 더 많은 통찰을 얻을 수 있게 되면서 과정의 전환점이 생긴 것이다.

열 살인 제니퍼의 부모는 갈등이 심해 이혼 중이었다. 그래서인지 제니퍼는 행복한 장면을 묘사하는 선택적인 그림을 많이 그렸다. 비록 제니퍼의 부모는 각자 계속해서 제니퍼를 상대편에 맞서 자신의 편으로 만들려고(동조하게 하려고) 애썼지만, 제니퍼는 가족에 대한 묘사와 부모에 대한 언급에서 긍정적이고 충실한 태도를 유지했다. 자신이 사랑하는 두 사람 사이에서 '중간'에 있는 것이 얼마나 어려운지 확인할 가능성이 주어졌을 때, 제니퍼는 자신이 받는 압박감을 알지 못하거나 고려하고 싶지 않은 것처럼 보였다. 학교 선생님과 체조 선생님 같은 다른 사람들은 제니퍼의 가정 상황을 알아차렸고(왜냐하면 부모가 이혼 과정에서 다른 사람들 앞에서 종종 싸우곤 했기 때문에), 그로 인해 제니퍼는 나중에는 시무룩해지고 위축되곤 했다. 제니퍼는 비록 합리적인 방어기제를 사용했지만, 선생님들이 보기에 행복하거나 기운이 있어 보이지 않았다. 제니퍼가 자신의 감정을 관리하는 방법을 존중해 주기 위해 놀이치료자는 제니퍼에게 모래 장면을 디자인하고 예술 작품을 만들 때 다양한 유형의 '행복한' 활동을 해 보도록 요청했다. 어느 날, 제니퍼는 수백 개의 상징물이 늘어선 모래 놀이 선반 앞에 앉았다. 그리고 손을 뻗어 그물망처럼 생긴 물건을 집어 들더니 모양을 만들기 시작했다. 제니퍼는 둥근 구 모양이 될 때까지 가장자리를 구부려 당겨서 그것을 모래 상자에 놓았다. 그런 후 작은 소녀 피규어를 꺼내서 구 안에 넣었다. "저기……." 라고 제니퍼가 말했다. "저게 나예요. 나는 이 우리 안에 갇혀 있고, 부모님이 나를 두고 다투는 것을 멈출 수 없기에 숨을 쉴 수가 없어요." 그런 다음, 제니퍼는 두 마리의 고양이를 골라 가까이 놓고는 들여다보았다. "이건 내 고양이들이고, 얘들은 그저 무슨 일이 일어나고 있는지 지켜보고만 있어요. 얘들은 내 친구들이고, 무슨 일이 일어나고 있는지 알고 있어요." 제니퍼가 자신의 상황을 좀 더 직접적으로 묘사한 은유에 빠져든 것은 이번이 처음이었다. 제니퍼는 대상으로서의 자기와 주체적 자기를 직접 사용하여 그 장면에 모습을 드러냈으며, 이는 놀이치료 회기에서 더 큰 인식과 자각을 나타내는 것이었다.

전환점 유형 3: 아동이 이전에 관찰되지 않은 방식으로 자신 또는 놀이 대상을 사용하는 순간(예를 들어, 놀이에서 추동 및 방향을 바꾸거나 자신의 위치를 바꾸는 것)

숙달 놀이(mastery play), 안전한 놀이, 혼란 전에 매우 질서정연한 놀이, 또는 질서 전에 매우 혼란스러운 놀이 등은 모두 추동이나 방향의 변화가 있을 때 관찰될 수 있는 놀이 유형의 예이다.

숙달 놀이는 종종 주제가 반복되며, 이 놀이에서 아동은 캐릭터를 사용하거나, 역할 놀이를 연습하거나, 다양한 역량 강화(empowerment) 경험과 재연에 참여할 수 있다. 여기에는 슈퍼히어로, 현명한 마법사, 전문가, 전지전능한 부모, 마술사, 요정 등이 포함될 수 있다. 아동은 힘의 통제 및 문제해결의 주제를 가지고 놀면서 대부분 은유이지만 때로는 외현화된 성격 묘사와 자기 사이를 오락가락하며 내면의 지식과 힘에 의지한다. 숙달 놀이의 시작은 종종 놀이치료에서 전환점의 신호이다.

질서정연하거나 위축된 놀이는 더 무질서하고 혼란스러운 놀이로 전환하기 직전에 관찰될 수 있다. 무질서를 향한 추동은 종종 트라우마를 초래하는 경험 그리고/또는 학대 경험을 재조직하는 데 필요하다. 아동은 '원상태로 돌리기(undoing)' 전에 억제(containment) 단계를 설정할 수 있다. 혼란스러운 놀이 단계 동안에 상황이 혼란에 빠질 수 있고, 이는 아마도 과거의 혼란스럽고 무질서한 경험을 반영할 수 있다. 예를 들어, 혼란 단계를 통해 아동은 학대 경험에서 분리된 여러 부분을 표현할 수 있다. 이러한 전환점은 이전에 아동의 의식적 인식에 단단히 고정되어 있거나 그것에서 분리된 것을 꺼내 놓는 방법을 제공한다.

어떤 아이들은 높은 수준의 혼란을 보이면서 놀이를 시작할 수 있다. 이는 더미에 물건들을 버리고, 한 물건에서 다른 물건으로 빠르게 이동하고, 실제로 확인된 주제가 없는 짧은 놀이의 연속, 다양한 놀이 재료를 사용한 공격적인 놀이, 그리고/또는 역할 놀이나 기타 놀이 재료를 통해 질서, 문제해결, 전반적으로 안전이 결여된 점을 보여 주는 것처럼 보일 수 있다. 이러한 유형의 놀이가 좀 더 질서정연해지고, 놀이 재료들이 이야기 또는 경험을 정리하는 데 사용될 때 전환점을 주목할 수 있다.

안전한 놀이에서 전환하는 것도 전환점을 나타낼 수 있다. 다음에 나오는 패티의 사례가 보여 주듯이, 어떤 아이들은 자신이 보이는 문제와 관련된 주제에 대한 징후가 거의 또는 전혀 없는 겉보기에 규범적인 놀이를 할 것이다. 몇 가지 예를 들자면, 여기에는 항상 주제적으로 행복하거나 완벽한 그림과 활동에 참여하거나, 규칙이 있는 게임만을 반복적으로 하고 싶어 하거나, 말을 하고 표현하는 활동을 피하는 것 등이 포함될 수 있다. 아동이 하는 놀이의 추동이나 방향이 좀 더 표현적으로 다양하거나 여러 감정 상태 또는 주제를 포함하는 쪽으로 변화하는 것은 놀이치료에서 관찰할 수 있는 또 다른 전환점이다.

패티는 가정폭력을 목격한 조용하고 내성적인 일곱 살의 여아였다. 패티의 놀이에는 일반적으로 아무런 고통이나 공격성이 없었다. 패티는 규칙이 있는 게임을 하고, 레고로 집과 도로를 짓는 것을 좋아했다. 패티는 보통 가족 피규어나 동물 가족과 같은 피규어를 사용하지 않았다. 무언가를 만든 다음 화이트보드에 하트를 그리거나, 다트나 공놀이를 하는 것처럼 놀이치료실에서 다른 것으로 이동하는 것을 좋아했다. 패티는 자석 다트 놀이를 하고 있던 한 회기 동안에 강도를 높이기 시작했고, 보드를 때릴 때는 자신의 힘을 보여 주었다. 그러고 나서 패티는 좀 더 무작위로 던지게 되었고, 한 차례를 마치고 다트를 회수하고 있는 놀이치료자에게 의도적으로 다트를 던졌다. 놀이치료자는 "어, 나를 맞혔구나."라고 자기가 맞았다는 것을 내비치는 언급을 하였다. 이 행동으로 인해 패티는 인형 선반으로 달려가서 날카로운 이빨이 있는 악어 인형을 선택하였다. 그런 다음, 작은 고양이 인형을 놀이치료자에게 던졌다. 놀이치료자는 악어가 고양이를 물어 상처를 내기 전에 간신히 고양이 인형을 조정할 기회가 있었다. 이것은 패티에게 놀이에서 자기를 새롭게 사용하는 것을 나타냈고, 이 회기 이후의 놀이에서 다른 방향을 시작했다. 패티는 자신이 목격한 폭력을 '보여 주고 표현하기' 시작했으며, 놀이치료자에게 피해자 역할을 하게 하고 자신이 공격자가 되었다. 놀이의 은유를 통해 패티는 피해자 역할을 놀이치료자에게 투사함으로써 가족 내에서 자기 위치의 무력함을 드러내기 시작했다.

전환점 유형 4: 놀이에서 조명되거나 보이는 것의 변화, 자기 또는 다른 사람들을 바라보는 방식의 변화

아동의 자기 개념은 자기 도식(자기 평가의 내부 모델)으로 구성되며, 이는 일관된 아동의 현재 태도와 성향에 적용할 수 있는 개인의 자기에 대한 인지적 묘사이다(Ayduk, Gyurak, & Luerssen, 2009). 자기 개념은 성격, 기술과 능력, 취미, 신체적 특징 등과 관련이 있으며 도식의 집합이다. 어떤 경우에 아동은 하터(Harter, 2006)가 언급한 "빈약한 자기(impoverished self)"를 보여 준다. 이는 애착 문제, 형편없는 양육 또는 학대적 양육 때문일 수 있으며, 양육자가 긍정적이고 풍부하며 일관된 자기 이야기를 개발하기 위한 공동 구성 과정을 통해 아동을 지원하는 데 실패한 경우일 수 있다. 일부 양육자들은 아동에게 자신에 대한 왜곡되고 사실이 아닌 이야기를 제공하여 아동이 진짜 자기가 아닌 거짓 자기를 통합하게 한다. 아동의 개인차도 또한 거짓 자기 구성의 원인이 될 수 있는데, 이는 일부 아동이 매우 민감하고 부정적인 방식으로 외부 입력을 지나치게 동일시하기 때문이다. 놀이치료 중 아동이 자기 또는 다른 사람들을 바라보는 방식의 변화는 그 과정에서 또 다른 중요한 전환점이다.

열한 살인 바트는 매우 예민한 아이로, 수년 동안 더 거친 또래들에게 괴롭힘을 당하고 표적이 되어 왔다. 바트는 낮은 자존감과 자신감 부족을 나타냈다. 많은 회기에서 바트는 모든 의사결정을 놀이치료자에게 미루었다. 명확한 지시 없이는 어떤 놀이나 표현 활동에 전혀 참여하지 않았다. 참여하였을 때는 활동 내내 허락 또는 지시를 요청하였다. 이러한 패턴을 관찰한 놀이치료자는 바트가 자신을 대표할 수 있는 캐릭터나 대상을 선택하도록 요청하는 은유적 활동을 통해 바트를 이끌기로 했다. 바트는 작은 토끼를 골랐다. 다음으로, 놀이치료자는 바트에게 보호물을 선택해서 토끼 주위에 놓아 달라고 부탁하였다. 바트는 여러 개의 유리돌을 선택하고, 놀이치료자의 지시를 따랐다. 그런 다음에 놀이치료자는 바닥에 누워 토끼를 주의 깊게 살펴보며 바트에게 함께하자고 요청하였다. 그리고 바트에게 무언가가 또는 누군가가 토끼에게 갈 수 있는 구멍을 찾아보라고 지시하였다. 그들은 함께 닫혀 있지 않고 유리돌로 보호되지 않은 열린 부분을 찾아보았다. 바트는 토끼 주변에 원형으로 더 많은 유리돌을 추가하였다. 다음으로, 놀이치료자는 바트에게 토끼를 공격할 수 있는 대상을 골라 유리돌 바깥쪽에 빙 둘러서 놓아 달라고 부탁하였다. 이제 바트는 바빠졌다. 그는 위협적으로 보이는 동물들과 무기들을 찾아 보호용 돌 바깥쪽에 모두 배치했다. "보호하는 돌들이 튼튼해 보여."라고 놀이치료자가 말했다. "네, 튼튼해요!"라고 바트가 말했다. "이것들(공격적인 동물들을 가리키며)은 자신이 강하다고 생각하지만 틀렸어요." 바트는 반격할 무기를 몇 개 선택해서 토끼 근처에 배치하였다. 이제 놀이치료자는 토끼 피규어를 활용해서 토끼가 무엇을 볼 수 있는지 물었다. 토끼를 대신해서 바트가 "많은 못된 멍청한 애들이요."라고 말했다. "그 애들은 토끼가 얼마나 똑똑한지 알고 있니?"라고 놀이치료자가 물었다. "아니요. 걔들은 토끼가 멍청하다고 생각해요. 하지만 아니죠."라고 바트가 말했다. "토끼가 정말 얼마나 똑똑한지 아는 사람이 있어?"라고 놀이치료자가 물었다. "네, 토끼의 선생님들은 알고 있어요."라고 바트가 대답했다. 바트는 계속 토끼와 작업했고, 이 작지만 빠르고 똑똑한 동물에 대한 자신의 긍정적인 관심을 늘려 나갔다. 바트는 간헐적으로 토끼를 자신이라고 부르는 표현을 사용하기 시작하였다. 토끼를 자기의 상징으로 사용함으로써 시간이 흐를수록 자기는 똑똑하고 강인하고, 공격적인 캐릭터들은 어리석고 덜 강력하다는 긍정적인 시각에서 전환점이 나타났다.

통합적 개념화 프레임워크: 놀이치료 차원 모델

놀이치료자는 아동이 놀이치료에서 진전이 있는지 어떻게 알 수 있는가? 많은 임상가는 어떤 변수가 아동의 재조직 또는 재처리의 원인인지를 전혀 알지 못할 수 있으며, 일부는 알 수 없거나 심지어 알 필요가 없다고 말할 수 있다. 하지만 놀이치료자와 아이가 치료 공간을 공유하는 방식은 대부분 놀이치료 모델에서 핵심이다. 내담자-치료자-치료적 상호작용에 내재한 복잡성을 인식한 쉐퍼(Schaefer, 2003)는 임상가가 근본적인 변화 메커니즘을 살펴보도록 권장하였다. 치료에 대한 통합적 접근방식은 일반적으로 치료 전반에 걸쳐 확인된 이론, 기술, 공통 요인을 의도적으로 엮은 것으로 여기기에 임상가를 이 방향으로 이동시킨다(Norcross, 2005). 통합적 접근방식을 채택하면 아동/내담자와 솔직하게 가장 잘 작업하는 방법을 결정할 수 있지만, 가

필드(Garfield, 1994)는 자신의 작업을 통합적이고 아동에게 가장 잘 맞는 것을 따른다고 설명하는 임상가는 사실 서로 다른 의사결정 과정과 서로 다른 이론과 기술을 사용한다고 지적하였다. 이것은 절충주의가 비판을 받아 온 "비일관적인 개념과 기술이 뒤죽박죽"(Smith, 1982, p. 802)될 위험이 있다. 통합적 놀이치료자들과 슈퍼바이저들은 의사결정을 명확히 하고, 치료 과정에서 발생하는 복잡한 순간순간의 상호작용에 대한 임상가의 이해를 지원하는 포괄적이고 통합적인 프레임워크를 가지고 있다. 이것이 2004년에 놀이치료 차원 모델을 개발하고 2012년에 업데이트하게 한 주요 원동력이었다(Yasenik & Gardner, 2004/2012).

통합적 의사결정의 한 이론적 접근방식인 '제한된 합리성(bounded rationality)'은 자원, 시간, 지식과 같은 놀이치료자의 실질적인 한계에 주목하고(Gigerenzer, 2001), 정보를 모으고 의사결정하는 시기적절한 방법을 설명할 필요성을 강조한다. 제한된 합리성 이론은 의사결정을 용이하게 하는 기술, 습관, 표준 운영 절차의 개발을 지원한다. 또한 이 이론은 놀이치료자들이 내담자와의 작업에서 한 방향을 다른 방향으로 고려하기 위해 사용하는 단서들을 던져 준다. 요약하자면, 이 접근방식은 어디에 초점을 두어야 하는지와 언제 또는 왜 특정 기술 또는 개입을 사용하는지를 결정하는 매개변수들을 알아야 할 필요성을 강조한다. 놀이치료 차원 모델(Yasenik & Gardner, 2012)은 놀이치료자에게 내담자-치료자-치료적 요인들의 상호작용을 살펴볼 수 있는 의사결정 구조를 제공하므로 개념화에 대한 제한된 합리성 접근방식과 일치한다. 이러한 상호작용에 대한 조사는 지시(directive)와 의식(consciousness)이라는 두 개의 주요 차원에 따라 놀이치료 과정을 개념화함으로써 이루어진다. 또한 이러한 통합적 접근방식은 중요한 변화 메커니즘을 추적하기 위한 지침을 제공하는 과정 중심적 프레임워크도 제공한다.

두 가지 차원: 지시와 의식

[그림 1-1]에 나타나 있듯이, 지시(directive)와 의식(consciousness)이라는 두 가지 주요 차원이 교차하며 사분면을 형성한다. 즉, '1사분면: 적극적 활용' '2사분면: 개방적 논의 및 탐색' '3사분면: 비지시적 반응' '4사분면: 공동 촉진'을 형성한다. 4개의 사분면은 각각 놀이치료 회기 동안에 치료자의 활동과 아이의 지시 및 의식 수준에 의해 식별된다. 사례개념화와 놀이치료자가 취하는 이론적 접근방식에 따라 치료자는 치료 활동을 주로 한 가지 사분면에 초점을 맞추도록 선택할 수 있다. 그 대신에 네 가지 사분면 사이의 이동이 아동의 사건 통합 또는 처리를 지원할 것임을 시사하는 수많은 지표가 있을 수 있다. 통합적 접근방식과 일관되게 사분면 사이의 이동 순서가 규정되어 있지 않다. 또한 이동은 한 회기 내에서, 회기 간에 또는 치료 과정이 발전함에 따라 발생할 수 있다. 뒤에 나오는 새미의 사례에서처럼, 두 가지 주요 영역의 개념화 및 그에 따른 네 가지 사분면은 치료자가 복잡한 내담자-치료자-치료적 상호작용을 탐색하여 치료 접근방식을 가장 잘 맞춤화하도록 돕는다.

지시 차원은 아마도 놀이치료자들의 이론적 지향과 관계없이 그들에게 가장 익숙한 차원일 것이다. 이 차원은 놀이에 몰입하는 정도에 관한 놀이치료자의 활동을 나타낸다. 몰입이라는 용어는 치료자가 놀이에 들어가서 적극적으로 참여하는 태도를 나타낸다. 이 차원의 맨 왼쪽에서 치료자는 관찰과 반영을 통해 놀이를 추적하고, 아이와의 상호작용적 놀이에는 관여하지 않는다. 이 차원의 맨 오른쪽에서 치료자는 놀이에 공동 촉진자로 들어가서 놀이를 정교화하고 확장하는 데 적극적으로 참여한다. 이 지시 연속체의 비지시적 측면은 놀이치료에 대한 아동 중심 접근방식에서 가장 명확하게 입증된다. 하지만 아동 중심 접근방식을 면밀히 조사해 보면, 현대 전문가들(Guerney, 2001; Landreth, 2002; VanFleet, Sywulak, & Sniscak, 2010; Wilson & Ryan, 2005)이 특정 전략과 비지시적 기술에 대해 생각하는 방식에 차이가 있

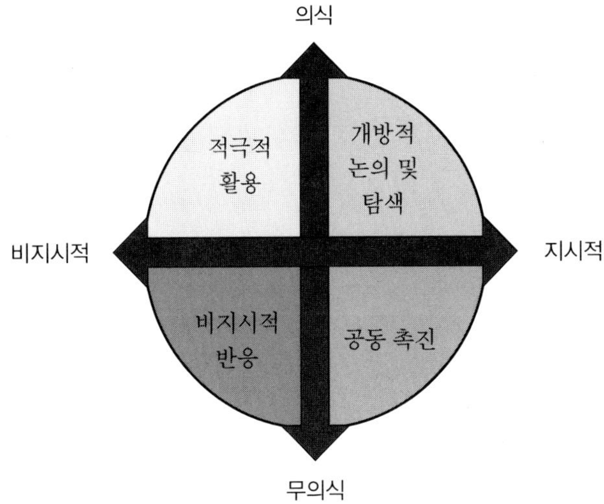

[그림 1-1] 놀이치료 차원 다이어그램

음을 시사한다. 따라서 일부 비지시적/아동 중심 놀이치료자들은 때로는 아동의 주도와 지시를 따를 뿐만 아니라 순간적으로 리드를 취한 다음 리드를 아동에게 되돌려주며 지시 차원을 따라 앞뒤로 지나간다.

[그림 1-1]의 오른쪽에서 치료자는 자신이 구성한 놀이 활동에 아동과 치료자가 참여함으로써 증명되는 것처럼 완전히 몰입된 것으로 여긴다. 예를 들어, 아들러식 놀이치료(Kottman, 2003)는 지시 차원을 따른 움직임을 보여준다. 처음에 아들러 놀이치료자는 아이와 비지시적으로 작업할 수 있다. 그리고 시간이 지남에 따라 아이가 다른 사람과 연결되는 것을 돕는 친사회적 기술을 모델링하고 가르침으로써 과정을 구조화하여 좀 더 지시적인 태도를 보일 수 있다. 치료 활동의 예로는 가족화 그리기, 아이에게 초기 회상에 대해 질문하기, 아동이 개인적인 통찰을 얻도록 돕기, 메타커뮤니케이션 사용하기(치료자가 관찰된 상호작용 패턴에 대해 직접 해석하는 것) 등이 있다. 놀이치료에 대한 다른 구조화된 이론적 접근방식으로는 게슈탈트 놀이치료(Oaklander, 2003), 치료놀이®(Theraply®; Munns, 2000), 생태체계적 놀이치료(ecosystemic play therapy; O'Connor, 1997), 인지행동 놀이치료(Knell, 1999,

2003), 처방적 놀이치료 등이 있다. 이러한 접근방식들을 사용하는 임상가들은 치료 과정 중에 주어진 시간에 지시의 정도에 관한 결정을 내리며, 아동과의 놀이 과정에 거의 몰입하는 것으로 보일 수 있다. 지시의 정도를 검토할 때, 임상가는 관계가 양방향이나 상호 영향을 받는다는 점을 염두에 두어야 한다. 아동이 놀이 활동을 선택하고 지시하도록 하기도 하지만, 아동이 어떤 것도 하지 못하여 치료자에게 구조(構造)나 방향을 제시해 주기를 기대할 수도 있다.

의식 차원은 놀이 활동과 언어화에서 아동의 의식 표현을 반영한다. 아동 개개인의 고유한 욕구를 이해하고 의도적인 방식으로 반응하고자 하는 통합적 놀이치료자에게는 이 차원에 따른 움직임을 개념화하는 데 큰 가치가 있다. 예를 들어, 아동의 방어 성격과 강도, 아동의 세계관과 같은 아동의 중재(moderating) 요인들을 이해하는 것은 아동이 불안한 경험을 재구성하거나 이해할 수 있도록 도울 때 매우 중요하다(Yasenik & Gardner, 2012). 이 작업은 놀이의 은유를 통해 아동의 낮은 자기 인식 수준에서 이루어지거나, 해석이나 개방적 논의 과정을 통해 높은 인식 수준에서 수행될 수 있다. 문제에서 거리를 두려는 아동의 방어 및 욕구에 관한 치료자의 이해에 따라 치료자는 이 차원을 위아래로 지나가며, 때로는 정서에 대한 해석 또는 재진술을 통해 더 높은 수준의 의식적 인식으로 문제를 가져올 수 있다. 또한 치료자는 놀이의 은유 안에 있으면서 상징 수준에서 계속 작업하며 머물고, 숙달을 얻고 경험을 재조직하려는 아동의 추진력을 돕는 놀이를 점진적으로 정교화할 수도 있다.

자기 인식 수준의 변화를 보여 주는 지표들을 검토함으로써 치료자는 매 순간 그리고/또는 회기별로 더 높은 의식 수준에서 아동이 정보와 정서를 통합할 준비가 되었는지를 측정할 수 있다. 때때로 아동은 덜 의식적이고 더 상징적이거나 은유적인 방식으로 놀이 시나리오와 대상을 사용할 수 있으며, 이는 아동이 골치 아픈 사고나 감정으로부터 거리 두기 및 보호가 필요하기 때문일 가능성이 크기에 낮은 수준의 자기 인식을 나타낸다. 하지만 치료자는 또한 놀이에서 짧은 변화를 관찰할 수 있으며, 여기서 놀이는 객체적 자기를 숙고하는 주관적 자기를 표현하는 언어화를 동반한다. 이것은 아동이 좀 더 높은 수준의 의식적 인식으로 작업하고 있음을 시사하기에 주목할 만한 전환점이다.

의식 차원에 따른 움직임을 고려할 때, 아동을 발달적 관점에서 볼 필요가 있다. 각 아동은 의식적 자기 인식에서 서로 다른 능력을 보여 줄 것이다. 예를 들어, 매우 어린아이의 언어 및 인지적 도식은 여전히 발달하고 있으며, 때때로 상징적 놀이는 단지 경험적 수준에서만 일어날 수도 있다. 다른 경우에 놀이는 반의식(semi-conscious) 수준에 있을 수 있다. 이 수준에서 아이는 인지적 도식을 조직하고 새로운 가능성을 과거의 표상에 동화시키기 위해 상징들을 사용하며, 이는 잠재적 성장과 변화를 이끈다. 놀이치료자는 주어진 놀이치료 회기에 나타난 아동의 의식의 정도를 고려하는 것이 매우 중요하다.

트라우마 사건이나 생명을 위협받는 경험을 한 아이들이 사용하는 대처전략에 대한 치료자의 지식은 의식 차원에 따른 움직임을 개념화할 때 매우 중요하다(Yasenik & Gardner, 2012). 특히 놀이치료자는 분열된 생각과 감정들을 더 높은 수준으로 의식적으로 표현하도록 촉진하는 결정을 내릴 때는 타당한 임상적 판단을 내려야 한다. 피누수와 에스(Pynoos & Eth, 1986)는 살인을 목격했던 아동을 대상으로 한 연구에서 억압, 트라우마에 대한 고착, 전치, 판타지 속에서의 부인(트라우마 경험보다 긍정적 경험을 상상하는 것) 및 동일시(부모 또는 조력 인물과 자신을 동일시하는 것)와 같은 다양한 대처 전략 및 방어를 관찰하였다. 전반적으로 놀이치료자는 놀이의 의식 수준을 고려할 때 발달에 입각한 관찰을 사용해야 한다. 의식 인식이 증가하는 방향으로 움직이는 아동의 능력에, 특히 주의를 기울여야 한다.

따라서 의식 차원은 놀이치료자의 주요 관심 영역이다. 지시적 놀이치료자는 놀이 회기 중에 가능한 감정, 행동 및 미래의 행동에 이름을 붙이는 것을 선택하거나, 중단되었던 사건과 관련하여 아동을 위한 놀이 활동을 구성할 수 있다. 의식 연속체의 아래쪽에서 작업하는 사람들은 아이의 과정을 방해하지 않을 것이다. 오히려 그들은 아동의 주도를 따르고, 문제를 의식적 인식으로 가져오기 위해 해석적 의견을 사용하지 않고 자신의 경험을 재구성하려는 아이의 내적 추진력을 신뢰할 것이다. 어느 접근방식도 잘못된 것은 아니다. 제한된 합리성 접근방식을 취함으로써 놀이치료 차원 모델은 놀이치료자가 더 높은 수준의 의식을 촉진할 때 언제, 왜, 그리고 어떻게(아동을 알고 관찰함으로써 지시되는)에 대답하도록 권장한다.

사분면들

사분면은 사례개념화를 위한 조직 구조를 제공한다. 각 사분면의 이름을 놀이치료의 특정 이론 모델에 고정하는 대신에 사분면의 명칭이 두 가지 주요 차원인 지시와 의식에 의해 개념화되듯이, 내담자-치료자-치료적 상호작용의 요소들을 강조한다. 예를 들어, '3사분면: 비지시적 반응'에서 작업할 때, 치료자는 놀이에 덜 몰입하고, 아동이 놀이를 주도하고, 놀이치료자는 비지시적 반응자 역할을 한다.

'4사분면: 공동 촉진'은 지시 차원의 맨 오른쪽 부분에 있지만, 의식 차원의 중간 지점 아래에서 발생한다. 이 사분면에서 작업할 때, 놀이치료자는 아동의 초대를 받거나, 또는 치료자가 여러 주제나 패턴을 관찰하고 놀이의 맥락에서 가설을 시험하거나, 의견, 행동이나 부드러운 해석을 통해 놀이를 정교화하기로 결정하기 때문에 놀이에 들어간다. 놀이에 더 몰입하는 치료자는 아들러식 접근방식으로 작업하는 사람들에게 친숙해 보일 것이다. 아들러식 접근방식은 힘과 책임을 공유하는 느낌이 있는 평등주의적 관계에 중점을 둔다(Kottman, 2003). 이러한 관계를 유지하기 위해 치료자는 아동의 놀이에서 여러 패턴과 주제를 추적한 후, 놀이에 들어가고 놀이를 정교화할 수 있다. 치료자의 몰입도는 3사분면보다 4사분면에서 상당히 증가한다. 이는 치료자의 역할이 비지시적 반응자에서 적극적 참여자로 이동한다는 것을 의미한다.

아동의 놀이는 자연스럽게 공동 촉진적(co-facilitative)이라고 관찰될 수 있다. 협동 놀이를 하는 동안에 각 아동은 자신의 아이디어, 정서, 주제, 대상의 특징과 극적 표현을 추가하여 이것들을 정교화한다. 이로 인해 줄거리가 발전하고, 아동은 그것에 새로운 주제, 갈등, 해결방법을 투사할 수 있다. 아동의 놀이는 본래 상호작용적이고 관계적이며, 이는 놀이를 재미있게 한다. 4사분면에서 작업할 때, 치료자는 아동이 하는 놀이의 환상과 상징에 머물러 있으며, 도우미 피규어, 무력한 피규어 같은 새로운 캐릭터(아이가 사용하도록 지시하지 않은)를 도입하거나 아동의 내적 갈등을 보여 주기 위해 둘 이상의 캐릭터를 사용하는 것 같은 활동에 참여하는 것으로 보일 수 있다.

[그림 1-1]의 왼쪽 상단에 '1사분면: 적극적 활용'이 있다. 도형의 비지시적 측면에 있는 이 사분면은 아동의 의식적 반응을 촉진하는 치료자가 시작하는 짧고 간헐적인 해석적 의견을 사용하기 때문에 3사분면(마찬가지로 도표의 왼쪽에 있음)과 구별된다. 즉, 놀이 과정에서 치료자는 아동의 은유적 놀이에서 일어나고 있는 일에 대해 반영적 · 해석적 의견을 줌으로써 놀이의 은유를 확장하는 것을 선택할 수 있으며, 따라서 주제 놀이를 의식적 인식의 더 높은 수준으로 확장할 수 있다. 일반적으로 '적극적 활용'은 짧고 시간에 민감한 방식으로 시작된다.

1사분면은 해리된 정서(dissociated affect)를 재구성하도록 돕거나 좀 더 의식적 방식으로 재료를 통해 작업하기 위해 해석적 코멘트를 사용한다고 믿는 치료자들에게 익숙할 것이다. 정신역동 이론가들과 융(Jung) 학파 분석적 놀이치료자들(Peery, 2003)은 아동이 의식적으로 인지하든 아니든, 놀이 대상에 내부 에너지를 투사한다는 개념을 지지한다. 놀이 대상이나 재료를 내부 에너지를 상징하는 것으로 보고, 치료자는 해석의 사용을 선택할 수 있다. 예를 들어, 융 학파 치료자들은 의식적 및 무의식적 영향을 파악할 것이고, 때로는 해석적 의견을 말하고 놀이에서 관찰된 주제들을 확인할 수 있다. 이때 해체(deintegration)의 개념이 고려될 것이며, 치료자는 더 깊은 무의식적 재료에 접근하기 위해 가능한 퇴행을 탐색할 수 있다. 일부 놀이치료 이론은 치료의 의식 수준을 완전히 탐구하지만, 다른 이론들은 그렇지 않을 수도 있다. 의식이 인정되고 탐색되는 정도는 모든 놀이치료자에게 의사결정 요인이다.

해석은 일반적으로 빠른 방식으로 제공되며, 치료자는 아동이 이러한 방식으로 계속할 준비가 되어 있지 않거나 계속할 의향이 없는 한, 당면한 문제에 대한 공개 논의로 이어질 것으로 기대하지 않을 수 있다. 해석은 다양한 수준에서 진행될 수 있다. 예를 들어, 치료자는 캐릭터의 근본적인 욕구나 동기에 대해 해석을 할 수 있다. 다른 경우에는 치료자가 놀이 장면을 아이가 경험한 것과 연결하여 좀 더 직접적인 해석을 할 수도 있다. 오코너(O'Conner, 2002)는 아동의 정신건강과 그들이 사용하는 언어 사이의 강한 상관관계를 지적하였다. 부분적으로 행동에서 상징으로, 그리고 사고로 연결하는 가교로 언어를 사용하는 능력과 정서적 자기 조절에서 언어의 중심적 기능은 치료 과정에서 언어가 중심적 역할을 해야 함을 시사한다.

밀스와 크롤리(Mills & Crowley, 1986)는 에릭슨의 이론을 바탕으로 '활용(utilization)'이라는 용어를 아동이 보여 주는 행동의 타당성과 진실성(integrity)에 대한 깊은 존경으로 언급하였다. 활용 기법의 핵심은 아동이 보여 주는 것을 관찰하고 참여하며 재구성할 수 있는 개별적인 기술과 능력들의 집합이다. 놀이치료에서 적극적 활용은 치료자가 특정한 문제를 탐색하고 잠재적으로 해결할 수 있는 언어적 · 해석적 맥락을 제공함으로써 아동 놀이의 핵심 요소들을 의식의 영역으로 가져오는 것을 의미한다.

'2사분면: 개방적 논의 및 탐색'은 [그림 1-1]의 오른쪽 상단에 있다. 이 사분면에서 작업하는 치료자는 문제해결 활동이 있는 보드게임이나 기타 심리교육적 · 기술적 구축 개입과 같은 구체적이고 고도의 의식적 활동을 아동에게 소개함으로써 아이가 보여 주는 문제와 관련된 놀이 활동을 시작하고 구조화하는 것으로 관찰될 것이다. 또한 이 사분면에서 작업하는 치료자는 주로 발달적으로 민감하고 인지적인 놀이치료 접근방식을 사용하는 것으로 여기며, 치료자는 아이가 나타내는 문제에 대해 개방적 논의와 의식적 처리를 할 것이다.

치료자는 아동이 더 많은 구조, 감정 언어가 필요하거나, 정상적인 놀이 과정을 통해 트라우마 사건을 재구성할 수 없는 경우에 이 사분면에서 일하기로 선택할 수 있다. 그린스펀(Greenspan, 1997)은 문제해결이 정서적인 경로를 따르며, 아동이 직관적이고 정서적으로 매개된 반응이나 올바르다고 느끼는 생각에 도달해야만 비로소 그 해결방법을 활용할 수 있을 것이라고 강조하였다. 따라서 놀이치료자는 그것이 옳다고 느껴질 때까지 노는 것이 치유 과정의 일부임을 이해해야 한다. 이러한 이해와 더 높은 의식 수준에서 재료의 도입 속도를 신중하게 조절하는 데 필요한 일련의 기술은 인지적이고 지시적인 놀이치료자와 놀이의 치료적 힘에 대해 훈련받지 않은 다른 치료자를 구별한다.

이 모델이 규범적이지 않으며, 단일 회기 내에서 움직임이 발생해야 한다고 가정하지 않는다는 점을 강조해야 한다. 오히려 이 모델은 치료자가 순간순간 놀이치료 과정을 보고, 치료 과정의 단계, 치료자의 자기 사용에 대한 아동의 반응, 아동의 놀이 기술, 치료에서 아동의 추진력과 방향 같은 여러 요인을 기반으로 치료 활동을 역동적으로 보게 한다. 4개의 사분면은 놀이치료자가 아동 내담자에게 어떻게 개입하고 있는지 조직하고 확인하는 데 도움이 된다. 게다가 슈퍼비전의 관점에서 슈퍼바이저는 슈퍼바이지가 치료 과정에서의 움직임을 검토함으로써 누가, 무엇을, 언제, 왜라는 질문에 대답할 수 있도록 도울 수 있다.

몰입도: 치료자의 자기 사용 척도

자기를 아는 것은 임상 작업의 필수적인 밑거름이며, 특히 내면의 자기가 놀이치료 중에 즉각적으로 깨어나고 존재하는 아동에게서 그러하다. 놀이치료자는 자기를 아는 데 끊임없이 노력해야 할 뿐만 아니라, 치료적으로 가장 적절하고 의미 있는 방식으로 자기 이해를 사용해야 한다. 『몰입도(Degree of

Immersion): 치료자의 자기 사용 척도』는 자기 이용이 아동 내담자에게 미치는 영향에 대한 치료자의 이해와 인식을 강화하고, 적절한 의사결정을 지원하기 위해 개발되었다. 저자들은 이 척도가 2002년에 처음 개발된 이래로 그것을 슈퍼비전 과정의 일부로 광범위하게 사용해 왔다. 슈퍼바이지들과 동료들의 피드백을 기반으로 척도가 수정되어 왔다. 현재 버전은 [부록 A]에 실려 있다.

누구나 이해할 수 있듯이 이것은 슈퍼비전에서 다루기 어려운 개념이며, 자기 사용을 나타내는 특정한 치료자의 행동을 규정해야 하기에 훨씬 더 어려워졌다. 또한 각각의 행동에 관해 치료자의 자기가 관여했거나 몰입했던 정도, 무엇보다도 아동이나 치료 과정에 미쳤을 수 있는 영향을 확인하는 것이 필요하다. 이것은 치료 과정을 주도하는 것이 아이의 욕구라는 기본 가정에서 비롯된 것이다. 몰입의 수준이 높다고 반드시 더 좋은 것은 아니다. 대신에 몰입의 정도와 유형은 각 아동에 대해서뿐만 아니라, 전반적인 치료 과정과의 관계에서도 검토되어야 한다.

치료자가 놀이에 몰입하는 정도를 탐색하기 위해 몰입의 네 가지 주요 범주가 평정된다. 이들 범주는, ① 자기의 언어적 사용, ② 자기의 정서적 사용, ③ 자기의 신체적 사용, ④ 자기-체계이다. 이러한 범주들은 몰입의 특정 형태 또는 예를 확인하기 위해 구성요소로 세분된다. 각각의 평가 후에 슈퍼바이지는 자기 사용의 효과에 관한 세 가지 임상적 지표를 제공해야 한다. 슈퍼비전에서 정기적으로 사용하면 몰입 척도는 슈퍼바이지와 내담자 간의 상호작용을 지속적으로 성찰함으로써 슈퍼바이지가 제대로 진행하게 할 수 있다.

치료 공간에서 무슨 일이 일어나는지 이해하면 치료자가 아동에 대한 조율을 향상하고 의사결정을 강화한다. 많은 경우에 그것은 또한 전이와 역전이의 특정 표시에 대한 치료자의 인식과 이러한 문제들이 놀이 과정에 미치는 영향을 지원한다. 슈퍼비전 과정을 지원하기 위해 '치료자의 자기 사용에 대한 슈퍼비전 양식: 다음 회기 계획에 대한 몰입도'가 [부록 B]에 제시되어 있다. 이 양식은 슈퍼바이지와 슈퍼바이저가 다음 회기들에서 자기를 사용하는 구체적인 방법들을 논의하고 목표로 삼을 수 있는 구조를 제공한다. 이 양식은 JKP 웹사이트[4]에서도 내려받을 수 있다.

사례연구: 치료자의 몰입 및 전환점에 미치는 영향의 추적

갑작스럽고 극심한 강박장애(Obsessive-Compulsive Disorder: OCD) 증상의 발병으로 의뢰해 온 일곱 살 소년 새미의 사례는 놀이치료 차원 모델을 기반으로 한 임상적 의사결정을 보여 준다. 또한 치료자의 자기 사용을 추적하는 것의 중요성을 강조하며, 이를 치료 과정의 중요한 전환점에 연결한다.

의뢰 당시, 새미의 부모는 새미를 학교와 스포츠 활동을 즐겼던 외향적이고 활력이 넘치는 어린 소년으로 묘사하였다. 새미는 또한 자신의 지역사회를 자유롭게 돌아다니며 친구들과 잘 노는 아이였다. 지난 3주 동안, 새미의 부모는 새미가 밖으로 나갈 때마다 잡초를 '채집'하고 바닥에서 쓰레기를 주워서 비밀리에 자기 방에 이 같은 물건들을 두는 것과 같은 일련의 비정상적이고 걱정스러운 행동들에 주목하였다. 새미와 그의 쌍둥이 형제를 수년간 알아 왔던 소아과의사와 상담한 결과, 정신과에 의뢰하여 대기 명단에 이름을 올렸다. 어느 날 밤, 부모님이 잠자리에 들었을 때 새미가 나뭇잎을 모아서 부모님이 치울 수 없게 자기 방에 가져다 두었다고 이야기했을 때, 그의 부모는 더는 기다릴 수가 없음을 깨달았다. 이러한 일이 있은 후, 새미의 부모는 새미가 밖에 나갈 때마다 모자나 후드로 머리를 가리곤 하는 것을 목격했다. 이에 대해 물었더니 새미는 나뭇잎을 찾는 것을 멈출 수 없기에 밖에 나가는 것이 두렵다고 설명하였다. 눈물을 흘리며 새미는 자신이 '미쳐 가고' 있다고 말했고, 친구들이 알고서 자신을 놀릴까 봐 걱정하였다. 1주일 후 새미는 부모님에게 자신이 밖에 있을 때 나뭇잎 소리가 들리지 않도록 자신의 눈과 귀

4) 본 원서의 출판사인 Jessica Kingsley Publishers의 홈페이지(www.jkp.com).

를 가려 줄 수 있는지 물었다. 새미의 부모는 그의 '충동'을 억제하도록 지원하였다. 예를 들어, 부모는 새미에게 휴대폰을 주고 쓰레기를 집어 집으로 가져오는 대신에 사진을 찍게 하였다. 또한 새미의 방에 용기를 제공하여 일단 그것이 가득 차면 비워야 한다는 것을 이해하게 했다.

가족력과 관련하여 새미의 한쪽 부모는 열한 살에 강박장애 진단을 받았으며, 다른 부모는 10대 시절 내내 경도에서 중등도 정도의 불안 문제를 겪었다고 언급하였다. 이전에 급성 강박장애가 발병한 아동 및 성인과 작업했던 자신의 경험을 고려하여 치료자는 연쇄상구균 바이러스에 노출되었거나, 패혈증 인두염에 걸릴 가능성에 대해 질문하였다. 패혈증 인두염은 소아 급성 발병 신경정신병 증후군(Pediatric Autoimmune Neuropsychiatric Disorder Associated with Streptococcus: PANDAS)이라고 불리는 상태와 관련이 있다. 간단히 말해서, 연쇄상구균 감염 자체가 아니라 감염에 대한 신체의 면역반응이 증상을 유발한다고 생각되며, 이는 짧은 시간에 걸쳐 상당히 악화될 가능성이 있는 급성 발병으로 특징지어지는 틱 증상이나 강박장애 증상일 수 있다. 예상할 수 있듯이, 정서적 불안정, 취침 의식(bedtime ritual)과 같은 연령에 부적절한 행동, 잦은 배뇨 등의 다양한 동반이환 행동이나 증상이 있다. 연쇄상구균에 대한 인후 면봉 검사는 종종 진단의 시작점이지만, 특정 항체에 대한 혈액 검사가 필요한 경우가 많다. 복잡한 문제는 이러한 증상들을 유발할 수 있는 면역체계 질환이 PANDAS뿐만이 아니라는 사실이다.

새미의 부모는 든든한 지지자였으며, PANDAS에 대한 시외 의료 전문가와 연락을 취하기 위해 여러 추천 과정을 거쳤다. 인후 면봉 및 혈액 검사 결과를 바탕으로 의료 전문가는 새미가 PANDAS에 걸렸다고 판단했으며, 항생제를 처방하였다. 유감스럽게도 첫 번째 종류의 항생제는 효과가 미미했고, 새미의 증상은 악화되었다. 일주일 안에 다른 항생제를 시도하여 새미의 일부 증상이 완화되었다. 하지만 새미가 치료실에 왔을 때는 옷을 겹겹이 껴입고 있어서 치료자에게 인사하기 위해 모자 두 개와 목도리를 벗을 수도 없었다. 새미의 부모는 약속 전날 밤 새미가 걱정에 휩싸여 잠자리에 드는 데 다섯 시간이나 걸렸다고 보고하였다.

강박장애는 일반적으로 신경생리학적 문제로 여기는데, 내담자는 종종 생각과 충동에 대해 사고하고 반응하는 새로운 방식에 초점을 맞추는 인지행동적 접근의 도움을 가장 많이 받는다. 노출 및 반응 방지법(exposure and response prevention)을 통해 아이가 강박장애 사고나 충동을 의식으로 무력화하려 하지 않고 경험할 수 있도록 돕는다. 말하자면, 새미의 부모는 게임을 앞서나갔고, 강박장애가 '해로운 것(a pest)'으로 표현되어 아이가 자신의 뇌에서 일어나는 일을 이해하도록 돕기 위해 심리교육적 접근을 취하는 아동용 강박장애 책을 구입하였다. 이 책에는 강박장애에 대처하는 방법에 대한 구체적이고 단계적인 전략의 개요가 서술되어 있다. 새미의 부모는 새미가 처음 서너 쪽을 읽고는 책이 도움이 안 된다고 항의했다고 보고하였다. 그 책은 개념적으로 잘 구성되어 있었으며, 이러한 유형의 개입에 필요한 모든 요소를 갖추고 있었다. 유감스럽게도 새미는 책에 묘사된 행동에 공명할 수 없었으며, 강박장애를 '해로운 것'으로 묘사하거나 특성화하는 것과의 연관성을 느끼지 못하였다. 간단히 말해서, 서술은 물론이고 강박장애의 특성 묘사 또는 외면화는 '감각적으로 메마른' 것이었을 가능성이 크다. '감각적으로 메마른'이라는 용어는 선더랜드(Sunderland, 2000)가 아이들에게 흥미롭지 않은 '일상적' 언어를 사용하여 아이들을 위한 치료적 또는 문학적 이야기를 묘사하는 데 사용된다. 대신에 선더랜드는 일차적인 심리적 메시지가 아이와 공감해야 하며, 그에 따라 '너무 어려운' 감정을 유지하기 위해서는 아이의 상상력이 활성화되어야 한다고 강조하였다.

새미와 그의 부모는 첫 회기에 들어가기 전에 강박장애 증상과 뇌 기능을 논의함으로써 '2사분면: 개방적 논의 및 탐색'에 본질적으로 참여했다. 하지만 이 의식 수준에서 작업하는 것은 새미의 공포와 방어를 활성화하는 것처럼 보였다. 새미가 친구들이 자신을 '미쳤다'고 생각할까 봐 최근에 걱정한 점을 감안할 때, 새미는 자신에게 무슨 일이 일어나고 있는지 직접 탐색할 자기(Self) 강도가 없을 가능성이 크다. 치료자로서 치료 이야기는 아이를 화나게 하거나 불안하게 한다는 생각에서 자동적으로 '거리'를 두게 한다고 생각하지만, 항상 그렇지는 않다. 밀스와 크롤리(Mills & Crowley, 1986)가 치료적 효능(therapeutic potency)이라고 언급한 적이 있는 이야기를 만들어 내는 데에는 정말 '예술'이 있는 것 같다.

이러한 배경을 고려하여 치료자는 '4사분면: 공동 촉진'에 들어가서 이야기를 전개하기로 결정하였다. 간단히 말해서, 치료자는 새미의 부모가 아이들의 뇌가 어떻게 '떨쳐 버리지 못하는지'를 논의한 강박장애에 관한 책을 함께 보았다는 점을 인정하면서 새미를 놀이실로 초대하였다. 그리고 특별한 너프 총(Nurf zapper)[5]을 사용하여 스티키 씨(Mr. Sticky)[6]를 움츠러들게 하는 표적 게임에 참여하도록 요청하였다. 새미는 스카프 틈으로 엿보며 "어떤 종류의 총들이 있나요?"라고 물었다. 대답은 명백했다! 치료자는 "스티키 씨가 매우 교활하고 그가 나한테 음흉하고 끈적거리는 느낌을 주어 왔기 때문에 특별하게 디자인된 총들뿐이다."라고 대답하였다. 새미는 즉시 총들이 어디에 있는지 물었고, 이는 즉시 놀이실을 소개하고 간략하게 둘러보는 것으로 이어졌다.

놀이실에 들어가자마자 새미는 즉시 너프 총(Nerf zapper)으로 다가갔고, 몇 개의 발포(foam) 다트를 발견했다. 치료자는 화이트보드에 스티키 씨를 그렸고, 스티키 씨가 자신을 위해 만든 몇 가지 까다로운 생각과 규칙을 언급하였다. 스티키 씨를 제압하고 움츠러들게 하는 것을 도와 달라는 치료자의 요청에 새미는 또 다른 총을 움켜쥐고 반복해서 스티키 씨를 제압하며 즉시 받아들였다. 새미는 총의 다트가 자신에게 달라붙을 때마다 자신의 부분을 없앴다. '몰입도: 치료자의 자기 사용 척도'(부록 A)를 참조하면서 치료자는 신체적 움직임과 신체 에너지 수준의 측면에서 자신의 신체적 자기 사용을

5) 장난감 총의 브랜드 이름. 뿅망치의 총기 버전으로, 블래스터류는 BB탄과 같은 단단한 소재가 아닌 전용 스펀지 다트를 발사하여 안전하다. 이 브랜드 말고도 Air zone이나 Buzz bee 같은 다양한 브랜드가 있지만, 인지도 면에서는 Nerf가 압도적이다(출처: 나무위키).

6) Mr. Sticky는 원의 한가운데에 서서 기꺼이 공격 대상이 되는 사람이다. 반드시 원의 한가운데에 있을 필요는 없다(출처: Urban Dictionary www.urbandictionary.com).

보통 수준으로 사용했다(3.1 신체적 자기: 3등급−보통). 이것은 활동적인 놀이였으며, 새미가 적극적으로 참여하고, 때로는 스티키 씨를 '미워'한다고 언급하면서 언어화를 추가하였기에 새미의 반응은 보통에서 높음 정도로 평가되었다. 치료자의 정서적 자기 사용에 관련하여 중간 수준의 정서적 강도가 반영/추적 반응과 스티키 씨의 소리와 말(2.1 정서성: 3등급−보통)에 생기를 불어넣는 데 두었다. 우리가 스티키 씨를 쉽게 이기거나 제압할 수 있도록 놀이를 구성하는 것이 솔깃한 일이겠지만, 그것은 새미가 자신의 증상에 대한 힘과 통제에 대해 가진 도식이나 세계관일 것 같지 않았다. 대신, 스티키 씨가 할 수 있는 교활한 속임수와 규칙의 종류에 대해 아는 것에 중점을 두었기 때문에 그로 인해 그가 더는 우리에게서 숨는 것을 어렵게 하였다. 생각해 보면 치료자의 정서적 자기 또한 이 회기 동안에 존재하였고 어느 정도 활성화되었다. [부록 A]의 2.2를 검토할 때, 치료자에게 나타나는 분노와 좌절의 개인적 감정을 인식하면서 정서적 자기 척도는 2에서 3으로 평가되었다. 이러한 감정들은 물론 스티키 씨에게 투사되었고, 이 경우에 자기를 의도적으로 사용하는 것이 자기 표현뿐만이 아니라 새미가 과정에 참여하는 것을 뒷받침한다고 느꼈다. 이에 따라 새미의 반응은 스티키 씨를 향해 좌절과 분노의 목소리를 내는 것이 관찰되어 보통으로 평가되었다. 새미는 단순히 치료자의 말이나 행동을 모델링하거나 모방하는 것이 아니었다. 오히려 새미는 다채로운 언어를 사용하고, 특정한 맥락적 단서들을 덧붙였으며, 스티키 씨에게 말대꾸하기 위한 자신의 목소리를 찾고 있음을 나타냈다.

다음 회기에 새미는 모래 상자를 탐색하는 데 관심을 보였고, 이는 스티키 씨를 잡기 위한 함정을 만들고 본질적으로 그에게 자신의 약 맛을 보게 하자는 요청으로 이어졌다. 새미는 선뜻 이 활동에 참여하여 정교한 일련의 함정을 구축하고 스티키 씨를 나타내는 캐릭터를 선택하였다. 함정을 시험하기 위해 새미는 치료자에게 스티키 씨가 되거나 역할을 맡으라고 요청하였고, 스티키 씨에게 "그냥 탈출해 봐."라는 도전장을 내밀었다. 이 놀이 부분은 '3사분면: 비지시적 반응'과 '4사분면: 공동 촉진' 사이를 오갔다. 때로는 새미가 전적으로 책임을 지고 행동과 언어 표현을 지시하는 반면, 다른 경우에는 치료자가 함정이 실제로 있는지 또는 강한지 보기 위해 스티키 씨와 잠시 급습하였다. 치료자의 반응은 이것이 이전에는 자신의 힘, 통제 또는 보호 능력에 대한 새미의 세계관이나 도식의 일부가 아니었을 것이기에 현재 힘 또는 억제 감각이 있는지를 확인하는 유연한 가설 시험의 수단으로 볼 수 있다. 이러한 활동은 '부록 A: 1.4 해석'에 나타나 있다. 이 경우에는 놀이의 은유 내에 있으면서도 유연한 가설이 캐릭터를 통해 형성되고 사용되었기에 3등급 보통이 부여되었다. 치료자는 속삭이는 기법을 사용하여 스티키 씨가 말하거나 해야 할 일에 대한 지시를 종종 새미에게 확인했기에 궁극적으로 이 놀이 부분을 지휘한 사람은 새미였다. 치료자와 새미가 은유적 놀이에 분명히 관여했지만, 새미는 자기 인식 수준에서 작업하고 있었다. 가끔 새미는 자신이 직접 경험했던 행동과 상황에 대해 언급했다. 이를 이해하면서 치료자의 감정적 · 신체적 자기 사용은 새미의 취약한 방어를 더는 활성화하지 않기 위해 보통 범위에 머물렀다.

다음 회기에서 치료자가 새미에게 스티키 씨를 잡기 위해 '슈퍼 함정'을 만드는 데 관심이 있는지 물었을 때 전환점이 발생했다. 새미는 이미 염두에 두고 있는 것이 있다고 열렬히 대답하였다. 치료자는 함정이 스티키 씨가 쓰레기를 주어 보관하는 것과 같은 그의 교활한 규칙 중 한 가지를 따르지 못하도록 아주 튼튼한지 궁금해하였다. 새미는 그럴 수 있다고 확신했고, 즉시 모래에 울타리를 방어막으로 설치하고 바닥이 안 보이는 구멍을 판 후 모래 상자의 일부분을 적셔 헤어나오기 힘들게 만들었다. 일단 함정이 준비되자 새미와 치료자는 자신들의 계획을 의논하기 위해 방을 나왔다. 부모님의 지원으로 각자 스낵바를 방으로 가져와서 스티키 씨 앞에서 먹고 난 후 포장지를 바닥에 던지기로 했다. 또한 그들은 스티키 씨가 자신들에게 포장지를 집어서 가져가야 한다고 말하면 그에게 뭐라고 말할지에 대한 계획도 세웠다. 본질적으로 그들은 스티키 씨를 함정에 빠뜨려 놓고, 그의 규칙에 귀를 기울이지 않고, 심지어 그를 쓰레기와 함께 놀이실 바닥에 남겨 둘 준비가 되어 있었다.

새미는 이 '범죄 행위'에 전적으로 관여하고 참여하였다. 스티키 씨와 쓰레기를 두고 놀이실 문을 닫을 때 망설이는 순간이 있었지만, 이제 새미는 더 큰 힘과 결의로 스티키 씨에게 맞설 것이 분명하였다. 이 회기에서 치료자의 추적 반응과 반영의 사용은 보통에서 높음(moderate-to-high) 범위였다. 새미의 비언어적 · 언어적 반응을 추적하고 반영하는 것뿐만 아니라 스티키 씨가 생각하거나 말할 수 있는 것에 주의가 집중되었다. 게다가 보통에서 높음 수준의 정서성은 놀이에 어느 정도의 정서적 강렬함을 전달하기 위해 사용되었다. 그렇지 않으면 이것은 결국 '공허한 승리(hollow victory)'가 될 수 있다. 치료자의 신체적 자기도 놀이의 전반적인 강도와 주제의 특성 및 주제를 유지하는 방식으로 이 놀이 부분 전반에 걸쳐 접근되었다.

향후 회기에서는 노출 및 반응 방지 활동이 장난스럽지만 직접적인 방식으로 발생했던 몇 가지 다른 주목할 만한 전환점이 나타났다. 예를 들어, 치료자와 새미는 가을 동안 야외에서 스티키 씨를 상대로 나뭇잎을 박살 내거나 저벅저벅 밟기 '시합'을 했다. 새미는 또한 스티키 씨를 잡기 위한 함정이 완비된 야외 장애물 코스를 고안했다. 여기에 새미는 자신과 치료자가 뛰어다니거나, 발로 밟거나, 찢을 수 있는 쓰레기 물품을 전략적으로 배치했다. 이러한 활동들은 높은 수준의 정서성과 신체성을 포함했고, 이는 치료적 효능에 기여하였다. 치료 과정의 배경으로 항생제 사용이 일부 일차적 · 이차적 증상을 줄이는 데 효과적이었음이 분명하였다. 몇 달 후에 새미는 다시 한번 적극적으로 지역사회를 탐험하고 학교와 스포츠 활동을 즐기게 되었다.

이 사례연구에서 포착된 전환점은 주로 사고, 행동, 정서, 또는 이해의 변화인 첫 번째 유형이다. 하지만 치료가 진행되면서 '주체적 자기'가 '대상으로서의 자기'를 성찰하거나 관찰한 결과로 인식 수준(이전에는 새미가 사용할 수 없었던)의 출현이 일어난 곳에 전환점들이 있었다. 이 사례는 또한 아동의 관찰된 반응 또는 응답과 함께 치료자의 자기 사용을 추적하는 것의 중요성을 강조한다. 치료자의 자기에 접근할 때 낮은 수준이나 보통 수준에서도 높은 정도의 자기 인식이 요구되며, 이는 치료자도 놀이에 몰입하기에 쉽게 얻어지지 않는다. 이러한 이유로 슈퍼비전과 피드백에 대한 접근은 필수적이며, 이에 대해서는 14장에서 더 자세히 검토한다.

참고문헌

Ayduk, O., Gyurak, A., & Luerssen, A. (2009). Rejection sensitivity moderates the impact of rejection on self-concept clarity. *Personality and Social Psychology Bulletin, 35*, 1467-1478.

Baldwin, M. (1987). The use of self in therapy. *Journal of Psychotherapy and the Family, 13*, 7-16.

Bates, E. (1990). Language about me and you: Prominal reference and the emerging concept of self. In D. Cicchetti & M. Beeghly (Eds.), *The self in transition: Infancy to childhood*. Hillsdale, NJ: Erlbaum.

Bragan, K. (1996). *Self and spirit in the therapeutic relationship*. London: Routledge.

Erwin, E. (1997). *Philosophy and psychotherapy*. London: Sage.

Garfield, S. L. (1994). Eclecticism and integration in psychotherapy: Developments and issues. *Clinical Psychology: Science and Practice, 1*, 123-137.

Gergen, K. (1996). The healthy, happy human being wears many masks. In W.T. Anderson (Ed.), *The fontana postmodernism reader*. London: Fontana Press.

Gigerenzer, G. (2001). The adaptive toolbox. In G. Gigerenzer & R. Selten (Eds.), *Bounded Rationality: The adaptive toolbox*. Cambridge, MA: MIT Press.

Greenspan, S. I. (1997). *The growth of the mind and the endangered origins of intelligence*. Cambridge, MA: Perseus Books.

Guerney, L. (2001). Child-centered play therapy. *International Journal of Play Therapy, 10*(2), 13-31.

Harter, S. (2006). The self. In N. Eisenberg, W. Damon, & R. M. Lerner (Eds.), *Handbook of child psychology: Social emotion, and personality development*

(6th ed.). New York: Wiley.

Harter, S. (2012). *The construction of the self: developmental and sociocultural foundations*. New York: Guilford Press.

Hobson, R. F. (1985). *Forms of feeling: the heart of psychotherapy*. London: Routledge.

James, W. (1892). *Psychology: The briefer course*. New York: Henry Holt.

James, W. (1990). *Principles of psychology*. Chicago: Encyclopedia Britannica.

Kahn, M. (1997). *Between therapist and client: The new relationship*. New York: Freeman.

Knell, S. M. (1999). Cognitive-behavioral play therapy. In K. O'Connor & C. Schaefer (Eds.), *Play therapy theory and Practice: A Comparative Presentation*. New York: Wiley.

Knell, S. M. (2003). Cognitive-behavioral play therapy. In C. E. Schaefer (Ed.), *Foundations of play therapy*. New Jersey: John Wiley and Sons, Inc.

Kottman, T. (2003). Adlerian play therapy. In C. Schaefer (Ed.), *Foundations of play therapy*. New York: Wiley.

Landreth, G. (2002). *Play therapy: The art of the relationship* (2nd Ed.). New York: Brunner-Routledge.

Miller, P. J., Potts, R., Fung, H., Hoogstra, L., & Mintz, J. (1990). Narrative practices and the social construction of self in childhood. *American Ethnologist, 17*, 292-311.

Mills, J., & Crowley, R. (1986). *Therapeutic metaphors for children and the child within*. Philadelphia, PA: Brunner/Mazel.

Munns, E. (2000). Traditional family and group theraplay. In E. Munns (Ed.), *Theraplay: Innovations in attachment-enhancing play therapy*. Northvale, NJ: Aronson.

Nelson, K. (2003). Narrative and self, myth and memory: Emergence of the cultural self. In R. Fivush & C. A. Haden (Eds.), *Autobiographical memory and the construction of the narrative self*. Mahwah, NJ: Erlbaum.

Norcross, J. C. (2005). A Primer on psychotherapy integration. In J. C. Norcross

& M. R. Goldfried (Eds.), *Handbook of Psychotherapy Integration* (2nd Ed.). Oxford: Oxford University Press.

Oaklander, V. (2003). Gestalt play therapy. In C. E. Schaefer (Ed.), *Foundations of play therapy*. New Jersey: John Wiley and Sons, Inc.

O'Connor, K. (1997). Ecosystemic play therapy. In K. O'Connor & L. Braverman (Eds.), *Play therapy theory and practice: A comparative presentation*. New York: Wiley.

O'Connor, K. (2002). The value and use of interpretation in play therapy. *Professional Psychology: Research and Practice, 33*(6), 523-528.

Peery, C. (2003). Jungian analytical play therapy. In C. E. Schaefer (Ed.), *Foundations of play therapy*. New Jersey: John Wiley and Sons, Inc.

Pynoos, R., & Eth, S. (1986). Witness to violence: The child interview. *Journal of the American Academy of Child Psychiatry, 25*(3), 306-319.

Schaefer, C. E. (2003). Prescriptive play therapy. In C. E. Schaefer (Ed.), *Foundations of play therapy*. New Jersey: John Wiley and Sons, Inc.

Schoenewolf, G. (1990). *Turning points in analytic therapy: From Winnicott to Kernberg*. New Jersey: Jason Aronson, Inc.

Smith, D. (1982). Trends in counseling and psychotherapy. *American Psychologist, 32*, 752-760.

Stone, M. H. (2015). *Turning points in psychotherapy*. Accessed on 03/08/2018 at www.freepsychotherapybooks.org/product/494-Turning-Points-in-Psychotherapy.

Sunderland, M. (2000). *Using storytelling as a therapeutic tool with children*. Milton Keynes: Speechmark Publishing Ltd.

VanFleet, R., Sywulak, A., & Sniscak, C. (2010). *Child-centered play therapy*. New York: Guilford Press.

Wilson, K., & Ryan, V. (2005). *Play therapy: A nondirective approach with Children and Adolescents* (2nd Ed.). Philadelphia, PA: Elsevier.

Winnicott, D. W. (Ed.). (1949). Hate in Counter-transference. *The International Journal of Psychoanalysis, 30*, 69-74.

Wosket, V. (1999). *The therapeutic use of self: Counselling practice, research and supervision*. London: Routledge.

Yasenik, L., & Gardner, K. (2004). *Play therapy dimensions model: A decision-making guide for therapists*. Calgary, AB: Rocky Mountain Play Therapy Institute.

Yasenik, L., & Gardner, K. (2012). *Play therapy dimensions model: A decision-making guide for integrative play therapists*. London: Jessica Kingsley Publishers.

제2장

놀이 배우기 치료를 통한 자기의 출현

Karen Stagnitti

사례 소개

빌리는 놀이치료실에 들어왔을 때 무엇을 기대해야 할지 확신하지 못했다. 빌리는 조용했고, 양면 거울에 비친 자신의 모습을 지켜보았다. 빌리는 불안해했고, 이따금 어머니를 흘끗 보았지만, 엄마나 치료자와 사회적으로 관계를 맺는 데 관심이 없이 '떠다니는' 것처럼 보였다. 빌리는 네 살이었고, 특정언어장애(Specific Language Impairment: SLI) 진단을 받았다. 빌리의 언어병리학자는 언어 지연과 또래와의 상호작용이 좋지 않은 점에 주목했다. 『정신질환의 진단 및 통계 편람 5판(Diagnosstic & Statistical Manual of Mental Disorders: DSM−5)』(American Psychiatric Association, 2013)에서 특정언어장애가 있는 아동은 언어장애의 광범위한 범주에 포함된다. 이러한 아동은 '표준화된 언어 측정에서 연령 기대치 미만'의 점수를 보이며, 이는 '인지적 · 신경학적 또는 청각적 문제'로 설명할 수 없다(Jester & Johnson, 2016, p. 25).

또한 이러한 아동은 가상 놀이에서도 지연이 있다. 예를 들어, 놀이를 시작하는 데 문제가 있고, 제한된 놀이 각본을 가지고 있으며, 연령대가 일치하는 또래들보다 초기 형태의 가상 놀이를 한다(Jester & Johnson, 2016). 빌리는 지역의 일반 유치원에 다녔지만, 선생님은 빌리가 혼자 놀았고 주로 다른 아이들을 관찰했다고 언급하였다. 아이들이 빌리와 놀려고 다가가지만 아이들은 빌리가 말하는 것을 이해할 수 없었으므로 빌리를 혼자 내버려 둔 채 다른 활동을 하러 가 버리는 일이 잦았다. 결과적으로 빌리의 언어 및 놀이의 어려움, 그리고 유치원 선생님으로부터 얻은 정보로 인해 빌리의 언어병리학자는 빌리의 가족에게 놀이치료(Stagnitti, 1998, 2016)를 권하였다.

놀이치료를 시작하기 전에 빌리와 빌리 엄마와의 첫 번째 만남은 빌리의 자발적인 가상 놀이 능력을 규명하기 위한 것이었다. 이를 위해 '아동 주도 가상 놀이 평가 척도(Child-Initiated Pretend Play Assessment: ChIPPA)' (Stagnitti, 2007)가 사용되었다. 어른용 의자[호주에서는 '커비의 집(cubby house)', 영국에서는 '웬디의 집(wendy house)', 캐나다에서는 '요새(fort)' 또는 '집(house)'으로 불림] 위에 종이가 한 장 놓여 있고, 이것은 '놀이'를 제안하는 공간을 만들었다. ChIPPA의 첫 회기를 위한 놀이 재료들이 마루에 놓여 있었다. 놀이 재료들은 트럭과 트레일러, 울타리, 동물, 렌치, 성별이 없는 작은 인형이었다. 빌리는 불안해했고, 이번이 처음이었기에 마루에 있는 장난감을 가리키며 빌리에게 "원하는 대로 놀아."라고 요청하는 것 외에는 언어적 언급을 거의 하지 않았기 때문에 나의 정서적 자기 사용은 낮았다(부록 A: 2.1 정서성). 빌리에게 자신이 있는 그대로 수용되는 느낌을 받게 하려고 빌리와 거리를 두었기에 나의 신체적 자기 사용도 역시 낮았다(부록 A: 3.1 신체적 자기). 10분 후에 빌리는 마루에 앉아 장난감을 가지고 놀기 시작하였다. 15분 후에 나는 빌리에게 우리가 장난감을 가지고 놀 시간이 다 되었고, 나에게 가지고 놀 다른 장난감들이 있다고 말했다. 나는 장난감들을 ChIPPA의 비구조화된 놀이 재료로 교체하였다. 이 첫 회기 동안 빌리의 놀이 능력에 대한 나의 관찰은 빌리가 놀이에서 어떤 캐릭터와도 관여하지 않고, 때때로 놀이의 서너 가지 행동을 논리적으로 배열할 수 있고, 놀이에서 물건들을 상징(가령, 상자를 침대로)으로 사용하지 않으며, 빌리가 30분 동안 놀 수 없다는 점에 주목했다. 빌리의 놀이는 어떤 서술이나 응집력 있는 이야기를 보여 주지 않았다. 빌리의 엄마는 빌리가 먹거나 마시는 척하는 것(놀이에서 신체 관련 각본)을 본 적이 없고, 일상생활의 일(예를 들어, 쇼핑, 차를 타고 가는 것)도 하지 않는다고 언급했다. 빌리는 놀이에 정서적으로 관여하지 않았고, 놀이 평가 중에 말하지도 않았다. 빌리의 떠오르는 자기 감각은 약해 보였다. 빌리의 놀이 능력에 대한 관찰에 근거하여 나는 빌리를 참여시키고 빌리의 놀이 능력 수준에 적합한 놀이 활동을 결정하였다.

이론적 방향

가상 놀이의 발달 및 가상 놀이가 어떻게 아이의 자기 세계에 참여하는 능력에 영향을 미치는지 이해하는 것은 놀이치료의 강력한 기초 틀이다. 가상 놀이는 놀이 재료, 놀이 행동, 놀이 장면에 의미를 부여하는 것을 포함한다. 의미를 부여하는 이러한 능력은 메타표상적 사고(meta-representational thought; Leslie, 1987), 상징적 사고(Kelly & Hammond, 2011), 문자 그대로의 뜻을 넘어선 사고(Stagnitti, 2010)로 일컬어 왔다. 테시어 등(Tessier et al., 2016)은 메타표상적 사고 및 상징적 사고를 "외부 현실과 구별되는 정신적 및 내적 현실을 발견하고 이해하는 데 중심적 역할을 하는 것"(p. 61)으로 개념화하였다. 이러한 내적 현실과 외적 현실의 구별은 아동이 사고를 표현하고 정신화할 수 있다는 점을 이해할 수 있게 한다(Tessier et al., 2016). 특히 가상 놀이의 정의적 특징이 놀이에서 상징을 사용하고, 속성의 특성에 의미를 부여하고, 존재하지 않는 대상을 참조할 수 있는 능력이기에(Hughes & Leekam, 2004; Leslie, 1987) 이러한 발달에 매우 중요하다. 대부분의 아동에게 가상 놀이는 생후 12개월부터 시작되며, 빈 컵으로 마시는 시늉을 하는 것과 같은 놀이 행동은 신체 각본을 반영한다(Stagnitti, 2009). 2~3세까지의 가상 놀이 각본은 아동의 일상을 반영하며, 짧은 논리적 · 연속적 행동들은 아동 놀이의 구성이 점점 복잡해지는 것을 보여 준다(Stagnitti, 2009). 놀이에서 이 발달의 시기는 아동이 자기를 묘사할 수 있기에 '주체적 자기'가 '대상으로서의 자기'를 인식하는 것과 일치한다(Harter, 2012). 2~4세까지 자기에 대한 이러한 묘사는 남자기(Self)이의 경우에는 아이의 활동과 기술에 대한 설명을, 여자아이의 경우에는 사회적 · 관계적 활동 측면에서 자기에 대한 설명을 기반으로 할 가능성이 가장 크다(Harter, 2012). 테시에 등(Tessier et al., 2016, p. 61)은 아동이 놀이에서 삶의 사건을 연기하고 상징을 사용할 수 있는 2~4세 동안에 이러한 자기 인식의 감각이 고조되는 것이 "내적 · 자전적 이야기의 발달에 기여한다."라고 주장하였다. 하터(Harter, 2012)는 이 기간에 부모도 또한 아이의 자전적 이야기를 알려 준다고 언급하였다. 예를 들어, 부모가 아이에게 자신이 활동하고 있는 사진을 보여 주거나, 아이가 어디에 있었고 무엇을 보았는지를 아이에게 이야기하는 것이다. 나는 또한 아동의 일상생활을 반영하는 놀이 각본이 아이가 자전적 이야기에 대한 자신의 발달하는 감각을 어떻게 표현하는지의 증거를 제공한다고 주장한다.

놀이치료에서 가상 놀이의 힘은 아동이 놀이를 통해 의미를 부여하는 능력이 향상함으로써 아동의 자기 감각을 뒷받침하고 통합하는 것으로 이해된다. 표상적 사고 및 놀이에서의 의미 부여를 통해 아동은 서사적 이해(Nicolopoulou & Ilgaz, 2013), 창의성(Hoffmann & Russ, 2012), 문제해결(Hoffmann & Russ, 2012), 사회적 능력(O'Connor & Stagnitti, 2011), 메타인지(Whitebread & O'Sullivan, 2012), 맥락 및 언어의 이해(Kirkham, Stewart, & Kidd, 2013; Stagnitti & Lewis, 2015; Westby, 1991), 추론(Whitebread et al., 2009), 정서 이해와 자기 조절(Elias & Berk, 2002; Hoffmann & Russ, 2012; Whitebread et al., 2009)을 보여 준다.

비고츠키는 아동이 가상 놀이를 할 때 정신적 능력이 발달한다고 믿었다(Vygotsky, 1966/1997). 그는 또한 사람들이 자신의 세계를 구성하는 데 있어

사회적 · 문화적 영향력을 인정했고, 유능한 또래와 성인들이 발달에 긍정적 영향을 미칠 수 있다고 주장하였다(Vygotsky, 1997). 따라서 치료자가 아이와 함께 놀이를 공동 촉진하는 것은 놀이 배우기 치료에서 핵심 과정이다.

놀이치료는 또한 로저스 이론에 기반한 인본주의 이론에 의해 뒷받침된다. 로저스 이론에서는 아동을 자신의 문제를 해결할 수 있는 능력이 있는 유능한 존재로 접근하고 모든 시점에서 아이를 수용한다(Axline, 1974). 따뜻한 수용적 관계의 확립은 안전감을 확립하기 때문에 치료적 관계의 중심이다(Axline, 1974). 액슬라인(Axline, 1974, p. 73)의 여덟 가지 기본 원칙 중 일곱 가지는 놀이치료 및 치료자와 아이 간의 치료적 관계의 핵심이다. 이러한 원칙들에는 따뜻한 수용적 관계의 확립, 아동의 수용, 아동이 자유롭게 감정을 표현하기, 치료자가 그러한 감정들을 인식하기, 아동이 문제를 해결할 수 있도록 하기, 치료는 아동의 속도에 맞추기, 아동의 안전을 위해서만 제한을 설정하기가 있다. 치료자와 아동 사이의 따뜻한 수용적 치료 관계와 함께 아동이 안전하다고 느끼는 환경을 조성하고, 아동의 능력 내에서 놀이 활동을 제시함으로써 즐겁게 놀이에 참여할 수 있는 환경을 조성한다. 즐겁게 놀이를 하는 것이 진정한 놀이이다(Stagnitti, 2017). 가상 놀이에 아동이 정서적으로 참여하는 것은 뇌의 변연계 및 피질 영역을 자극하여(Stagnitti, 2017) 도파민, 오피오이드, 옥시토신과 같은 호르몬을 분비하게 한다(Sunderland, 2007). 이러한 호르몬의 분비는 즐거움의 감정을 유발하며(Sunderland, 2007), 이는 다시 놀이에 더욱 깊이 참여하게 한다.

사례개념화

빌리는 놀이가 2년에서 2년 반이 지연되었고, 더 큰 지연은 대상을 상징화하는 능력(즉, 상자를 자동차로 사용하는 것 같은 대체물을 사용하는 것)과 놀이 각본에 있었다. 물체로 상징화하는 것은 언어와 서사를 예측하는 것이다

(Stagnitti & Lewis, 2015). 빌리는 익숙한 장난감으로 잠깐잠깐은 놀 수 있으나, 놀이에서 요리나 식사와 같은 가정 각본을 나타내지는 않았다. 그는 낯선 상황에서는 불안해하고 자신감이 없으며, 놀이실에 들어올 때는 어머니를 안전기지로 의지하였다. 놀이치료 차원 모델(Play Therapy Dimensions Model: PTDM; Yasenik & Gardner, 2012)의 비지시적-지시적 연속선에서 놀이치료는 항상 '4사분면: 공동 촉진'에서 시작한다. 치료자는 아동 옆에서 놀이 활동들을 소개하고 놀이를 모델링함으로써 놀이를 아동과 공동 촉진한다. 놀이치료에서 부모는 자녀의 놀이를 이해하는 능력을 높이고 어떻게 아이와 놀이에 참여하는지를 아는 것이 치료의 중요한 부분이므로 부모에게 치료 회기에 참여하도록 권장한다(Stagnitti, 2014). 부모가 치료에 완전히 참여하는 것이 보호자가 참여하지 않거나 부분적으로 참여하는 것(.33)보다 큰 효과 크기(.59)를 산출하는 것으로 나타났다(Lin & Bratton, 2015). 빌리의 엄마인 모린은 빌리가 또래와의 사회적 관계 및 자기 조절력의 부족에 대해 걱정하였다. 예를 들어, 빌리는 자신의 집에 놀러 오는 친구가 없었기에 매우 쉽게 좌절하였다. 좌절하면 빌리는 소리를 지르고 물건들을 던졌으며, 걷잡을 수 없이 비명을 지르고 통제할 수 없이 울었다.

놀이실에서 특정언어장애가 있는 아이들은 화가 난 것처럼 보인다. 이 아이들의 놀이 재료 조작에서는 거칠고, 물건들이 서로 부딪히고, 인형을 '다치게' 하는 공격적인 놀이가 관찰된다. 나는 이 축적된 분노가 아이들이 다른 사람들과의 언어적 · 사회적 상호작용에서 느낀 좌절감에서 비롯된다고 추측한다. 빌리의 유치원 선생님은 빌리가 또래로부터 이해받지 못하는 경험을 하였으며, 또래들이 자신에게서 멀어지거나 언어적 상호작용에 화답하지 않기 때문에 거부감을 느끼는 경험을 했다고 보고서에 언급하였다. 이러한 아이들을 있는 그대로 수용하고 능력을 존중하는 것은 이 아이들에게 흔한 경험이 아니다.

나는 아동의 가상 놀이 능력을 촉진하는 것은 언어, 서사적 이해, 사회적 인식, 상징적 사고, 자기 조절을 자극할 것이라고 믿는다. 왜냐하면 아동을 가상 놀이에 참여시키는 동안에 언어, 서사, 마음 이론, 그리고 자기 조절과 관련한 뇌의 영역들이 활성화되기 때문이다(Kuhn-Popp et al., 2013; Lewis & Carmody, 2008; Whitehead et al., 2009). 하지만 이것이 효과적이려면 놀이 능력의 변화에 앞서 정서적 참여가 선행되기 때문에 놀이에서 아이의 정서적 즐거움이 필요하다(Sherratt & Donald, 2004; Stagnitti & Casey, 2011). 에버를(Eberle, 2014), 개스킬과 페리(Gaskill & Perry, 2014)는 '진정한' 놀이가 일어나려면 아이가 즐거운 기쁨을 경험해야 한다고 주장하였다. 빌리의 경우, 즐겁고 기쁜 놀이 활동에 참여시키는 것은 놀이의 중요한 주제인 신뢰를 확립할 뿐만 아니라, 빌리의 능력과 놀이 참여를 높이는 데에도 중요하다(Ryan & Edge, 2011).

놀이 활동은 아동의 발달적 놀이 능력에 맞게 선정된다. 빌리에게 이것은 18개월에서 2세 사이의 발달 연령의 놀이 활동을 선택하는 것을 의미한다. 빌리의 놀이 연령에 맞는 놀이 활동을 선택함으로써 빌리가 자신의 세상을 이해하는 데 있어서 있는 그대로의 빌리와 빌리가 어디에 있는지를 존중해 주었다. 빌리는 이러한 활동에 참여하고, 무엇을 해야 하는지 이해할 수 있었다. 빌리가 놀이를 이해하는 수준에서 치료를 시작하면 치료 초기 단계에서 놀이 활동이 어렵지 않기에 빌리의 불안감을 줄일 수 있다. 이러한 활동들은 치료가 진행됨에 따라 나의 자기 사용의 변화와 함께 더 복잡해질 것이다. 빌리에 대한 자기 사용의 이러한 변화 및 전환점들은 다음에 자세히 설명되어 있다.

치료 과정: 전환점과 자기(Self)의 출현

아동이 복잡한 놀이 기술을 개발하지 못했던 이유는 다양하다. 그 이유는 환경적 · 정서적 상황(예를 들어, 학대나 방치)에서(Cooper, 2000) 진단이나 발달 지연(예를 들어, 자폐 아동), 원인 불명까지 다양하다. 하지만 놀이 능력은 진단에 좌우되지 않으며(Emblen, 2014), 놀이치료를 시작하기 전에 각 아이의 놀이 능력을 확인해야 한다. 치료의 원리에는 아동을 있는 그대로 받아들이는 것, 아동의 놀이 능력을 이해하는 것, 아동의 집중된 관심을 얻는 것, 놀이 활동 안에서 변화와 반복을 사용하는 것, 놀이가 진전됨에 따라 놀이에 관해 얘기하는 것, 아동과 정서적으로 관계를 맺는 것, 그리고 아동이 주도하도록 기회를 주는 것 등이 있다. 첫 치료 회기에서 놀이 평가와 빌리의 자기 감각이 놀이 활동의 선택에 영향을 미쳤다. 즉, 빌리는 방 안을 '떠다니며' 자기 주위에서 무슨 일이 일어나고 있는지 인식하지 못하는 것 같았다. 빌리의 놀이 수준 및 약한 자기 감각을 고려하여 나는 감각 운동 수준에서 후기 걸음마 단계에 해당하는 놀이 활동을 선택했다. 첫 치료 회기에서 나는 놀이에서 언어적 자기 사용을 낮게(몰입 척도의 1.1), 정서적 자기 사용은 좀 더 높게 보통으로(몰입 척도의 2.3), 신체적 관여는 높은 수준으로(몰입 척도의 3.5) 하였다. 나는 첫 번째 놀이 활동(놀이치료 차원 모델의 4사분면: 사분면의 맨 아래에서 작업)을 소개하였고, 빌리의 정서적 상태에 반응하며 놀이를 시작하였다. 첫 번째 놀이 활동은 감각 운동 활동과 함께 초기 가상 놀이 능력인 탈중심화(즉, 자기 외부에 있는 다른 사람을 지각하는 것)였다. 이 활동은 또한 빌리를 참여시키고, 비판단적인 분위기를 조성하며, 놀이에서 정서적 참여를 촉진하기 위해 선택되었다. 나는 크고 부드러우며 긴 팔을 가진 인형을 사용하는 공 받기 놀이 활동을 선택했다. 인형은 공을 잡고 있었다(따라서 탈중심화 개념을 소개하는 놀이에서 활동적인 대리인임). 인형은 빌리에게 공을 던졌다. 나는 이것을 천천히 했다. 빌리는 공을 놓쳐서 집어 다시 던졌다. 내 큰 인형이 공을 잡으려고 재빨리 움직였으나 놓쳤다. 그래서 공 쪽으로 뒤뚱거리며 가서 집어 다시 빌리에게 던졌다. 빌리는 이 시간 동안 인형을 보면서 관심을 집중하였다. 이번에는 빌리가 공을 잡아 다시 던졌다. 인형이 "오!" 하고 소리를 냈고, 나는 "얘가 그걸 놓쳤어."라고 말하였다. 빌리는 이에 미소를 지었다. 인형이 빌리에게 공을 던졌다. 이번에는 빌리가 공을 힘껏 던졌다. 인형은 공을 받고는 "어휴!" 하고 또 다른 소리를 냈다. 인형은 재빨리 빌리에게 다시 공을 던졌다. 빌리가 계속 집중력을 유지하고 미소를 지으면서 나는 놀이에 대한 신체적 참여를 늘렸다. 빌리가 공을 던졌고, 공은 방의 다른 쪽으로 갔다. 인형은 공을 잡으려고 달려갔고, 빌리는 키득거리며 웃었다. 그러자 인형은 "알았어."라고 말했다. 인형은 빌리에게 공을 던졌다. 빌리는 공을 잡고는 내 얼굴을 쳐다보았다. 나는 빌리가 직접 인형과 관계를 맺도록 격려하려고 자신의 얼굴 앞에서 인형을 움직였다. 루이스와 카모디(Lewis & Carmody, 2008)는 다른 관련 놀이(예를 들어, 인형 관련 놀이)는 아동이 자신 외부의 무언가 또는 누군가에게 의미와 사고를 부과할 때 일어난다는 점에 주목하였다. 이것은 마음 이론의 징후라고 주장되어 왔다(Lewis & Carmody, 2008). 발달적으로 이것은 또한 자기 관련 놀이보다 더 높은 수준의 놀이이다(Westby, 1991). 놀이에 어려움이 있는 아동의 경우, 나는 다른 관련 놀이부터 시작하면 먹고, 마시고, 자는 등 자기 관련 놀이를 하기 전에 더 쉽게 놀이에 참여할 수 있다는 것을 알게 되었다. 이에 대한 한 가지 가능한 이유는 아동이 자기 밖에 있는 대상과 놀이할 때, 그것은 외부적이어서 아동이 볼 수 있기 때문이다. 대상에 부과된 놀이 행동을 외부적으로 보고, 아동이 이러한 행동을 적극적으로 받아들이는 것은 아동이 그 행동을 내부적으로 표현하는 데 도움이 될 수 있다. 인형과 공 잡기를 하는 동안에 빌리는 점점 더 활기가 넘쳤고, 이에 반응하여 인형은 빌리보다 먼저 공을 잡기 시작했다. 인형은 심지어 빌리의 등에 올라탔다. 빌리는 기뻐하며 반응했다. 빌리는 놀이에 완전히 몰입했다. 빌리가 이 활동에 싫증이 났을 때, 나는 나무로 된 과일과 나무로 된 칼을 가지고 먹는 활동을 소개하였다. 칼을 사용하여 벨크로로 묶여 있는 두 조각으로 된 과일을 '자를' 수 있었다. 빌리는 정서적으로 몰입한 채, 곧바로 이 활동으로 이동하여 과일을 자르기 시작하였다. 공 잡기에 쓰였던 큰 인형은 테이블에 앉아 빌리가 과일을 자르면 과일 조각을 먹었다. 빌리는 인형을 보고 웃었지만, 자신이 그 과일 조각들을 먹지는 않았다. 이 회기에 한 다른 활동들로는 방 주위로 트럭을 밀고 다니기, 빌리가 음악을 연주하는 동안에 인형이 춤추기, 주유하기 위해 작은 차를 나무로 된 차고로 운전해 가기 등이었다. 이 첫 번째 회기 동안에 나는 모든 놀이 활동을 지시하고 소개하면서 빌리가 놀이에 참여한 시간에 대해 빌리에게 응답하였다. 놀이 배우기 치료의 첫 회기에서 치료자는 아동의 놀이 능력 수준을 인지하고, 이 회기를 아동과의 따뜻한 수용적 관계를 구축할 뿐만 아니라, 아동의 놀이를 관찰함으로써 아동의 놀이 능력과 아동이 어떻게 놀이에 반응하고 참여하는지를 확인하거나 정교화하는 데 사용한다.

전환점 1: 나는 와서 기쁘고, 내가 여기 있다는 것을 알아요

세 번째 회기에서 빌리는 놀이실에 가기 위해 엄마 앞으로 달리고 있었다. 빌리는 놀이실에 온 것을 기뻐했다. 놀이에 대한 빌리의 정서적인 참여 및 안전 의식이 확립되었다. 아동이 놀이에서 즐거움을 느끼지 못하면 진정한 놀이가 아니기에 정서적 참여는 신경학적으로 중요하다(Eberle, 2014; Gaskill & Perry, 2014). 옥시토신과 도파민의 급증을 통한 웰빙 감각은 즐거운 다른 사람들과의 상호작용 놀이와 함께 온다(Sunderland, 2007). 놀이에서 아동의 정서적 참여의 깊이는 놀이 능력을 높이는 것은 물론, 다음 회기에서 아동이 놀이에 집중하는 관심의 깊이도 높이는 것으로 밝혀졌다(Stagnitti & Casey, 2011).

빌리가 놀이실에 오는 것을 지속적으로 즐거워함에 따라 놀이 활동의 복잡성이 증가하였다. 첫 번째 회기에서는 최소한의 장난감이 사용되었고, 가정에서의 일상생활 활동을 반영한 놀이가 초점이 되었다. 이 시간 동안, 나는 빌리의 놀이를 확장하기 위해 놀이 활동에서 변화를 사용해 빌리에게 반응하는 것(차가 너무 '뜨거운' 척하거나 다른 모양으로 블록을 쌓는 것)은 물론, 빌리의 놀이 참여 시간을 늘리기 위해 반복도 사용하였다. 또한 빌리의 놀이 참여에 대응하여 나는 놀이를 확장하거나 단순화하려고 놀이 활동 내에서 반복과 변화를 사용하였다. 빌리는 회기에서 자신만의 놀이 아이디어를 제안하기 시작했다. 빌리가 이렇게 하면서 나의 반영 및 추적 반응은 보통에서 높음으로 이동하였고(몰입 척도 1.2), 재진술 내용은 낮음에서 보통으로 이동하였다(몰입 척도 1.3). 빌리가 놀이를 통해 정서적으로 자신을 표현하면서 이러한 놀이 단계 동안에 좀 더 공격적으로 되었다. 차들이 충돌하고, 작은 피규어들이 다치곤 하였으며, 빌딩들은 파괴되곤 하였다. 빌리의 놀이는 거칠고 시끄러웠으며, 이 기간에 반영과 추적, 그리고 내용 재진술은 보통에서 높음으로 이동하였다. 비록 내가 회기를 위해 계획했던 놀이 활동의 일부를 활용하지 못하는 결과를 낳게 되더라도, 나는 모든 놀이 활동을 지시하는 것에서 빌리의 욕구에 반응하는 것으로 치료적으로 이동하였다. 나는 이제 놀이 회기 중에 어떤 놀이 활동들이 전개될지 모른다는 불확실성을 안고 편안하게 앉아 있었다. 이 단계에서 빌리는 놀이 장면을 구성하고, 놀이에서 상징을 사용하기 시작하였다.

전환점 2: 내가 했어요!

빌리의 놀이 활동이 좀 더 복잡해지면서 더 많은 놀이 재료가 회기에서 사용되고 있었다. 두 번째 전환점은 빌리가 도로 시스템을 계획해서 만든 다음, 블록과 초록색 깃털로 나무를 만든 한 회기가 끝날 무렵에 발생하였다. 빌리는 조심스럽게 나무들을 도로 옆에 두었다. 빌리는 도로의 끝에 큰 블록 구조물을 지었다. 그런 후 차들은 도로를 왔다 갔다 했고, 빌리는 때때로 나무를 넘어뜨리거나 그냥 두거나 다시 짓곤 했다. 회기가 끝날 무렵, 빌리의 어머니는 놀이 장면에 대해 언급하고는 빌리의 아빠에게 보여 주기 위해 사진을 찍고 싶다고 말하였다. 빌리는 자신의 도로, 나무, 큰 빌딩 옆에 쪼그리고 앉았고, 엄마는 여러 장의 사진을 찍었다. 빌리의 몸은 곧게 펴지고, 턱은 치켜 올라갔고, 자신이 만든 것을 자부심을 느끼며 바라보았다. 빌리가 이것을 만들었다! 나는 단지 빌리의 지시에 따라서만 반응하고 공동 촉진하였다. 빌리의 자기 인식에서 변화를 본 것은 처음이었다. 빌리의 주체적 자기는 이 놀이 장면을 어떻게 구성할지 생각하면서 자신의 행동을 통제하였다는 확신이 있는 행위의 주체(sense of agency)를 갖고 있었다.

전환점 3: 이 놀이 각본이 한 회기 전체에서 지속된다

전환점 3에서부터 빌리는 회기의 대부분에서 놀이를 주도하였다. 나는 이제 비지시적 반응(놀이치료 차원 모델의 3사분면)과 공동 촉진(놀이치료 차원 모델의 4사분면) 사이에서 이동했다. 내가 놀이 활동들을 계획했지만, 이것들은 빌리와 빌리가 놀이를 맡은 곳에 대한 반응으로만 활용되었다. 빌리에 대한 반응으로 나의 치료적 자기는 놀이를 지탱하고 있었다. 나는 놀이에서 빌리의 놀이 능력을 관찰하고 순간적으로 조용히 있을 것인지, 공동 촉진할 것인지, 더욱 복잡한 놀이 기술을 도입하여 빌리의 놀이에 도전할 것인지, 아니면 새로운 아이디어를 제안하여 빌리의 놀이를 확장할 것인지를 결정하며 빌리에게 반응하고 있었다. 이 치료 단계에서 나는 이제 나의 신체적 자기의 사용을 보통으로 하며 빌리와 좀 더 신체적으로 거리를 두었다. 놀이에서 빌리가 나와 방의 반대편에 있어서 빌리가 무엇을 하고 있는지 볼 수 없을 때가 있었다. 빌리는 놀이에서 자기 생각대로 작업하고 있었고, 나에게 덜 의존하고 있었다. 이 단계에서 나는 빌리의 놀이를 열심히 관찰하며 내용을 반영하고, 추적하거나 또는 재진술을 하면서 나의 정서적 자기 사용은 보통에서 높음으로 이동했다.

이때 빌리의 놀이 활동은 전체 회기 동안 연장되었다. 빌리의 놀이는 다양한 놀이 재료와 여러 캐릭터를 포함하는 것으로 발전하였다. 빌리는 자신이 만든 놀이 장면으로 놀이실을 가득 채웠다. 그 장면은 빌리가 차를 고치는 것으로 시작하였다. 나는 빌리가 나에게 전화할 때를 대비하여 전화기로 사용할 작은 블록을 주었다. 빌리는 수리에 집중하였고, 그런 후 도로가 필요해서 나에게 전화를 걸었다. 나는 도로를 건네주었다. 우리는 빌리의 지시에 따라 함께 도로를 만들었다. 나는 내용을 반영하고 재진술하였다. 빌리는 집을 두 채 지었다. 그런 후 한 집에서 파티를 열기로 하였다. 그래서 우리는 놀이용 반죽으로 음식을 만들어야 했다. 음식이 많았다. 이 시간 동안 빌리는 많은 사람이 올 것이기에 우리가 더 많은 음식을 사러 쇼핑을 해야 한다고 말했다.

사람들이 파티에 오면서 차 몇 대가 충돌하여 전복되었다. 빌리는 의사용 키트를 요청했고, 즉시 사람들을 돌보았다. 결국 한 사람을 제외한 모든 사람이 파티에 참석했다. 그들은 모든 음식을 먹고, 춤을 추고, 그 후 집으로 돌아갔다. 빌리는 녹초가 되었다. 빌리는 전체 회기 동안에 자신의 놀이 속도를 줄이지 않고 놀이를 하였다. 빌리의 놀이에는 긴 일련의 행동과 상호작용하는 많은 캐릭터가 있었다. 빌리는 자신의 놀이에 문제가 있었기에 놀이에서 상징들을 사용하였다. 빌리는 놀이에 깊이 관여하였다. 빌리의 놀이 기술이 좀 더 복잡해지면서 놀이는 빌리에게 카타르시스가 되었다. 빌리의 억눌린 좌절과 분노의 감정은 안전한 장소에서 발산되었다(Drewes & Schaefer, 2014).

전환점 4: 나는 멈췄어요

빌리의 놀이 능력이 복잡해지는 동안, 공격적 놀이는 줄어들고 있었다. 하지만 여전히 빌리가 모든 것을 무너뜨려 버리는 장면들이 있었다. 그러한 한 회기에서 빌리는 놀이실 건너편에서 트럭에 블록을 싣고 와 여러 채의 집을 지었다. 빌리는 첫 번째 집을 심하게 훼손하여 나의 피규어는 다른 집이 필요하다고 빌리에게 말했다. 나는 빌리를 지지하며 놀이에 머물렀기에 나의 언어적 자기 사용은 낮았다(몰입 척도 1.1). 빌리는 다음 집을 짓더니 트럭으로 그 집을 뭉개 버렸다. 혼돈이었다. 그 후에 빌리는 또 다른 집을 짓기로 했다. 이번에는 더 큰 집이었다. 나의 피규어는 이 새집에서 요리를 하고 있었다. 빌리는 방 건너편에 있었는데, 이 세 번째 집으로 트럭을 몰았다. 그는 이 새집을 향해 위협적으로 움직였다. 나의 피규어는 트럭이 오는 것을 걱정했다(낮은 언어적 자기 사용: 몰입 척도 1.1). 나의 피규어는 자신이 저녁을 만들고 있는데 트럭이 집에 충돌하면 아무도 저녁을 먹지 못하게 되어 모든 사람이 배가 고프게 될 것이라고 말했다. 나의 피규어는 무서워했다. 그리고 걱정했다. 나의 피규어가 저녁을 만들지 못한다면 어떻게 될까? 먹을 음식이 없을 것이고, 집도 없어질 것이다. 빌리는 트럭을 앞뒤로 움직였다. 나의 정서적 자기 사용은 높았다(몰입 척도 2.1). 빌리는 활짝 웃으며 트럭을 전략적으로 집 근처로 옮겨 와서는 나의 피규어가 서 있는 바로 가까이에 있는 벽에서 1센티미터 떨어져 멈추었다. 나의 피규어는 안도했다. 나의 피규어에게는 아직 집이 있으며, 저녁 요리를 할 수 있고, 가족이 함께 식사할 수 있었다. 이 회기부터 빌리의 공격적인 놀이는 감소하였다.

전환점 5: 나는 그것을 다른 방법으로 설명할 거예요

빌리는 놀이의 복잡성을 계속 발전시켰다. 놀이치료 회기에서 나는 빌리가 나의 모든 장난감을 볼 수 있도록 찬장을 열고 있었다. 빌리는 가지고 놀고 싶은 것을 선택하였다. 이제 많은 놀이에 대처할 수 있었다. 빌리는 방 전체를 활용하는 놀이 장면을 만들었다. 나는 이제 빌리의 말에 익숙해져 있어서 빌리가 말하는 대부분을 이해할 수 있었다. 내가 만약 이해하지 못하면 빌리의 어머니가 무엇을 의미하는지 알려 주곤 했다.

빌리의 자기의식(sense of self)이 떠오르고 있었다. 다음 전환점은 놀이실에 도로, 건물, 피규어 등이 설치되었던 회기 중에 나타났다. 그 장면에는 대형 자동차 매트도 포함했다. 빌리는 놀이에서 펼쳐지고 있는 이야기를 말하고 있었고, 이야기의 결정적 지점에서 빌리는 돌아서서 나를 바라보며 말했다. 빌리의 비언어적 태도를 보았을 때, 그것은 내가 알아야만 하는 중요한 정보였다. 보통 놀이에서 이러한 일이 일어났을 때, 나는 맥락을 이해하기 위해 다음에 어떤 행동이 일어날지, 아니면 나의 피규어가 "네가 나에게 보여줘. 내가 널 따라 할게."와 같은 말을 하는지 보려고 기다리곤 했다. 하지만 이 경우에는 이 옵션 중 어떤 것도 실행할 수 없었다. 빌리는 놀이 행동을 동반하지 않은 채 나에게 이야기를 말로 표현하고 있었다. 빌리는 의미가 부여된 은유를 활용했다. 나는 무슨 말을 하는지 이해할 수 없었다(빌리의 어머니도 마찬가지였다). 이것은 빌리에게 분노와 고통과 좌절을 유발할 수 있는 상황이었다. 나는 빌리가 원하는 것을 해결하려고 노력했지만 할 수 없었다. 나는 단어를 세 번 반복해 달라고 부탁했다. 빌리는 잠시 멈추어 나를 쳐다보며 고개를 갸우뚱하더니 알겠다는 듯이 나를 쳐다본 다음에 다시 말을 했다. 그것은 “피규어는 내가 무슨 말을 하는지 모른다. 내가 다른 방법을 써 보겠다.”라는 것을 알고 있다는 것이었다. 나는 여전히 이해할 수 없었고 빌리가 다시 말로 표현했지만, 아무 소용이 없었다. 그러고 나서 빌리는 잠시도 멈추지 않고 자신이 말하는 것을 내가 이해할 수 없다는 것을 받아들이면서 자신의 놀이를 계속 다시 지시하고 떠맡았다. 정서적 상태는 평온했다. 빌리의 주체적 자기는 대상으로서의 자기를 평가하고 있었고, 빌리는 그럴 능력이 있었다.

전환점 6: 여기는 내 세상이에요

마지막 회기에서 빌리는 동물들을 위한 집을 지었다. 그러고 나서 소년과 소녀가 있는 집을 지었다. 빌리가 자신의 놀이를 이야기할 때, 나는 3사분면과 4사분면 사이를 오가며 반영, 추적, 내용의 재진술을 많이 하였다(몰입 척도의 1.2와 1.3). 내면적으로 나는 그 소년이 빌리이고, 소녀는 빌리의 엄마이며, 그들은 집에서 안전하다고 가정하고 있었다. 그 후 빌리는 집 밖에 서 있는 세 번째 인형을 소개하였다. 소년 피규어가 이 인형에게 말했다. “당신은 엄마예요. 당신은 여기 들어와서 우리와 함께 있을 수 있어요.” 나는 빌리가 만든 것이 놀이실에 대한 빌리의 관점이라는 것을 깨달았을 때 수동적이었다. 나에게 감정적인 영향이 컸지만, 나는 빌리에게 맞추고 나 자신과는 불일치되어 있었다. 놀이실에서 빌리는 안전했다. 그곳은 빌리의 엄마가 오는 것을 환영하고 위험이 없는 안전한 장소였다.

빌리는 상징을 사용하고, 대상에 속성을 귀속시키고, 존재하지 않는 대상을 언급하고, 피규어와 인물을 만들면서 이제 자신의 놀이에 의미를 부여하며 문자 그대로를 넘어서고 있었다. 빌리는 자신의 정서적 자기를 조절하였다. 회기가 진행되는 동안 빌리의 어머니는 빌리의 지시에 따라 놀이에 참여했다. 때때로 빌리는 엄마를 놀이에 포함시키곤 했고, 그렇지 않은 경우에 엄마는 그냥 앉아서 지켜보았다. 회기가 지날수록 빌리의 엄마는 빌리의 삶 및 정서적 안녕에 자신이 얼마나 중요한지를 깨닫게 되었다(Sunderland, 2007). 집에서 빌리의 엄마는 놀이 공간과 놀잇감, 놀이 시간을 잘 활용하였다. 나는 빌리의 성장하는 놀이 능력이 이제 빌리에게 떠오르는 자기 인식과 자전적 서사를 구축할 수 있는 도구들을 주는 것이라고 믿는다. 이는 빌리가 말하는 단어를 모두를 이해하지 못하는 사람들이 대처할 수 있는 것이다. 왜냐하면 빌리는 능력 있는 사람이기 때문이다.

전환점 요약

과정의 단계	사분면	전환점	무엇이 전환점에 기여했는가
놀이 평가. 놀이 활동 참여의 시작점으로서 치료자가 아동의 놀이 능력을 이해하기	3사분면		
첫 번째 치료 회기. 아동을 놀이에 참여하게 하는 데 초점. 아동의 관심을 끌어냄. 안전감과 수용감을 조성함. 놀이는 신체적으로 힘듦	4사분면		• 치료적 관계 발전의 토대를 마련했다.
안전감과 즐거움의 조성. 놀이를 통해 탈중심화(타인에 대한 인식)의 도입. 놀이는 신체적으로 힘듦	4사분면	1. 나는 여기 오는 것이 기쁘고, 내가 여기에 있다는 것을 알고 있어요.	• 아동이 놀이에서 안전과 자신의 정서적 참여를 경험하는 것이 하나의 기쁨과 즐거움이다. • 이는 치료적 관계 발전의 토대를 마련하여 '진정한 놀이'를 뒷받침한다.

놀이의 공동 촉진자로서 참여하지만, 분명히 한 걸음 물러서서 아동에게 반응함. 아동이 놀이에서 주도권을 잡기 시작하면서 불확실성에 대해 편안함이 증가	아동에 의해 시작된 4사분면	2. 내가 했어요!	• 아동이 자부심을 느끼고 자신이 능력이 있다고 경험한다. • 아동이 놀이를 시작하고 자기 놀이를 확장한다. • 아동이 놀이에서 상징을 사용한다.
놀이 활동을 지시하는 것에서 아동의 놀이를 지지하는 것으로 이동. 언제 수동적이어야 하는지, 도전해야 하는지, 놀이를 확장하거나 단순화해야 하는지에 대한 치료적 결정	아동에 의해 시작된 4사분면	3. 이 놀이 각본이 한 회기 전체에서 지속된다.	• 스스로 놀이를 시작하고, 정서적으로 놀이에 관여하며, 놀이에 상징을 사용하고, 놀이에 의미를 부여하기 시작하는 아동의 능력 • 놀이 내러티브에 대한 이해가 증가함으로 인해 전체 놀이 장면을 차지하는 아동의 능력
아동을 지지하고 방향 전환을 위해 피규어를 사용하며 은유에 머물기	아동에 의해 시작된 3, 4 사분면	4. 나는 멈췄어요.	• 떠오르는 자기 인식 및 통제와 함께 복잡한 놀이를 할 수 있는 아동의 능력 증가–놀이는 카타르시스적이다. • 정서를 조절할 수 있는 능력이 증가
신체적 거리를 늘리면서 아동의 놀이를 지지함. 아동의 놀이와 놀이에서의 변화에 맞추기	아동에 의해 시작된 4사분면	5. 나는 그것을 다른 방법으로 설명할 거예요.	• 아동의 떠오르는 자기 감각과 타인에 대한 인식 • 감정을 조절하는 능력
아동을 지지하기. 변화에 맞추기, 성찰적 기술, 공감적 성찰	3사분면과 엮어 아동에 의해 시작된 4사분면	6. 여기는 내 세상이에요.	• 은유적으로 놀이하는 능력이 향상됨으로 인해 아동은 잠재 의식적으로 감정을 표현

참고문헌

American Psychiatric Association. (2013). *Diagnostic & statistical manual of mental disorders* (5th Ed.). Arlington, VA: American Psychiatric Association.

Axline, V. (1974). *Play therapy*. New York: Ballantine Books.

Cooper, R. (2000). The impact of child abuse on children's play: A conceptual model. *Occupational Therapy International, 7*(4), 259-276.

Drewes, A. A., & Schaefer, C. E. (2014). Catharsis. In A. A. Drewes & C.E. Schaefer (Eds.), *The therapeutic powers of play* (2nd Ed.). New Jersey: Wiley.

Eberle, S. G. (2014). Elements of play: Toward a philosophy & definition of play. *Journal of Play, 6*(2), 214-233.

Elias, C., & Berk, L. (2002). Self-regulation in young children: Is there a role for sociodramatic play?. *Early Childhood Research Quarterly, 17*, 216-238.

Emblen, T. (2014). Development of play profiles: Influence of disability on children's play. Unpublished masters research thesis, Deakin University, Geelong, Australia.

Gaskill, R., & Perry, B. D. (2014). The neurobiological power of play: Using the neurosequential model of therapeutics to guide play in the healing process. In C. Malchiodi & D. A. Crenshaw (Eds.), *Play & creative arts therapy for attachment trauma*. New York: Guilford Press.

Harter, S. (2012). *The construction of the self: Developmental & sociocultural foundations* (2nd Ed.). New York: Guilford Press.

Hoffmann, J., & Russ, S. (2012). Pretend play, creativity, and emotion regulation in children. *Psychology of Aesthetics, Creativity, and the Arts, 6*, 175-184.

Hughes, C., & Leekam, S. (2004). What are the links between theory of mind and social relations?: Review, reflections, and new directions for studies of typical and atypical development. *Social Development, 13*, 590-619.

Jester, M., & Johnson, C. J. (2016). Differences in theory of mind & pretend play associations in children with and without specific language impairment. *Infant & Child Development, 25*(1), 24-42.

Kelly, R., & Hammond, S. (2011). The relationship between symbolic play and executive function in young children. *Australasian Journal of Early Childhood, 36*, 21-27.

Kirkham, J., Stewart, A., & Kidd, E. (2013). Concurrent and longitudinal relationships between development in graphic, language and symbolic play domains from the fourth to the fifth year. *Infant & Child Development, 22*, 297-319.

Kuhn-Popp, N., Sodian, B., Sommer, M., Dohnel, K., & Meinhardt, J. (2013). Same or different?: ERP correlates of pretense and false belief reasoning in children. *Neuroscience, 248*, 488-498.

Leslie, A. (1987). Pretense & representation: The origins of "theory of mind". *Psychological Review, 94*, 412-426.

Lewis, M., & Carmody, D. (2008). Self-representation and brain development. *Developmental Psychology, 4*(5), 1329-1334.

Lin, Y. -W., & Bratton, S. C. (2015). A meta-analytic review of child-centred play therapy approaches. *Journal of Counseling & Development, 93*, 45-58.

Nicolopoulou, A., & Ilgaz, H. (2013). What do we know about pretend play and narrative development?: A response to Lillard, Lerner, Hopkins, Dore, Smith & Palmquist on "The impact of pretend play on children's development: A review of the evidence". *American Journal of Play, 6*, 55-81.

O'Connor, C., & Stagnitti, K. (2011). Play, behaviour, language and social skills: The comparison of a play & a non-play intervention within a specialist school setting. *Research in Developmental Disabilities, 32*, 1205-1211.

Russ, S., & Wallace, C. (2013). Pretend play and creative process. *American Journal of Play, 6*, 136-148.

Ryan, V., & Edge, A. (2011). The role of play themes in non-directive play therapy. *Clinical Child Psychology & Psychiatry, 17*(3), 354-369.

Sherratt, D., & Donald, G. (2004). Connectedness: Developing a shared construction of affect and cognition in children with autism. *British Journal of Special Education, 31*(1), 10-15.

Stagnitti, K. (1998). *Learn to play: A program to develop the imaginative play skills of children*. Melbourne: Coordinates Publishing.

Stagnitti, K. (2007). *The child-initiated pretend play assessment*. Melbourne: Coordinates Publishing.

Stagnitti, K. (2009). Children and pretend play. In K. Stagnitti & R. Cooper (Eds.), *Play as therapy: assessment & therapeutic interventions*. London: Jessica Kingsley Publishers.

Stagnitti, K. (2010). Helping kindergarten teachers foster play in the classroom. In A. Drewes & C. Schaefer (Eds.), *School based play therapy*. New York: Wiley.

Stagnitti, K. (2014). The parent learn to play program: Building relationships through play. In E. Prendiville & J. Howard (Eds.), *Play therapy today*. London: Routledge.

Stagnitti, K. (2016). Play therapy for school-age children with high-functioning autism. In A. Drewes & C. Schaefer (Eds.), *Play therapy in middle childhood*. New York: American Psychological Association.

Stagnitti, K. (2017). A growing brain-a growing imagination. In E. Prendiville & J. Howard (Eds.), *Creative psychotherapy: Applying the principles of neurobiology to play and expressive arts-based practice*. Oxford: Routledge.

Stagnitti, K., & Casey, S. (2011). Il programma *learn to play* con bambini con autismo: Considerazioni pratiche e evidenze. *Autismo Oggi, 20*, 8-13.

Stagnitti, K., & Lewis, F. M. (2015). The importance of the quality of preschool children's pretend play ability to the subsequent development of semantic organisation and narrative re-telling skills in early primary school. *International Journal of Speech-Language Pathology, 17*(2), 148-158.

Sunderland, M. (2007). *What every parent needs to know*. London: Dorling Kindersley.

Tessier, V. P., Normandin, L., Ensink, K., & Fonagy, P. (2016). Fact or fiction?: A longitudinal study of play and the development of reflective functioning. *Bulletin of the Menninger Clinic, 80*(1), 60-79.

Vygotsky, L. (1966). Play and its role in the mental development of the child. *Voprosy Psikhologii, 12*, 62-76.

Vygotsky, L. (1997). *Thought and language* (A. Kozulin, Trans.). Cambridge, MA: The MIT Press.

Westby, C. (1991), A scale for assessment of children's pretend play. In C. Schaefer, K. Gitlin-weiner, & A. Sandgrund (Eds.), *Play diagnosis and assessment*. New York: Wiley.

Whitebread, D., & O'Sullivan, L. (2012). Preschool children's social pretend play: Supporting the development of metacommunication, metacognition, and selfregulation. *International Journal of Play, 1*, 197-213.

Whitebread, D., Coltman, P., Jameson, H., & Lander, R. (2009a). Play, cognition, and self-regulation: What exactly are children learning when they learn through play?. *Educational & Child Psychology, 26*, 40-52.

Whitehead, C., Marchant, J., Craik, D., & Frith, C. (2009b). Neural correlates of observing pretend play in which one object is represented as another. *SCAN, 4*, 369-378.

Yasenik, L., & Gardner, K. (2012). *Play therapy dimensions model: A decision-making guide for integrative play therapists*. London: Jessica Kingsley Publishers.

제3장

마치 아이처럼!

-아들러 놀이치료-

Terry Kottman

사례 소개

내가 로니를 만났을 때 로니는 여덟 살이었다. 나는 놀이치료 자원봉사를 하는 학교에서 그의 목소리를 들은 적이 있다. 나는 우리가 실제로 함께 시간을 보내기 전에 적어도 1년 반 동안 그의 목소리를 들었다. 내가 "로니의 목소리를 들었다."라고 말하는 건 그야말로 로니가 교실, 복도, 운동장, 사무실에서 하루에 한두 번 정도, 때로는 한 시간 또는 심지어 두 시간 동안 소리를 지르며 악을 쓰는 것을 들었다는 뜻이다. 때때로 나는 그가 교실 바닥, 복도, 운동장, 사무실에서 소리를 지르고 악을 쓰며 몸부림치는 것을 보았다. 학교 상담사에게 로니에 관해 물으니 그녀는 "로니는 다른 아이들, 교직원, 심지어 교장 선생님까지도 때려요. 전혀 웃지 않고, 전혀 눈 맞춤을 하지 않고, 어린아이가 아니라 매우 화난 노인처럼 행동해요. 우리는 어찌할 바를 모르겠어요. 로니를 어떻게 도와야 할지 아무도 몰라요."라고 말하였다.

나는 로니의 목소리를 듣고, 로니를 보고, 심지어 로니에 관해 들은 적도 있지만, 1월의 그날까지 로니를 만난 적이 없었다. 내가 '놀이치료 하는 아이' 한 명을 회기가 끝난 후에 데려다주려고 들렀을 때, 로니는 나와 자기 교실 문 사이에 서 있었다. 로니는 눈으로 땅바닥을 쳐다보고 있고, 몸 전체를 구부리고 있어서 작은 노인처럼 보이더니 "이봐요, 놀이 선생님! 나랑 놀아 줄래요?"라고 중얼거렸다. (사례연구를 작성하기 전에는 이것에 대해 생각해 본 적이 없지만, 어쩌면 그것이 단지 로니의 '첫 번째 전환점'일 수도 있었다. 그러므로 나는 여러분에게 나머지 이야기를 전환점에 관한 부분에서도 이야기하려고 한다.)

이 장에서 나는, ① 로니와의 관계를 구축하기 위해, ② 자기 자신, 세상, 그리고 다른 사람들을 바라보는 로니의 패턴(pattern)을 발견하기 위해, ③ 다른 사람들과 상호작용하는 능력, 스트레스를 다루는 능력, 자기 조절(self-regulation)에 대한 욕구와 능력을 탐색하기 위해, ④ 자신의 사고, 감정, 행동의 일부 부적응적인 패턴에 대한 통찰력을 얻도록 도와주기 위해, ⑤ 다른 사람과 상호작용하고, 자신의 욕구를 표현하고, 스트레스를 다루고, 자기 조절을 더 적절한 방법으로 연습할 수 있도록 도와주기 위해 어떻게 아들러식 놀이치료(Adlerian Play Therapy: AdPT; Kottman & Meany-Walen, 2016)를 활용했는지를 설명할 것이다. 또한 나는 학교 상담사들과 함께 작업하면서 그들이 로니에 대해 생각하고 상호작용하는 다양한 방법을 배울 수 있도록 도와주었다. 약 20번째 회기를 시작으로 로니의 할머니가 자신이 로니를 더 잘 이해하고, 로니와 상호작용하는 더 많은 방법을 배우기 위해 나와 가끔 상담하는 것에 동의했다.

로니와 나는 1년 반 동안 함께 작업했는데, 그것은 약물 중독이고 신체적으로 학대했던 부모와 여섯 살까지 함께 살면서 겪었던 방임과 트라우마를 더 잘 다루는 방법을 배우도록(배우는 것을) 돕기 위해 고안된 과정이었다. 로니의 부모가 감옥에 가게 되면서 부모의 권리를 잃게 되었고, 그로 인해 일시적으로 위탁 돌봄에 맡겨졌다가 할머니와 함께 살게 되었다. 우리의 관계가 발전하는 시간 동안, 로니의 자기감(sense of self)이 발달함에 따라 로니는 자신의 규칙에 융통성을 갖고, 자신의 욕구에 주의를 기울이고, 자신의 욕구를 충족시켜 달라고 요청할 수 있음을 인식했다. 또한 다른 사람들도 욕구가 있고 자신이 이를 수용할 수 있음을 인식했으며, 지연과 좌절감을 참고 일상의 변화에 대처하고, 자신의 개인적 공간에 다른 사람들과 있으면서도 살아남고, 불안감을 느끼기 시작할 때 자신을 진정시키는 방법을 배웠다. 더 중요한 것은 로니가 자신을 좋아하는 법을 배웠고, 아이가 되는 법을 배웠다는 것이다.

이론적 방향

> '놀이(play)'는 교육의 보조 도구로, 그리고 아동의 정신, 상상력, 삶의 기술에 대한 자극으로 여겨야 한다. 모든 게임은 미래를 위한 준비이다……. 놀이에서 아동을 관찰할 때, 우리는 삶에 대한 그들의 전체적인 태도를 볼 수 있다. 놀이는 모든 아동에게 가장 중요하다(Adler, 1927/1998, p. 83).

아들러 치료자들은, 개인이 ① 사회적으로 내재(Socially embedded)되어 있고, ② 목적지향적이며, ③ 소속되고 중요성을 얻고자 하는 욕구가 있다고 믿는다(Adler, 1927/1998). 이들은 또한 사람은 자기 자신, 다른 사람들, 세상에 관한 자기 자신의 독특한 인식을 통해 자신에게서 일어나는 일의 해석을 걸러 낸다는 점에서 현실에 대한 사람들의 인식이 주관적이라고 믿는다. 사람들은 이러한 인식들이 사실인 것처럼 상황과 관계에 반응하기에 치료자는 내담자에게서 무슨 일이 일어나고 있는지를 이해하기 위해 내담자의 필터(여과 장치)를 발견해야 한다. 사람들의 행동은 목적지향적이며, 자기 자신, 다른 사람들, 세상에 관해 이미 믿고 있는 것을 내담자에게 재확인하는 것을 목표로 한다. 그러나 그들은 종종 자신의 목적을 알지 못한다. 아들러(Adler, 1927/1998)는 사람들이 자신의 초기 경험과 상호작용에 대한 해석을 바탕으로 아주 어린 시절의 '생활양식(자기 자신, 다른 사람들, 세상에 대한 신념과 그 신념에 기초한 사고, 감정, 행동의 패턴)'을 발달시킨다고 강조하였다. 때로는 이러한 신념이 긍정적이고, 격려적이며, 어떤 때는 자기 패배적이고 좌절감을 준다. "아동이 왜 그렇게 행동하는지 알고 싶다면 아동의 관점에서 사물을 보아야 한다"(Adler, 1927/1998, p. 33). 아들러는 개인을 타인 및 세상과의 연결감(sense of connection: 사회적 관심)을 추구하는 것으로 보았고, 아들러 치료자들은 이러한 연결감이 정신 건강의 핵심 요소라고 믿는다(Adler, 1956).

아들러는 놀이와 아동기의 중요성에 대해 많이 썼지만, 아이들과 직접 작업하지는 않았다. 1980년대 중반, 사람들이 어떻게 성장하고 변하는지에 관한 나 자신의 신념과 일치하는 아동과 치료적으로 작업하는 방법을 찾고 싶어서 나는 AdPT를 개발했다. AdPT는 아들러의 개인심리학 개념과 전략을 놀이치료 과정과 통합하여 아동을 상담하는 포괄적이고 발달적으로 반응적인(민감한) 접근방식(comprehensive and developmentally responsive approach)이다(Kottman & Meany-Walen, 2016). 이는 놀이치료 과정에서 아동 내담자들에 관해 배우고, 그들과 의사소통하고, 그들을 교육하려고 장난감, 놀이, 예술, 은유 및 스토리텔링(storytelling), 게임 놀이/모험 기술, 모래 상자 경험, 춤/움직임을 사용한다. AdPT의 특징 중 한 가지는 개별 내담자가 필요로 하는 것을 '읽고', 놀이치료 회기에서 상호작용을 맞춤 설계하기 위해 치료자의 자기를 사용하는(use of self) 것이다. 이것에는 특정 놀이 양식(장난감, 인형극, 예술 프로젝트, 스토리텔링, 게임 놀이/모험 기술, 모래 상자 경험, 춤/움직임)을 조정하고, 내담자에게 매력적인 주제(문학, 텔레비전, 영화, 비디오 게임)에 관심을 보이고, 내담자의 일반적인 의사소통 방식(직접적 또는 은유적)과 일치시키며, 회기의 속도와 치료 과정의 진행을 관리하기 위해 내담자와의 동조를 이용하는 것을 포함한다. 내담자가 자신을 표현하기 위해 자연스럽게 사용하는 것, 놀이하는 방법, 그들의 생애에서 일어나는 일에 주의를 기울이고, 내담자에 대응하여 치료자 자신의 정서적 반응(부록 A: 2.2 정서성)과 생리적 감각(부록 A: 4.1 구체화)을 처리함으로써 치료자는 그들과 어떻게 상호작용하고 반응할지를 세밀하게 조정한다.

전통적인 아들러 이론과 마찬가지로, AdPT는 상담의 네 단계를 따른다. 1단계는 내담자와 평등한 관계를 구축하기, 2단계는 내담자의 생활양식을 조사하기, 3단계는 내담자가 자신의 생활양식에 대한 통찰을 얻도록 돕기, 4단계는 내담자를 재정향/재교육하기이다. 이러한 단계들은 내담자의 요구와 치료의 상황에 따라 종종 중첩된다는 점에서 별개로 분리되지 않는다. 치료자는 회기에서의 상황에 따라 모든 단계에서 야스닉과 가드너(Yasenik & Gardner, 2012)가 설명한 놀이치료의 네 가지 차원 모두에서 개입을 사용할 수 있다[각 단계에서 사용되는 특정 기술의 체크리스트(점검표)는 Kottman과 Meany-Walen(2016)의 〈부록 K〉를 참조하라].

1단계(단일 회기에서 9~10회기 사이 어디까지이든 지속될 수 있음)에서 놀이치료자는 따뜻하고 일관되고 수용적인 치료 관계를 형성하려고 협력하고, 내담자와 회기의 리더십을 공유한다(Kottman & Meany-Walen, 2016). 치료자는 내담자와 적극적으로 상호작용하며(부록 A: 3.1 신체적 자기), 치료자의 상호작용에서 주요 구성요소는 추적 반응(tracking), 감정의 반영, 내용의 재진술로 구성된다(부록 A: 1.2 반영 및 추적 반응, 1.3 내용 재진술, 2.1 정서성). 이 단계에서 치료자의 개입은 대부분 '3사분면: 비지시적 반응'에 해당하지만, 나타나는(표출되는) 문제가 개방적 논의와 탐색이 필요한 것처럼 보이거나 내담자가 은유적 의사소통보다는 직접적인 대화가 더 편안해 보이기 때문에 치료자가 '2사분면: 개방적 논의 및 탐색'으로 전환하는 것이 적절하다고 생각하는 때가 있다. 첫 번째 단계에서도 아들러 치료자는 메타커뮤니케이션[1]을 하기로 결정할 수 있는데, 이는 해석의 AdPT 버전(부록 A: 1.4 해석)으로 '1사분면: 적극적 활용' 또는 '4사분면: 공동 촉진'일 것이다. 메타커뮤니케이션은 내담자의 비언어적 반응, 이차적 이득, 혹은 내담자의 행동 이면에 숨어 있

1) 역자 주: metacommunication은 말이 아니라 시선, 동작, 몸짓, 태도 등에 의한 커뮤니케이션. 초커뮤니케이션이라고 번역되기도 함.

는 문제를 반영하기, 회기 내 및 회기 간의 사고, 감정 및 행동을 연결하기, 그리고 놀이치료실 바깥 '실제' 세상에서의 사고, 감정 및 행동 패턴과 연결하기 등 여러 유형의 해석을 포함할 수 있다(Kottman, 2011; Kottman & Meany-Walen, 2016). 메타커뮤니케이션은 대개 내담자가 자신의 생활양식에 대한 통찰력을 얻을 수 있도록 돕는 방법으로 3단계에서 발생하지만, 1단계에서 해석을 공유하는 것이 적절할 때가 있다. 예를 들어, 내담자가 자기 패배적인 행동을 하는 습관이 있음을 치료자가 알아차린다면, 치료자는 내담자가 습관을 드러내는 과정에서 자신을 알아채도록 돕는 초기 시도에서 그 패턴을 잠정적으로 지적할 수도 있다. 다시 말하면, 치료자는 특정 내담자를 위해 메타커뮤니메이션 전달 방법을 맞춤 설계한다. 좀 더 직접적인 해석을 '들을' 수 있을 것 같은 내담자라면 치료자는 1사분면에 해당하는 직접적인 해석을 사용할 것이고, 해석에 대한 좀 더 부드러운 접근이 필요한 내담자들에게는 치료자의 반응이 4사분면에 속하는 경향이 있을 것이다.

2단계(일반적으로 3회기부터 6회기까지 지속) 동안, 놀이치료자는 내담자와 함께 활동적인 게임과 테이블탑 게임[2]을 하고, 내담자에게 예술, 모래 상자 경험, 춤/움직임, 음악 활동을 하도록 요청하는 등 내담자의 생활양식에 대한 정보를 수집하려고 다양한 기법을 사용한다(Kottman & Ashby, 2015; Kottman & Meany-Walen, 2016/2017). 치료자는 아동의 자유로운 놀이 패턴, 놀이 주제와 치료자, 부모, 교사(가능하다면) 등 중요한 어른과의 상호작용을 관찰한다. 아동과 질문 전략을 사용하는 것도 도움이 된다. 치료자는 아동과의 상호작용 구조에 질문을 짜 놓고 때로는 직접 질문을, 때로는 아동의 은유적 맥락에서 간접적으로 질문한다. 치료자는 또한 은유적 기법과 스토리텔링을 사용하여 아동이 어떻게 자기 자신, 다른 사람들, 그리고 세상을 보고 어떻게 관계를 형성하고 유지하며 어떻게 문제를 해결하는지 등에 관한 정보를 확인할

2) 역자 주: 보드게임, 카드 게임, 주사위 게임, 미니어처 워 게임, 타일 기반 게임과 같이 보통 탁자나 기타 평평한 표면 위에서 즐기는 게임.

수 있다. 이 단계에서 치료자 개입의 대부분은 2사분면, 3사분면, 4사분면에 해당한다(Yasenik & Gardner, 2012). 특별히 관심 있는 정보로는 가족의 분위기, 가족 구도, 인생 과제에서의 기능, 유형별 생활양식의 우선순위, 잘못된 믿음, 중요한 C's,[3] 잘못된 행동 목표, 자산, 생활양식 신념, 잘못된 믿음, 그리고 사적 논리(Kottman & Meany-Walen, 2017) 등이다. 이 단계에서 놀이치료자는 내담자의 생활양식에 대한 체계적인 개념화와 치료 과정의 나머지 부분을 안내하는 치료 계획을 개발하기 위해 작업한다[이 과정에 대한 추가 정보는 Kottman & Meany-Walen(2016)의 8장과 〈부록 G〉를 참조하라].

3단계(3회기에서 20회기 사이 어디까지이든 지속될 수 있음) 동안, 치료자는 내담자가 자신의 정서적 및 인지적 패턴, 태도 및 행동 패턴에 대한 통찰력을 얻을 수 있도록 회기에서 자신을 나타내는 활동과 기회를 이용한다. 치료자가 1단계(예를 들어, 추적 반응, 감정의 반영)와 2단계(질문, 예술, 모래 상자 경험 등)에서 제한된 수의 기술을 계속 사용하는 동안 이 단계에서 치료자 반응의 대부분은, ① 단일 사건, 행동, 상호작용 또는 특정 사건의 의미, 행동 또는 상호작용의 의미, ② 회기 내 또는 회기들에 걸친 패턴, ③ 놀이치료실 밖의 다른 상황 또는 관계까지 확장되는 놀이치료실에서의 패턴, ④ 생활양식 주제 또는 신념, 잘못된 믿음 또는 사적 논리(부록 A: 1.4 해석)에 대한 메타커뮤니케이션을 구성하며, 이는 '1사분면: 적극적 활용' 또는 '4사분면: 공동 촉진'일 것이다. 또한 치료자는, 대개 ① 내담자의 은유 중 하나의 확장, ② 맞춤 설계된 치료적 은유, ③ 상호 스토리텔링, ④ 독서치료(4사분면) 등의 은유 기법 중 적어도 하나를 사용할 것이다. 이러한 은유는 인형극, 그림 또는 공예, 역할극, 이야기, 모래 상자 경험, 또는 움직임/춤 개입의 형태일 수 있다. 어떤 내담자에게는 공개 논의라는 직접적인 접근(부록 A: 1.1 지금-여기 논의, 2사분면)이 어떤 은유적 개입보다 그 내담자가 통찰을 얻는 데 도움을 주는 더 적

3) 중요한 C's: 아들러 심리학에 기반을 둔 용어로, Lew와 Bettner가 만든 개념이다. 네 가지 하위 요소인 Connect(관계), Capable(능력), Count(중요성), Courge(용기)로 이루어져 있다.

절한 방법이다. 치료자의 몰입도(자기의 정서적 · 신체적 사용 측면에서)는 특정 내담자가 그 순간에 무엇을 필요로 하는지에 대한 치료자의 이해에 따라 다르며, 이는 적어도 부분적으로는 치료자가 자기 시스템(self-system) 체화(구체화)에 의존하는 것이다.

4단계(3회기에서 20회기 사이 어디까지이든 지속될 수 있음)의 초점은 내담자의 재정향과 재교육에 있다. 즉, 내담자가 좀 더 적응적인 사고, 감정 및 행동 패턴을 개발할 수 있도록 돕고 자기 자신, 다른 사람들, 세상에 대한 내담자의 신념의 변화를 촉진하고, 다른 사람들과 적절하게 상호작용하고, 문제를 해결하기 위한 기술을 육성하는 것이다(Kottman & Meany-Walen, 2016/2017). 이 단계에서 치료자는 내담자가 놀이 활동, 은유 및 직접 대화를 사용하여, ① 개인적 강점을 자원화하고, ② 한 가지 이상의 인생 과제에서 기능을 향상하고, ③ 중요한 C's의 개선을 촉진하고, ④ 생활양식의 우선순위에서 건강한 기능을 발휘하는 방향으로 나아가고, ⑤ 잘못된 행동 목표에서 좀 더 긍정적인 목표로 전환하고, ⑥ 잘못된 신념을 긍정적인 신념으로, 사적 논리를 공통체감으로 대체하고, ⑦ 자기 패배적인 행동을 줄이고 긍정적 행동을 학습하고, ⑧ 필요한 기술(예를 들어, 사회적 기술, 협상 기술, 의사소통 기술, 자기 주장, 행동에 대한 적절한 책임감)에서 능력을 적절하게 증가시키기 위한 전략을 수립하도록 돕는다. 내담자가 이러한 전략을 창출할 내부 자원이 없는 경우, 치료자는 내담자에게 그것들을 가르칠 수 있도록 고안된 놀이 경험을 마련하고, 내담자가 회기에서 그것들을 연습할 기회를 제공한다. 치료자는 심지어 내담자가 새로 습득한 기술을 연습하게 하려고 반 친구, 친구 또는 형제자매를 놀이 회기에 초대할 수도 있다. 4단계에서의 개입은 1, 2, 4사분면에 해당한다. 내담자가 놀이 회기에서 이러한 전략을 숙달한 후, 가능한 경우 치료자는 또한 내담자의 삶에 있는 다른 사람들(부모, 교사, 배우자)에게 내담자가 회기 밖에서 연습할 수 있도록 도와 달라고 요청한다.

아들러 놀이치료자들은 또한 가능할 때마다 아동 내담자의 삶에서 중요한 어른들과 함께 작업한다(Kottman & Meany-Walen, 2016/2017). 아들러 놀이치료자들은 사람들이 사회적으로 내재되어 있고 고립 상태에서는 이해될 수 없다고 믿기에 부모나 다른 중요한 어른들(교사 등)을 아동 내담자와 작업하는 과정 내내 참여하도록 요청한다. 그들에게 아동과의 관계, 아동의 이력, 현재의 기능, 그리고 변화에 관한 정보를 제공하도록 요청한다. 놀이치료자는 이러한 중요한 어른들과 관계를 형성하고, 아동에게 긍정적인 변화를 장려할 수 있는 전략을 그들에게 지도한다[AdPT 부모 및 교사 자문에 사용되는 특정 기술은 Kottman과 Meany-Walen(2016)의 〈부록 I와 J〉를 참조하라].

사례개념화

2단계는 공식적으로 사례개념화를 시작하기 위한 정보 수집 단계이지만, 나는 실제로 내담자에 관해 처음 들었을 때(로니의 경우에는 목소리를 들었을 때)부터 개념화를 시작한다. 1단계에서 로니와 함께 작업하면서 나는 나와 함께 있을 때와 학교에서 다른 사람들과 상호작용할 때의 로니의 행동을 관찰했고, 선생님들, 그에게 배정된 보조 교사들, 학교 상담사와 이야기를 나누었으며, 2단계의 공식적인 생활양식 평가로 옮겨 가기 위한 전주곡으로 로니의 할머니를 면담하였다. 2단계 동안 나는 로니와 로니의 삶에 대한 정신적 그림을 그리기 시작하면서 로니와 로니의 패턴에 관한 더 많은 정보를 수집했다. 그로 인해 로니의 현재 문제를 분명히 관찰할 수 있었다. 로니는 다른 사람들, 특히 권위 있는 인물과 동료들에게 반항적이고, 비협조적으로 상호작용하고, 공격적이고, 학교 공부를 거부하며, 상황이 예측 가능한 과정을 따르지 않을 때 자주 짜증을 내는 등 표면화된 행동 문제를 나타내고 있었다(앞서 언급한 고함 치기, 악쓰기, 때리기를 포함). 로니는 여섯 살 때까지 부모와 함께 살았고, 부모의 약물 남용과 신체적 학대로 인해 위탁 돌봄을 받게 되었다. 로니는 짧은 기간 동안 위탁 돌봄을 받았고, 지금은 외할머니 K 여사와 살고 있다. K 여사가 나에게 로니와 함께 학교에서 작업할 수 있도록 허락해 주었고, 전화 통화로 로니의 어린 시절에 관한 몇 가지 초기 질문에 대답해 주었지만, 집에서 로니는 거의 문제가 없다고 얘기하면서 초기에는 나와 계속 자문하는 것을 꺼렸다. 로니의 외할머니가 이렇게 내키지 않아 했기 때문에 나는 로니에게 무슨 일이 일어나고 있는지에 관한 사례개념화를 통하여 내가 직접 로니와 상호작용해서 관찰한 것과 교직원에게서 수집한 정보에 크게 의존해야 했다. 나는 보통 AdPT 과정에 대한 개념화 및 치료 계획 양식을 사용하여 나의 아이디어를 체계화한다[Kottman과 Meany-Walen(2016)의 〈부록 G〉를 참조하라]. 다음은 내가 어떻게 이 양식을 사용하여 체계적 개념화에서 로니에 관한 내 생각을 수집하고 치료 계획으로 안내하였는지를 보여 주는 예이다.

가족 구도/심리적 출생 순위 위치

로니는 부모의 유일한 아이였고, 자신이 부모가 가지고 있는 많은 문제를 초래했다고 믿고 있었다. 이 믿음의 일부는 가족 문제에 대한 외동의 전형적인 반응이고(이들은 자신을 탓하거나 그 문제가 다른 모든 사람의 잘못이라고 스스로 말하는 경향이 있다), 그것의 일부는 "우리가 너를 갖기 전에는 모든 것이 좋았어."와 같은 말을 하면서 신체적으로 로니를 학대함으로써 부모가 로니에게 전하는 메시지였다. 외동아이이고, 부모의 삶을 '파멸시키고' 있다는 부당한 비난을 받고 있고, 신체적으로 벌을 받는 것에 대한 로니의 반응은 학교에서 겪은 모든 문제에 대한 책임을 다른 사람들에게 전가함으로써 자신을 보호하려고 하는 결과를 낳았다. 부분적으로는 로니가 외동아이이기 때문이기도 하고, 부분적으로는 부모가 불법 물질에 대해 집착했기 때문에 로니는 스스로 즐기며 다른 아이들과 함께 있는 것을 불편해했다. 로니의 위탁 돌봄은 불과 한 달 만에 실패했는데, 부분적으로 로니가 자신과 같은 높은 수준의 욕구를 가진 다른 아이들과 함께 있는 것을 감당하지 못했기 때문이다. 이는 다른 아이들과 잘 지낼 수 없다는 로니의 인식을 강화하였다.

가족 분위기

부모와 아이가 같이 지내는 로니 가족의 분위기는 매우 혼란스러웠다. 규칙이나 구조도 마련되어 있지 않았고, 심지어 부모가 규칙을 만들었을 때에도 좀처럼 그것을 시행하지 않거나 일관성이 없었다. 로니는 자신이 하지 않은 일로 부모에게 벌을 받았다고 말했고, 이로 인해 로니가 책임을 부인하는 경향이 강화되었다. 부모의 신체적 학대는 로니가 감정 조절 곤란을 느낄 경우에 로니에게 가까이 다가서는 누구에게나 로니가 난폭하게 반응하는 원인이 되었다. 로니는 다른 사람이 자신을 다치게 할 기회를 얻기 전에 먼저 공격함으로써 자신을 보호하려고 했다. 내가 로니를 만났을 때 로니는 2년 동안 '아주 엄격한 규율주의자'라고 자칭하는 할머니와 함께 살고 있었다. 할머니와의 상호작용과 로니의 보고에 근거하면, K 여사는 일상의 일에 대해 융통성이 없고, 일상 행동, '좋은 삶'을 사는 것, '좋은 사람'이 되는 것에 관한 규칙을 많이 가지고 있는 매우 경직된 사람처럼 보였다. 로니는 할머니 집의 체계(구조)를 갈망할 뿐만 아니라 짜증을 내기도 하는 것 같았다. 로니는 할머니가 자신을 사랑한다는 것을 알고 있다고 보고했지만 할머니는 벌을 주는 것보다 더 많은 체벌로 위협했고, 할머니가 가한 체벌은 결코 신체적 학대의 수준에는 도달하지 않음에도 불구하고 로니는 할머니를 두려워했다. 할머니에 대한 공포는 로니가 다른 사람을 비난함으로써 자신의 행동에 대한 책임을 회피하는 경향을 강화하였다. 이러한 (두 가지) 가족 분위기는 로니가 예상한 일이 일어나지 않거나 교실의 일상에 변화가 있을 때, 체계(구조)에 대한 경직된 요구와 '완전 붕괴(meltdown)'로 반응하는 경향의 원인인 것 같다.

인생 과제에서의 기능(가족, 학교, 우정, 자기 그리고 영성)

로니는 다섯 가지 인생 과제 모두와 씨름하고 있는 것 같았다. 로니는 매우 총명했지만 학습에서 뒤처져 있었는데, 이는 부분적으로는 로니가 부모님과 함께 사는 동안에 교육의 기초를 놓쳤기 때문이고, 짜증이 날 때 꽤 자주 교실에서 나가 버렸기 때문이다. 특별 교육 선생님은 로니가 그 학년 수준에서 놀랄 만큼 많은 양의 과제를 할 수 있지만, 새로운 과제를 하는 것을 매우 꺼린다고 보고하였다. 로니는 학교에서 친구를 사귀는 데 어려움을 겪고 있었다. 반 아이들 대부분은 로니에게 가까이 다가가면 로니가 때렸기 때문에 로니와 노는 것에 대해 불안해했다. 로니는 자신의 행동에 대해 다른 사람들을 비난했고, 자신이 놀고 싶은 방식으로 아이들에게 놀 것을 요구했다. 앞의 두 가지 항목에서 언급된 것처럼, 가족 인생 과제에 대해 할머니와의 관계에서 자신의 위치가 어디인지 확신할 수 없었다. 비록 할머니가 로니의 행동상 문제가 많지 않다고 보고했지만, 로니는 "할머니가 자신을 지키려고 하는지 확신하지 못한다."라고 말했다. 하지만 로니는 몇 명의 삼촌과 비교적 긍정적인 관계를 맺고 있었는데, 그들은 종종 로니를 초대해서 함께 비디오 게임을 했다(K 여사는 그 부분을 몰랐다는 생각이 들지만). 로니는 자신의 외모, 행동, 성격 및 능력에 대해 부정적인 지적을 많이 함으로써 자신을 그다지 좋아하지 않는 것 같았다. 할머니는 독실한 기독교인으로 로니에게 교회에 다니라고 요구했지만 로니는 교회에 앉아 설교를 듣는 것이 싫다고 표현했고, "왜 하나님이 자신을 있는 그대로의 모습으로 만들었는지" 확신할 수 없다고 말했다. 로니는 영성 인생 과제에 분명히 어려움을 겪고 있다고 보고했다.

잘못된 행동 목표(관심, 힘, 보복, 무능함 보이기)

로니는 힘과 무능함 보이기라는 두 가지의 잘못된 행동 목표가 있는 것 같았다. 부모님과 함께 살 때 로니는 지나치게 많은 힘을 가졌고, 그때 로니의 지위는 자신을 안전하게 지키려면 어른들을 믿으면 안 된다는 것과 자신이 상황을 통제할 필요가 있다는 생각을 로니에게 심어 주었다. 로니가 상황을 통제할 수 없을 때는 두려웠고, 그로 인해 로니는 분노와 감정 폭발로 반응하게 되었다(소리를 지르고, 괴성을 지르고). 할머니와의 관계에서는 나이에 맞는 한정된 힘을 지니며 잘 지내는 것 같았지만, 로니는 기꺼이 힘을 나누지는 않았다. 학업에서나 친구 관계에서 로니는 자신의 무능함을 보이기를 몹시 원하는 것 같았다. 로니는 어떻게 하는지 확실하지 않은 학교 공부를 하려고 하지 않았고, "나는 할 수 없어. 실패할 것 같은데 왜 시도하지?"와 같은 말을 하며 친구 사귀는 것을 꺼렸다. 이것은 로니가 이미 자신과 자신의 능력에 대해 믿었던 것을 다시 증명하면서 자기 충족적 순환이 되었다.

중요한 C's의 평가(관계, 중요성, 용기)

불행하게도 로니는 중요한 C's 중 어느 것도 통달(숙달)하지 못했다. 관계를 맺으려고 애쓰고, 자신에게 능력이 있다고 믿지 않으며, 자신이 중요하지 않고 기여를 하지 않는다고 생각하고 있으며, 성공의 보장 없이는 새로운 것을 시도하고 싶어 하지 않았다. 어떤 것을 먼저 육성하기 시작할지를 정하는 선택 방법을 어떻게 사용할지를 생각하면서, 나는 로니가 다른 사람들과 관계를 맺고 자신이 중요하다고 믿는다면 다른 C's인 능력과 용기도 뒤따를 것이라고 결정했다. 로니는 이미 자신의 첫 번째 전환점으로 나에게 놀자고 요청하며 나와 관계를 맺으려고 애쓰기 시작했다. 나는 로니가 자신에 대해 믿고 있는 부정적인 것들을 믿지 않고 로니가 완전 붕괴 상태일 때 판단하거나 거리를 두지 않는 사람이 됨으로써 우리의 관계를 확장하려고 했다. 자신이 중요하다는 믿음을 발전시키는 것을 돕는 일환으로, 나는 로니가 놀이실에 나와 함께 있을 때 내가 얼마나 흥분했는지를 표현하려고 항상 나의 정서성(emotionality)과 정서적 자기(emotional self)를 사용했고, 로니에게 학교에 기여할 수 있는 방법을 알려 주려고 우리는 때때로 회기의 5분을 운동장에서 쓰레기를 줍는 데 보냈다. 로니가 나와 더 편안해짐에 따라 나는 로니에게 학교에서 일하는 사람 중에 누구를 가장 좋아하느냐고 물었다. 그 대화의 결과, 나는 몇몇 학교 직원(비서, 간호사, 관리인)에게 가능할 때마다 그들의 일에 로니를 포함할 용의가 있는지 물었다. 이것은 관계와 중요성 둘 다에 동시에 작용할 것이다.

성격 우선순위(편안함 추구, 통제, 기쁘게 하기, 우월성)

분명히 로니의 주된 생활양식의 우선순위는 통제였다. 로니는 자신이 통제할 수 없을 때 매우 불안했기에 모든 것과 모든 사람을 통제하고 싶어 했다. 로니는 자신이 통제할 필요가 있다고 느꼈기 때문에 아무도 로니가 하는 일을 통제할 수 없도록 하려고 했다(역설적이게도 로니는 여러 번 '그게 우리 할머니가 하는 방식'이기에 사람들이 일해야만 한다고 말했다). 로니의 두 번째 우선순위는 편안함이었다. 로니는 압박감이나 스트레스처럼 느껴지는 것에 쉽게 압도되었다. 상황이 편안하고 스트레스가 없는지를 확인하고 싶어 했다. 불행하게도 로니는 통제할 수 없는 어떤 상황도 스트레스가 된다고 여겼다. 그로 인해 로니의 감정이 폭발했고, 이는 결국 로니의 스트레스를 증가시켰다(이로 인해 학교에 있는 다른 모든 사람의 스트레스를 증가시켰다).

자원

표면적으로 행동 문제를 드러내는 아이들에게 나는 그들이 나에게 행하는 행동의 부정적인 영향을 중화하는 방법으로 그들이 좋아하는 것 등 그들의 긍정적 자원 목록을 갖는 것이 필수적이다. 로니는 재미있고(로니가 편안할 때), 똑똑하고, 다른 사람들에 대한 통찰력이 있고, 관대하고, 사려가 깊었다. 로니는 또한 믿을 수 없을 정도로 예술적인 재능이 있었고, 학교 과제로 그림을 그리며 학교 공부를 피하는 데 많은 시간을 보냈다. 나는 이러한 모든 자원을 일상생활에서 강화하고 싶었다.

로니의 생활양식 신념

"나는 멍청하고, 무력하고, 쓸모없고, 불필요하다……. 나는 통제해야 한다."

"다른 사람들은 예측할 수 없고, 무정하고, 나를 해치려고 나가고 없고, 안전하지 않다……. 다른 사람들은 통제되어야 한다. 왜냐하면 그렇지 않으면 나를 다치게 할 것이고, 나를 다치게 하기 전에 밀쳐질 것이기 때문이다."

"세상/인생은 무섭고, 예측할 수 없고, 위험하고, 불공평하고, 결코 쉽거나 재미있지 않다."

"이러한 신념/지각/믿음/감정에 근거하여 다른 사람들이 나를 통제하거나 다치게 할 수 없다는 것을 확실히 하기 위해 통제하고 압도해야만 한다."

당신이 고치고 싶은 자기 패배적이거나 쓸모없는 행동

경직된 채로 일하는 방법은 오직 하나뿐이라고 주장하는 것, 다른 아이들과 학교 직원을 때리는 것, 무언가가 되어야 한다고 생각했는데 자신이 생각한 방식으로 흘러가지 않으면 완전히 붕괴되는 것, 다른 사람들과 노는 방법을 통제하는 것, 학교 공부를 포기하는 것, 새로운 것을 시도하거나 변화하는 것을 거부하는 것 등이 포함된다.

아동이 배워야 할 기술

여기에는 상황에 대한 자신의 정서적 · 생리적 반응을 인식하기, 사회적으로 적절한 방식으로 자신의 감정과 욕구를 다른 사람들에게 명확하게 의사소통하는 것을 배우기, 좀 더 유연해지고 새로운 것을 기꺼이 시도하기, 자신이 생각했던 방식으로 일이 전개되지 않을 때 대처 전략을 개발하기, 분노 관리 전략을 배우기 등이 있다.

치료 과정: 전환점과 자기(Self)의 출현

전환점 1: 놀이로의 초대

이제 믿거나 말거나 나는 꽤 자주 학교에 있는 아이들에게서 이런 종류의 요청, 즉 나와 같이 놀 수 있냐고 묻는 아이들에게 말해 주는 표준화된 대답이 있다(당신이 거기에서 정기적으로 아이들과 놀아 주는 유일한 어른일 경우, 어떻게 초등학교에서 아이들 또는 사람들이 어울려 다니고 싶은 재미있는 사람이라는 평판을 얻지 못할 수 있겠는가!). 나는 로니에게 내가 로니와 함께 노는 걸 좋아하며, 학교 상담사인 J 선생님과 얘기해서 우리가 언제 로니와 만남을 시작할 수 있는지 알 필요가 있고, J 선생님은 로니의 할머니에게 내가 로니와 놀이 작업을 함께할 수 있도록 허락해 달라고 부탁해야 할 것이라고 말했다. 로니가 원했을 때 내가 로니가 원하는 걸 하지 않았기에 로니는 화난 표정을 짓기 시작했고, 나는 "나는 정말 너와 놀고 싶어. 하지만 우리에게는 지켜야 할 규칙이 몇 가지 있어."라고 말했다. 로니는 작은 숨을 몰아쉬며 "좋아요. 선생님이 가능한 한 빨리 나와 놀려고 하기만 하면요."라고 말했다. 나는 그것을 로니의 첫 번째 전환점이라고 생각했다. 로니는 자신이 도움이 필요하다는 걸 인식하고, 다른 누군가가 자신에게 도움이 될 수 있다고 믿었으며, 그래서 도움을 요청하고, 자신이 당장 시작하고 싶더라도 기꺼이 기다리려고 했다.

J 선생님이 로니의 할머니로부터 내가 로니와 함께 작업하도록 허락을 받은 후, 나는 그녀에게 전화를 걸어 부모상담을 마련하려고 시도했다. 그녀는 기꺼이 나에게 로니에 관한 정보를 말해 주려고 했다. 로니의 할머니는 로니가 '말을 안 들을' 때마다 학교에 있을 수 없으니 데리러 오라고 학교에서 그

녀에게 아주 자주 전화해서 말하는 것 외에는 로니와 정말 문제가 없다고 말하며, 정기적 상담을 하지 않기로 선택했다(시간이 지나고 학교에서 그녀를 덜 부르자, 로니의 할머니는 내가 그녀에게 가끔 전화를 걸어 최신 정보를 알려 주기를 바랐고, 나는 좀 더 융통성 있게 로니에게 집안일과 집에서의 다른 것들에 대한 선택권을 민감하게 몇 가지 제안하곤 했다).

다음 주에 나는 로니와 함께 작업하기 시작했다. 내가 작업하는 방식에서 2사분면 지향의 일환으로, 첫 회기에 나는 거의 항상 아이들에게 우리의 놀이에서 때때로 그들이 상사가 되고, 어떤 때는 내가 상사가 될 수 있다고 말한다. 내가 로니에게 이 말을 했을 때, 로니는 긴장을 하며 "나는 아이들이 당신과 놀 때, 보스가 되는 줄 알았어요."라고 말하며 내게 등을 돌렸다. 이것이 로니에게 중요하다는 것을 감지하고, 나는 "글쎄, 어떤 아이들의 경우에는 나는 보통 아이들이 하고 싶은 것을 하고 싶단다. 그래서 내가 상사일 때조차도 우리는 대부분의 아이가 원하는 것을 할 때 잘 진행된단다."라고 대답했다. 로니는 약간 긴장을 푸는 것 같더니 "나하고도 그럴 수 있나요?"라고 말했다. "여기서 네가 좀 더 편안하고 안전하다고 느낄 때까지 우리는 당분간 그렇게 할 수 있다고 생각해."라는 나의 대답이 로니를 만족시키는 듯했다. 나는 아동 내담자와 하는 중간 회기에 담당자(책임자)를 바꾸는 것에서 아동 내담자가 어려움을 겪을 것이라는 직감이 있었다. 그래서 나는 우리가 전체 회기를 번갈아 담당할 것이고, 첫 번째 회기 동안에는 로니가 우리가 하고자 하는 것의 담당이 되고, 두 번째 회기 동안에는 내가 우리가 하려는 것을 담당할 것이라고 제안했다. "하지만 우리는 적어도 당분간은 같은 것을 고를 거죠, 그렇죠?"라고 중얼거리는 그의 말과 나의 긍정적인 대답은 로니의 통제에 대한 욕구를 충족하는 것 같았다.

처음 세 번의 회기 동안, 로니는 놀이실에 들어와 선반에서 우노 데크를 가져와 카드를 돌리기는 했지만 내내 나와 눈을 마주치지 않았다. 우노는 로니가 기꺼이 하고자 하는 유일한 것이었기에 나도 우노를 나의 활동으로 선택했다. 로니는 항상 카드를 돌렸고("나는 정말 카드를 잘 섞어 나눠 준다."), 항상 첫 번째 순번이었다("내가 가장 어리니까 제일 먼저 가야만 한다."). 로니는 할머니가 만든 규칙(예를 들어, 가장 어린 참가자가 패를 돌리고, 각 경기자에게 카드를 일곱 장씩 나누어 준 후, 놀이할 수 있는 카드를 얻을 때까지 새로운 카드를 무제한으로 뽑기)에 따라 놀이를 할 것을 주장했다. 로니는 "이것은 놀이를 하는 유일한 방법이에요. 할머니가 그랬어요."라고 되풀이해서 말했다. 놀이를 할 때 로니는 나와 눈을 마주치지 않고 카드에만 집중했다. 로니가 여전히 나를 안전한 사람이라고 확신하지 못하고 있다는 것을 감지하고 조심스럽게 로니가 거리를 두도록 했고, 신체적으로 너무 가까이 가지 않으면서 눈을 마주치거나 어떤 식으로든 "나를 끼워 줘."라고 압력을 가하지도 않았다. 나는 또한 로니가 놀이실에서 무엇이든 할 수 있다고 느낄 필요가 있다는 것을 인식했기에 로니의 규칙(또는 할머니의 규칙도)의 어떤 것에도 이의를 제기하지 않았다. 내가 보고 느끼고 있는 것 때문에 나는 치료의 이 부분에서 거의 전적으로 '3사분면: 비지시적 반응'에 머물렀고, 그 결과는 이러했다.

전환점 2: 점화(발화)—눈 맞춤

4회기가 시작될 때 로니는 내 눈을 똑바로 쳐다보았고(여전히 미소를 짓거나 거기 있는 것이 기쁘다는 어떠한 조짐도 보이지 않았다), 선반에서 우노 데크를 가져와 앉아서 다시 눈 맞춤을 하며 카드를 돌리더니 다시 눈 맞춤을 했다. 그리고 "이번에는 선생님이 먼저 가도 좋아요."라고 말했다. 나는 이 모든 것에 매우 흥분했고, 기뻐서 펄쩍펄쩍 뛰고 싶었다. 하지만 로니가 내 입장에서 느끼는 이 정도의 정서성을 감당하지 못할 것이라는 점을 알고 있기에 나는(많은 노력으로) 나 자신을 자제했다. 이런 방식으로 교대로 하고, 놀이할 때 약간의 잡담만 나누면서 계속하자 로니는 회기에서 긴장을 풀기 시작했다. 시간이 흐르면서 교대로 카드를 섞고, 카드를 돌리고, 먼저 탈락하는 사람이 되면서 우리는 로니 할머니의 게임 규칙에 따라 계속 놀이를 했다. 우리가 함께 놀이를 하고 있지만 나는 로니에 대한 대부분의 나의 반응에서 3사분면에 계속 있었고, 내가 놀이했던 일부 아이들은 우노를 놀이하는 방법에 다른 규칙(예를 들어, 일곱 장 이상 또는 일곱 장 미만의 카드를 나누어 주고, 당신이 놀이할 카드가 더 없을 때 카드를 한 장만 뽑기)을 알고 있다고 지적하며 (내가 '상사'인 회기 동안에) 4사분면을 침범했다. 나는 로니가 좀 더 융통성 있게 움직이도록(나아가도록) 돕기 위해 씨앗을 심고 있다는 것을 알았다. 솔직히 나는 그 씨앗들이 싹트기까지는 오랜 시간이 걸릴 것으로 예상했는데, 특히 우리가 놀이할 때 따랐던 규칙을 바꿀 수 있다고 내가 제안했을 때 로니는 나를 무시하거나 우리가 그런 일을 할 수 있다는 것을 격렬하게 부정했다.

전환점 3: 규칙의 변경, 파트 1

9회기에서 로니는 "우리가 규칙을 바꾼다면 무엇을 바꿀 건가요?"라고 말했다. 나누어 주는 카드의 수를 일곱 장보다 많이 갖게 되는 것으로 바꿀 수 있다는 나의 제안에 그는 "대신에 6개로 해 봐요. 그런 상태로 하다가 마음에 안 들면 또 하나를 가질 수 있어요"라고 말했다. 우리는 시합을 하기 시작했다. 처음에는 나누어 주는 카드의 수를 바꿀 수 있을 뿐이었지만, 그 후 점차 몇 가지 다른 규칙을 바꾸었다. 우리는 8회기 동안 이것을 했고, 로니는 거의 모든 게임을 이겼다. 이는 로니가 속였기 때문이 아니라, 그저 나보다 더 나은 전략가였기 때문이다. 처음 놀이를 시작했을 때, 로니는 이기는 것에 아무런 반응을 보이지 않았다. 작업의 규칙을 바꾸는 부분에서 시작하여 처음에는 이길 때마다 비밀스러운 작은 미소를 지을 뿐이었지만, 몇 번의 회기 후에 로니는 이겼을 때 작은 파티를 열기 시작했는데 미소를 지으며 약간의 축하 춤을 추었다(나는 로니가 그런 열정을 보이는 것에 대해 상당히 흥분했다. 왜냐하면 그때까지 학교에서는 로니가 불행한 감정 외 어떤 것을 표현하는 것을 본 사람이 아무도 없었기 때문이다. 그러나 다른 사람의 정서성에 대한 로니의 반응에 계속 맞추면서 나는 로니가 강한 감정을 표출하는 다른 사람들을 어려워하는 것 같아서 나 자신의 정서성을 억제했다). 이 일이 있은 지 6주 후에 로니는 가끔 자기가 항상

이기고 내가 항상 져서 미안하다는 말을 했고, 어느 날은 그것이 내 기분을 상하게 했는지 또는 자신이 이겼을 때 화가 났는지를 나에게 묻기까지 했다. 이에 대응하여 나는 로니의 능력(그의 중요한 C's 중 능력을 구축하기 위해 작업하는)에 매우 감명을 받았으며, 로니가 이겼을 때 전혀 개의치 않을 만큼 로니와 함께하는 기쁨을 매우 즐겼다고(로니의 중요한 C's 중 연결과 가치 있음을 구축하기) 로니에게 말했다. 로니가 이것에 대해 궁금해하는 것 같았기에, 나는 2사분면으로 옮겨서 왜 사람들이 특정한 방식으로 느끼고 서로 다른 사람들이 서로 다른 방식으로 자신의 감정을 표현하는지에 대한 개방적 논의 및 탐색을 시작했다. 이것은 또한 로니의 생활양식에 대한 이해를 증진하기 위한 수단으로, 내가 로니의 가족과 학교에서 사람들과의 관계에 대한 2단계 질문을 시작하게 했다. 우리의 대화는 또한 화나거나 슬프다고 느낄 때 스스로 조절하려고 했던 것에 관해 얘기하면서 강한 감정과 스트레스 관리 기술을 다루는 방법을 가르치는 4단계로 서서히 들어갈 수 있게 해 주었다. 3단계의 몇 가지 전략을 통합하여(내담자가 통찰을 얻는 데 도움을 주며) 우리는 가족, 감정, 자기 관리, 그리고 우리가 놀 때 우리를 괴롭힌 것들에 관해 이야기했다. 학년 말에 로니는 다음 해에도 볼 수 있냐고 물었다. 가을에 로니는 우리의 첫 회기에 들어와서 내가 지는 것에 개의치 않을지라도 가끔 내가 이기기를 원했고, 그 결과는 또 이러했다.

전환점 4: 규칙의 변경, 파트 2

21회기(새 학년을 맞이하고 첫 회기)에서 로니는 "규칙을 크게 바꿀 거예요. 절대 할머니에게 말하지 마세요."라고 선언했다. 로니는 '어떻게 놀이를 공정하게 할까'에 관해 나를 만나지 못한 여름 내내 생각을 많이 했다고 말했다. 그 결과, 로니는 자기 자신에게 나누어 준 것과 다른 개수의 카드를 나에게 나누어 주기로 마음먹었다. 로니는 나에게 "이것은 속임수가 아니에요. 이 방법이 더 공정할 뿐이에요."라고 확언했다. 우리는 여러 회기에 걸쳐 숫자로 실험을 했고, 로니가 10장의 카드, 내가 6장의 카드로 시작할 때 내가 가끔 한 번씩 이긴다는 것을 알아냈다. 그래서 우리는 몇 회기 동안 그 방식으로 놀이를 했다. 나는 종종 로니가 우노를 가지고 놀이하는 것에 약간 지루해한다는 것을 알아차렸지만, 내가 로니에게 이것을 지적하고(3단계, 메타커뮤니케이션 같은 4사분면 반응을 사용하며), 내가 '상사가 되는' 차례가 왔을 때 다른 게임 또는 활동을 로니에게 선택하라고 했을 때에도 로니는 계속 우노를 놀이하기를 원한다고 주장했다.

전환점 5: 우리의 우노 세계를 확장하기

23회기에 로니를 데려오기 위해 교실에 가기 전에 우리가 놀이하던 탁자 위에 우노 공격(Uno Attack) 게임을 놓았다(이 게임은 놀이치료에서 매우 다양한 목표를 달성하는 데 아주 좋다; Petersen & Kottman, 2017). 로니는 카드 인출기(디스펜서, 기계, 자판기)를 보고는 그것이 무엇인지 알고 싶어 했다. 나는 로니에게 깜짝 놀랄 준비를 하라고 말했고[과거에 변화에 대한 로니의 반응이 다소 급진적(과격한)이었기에 로니에게 새로운 일이 일어날 것이라고 경고하기 위해서였다], 카드가 인출기(디스펜서)에서 나오도록 버튼을 눌렀다. 로니는 조금 뒤로 물러서더니 내 손을 잡으려고 손을 뻗으며 "와! 그게 뭐예요?"라고 말했다. 나는 또 다른 종류의 우노 게임이라고 설명하면서 놀이를 하고 싶은지 묻자, 로니는 "절대 아니에요! 저것은 너무 [엉뚱해요(wild)]!"라고 말했다. 우리는 그 회기 전체를 '보통의 우노'로만 놀이했는데, 외견상으로는 점점 더 게임과 단절되어 가는 것처럼 보였지만 로니의 생활양식과 패턴에 대한 최근에 생겨난 통찰력에 관한 대화에 기꺼이 더 많이 참여하려고 했다. 그 주제로는 학교와 이웃에서 친교를 발전시키기 시작한 것, 로니의 선생님이 좀 더 자주 로니에게 미소 짓는 것, 여러 사람이 '로니의 개인적 공간을 침범했다'는 사실에도 불구하고 완전 붕괴되는 것을 멈출 수 있었던 것 등이 포함되었다(기본적으로 사고, 감정, 행동에 관한 자기 자신의 패턴에 대한 통찰을 얻으며 3단계를 계속하면서 우리를 1사분면과 2사분면으로 옮기고, 사고, 감정, 행동에 관한 새롭고 좀 더 적응적인 방법을 배우고 연습할 4단계로 이동하면서 로니는 상황을 바꾸고 있었다).

그다음 주에 내가 놀이실로 들어가자, 로니는 우노 공격 카드 인출기를 움켜쥐고는 "신나게 놀고 싶으세요?"라고 말했다. 그 후 우리는 몇 주 동안 우노 공격을 하고 놀면서 이야기를 계속했고, 나 역시 메타커뮤니케이션을 사용하여 로니가 게임 중에 사고, 감정, 행동 패턴에서 변화를 일으키기 시작한 방식들과 그런 후에 로니가 회기 밖에서 일어나고 있는 것들을 꺼냈을 때를 지적했다(4단계로의 전환으로 1, 2, 4사분면의 요소들을 결합하며). 로니의 요청("다른 것을 해 봐요. 우노를 하는 다른 방법도 있나요?")에 따라 우리는 몇 회기 동안 우노 스핀(Uno Spin)을 해 보기도 했다. 놀이를 하는 동안, 로니는 가끔 삼촌들과 함께 집에서 했던 비디오 게임에 관해 이야기를 했다. 로니는 특히 '식물 대 좀비(Plants and Zombies)'에 관심이 있는 것 같았는데, 다양한 식물과 좀비, 그리고 그것들의 독특한 속성과 능력을 묘사했다. 로니는 자신의 많은 감정을 말로 표현할 수 있게 되었고, '식물과 좀비'에 관한 나의 지식 부족에 대해 좌절감을 표현했다.

치료의 여정에서 이 무렵, 로니가 학교에서 보였던 곤란한 행동 중 많은 것이 줄어들었다. 비록 상황이 예측되는 규칙을 따르지 않았을 때는 붕괴를 겪기도 했지만, 로니는 화가 났을 때 소리를 지르거나 비명을 지르는 것을 멈추었다. 로니가 진정으로 사람들에게서 위협을 느낀다면 그렇지 않겠지만, 로니는 자신의 개인적 공간에 사람들을 두는 것에 더 관대해졌다. 그리고 새로운 활동과 학업 과제를 기꺼이 하려고 했다. 그러나 로니는 통제가 안 된다고 느낄 때 '정상적'인 기색을 보였지만(다른 아이들이 자신이 놀고 싶어 하는 것에 흥미가 없을 때 자신의 손을 쥐어짜고, 자신의 학용품을 일정한 방식으로 줄을 세우고, 시험을 보는 동안 자기 의자에서 몸을 흔들며), 여전히 매우 불안했다. 로니는 자신이 느끼고 있는 감정을 잘 알고 있는 것 같았지만, 여전히 그러한 감정을 분명히 표현하고 다른 사람에게 도움을 청하는 데 어려움을 겪고 있었다. 몇몇 아이들이 놀이터에서 로니와 함께 놀거나 파트너로서 과제를 함께하기를 원했지만, 로니의 반 아이들은 여전히 약간 망설였다. 왜냐하면 로니가 자신의 포악한 방식 중 상당수를 포기하지 않았고, 목표를 달성하는 데 있어서 다른 사람들과 협력하는 방법을 몰랐기 때문이다. 나는 로니의 선생님, 학교에서 로니와 함께 작업했던 다른 사람들, 그리고 로니의 할머니(이제는 학교로부터 아주 많은 전화를 받지 않게 되어 매우 기뻐했다.)와 마찬가지로 로니의 진전에 기뻤다. 이러한 진전과 회기에서 로니가 나와 있을 때 얼마나 이완되고 편안해했는지에 대한 나의 느낌을 고려해 볼 때, 나는 AdPT의 재정향/재교육 단계(4단계)로 이동하면서 좀 더 '우리의 성과를 향상할 때'라고 느꼈다. 그래서 30회기에서 우리가 무엇을 할 것인지 내가 제안할 차례가 되었을 때, 나는 실제로 '식물 대 좀비'의 등장인물들을 시각화하는 데 어려움을 겪고 있다고 로니에게 말했다. 나는 '식물 대 좀비'에 관심이 있는 몇몇 내담자가 있다고 언급했다. 나의 아들이 게이머였기에 비디오 게임에 대해 많이 알고 있지만, 나는 그 게임을 몰랐고 배우고 싶었다. 나는 로니가 놀라운 예술가라는 말을 듣고, 로니에게 그 주에 우노 게임을 하는 것을 건너뛰고 화이트보드에 '식물 대 좀비'의 등장인물들을 그릴 의향이 있는지를 물었다. 나는 이 다소 급진적인 일탈에 대해 긴장했지만, 나 자신의 자기 체계(self-system)를 점검해 보고 로니가 변화를 일으킬 준비가 되어 있다고 믿었다.

전환점 6: 식물과 좀비

다음 몇 번의 회기 동안 로니는 화이트보드에 등장인물을 그리고, 각 등장인물이 어떻게 움직이며 어떤 힘을 가졌는지 설명하며 보냈다. 심지어는 각각의 좀비들이 어떻게 돌아다니는지 보여 주었다. 우리는 번갈아 좀비가 되고, 각각의 식물이 좀비들로부터 자신을 보호하려고 하는 행동들을 실연해 보이며 등장인물들을 연기하기 시작했다. 나는 로니에게 자신의 감정을 인식하고 다른 사람들의 감정적인 관점을 받아들일(이해할) 수 있는 연습을 할 기회를 주고 싶었기에 우리는 번갈아 식물과 좀비가 되었다. 즉, 식물은 자신을 방어하고(좀비를 접촉하지 않고), 좀비는 식물을 위협하기 위해 비틀거리면서 걷고, 그러는 내내 두 등장인물이 느낄 수 있는 감정들을 적었다. 나는 모든 사람이 자신을 안전하게 지키는 것이 얼마나 중요한지와 그렇게 할 수 있는 많은 방법이 있다는 것을 메타커뮤니케이션하였다. 그리고 나는 사람들이 학교와 학교 밖의 상황에서 자신을 안전하게 지킬 수 있는 다른 방법들에 다리를 놓았다(1사분면과 4사분면).

이것이 아주 잘되어 가고 있어서 나는 로니가 융통성을 갖추는 능력을 확장하는 연습을 할 수 있도록 도울 방법을 생각해 내기로 했다. 나는 우리 자신의 식물과 좀비를 만들 수 있고, 36회기 동안 그것들을 그리고 나서 식물들이 스스로 방어할 방법을 고안해 냄으로써 이용 가능한 등장인물들의 판테온(유명인들, 신들)을 첨가할 수 있다고 제안했다. 처음에 (물론) 로니는 "그냥 그런 식은 아니잖아요. 선생님은 그냥 자신의 캐릭터를 발명할 수 없어요."라고 말하며 어안이 벙벙해졌다. 그것이 처음에 발명된 방법이라고 내가 지적했을 때("음, 어느 시점엔가 누군가가 그것들을 만들었다.") 로니는 생각에 잠긴 듯이 보였지만, 그때까지 내 제안을 받아들이지 않았다.

전환점 7: 창작해 봐요!

37회기는 로니가 "정말 누군가가 식물과 좀비를 만들어 냈나요?"라고 말하는 것으로 시작했다. 나는 로니에게 예술가들과 비디오 게임 설계자들이 캐릭터를 창작하고 비디오 게임 이야기를 만드는 일을 하는 것에 대해 말해 주었다. 로니는 자신이 크면 그것을 해 보고 싶다고 나에게 말했고, 내가 회기 중에 로니의 미래의 일을 해 볼 수 있다고 제안하자 로니는 마커(매직펜)와 종이를 쥐고는 "창작해 봐요!"라고 말했다. 우리는 새로운 식물과 좀비를 개발하며 여러 회기를 보냈다. 즉, 식물들이 자신을 안전하게 지키고, 좀비들이 식물들에게 위협이 되는 일을 하고, 예술과 움직임을 사용하여 창조물을 완전히 살아나게 하는 방법을 만들었다. 우리는 2사분면과 4사분면 사이를 왔다 갔다 했다. '식물과 좀비'가 제공하는 은유에 들어갔다 나왔다 했고, 두 역할에서 우리의 불안을 적는 방법을 연습하고, 우리가 식물이 되었을 때 우리의 걱정을 관리하는 방법을 실험하며, 놀이실 밖에서 각자에게 무서울 수도 있는 것을 얘기하고, 우리 자신을 안전하게 지키는 방법에 관한 생각을 브레인스토밍했다. 이것을 몇 회기 한 후, 로니가 "저기요, 저에게 '식물 대 좀비'를 좋아하는 친구가 있어요. 제가 그 친구에게 제 움직임의 일부를 보여 주고 있었어요. 이름은 진수이고, 우리 반 아이예요."라고 말할 때 나는 놀랐다.

전환점 8: "친구가 찾아와서 우리와 같이 놀 수 있을까요?"

나는 이미 치료 과정의 다음(그리고 마지막) 단계는 로니가 다른 아이와 함께 새로 얻은 사회적 기술과 불안 관리를 연습할 수 있도록 또 다른 아이를 우리 회기에 포함하기로 했다. 나는 무심코 "좋아(그래). 우리가 너희 선생님께 그래도 괜찮냐고 물어보라고 J 선생님에게 부탁하고 나서 그 친구의 부모님에게 그 친구가 우리와 같이 놀아도 괜찮은지 물어보라고 해야겠다. 지금 가서 그렇게 할까?"라고 말하며 기쁨으로 펄쩍펄쩍 뛰며 노래를 부르고 싶었다. 로니는 그것이 멋진 생각이라고 했고, 그래서 우리는 학교 상담사에게 로니의 친구가 우리와 함께 놀 수 있도록 허락해 줄 수 있는지를 물었다. 그다음 주(47회기)에 진수가 놀이실에 와서 우리와 합류했고, 우리는 다음 두세 번의 회기 동안 '식물 대 좀비' 놀이를 하며 시간을 보냈다. 우리가 49회기에서 놀 때, 진수는 좀비를 별로 무서워하지 않는다고 말했지만, '프레디에서의 5일 밤'[4]에 '완전히 기겁'했다(Kottman et al., 2017).

비록 로니가 실제 게임을 하지는 않았지만, 로니는 유튜브에서 렛츠 플레이(Let's Plays)의 몇몇 동영상 클립[5]을 보았다. 그리고 애니매트로닉스[6]에게

---

4) 역자 주: Five Nights at Freddy's: FNAF. 초등학교에 다니는 아이들, 특히 트라우마를 겪은 아이들에게 매우 인기 있는 또 다른 무서운 컴퓨터 게임.

쫓기는 악몽을 꾸고 있다고 말했다. 우리가 FNAF의 등장인물인 척하여 우리의 감정을 명명하고, 불안 관리 도구를 사용하고, 우리 자신을 안전하게 지키기 위해 한 팀으로 일하는 방법을 내가 제안했을 때, 로니는 그렇게 하는 데 매우 흥분했다. 우리는 학년이 끝날 때까지 계속 같이 놀이를 했고, 로니는 매일 더 나아졌다. 우리는 심지어 몇몇 회기 동안 내 태블릿에 있는 '실제' '식물 대 좀비'를 협동으로 놀이하면서 마무리하기도 했다.

회기를 종결할 때, 로니는 내가 함께 놀자고 요청했던 소년과는 다른 소년이 되어 있었다. 로니는 여전히 불안해하지만, 심한 조절 부전(dysregulated) 대신에 대부분 상황을 다룰 수 있는 대처 전략을 개발했다. 로니는 사고와 행동에서 더 융통성이 있고, 놀이하는 데 한 가지 이상의 방식이 있다는 것을 이해했다. 로니는 다른 아이들과 학교 직원들을 때리고 학교에서 붕괴되는 것을 멈추었다. 로니는 선생님들 및 다른 학생들과 힘(권력)을 나누는 것을 배웠다. 때때로 여전히 자신의 능력을 의심하고 자신이 중요한지(인정받는지) 완전히 확신하지는 못했지만, 로니의 중요한 C's는 모두 향상되었다. 로니는 이제 기꺼이 학교 일과 새로운 경험을 시도할 수 있는 용기를 보여 주었다. 로니는 어른들 및 다른 아이들과 훨씬 더 긍정적인 관계를 맺을 수 있었다. 로니는 자신의 능력, 특히 창의성과 예술 프로젝트에 자신감이 있었다. 그리고 자신의 삶에서, 특히 집에서 할머니와 삼촌들과 함께 기여할 수 있는 영역이 있다는 것을 알았다. 로니는 상황에 대한 자신의 감정적 · 생리적 반응에 관한 인식을 높였고, 자신의 감정과 요구를 사회적으로 적절한 방법으로 다른 사람들에게 명확하게 소통하는 법을 배우고 있었으며, 또래들 및 선생님들과 있는 상황에서 여러 다른 분노 관리 전략을 적용할 수 있고 적용할 것이라는 점을 보여 주었다. 가장 중요한 것은 로니는 더는 성난 노인이 아니라는

---

5) 역자 주: 필름 중 일부만 따로 떼어서 보여 주는 부분.

6) 역자 주: animatronics. 사람 또는 동물을 본떠 만든 공기, 유압 또는 전기의 힘으로 움직이는 로봇. FNAF의 무서운 등장인물.

점이었다. 로니는 마치 아이처럼 미소 짓고, 웃고, 놀기 시작했다.

전환점 요약

과정의 단계	사분면	전환점	무엇이 전환점에 기여했는가
1회기 전(AdPT 1단계)	2사분면	• 자신이 필요한 것을 직접 요청하고, 기꺼이 시기를 협상함	• 솔직히 나는 확신할 수 없다. 내가 학교의 다른 아이들에게 아이들을 배려하고 안전한 사람이라는 평판이 있었기 때문인 것 같다.
4회기(AdPT의 1단계와 2단계)	3사분면	• 눈 맞춤을 하고, 내가 먼저 가게 함	• 로니의 통제에 대한 욕구는 나와 아주 조금 권력을 공유하면서 자신이 통제하고 있다는 경험을 하게 했다. • 나의 정서성과 나의 감정적 및 신체적 자기를 이용하여 로니와 로니의 통제에 대한 욕구에 내가 적응하도록 인도했다. • 마치 로니가 회기에서 대부분의 권력을 가질 수 있는 것처럼, 나와 자신의 감정과 연결이라는 중요한 C's감각의 성장이 있었다.
9회기(AdPT의 2단계와 3단계)	1사분면	• 우리가 놀이했던 규칙을 기꺼이 바꿀 의향이 있음을 보여 줌	• 나 자신의 정서성과 감정적 및 신체적 자기를 사용하여 로니가 통제할 수 있도록 안내했다. 이는 가끔 나의 해석 논평, 일하는 다른 방법을 시도하라는 나의 권유의 잠정적인 전달, 그리고 나의 권유를 압박이라기보다는 허락으로 받아들이려는 의지와 결합한다.

21회기(여름방학 이후, AdPT 3단계)	1사분면 그 후 4사분면	• 내가 가끔 이기도록 규칙이 더 공평해질 수 있게 규칙의 변경을 개시함	• 로니의 자신감과 회기에서 권력을 공유하려는 의지를 계속 나타냈다. 이는 우리 둘 사이에 권력을 나누려는 나의 명시적인 욕구와 더불어 대부분의 권력을 기꺼이 로니가 갖도록 하는 나의 의지에 더하여 자신의 가치관과 공정성의 중요성에 대한 로니의 감각이 성장하면서 활성화되었다.
24회기(AdPT의 3단계)	2사분면 그 후 1사분면과 4사분면	• 자신의 안전지대(편안한 구역)에서 매우 벗어난 게임을 기꺼이 하려고 함	• 우리가 놀이했던 게임보다 상당히 덜 통제된 게임으로 확장하여 시도할 수 있다는 의견을 소개했지만, 그것을 하도록 압력을 주지 않고 우리가 다른 게임으로 옮겼는지를 통제할 수 있다고 로니가 정말 느끼고 있다. • 통제할 수 없는 상황에서도 자기 조절 능력에 대한 자신감과 믿음의 성장, 그리고 중요한 C's 네 가지 모두에서 로니의 수준 향상과 함께 새로운 방식으로 권력을 나누는 것으로 확장하려는 로니의 의지가 있다.
30회기(AdPT의 3단계와 4단계)	1사분면과 4사분면	• 게임에서 창의적인 놀이, 예술, 움직임으로 전환함	• 로니의 융통성의 성장과 주변과 다른 사람들을 완전히 통제할 필요 없이 권력을 공유하고 사건들을 펼치려는 의지의 증가되고 있다.

37회기(AdPT의 4단계)	2사분면과 4사분면	• 창의성과 상상력의 심리적 · 예술적 위험을 기꺼이 감수함	• 자신의 감정을 표현하는 것과 다른 사람의 관점을 받아들이는(이해하는) 것에 대해 배우려는 바람과 결합하여 자신을 창조적으로 표현하려는 로니의 욕구 • 자신을 안전하게 지키고 자신의 필요를 적절한 방법으로 충족해 달라고 요청하는 능력에 대한 로니의 믿음의 증가. 그리고 중요한 C's의 용기와 능력에서의 로니의 지속적인 성장
47회기(AdPT의 4단계)	1사분면과 4사분면, 약간의 3사분면	• 놀이실에 친구를 요청하고, 위협을 느끼지 않으며, 기꺼이 나의 관심을 공유하고, 다른 아이와 권력을 공유하려고 함	• 로니가 자신이 항상 통제할 필요가 없다는 인식의 지속적인 성장 · 동료와 적절히 소통할 수 있는 능력에 대한 자신감의 향상. 나와의 관계에서 자기 확신감, 자신을 안전하게 지킬 줄 알고 자신의 불안에 대처하기 위해 사용할 수 있는 도구를 가지고 있다는 인식의 진전 • 중요한 C's에서 로니의 중요성과 능력의 향상

참고문헌

Adler, A. (1956). *The individual psychology of Alfred Adler: A systematic presentation in selections from his writings*. New York: Harper & Row.

Adler, A. (1998). *Understanding human nature*. Oxford: Oneworld. (Original work published in 1927)

Kottman, T. (2011). Adlerian play therapy. In C. Schaefer (Ed.), *Foundations of play therapy* (2nd Ed.). New York: John Wiley.

Kottman, T., & Ashby, J. (2015). Adlerian play therapy. In D. Crenshaw & A.

Stewart (Eds.), *Play therapy: A comprehensive guide to theory and practice*. New York: Guilford Press.

Kottman, T., & Meany-Walen, K. (2016). *Partners in play: An Adlerian approach to play therapy* (3rd Ed.). Alexandria, VA: American Counseling Association.

Kottman, T., & Meany-Walen, K. (2017). *Treatment manual for Adlerian play therapy*. Unpublished. Available upon request from the first author.

Kottman, T., & Meany-Walen, K. (in press). *Doing play therapy: From building the relationship to facilitating change*. New York: Guilford Press.

Kottman, T., Petersen, N., Kottman, J., & Lavenz, E. (2017). *How to talk so gamers will listen and listen so gamers will talk: Using the language of video games in play therapy and counseling*. Cedar Falls, IA: Author.

Petersen, N., & Kottman, T. (2017). *Using tabletop games in play therapy*. Cedar Falls, IA: Author.

Yasenik, L., & Gardner, K. (2012). *Play therapy dimensions model: A decision-making guide for integrative play therapists*. London: Jessica Kingsley Publishers.

제**4**장

"당신은 문이 될 수 있다"

–트라우마로 힘든 상황의 아이와 함께 안전을 확립하고 개인 정체성의 성장을 촉진하기–

Eileen Prendiville

사례 소개

토니는 장난감이 든 여행 가방과 자신의 밀봉된 음료수, 밀봉된 비스킷을 첫 회기에 가지고 온, 내가 놀이치료실에서 만난 유일한 아이였다. 이 장에서는 유아 때부터 아버지를 포함하여 보복의 가해자에 의해 만성적으로 성적 학대를 겪은 이 다섯 살짜리 소년(익명성을 위해 토니라고 부름)의 인본주의적이고 통합적인 심리치료 과정을 제시하고 탐구한다. 토니는 2년 반 동안 73회기의 아동 심리치료를 받았고, 놀이치료가 그 도구였다. 이 기간에 토니는 강한 자기의식과 일상생활에서 기쁨을 누릴 수 있는 능력을 되찾았고, 좀 더 자각하게 되었고, 성숙해졌으며, 더 건강하고 더 만족스러운 존재 방식으로 나아갔다. 스트레스 대응 체계는 조율되었고, 자기 위로 능력은 매우 강해졌다. 그리고 자신의 뇌 기능을 높이 발휘하고, 안전한 자극에 초점을 맞추고, 안심시키는 자기 대화를 이용함으로써 안전한 감각 반응으로 인해 촉발되는 것을 피하는 법을 배웠다. 무엇보다도 중요한 것은 토니가 자신의 비극적인 과거를 상기시키는 것으로 인해 끊임없이 촉발되지 않고 현재에서 자발성을 지니고 사는 법을 배웠다는 점이다. 토니는 정상적인 발달 경로로 돌아왔다.

이론적 방향

인본주의적이고 통합적인 양식은 고유한 아동의 전체, 즉 마음, 육체, 정신 등 자기(Self)의 모든 요소를 통합적으로 전반작업하겠다는 약속으로 뒷받침된다. 아이들의 경우, 발달적으로 적절한 관행에 맞추어 과정은 확인된 문제 행동에 초점을 맞추기보다는 치료적 관계와 놀이의 치료적 힘에 의존한다(Schaefer & Drewes, 2014). 나중에 설명할 토니의 현재 증상은 스트레스 반응 시스템이 과도하게 활성화되어 있고, 과거에 경험한 지속적인 공포로 인해 자신의 상태를 조율할 수 있는 인내의 범위(Window of Tolerance) 내에 머물 수 없다는 측면에서 가장 잘 이해할 수 있다. 이것은 현재 토니의 기본 상태가 되었다. 요컨대, 토니는 세상은 무서운 곳이고, 그 안에 있는 사람들은 신뢰할 수 없고 위험하다는 것을 계속 경험했다. 나는 액슬린(Axline, 1947)이 제시한 비지시적 놀이치료의 핵심 원리에 반영된 인본주의 철학에 동의하면서 나타나는 문제를 포함하여 아동의 행동을 자기실현(self-actualization)을 향한 동기의 맥락에서 이해할 수 있다고 믿는다. 나는 안전을 판단하는 인지 기능을 사용하는 토니의 능력이 심하게 제한되어 있다고 믿었다. 토니가 세상에 존재하는 방식은 뇌 하부 영역에 의해 지배되었고, “인내의 범위”는 매우 좁았다. 토니는 과각성과 저각성의 상태를 번갈아 보였다. 뇌 하부 영역은 안전을 생리적 감각에 기초하여 평가하며, 안전은 신체적 수준에서 측정된다. 토니의 복부 미주신경 체계는 기능장애였고, 생리적 반응은 끊임없이 토니에게 세상을 무서운 곳으로 경험하게 했다. 토니는 자신의 압도적인 감정을 어느 정도 통제하려고 애썼다. 예를 들어, 성적 행동과 같은 토니의 증상

중 일부는 토니가 당했던 부적절한 경험들과 관련하여 토니의 혼란을 전달하였다. 토니는 개인적 정체성에 부정적으로 영향을 미치는 부적절한 사회적 역할을 부여받았다.

나는 아동 내담자를 있는 그대로 받아들이면서 나타나는 증상을 치료하거나 제거하려고 하는 것이 아니라, 치료 과정이 어려움을 해결하고 핵심 상처를 치유할 수 있는 관계와 환경을 제공할 수 있다고 믿는다. 사회 참여 체계(Porges, 2011)가 활성화되고, 뇌의 양쪽 반구가 모두 협동하여 참여하고 작동하는 관계 안에서 사람과 현상이 목격되고 받아들이고 탐구될 때 변화는 가능해진다. 나는 치료자의 자기 사용과 정보에 근거한 의사결정 능력이 이 과정의 핵심이라고 믿는다. 나는 단일 모델에 의존하지 않는다. 대신에 때때로 두 개 이상의 이론을 일관성 있는 전체로 결합하는 동시에 특정한 순간에 내담자에게 적합하다고 판단되는 다양한 모델을 활용한다. 나는 또한 임상적 결정에 있어 정상적인 발달과 외상의 영향에 대한 신경생물학적 이해에 의존한다.

> 치료적 개입의 열쇠는 스트레스 반응 체계가 뇌간과 간뇌에서 비롯된다는 점을 기억하는 것이다. 이러한 체계들이 제대로 조절되지 않고 기능장애가 있는 한, 그것들은 뇌의 높은 부분을 방해하여 조절장애를 일으킬 것이다. 뇌간이 제대로 조절되지 않으면 모든 최선의 인지 행동, 통찰력 지향 또는 심지어 정서 기반 개입이 실패할 것이다(Perry, 2006, pp. 38-39).

회기에서 내가 육체적 · 감정적 수준으로 완전히 관여하는 것은 매우 흔한 일이다. 나는 정기적으로 아동의 역할 놀이 시나리오에 적극적으로 참여한다. 추적 반응을 하고(일반적으로 아주 초기 회기에서) 내용 및 감정을 반영하는 것(과정 중 어느 단계에서든) 외에 내가 회기 중에 말로써 아동을 대화에 끌어들이려고 하기보다는 투사적 놀이나 역할 놀이에서 인물의 내적 상태에 관여한다. '몰입도: 치료자의 자기 사용 척도(부록 A)'를 참조하며, 나는 반영적 해석 진술(부록 A: 1.4 해석)을 주기적으로 활용하여 종종 감정적 · 육체적으로 놀이에 더 몰입하곤 했다. 하지만 아동이 직접 대화를 시작하지 않는 한, 나는 정적 놀이(static play)나 순환 반복 놀이(looping play)에 영향을 주려고 논평을 사용하지만, 나의 언어 표현이 놀이에 지장을 주지 않도록 노력한다. 또한 아동이 어느 정도의 통합 수준을 달성했고, 놀이가 아동이 살았던 세상 경험과 어떻게 관련이 되는지를 그 아동이 어느 정도 알고 있다는 것이 명백할 때, 나는 아동이 더 높은 수준의 인식을 달성하도록 촉진하는 것을 목적으로 간략하게 연결하는 해석적 논평을 할 것이다.

나는 나의 내적 감정 상태(부록 A: 2.2 정서성)와 생리적 감각(부록 A: 4.1 구체화)에 깊은 주의를 기울인다. 그리고 내가 어떻게 아동의 과정을 지지하기 위해 자기의 이러한 측면들을 이용할 수 있는지를 고려한다. 역할을 맡길 때, 특히 아이가 맡은 역할과 관련이 있는 역할을 맡길 때 나는 이 역할 내의 나의 경험이 나와 아동에게 친숙하고 우리가 힘을 얻으려고 시도하는 감정, 생각, 감각을 체화할 수 있게 해 줄 것이라고 믿기에 그 역할에 전적으로 관여할 수 있다.

사례개념화

토니는 많은 골치 아픈 증상과 약간의 강한 회복탄력성을 보였다. 그는 매우 내향적이었고, 엄마에게 극도로 매달리는 모습을 보였다. 토니의 엄마는 아이에게 심각하게 맞추고 있었고, 토니는 엄마와 안전한 애착 관계를 맺고 있었다. 우리가 채택한 협력적 작업 접근방식과 함께 이 관계는 심리치료 공간에 참여하고 활용하는 토니의 능력을 크게 향상하고, 통합을 성취하고, 마음 조망(mindsight; Siegel, 1999)을 발달시키는 데 도움을 준 한 가지 요인이었다. 즉, 마음 조망은 변연계 영역과 뇌간에서 나오는 스트레스 신호를 무시하기 위해 더 높은 뇌 영역 안을 관찰하고 이를 강화하는 능력이다.

의뢰되었을 때, 토니는 매우 높은 수준의 불안과 예기치 않은 소리나 큰 소리에 눈에 띄게 놀라는 반응을 보였다. 심지어 돌봄의 맥락 안에서조차도 신체 접촉을 크게 두려워하고 이에 저항했다. 토니의 생리적 반응은 토니가 가장 필요로 하는 것, 즉 건강하고 위로하는 손길에 저항하게 했다. 토니의 수면은 잦은 악몽과 야간 공포로 인해 매우 방해를 받았고, 최근에는 몽유병을 보이기 시작했다. 토니는 지나치게 자위행위를 하고 있었고, 부적절한 성적 행동을 했다. 나중에 토니가 집에서 특정 외상 장면을 그대로 재현하는 정적 외상 후 놀이를 하고 있다는 것이 드러났다(Gil, 2006; Frendiville, 2014; Terr, 1983).

아버지와 다른 사람들과의 부정적인 경험에도 불구하고, 토니는 자신의 공개에 적절히 대응하고 현재와 미래의 보호를 확보하기 위해 가능한 한 모든 조처를 취했던 자신의 어머니와 강한 긍정적 관계를 맺고 있었다. 이것은 매우 중요했다. 토니는 운이 좋게도 엄마가 자신에게 매우 잘 맞춰 주었고, 자신의 회복을 전적으로 지원하는 데 전념했다. 토니의 엄마는 또한 토니가 가해자와 접촉하는 것을 막으려고 자신의 노력에 뒤따르는 많은 희생에 기꺼이 참여하려고 했다. 이것은 쉬운 일이 아니었지만, 그 이야기는 여기서 하지 않겠다.

E-P-R 패러다임과 아동 성학대와 관련된 외상의 극복

나는 치료에서 아동의 놀이가 수 제닝스(Sue Jennings) 박사에 의해 확인되고(1999), 내가 한층 더 개발한 체화-투사-역할(Embodiment-Projection-Role: E-P-R)의 맥락에서 가장 잘 이해될 수 있다고 믿는다(Prendiville, 2010/2017b, pp. 22-23). 제닝스 박사(Jennings, 1999)는 체화, 투사, 역할의 세 가지 주요 놀이 범주가 있다고 제안하였다. 아이들은 이러한 단계들을 거쳐 순차적으로 나아가며, 각 단계는 이전 단계와 이미 달성한 성숙도에 크게 영향을 받는다. 하지만 모든 단계는 아동이 역할 놀이에 참여하기 시작할 때 여전히 투사 놀이와 체화 놀이에도 참여할 수 있도록 유효하게(active) 남아 있다. 어른인 우리 또한 체화, 투사 그리고 역할 활동에 참여한다.

나는 각 단계가 개인의 발달 과정에서 별도의 단계들과 직접 연결되어 있다고 제안한다(Prendiville, 2010).

- 신체적 정체성–체화 놀이: '나'를 별개의 사람으로 이해하기
- 정서적 정체성–투사 놀이: 개인적인 사고, 감정, 의도를 이해하고, 다른 사람이 우리의 모든 인식을 공유하지 않는다는 것을 알아차리기
- 역할 정체성–극적(dramatic) 놀이와 역할 놀이: 다른 사람의 관점에서 세상을 보는 능력을 개발함으로써 관계를 맺고 공감 능력을 키우는 것을 배우기

이러한 단계는 각각 이전 단계들 내에 세워진 기초에 의존한다. 정서적 발달은 체화 단계 동안에 혼란에서 발생한 자기 자신의 신체 단서들을 읽을 수 없어서 방해를 받을 것이다. 공감 능력을 발달시키는 것은 신체적 및 정서적 정체성의 결여로 인해 좌절될 것이다.

아동이 방임이나 외상을 겪으면 한 가지 이상의 단계와 관련된 일반적인 성취가 손상되기에 발달이 중단되고 왜곡될 수 있다. 외상과 장기적인 스트레스는 신체적 · 정서적 역할 정체성의 만족스러운 발달을 방해할 수 있으며, 아동의 관계와 놀이 능력의 어려움으로 나타날 수 있다. 이것은 이전에 달성한 발달 단계, 각 단계가 성공적으로 통합된 정도, 외상의 시기와 성격(예를 들어, 신체적 · 정서적으로 부적절한 역할 수준에서 아이를 직접 혼란스럽게 만들거나 해를 입힌 경우) 모두에 의해 영향을 받을 것이다. 외상을 경험한 어른들도 이 세 가지 수준에서 영향을 받을 것이고, 어른들의 트라우마가 이미 성취한 것을 손상할 수 있도록 이것은 마찬가지로 각 단계의 초기 경험들에 의해서도 영향을 받을 것이다(예를 들어, 신뢰하는 능력이 발달하는 것을 방해하기보다는 신뢰하는 능력을 감소시킨다).

신체적 또는 성적 학대, 방치 또는 신체 경계를 넘는 의료적 개입을 포함하는 침습적 외상은 신체적 정체성을 왜곡하고, 신체적인 수준에서 안전하다고 느끼는 개인의 능력을 방해할 가능성이 크다. 이런 성격의 발달상 외상은

또한 협응 부족, 감각기능장애, 신체감각의 인식 부족, 개인적 경계에 대한 어려움에도 이바지할 수 있다. 매우 중요한 것은 심리치료자들이 아동이 신뢰와 '예'와 '아니요'를 말하며 자기주장에서 어려움을 보이고, 좋지 않은 신체 이미지와 낮은 자존감을 지닌 아동이 순전히 인지 기반 접근방식으로는 해결될 수 없는 신체적 정체성과 씨름하고 있다는 점을 인식할 필요가 있다는 점이다.

혼란스러운 경험은 정서적 정체성을 방해하고, 압도당하는 지속적인 감각, 명료성의 결여, 일관성 있는 서술을 형성하는 능력이 없음, 순서 배열과 기억(침습적 기억 등), 생리적 감각과 감정 이해의 어려움으로 이어질 수 있다.

관계 내에서 부적절한 역할을 맡기는 것은 역할 정체성의 발달을 왜곡하고, 관계, 타인의 생각과 감정을 이해, 공감 능력의 발달에서 어려움을 낳고, 궁극적으로는 타인과의 관계에서 부적절한 역할을 맡는 경향으로 이어질 수 있다.

치료 과정: 전환점과 자기(Self)의 출현

성적 학대의 경험은 E-P-R 패러다임의 세 영역 모두에 영향을 미친다. 토니의 놀이 내용, 반복되는 놀이 주제, 그리고 언어 표현은 토니가 어떻게 자신의 경험으로 외상을 입었는지를 이해하는 데 도움을 주었고, 이러한 경험들에 대한 이해를 발전시켰다. 토니의 치료 과정 동안에 신체적 정체성, 정서적 정체성, 역할 정체성의 변화와 자기 발달로 연관될 수 있는 몇 가지 중요한 전환점이 있었다.

나는 토니와의 첫 회기에서 치료적 기준점(Touchstone, 시금석; Prendiville, 2014) 접근방식을 사용했다. 부분적으로는 신뢰성을 보여 주고, 두 번째로 토니 이야기의 간결한 버전을 신중하게 구조화하여 그 나이에 적절한 방법으로 토니에게 말함으로써 토니의 이야기에 일관성 있는 서술을 제공하는 방법(놀이치료 차원 모델 2사분면: 개방적 논의 및 탐색)으로 그 접근방식을 사용했다. 나의 경험상 터치스톤 이야기를 사용하면 아이가 초기 단계에서 치료에 좀 더 완전하게 참여할 수 있고, 관련 놀이를 안전하게 소개하기 위해 아이를 초대할 수 있고, 치료적 제한 설정의 필요성을 상당 부분 없앨 수 있다는 것이다. 나는 또한 나의 역할과 접근방식을 명확히 하려고 이 이야기를 사용한다. 토니는 자신이 '놀이의 상사'가 될 것이고, 나는 놀이실에서 아무도 다치지 않을 것이라는 하나의 큰 규칙, 즉 안전한 규칙을 가지고 있다는 것에 매우 안도했다. 내가 토니에게 질문하지 않을 것이라고 설명했을 때, 토니는 내가 진실을 말하고 있다는 것을 완전히 확신하지 못했다. 나의 이야기를 듣고 나서 토니가 '놀고, 놀고 또 놀 계획'이라고 말할 때 토니의 엄마, 토니, 나는 놀이방으로 들어갔다.

처음에 토니는 여행 가방에 가지고 온 장난감을 분류하는 데 주의를 집중했다. 그러다 곧 '물건을 고치려고' 도구들(그리고 메가폰과 시계)을 모으고 있는 노동자로 분장했다. 나는 그 노동자에게 우편물을 배달하는 우체국 직원으로 요청받았다. 개인적인 관련이 있는 것으로 보이는 놀이(잠을 잘 수 없고 매우 겁을 먹어 비통하게 우는 인형의 도입; Norton & Norton, 2008)를 무작위적으로 제시하는 것처럼 체계적이지 못한 투사 놀이가 눈에 띄었다(예를 들어, 이름이 없는 가족, 인형의 집에 놓여 있지만 어울리지 않는 가구). 토니는 청결에 사로잡혀 있어서 물에 붓을 한번 담글 때마다 물을 갈아 줘야만 했다.

나는 이 첫 회기 내내 '3사분면: 비지시적 반응'(Yasenik & Gardner, 2012)에 머무르며 첫 회기에서 아이가 하는 놀이 방식이 아이가 자신의 세상 어디에서 가장 어려움과 괴로움을 겪는지를 말해 준다고 믿는다. 토니는 어떤 위험도 감수하려고 하지 않았고, 나와 나의 장난감 또는 내가 제공하는 어떤 음식도 토니가 믿을 방법은 없었다! 나는 토니의 가장 큰 도전은 신뢰의 영역이며, 이것이 관계와 사고의 체계화에 상당한 어려움을 뒷받침해 준다고 추측했다. 나는 토니의 초기 역할 놀이가 토니의 관계에서 힘든 점을 부각시키고, 토니의 투사 놀이에서 등장하는 주제는 토니가 씨름하고 있는 혼란의 본질을 좀 더 명확하게 보여 줄 것이며, 나중의 체화 놀이는 핵심적인 회복을 위한 씨앗을 심을 것이라고 기대했다. 나는 토니가 이 과정에서 나를 어떻게 이용할 수 있을지 알고 싶었다.

주로 비지시적인 3사분면(Yasenik & Gardner, 2012)의 초기 회기들은 매우 진지했으며, 반복적인 의례(儀禮), 더럽다는 주제(아이 인형은 씻어도 깨끗해질 수 없음), 엄청난 혼란과 통제의 필요성(회기 내내 내가 분류하려고 들여온 작은 장난감과 잡동사니 가방)에 대한 묘사, 그리고 주제 발전의 결여와 연관되어 있었다. 장면이 설정되었던 것처럼 많은 놀이 장면이 중단되었다. 놀이와 이야기 둘 다 체계적이지 못했다. 예를 들어, 토니는 이런 식이었다. "옛날 옛적에 여자 벌레가 있었고, 모래 속에 곰 인형이 숨어 있었고, 그들은 싸웠고, 그 후 거인의 다리를 들었다. 끝."

역할 놀이에서 토니는 항상 더 힘 있는 역할을 맡았고, 나는 자주 하녀, 하인 또는 노예 역할을 맡았다. 이러한 역할에서 나는 복종적인 태도에서 거의 로봇처럼 굴어야 했고, 즐겁고 낙관적이고 상냥하고 유쾌한 모습을 보여 주면서 모든 요구에 전적으로 순응해야 했다. 이 감정적이고 육체적인 자기 사용은 기진맥진하게 했지만, 토니에게 친숙한 놀이에 대한 자신의 경험을 나에게 알려 줌으로써 그것을 지배하려고 애쓰고 있는 입장에 대한 커다란 통찰력을 나에게 주었다. 자신의 충동을 억누르고, 무시하고, 위험 상황에서 힘이 있는 사람과 합치는 토니의 대처 방식은 분명했다.

전환점 1: 당신은 문이 될 수 있다

흥미롭게도 안전이 확립되면서 융합에 대한 필요성이 줄어들었고, 갈등의 주제가 등장하였고, 전투가 시작되었다. 이것은 우리에게 우리의 보호를 확인할 기회를 주었고, 토니가 악몽으로부터 이미지를 그리기로 했을 때 회기를 시작했다. 토니는 우리를 놀이실에 데리고 와서 방패, 헬멧, 방탄복을 입고 안전을 위해 창문의 잠금장치를 채웠다. 토니가 이번 회기에서 "당신은 이

제부터 문이에요."라고 나의 정확한 역할을 결정했을 때, 이것은 첫 번째 전환점이었다. 나에게 '무서운 사람들'을 들어오지 못하게 하는 역할이 맡겨지는 동안, 나는 토니가 자신의 가장 깊은 공포를 탐색할 수 있게 해 준 안전한 용기(用器)의 일부가 되었다. 토니가 감정적 소화 시스템(emotional digestive system)을 구축하고 정서적인 교정 경험에 참여하며 이전에 자신을 해리시키고 과각성되게 한 감정들에 대한 힘을 얻기 시작하면서, '그냥 노는 것'이라는 맥락은 토니가 나와 의미 있는 접촉을 유지할 수 있게 해 주었다(Kestly, 2014; Panksepp, 1998, p. 283; Porges, 2011, pp. 276-277; Prendiville, 2017a, p. 9). 토니는 자신을 좀 더 확실하게 알고 자신을 학대했던 사람들과는 분리된 정체성을 구축하기 시작했다.

토니의 세계관은 변하고 있었고, 희망에 대한 능력은 재점화되고 있었다. 이것은 장난감과 잡동사니를 분류하고 정돈하는 나의 초기(반복된) 과제와 연결되어 있었다. 처음에 나는 '하녀' 역할로 이것을 해야 했지만, 나중에 우리는 '남매'로서 이 일에 종사하게 되었다. 이러한 과제들을 하는 동안 나의 논평은 일반적으로 얼마나 큰 난장판이 있었는지뿐만 아니라, 내가 '아주 큰 난장판'도 정리할 수 있다는 것을 얼마나 확신하는지에도 초점을 맞추었다. 나는 비지시적 반응, 공동 촉진, 적극적 활용(Yasenik & Gardner, 2012) 사이를 누비듯이 나아갔다. 이는 토니를 선두에 두지만, 내가 지금-여기(나의 분류 작업)에 적용되었다고 느꼈으며, 내가 토니의 혼란과 상황이 회복할 수 없을지도 모른다는 믿음에 도전하는 데 타당성을 가질 언급을 할 수 있도록 하려는 것이었다. 토니가 자신이 노동자이고 그 회기에서 나의 역할이 노동자에게 우편물을 배달하는 것이라는 아이디어를 소개했을 때, 나는 초기 회기를 다시 기억했다. 나의 의도적인 자기 사용에 대한 토니의 반응은 자기 자신의 놀이와 그 이상(以上)에 대한 토니의 제한적인 믿음의 변화를 잠정적으로 전달하는 것으로 보였다.

치료적 진전은 토니가 한동안 고심했던 문제인 놀이실 밖에서 공개를 유지하는 토니의 지혜에 의해 뒷받침되었다. 나는 토니가 우리 회기 내에서 자신의 경험을 이야기해야 할지 말아야 할지 갈피를 잡지 못하는 것을 알 수 있었다. 나는 토니에게 질문하지 않고 토니가 이 문제를 계속 통제할 수 있도록 하는 합의에 충실했다. 토니는 회기 사이에 엄마에게 몇 가지를 공개했고, 놀이 안에서 나에게도 일부 부분적으로 공개를 했다. 그러한 공개는 거의 불가피하게 관계를 유지할 수 있는 능력에 지장을 초래했고, 놀이를 통해 상징적으로 의사소통하는 능력을 억압했다. 치료 안에서 토니는 언어적 대화보다 놀이가 더 많이 필요했다. 회기 사이에 토니는 가끔 엄마와 공유하기를 원하는 내용을 음성으로 녹음하곤 했다. 토니는 자신의 이야기를 할 필요가 있었지만, 심층적으로는 상징적인 놀이가 제공하는 극적인 거리를 유지할 필요가 있다는 것을 알고 있었다(Panksepp, 1998, p. 283). 역설적인 것은 놀이는 우리가 그렇지 않으면 억압하려고 할 수도 있는 것에 더 가까이 다가갈 수 있게 해 주지만, 탐색하고 숙달할 필요가 있게 한다는 것이다. 이때 치료는 의식적인 수준에서 문제가 논의되는 공간으로 변하지 않는다면, 토니가 치유의 일부로 사용할 수 있는 계속 안전하기 위한 것일 수 있다. 토니는 놀이치료 공간을 자신의 상징적 및 은유적 놀이를 위해 충분히 이용할 수 있도록 할 필요가 있다. 토니에게는 공개를 위한 별도의 공간이 필요했다.

전환점 2: 진짜 경찰관

토니는 자신의 이야기를 할 수 있도록 '진짜 경찰관'을 찾아 달라고 요청했다. 토니는 자신과 자신이 학대를 당하는 것을 목격한 다른 아이들에게 무슨 일이 일어났는지를 말하고 싶었다. 토니는 여전히 은유적인 놀이에 몰두하면서 이제 의식의 차원을 넘어 움직이고 있었다. 토니는 매우 아동 중심적인 여경과의 약속을 기다리는 동안, 회기에서 말 그대로 '고발'하기 시작했다. 그리고 고발하면서 자신에게 정말 내가 필요한 것을 내가 알 것이라고 설명했다. 이 단계에서 고강도의 역할 놀이는 내가 진정으로 무력하고, 벌을 받기 쉽고, 내 목숨이 위태로운 역할을 나에게 부여하는 데 집중하였다. 나는 놀이에서 내가 느끼는 공포와 나에게 부여된 역할들에 맞춰 말을 했다. 토니는 자신의 좀 더 강력한 역할에서 주저하지 않고 내가 정말 죽을 수 있다고 나에게 말했다. 나는 도움의 필요성과 안전해야만 한다는 믿음과 내가 상처를 받으면 괜찮지 않다는 믿음을 강조하면서 나의 의견을 과장했다. 토니는 의식적으로 이 놀이 일부의 중요성을 인식하고 있었고, 이 아이에게 정신교육적 요소들이 중요하다는 점은 분명했다. 토니는 메시지를 좀 더 듣기 위해 그것을 규칙적으로 반복했다. 나는 또한 아이들이 관용을 이해로 여긴다는 것을 알고 있기에(Rogers, 1976), 토니가 살아온 세상 경험에 관한 대화에 참여함으로써 2사분면으로 이동하기보다는 내가 등장인물로 말하는 것으로 충분하다는 것을 알았다.

집에서 토니의 외상 후 놀이는 매우 명백했다. 토니가 마침내 여경을 만났을 때 우리는 경찰서에서 만났고, 그녀는 경찰복을 입고 있었고, 감방 등 시설들을 구경시켜 주려고 우리 둘을 데리고 가자 토니는 매우 감명을 받았다. 토니는 경찰이 바깥 거리를 CCTV 카메라로 감시할 수 있고, 아이들을 안전하게 지키기 위해 진정으로 헌신하고 있다는 사실에 안심했다. 그다음 몇 달 동안 토니는 이 여경을 자주 만났고, 모든 걸 공개했다. 이 상호작용은 토니가 치료 과정에서 도약하도록 하였다.

진정한 치유 놀이의 등장

토니는 이제 공개를 위한 별도의 공간을 가졌고, 따라서 우리 회기 내에서 오로지 놀이에 집중할 수 있었다. 토니는 이제 발달의 초기 단계들, 즉 외상이 자신의 발달을 왜곡하기 전의 단계들로 퇴보할 수 있었고, 깊은 치유를 지원하기 위해 놀이를 사용할 수 있었다. 점차 역할 놀이(주인/노예 주제는 슈퍼히어로 놀이로 옮겨 갔다가, 그 후 양육 주제로 옮겨 갔다.)에서 투사 놀이(응급 주제)로, 그러고 나서 체화 놀이로 옮겨 갔다. 이것은 토니가 이제 자신의 신체적 정체성 수준에서 자신의 신뢰와 경계 문제를 재작업할 준비가 되어 있다는 것을 암시했다. 이것은 실제적인 위험[그리고 초기 회기들을 선점했던 의식(儀式)

화된 놀이로부터의 변화)이었고, 우리가 공유하는 관계의 강점을 측정하는 척도였다. 이제 토니는 나를 치유의 한 부분으로 훨씬 더 활용할 수 있었다. 나로서는 내 경험의 신체적 요소를 설명하고 각성된 감정을 명명함으로써 내 역할을 하는 동안에 계속해서 나를 치료적으로 좀 더 많이 이용했다(부록 A: 네 가지 자기 시스템). 나는 연극을 방해하지 않도록 고안되었지만, 토니가 자신의 생리적 반응을 인식하고 명명하는 것을 배우는 데 유용한 언어를 제공하는 방식으로 역할을 했다. 체화 놀이로 가는 여정을 위한 길이 준비되었다.

이 시점에서 큰 변화는 토니가 자신의 피부를 경계로 체험할 수 있는 정말 지저분한 놀이의 도입으로, 구체적인 재료(투사 놀이)에 초점을 둔 '잡동사니 정리' 놀이를 배치한 것이었다. 광대한 손가락, 손, 팔의 그림 장면들이 등장했다. 커다란 금속판을 덮고 있는 많은 페인트와 물이 거대한 하얀 플라스틱 시트에 놓여 있었다. 질척질척하고 지저분한 놀이로 우리는 페인트 방울을 붓고 끼얹고 짜서 완전히 엉망진창으로 보이고 무시할 수 없도록 펼쳐 놓았다. 우리의 손과 팔에서 페인트가 떨어졌다. 그것은 우리의 큰 앞치마에 퍼졌고, 우리의 얼굴에도 묻었다. 그동안 내내 우리 둘은 (이것이 이제는 공유 언어였기 때문에) "아무리 큰 난장판이 되어도 우리는 해결할 수 있어!"라고 계속 반복했다. 회기를 거듭하며 우리는 엄청난 난장판을 만들고 나서 금속판, 플라스틱 시트, 그리고 우리 자신을 다시 티끌 하나 없을 때까지 치웠다. 이 단계에서 다른 놀이는 속임수의 주제를 제기하였다. 무엇이 가짜이고, 무엇이 진짜인가? 우리의 진짜 이름은 무엇인가? 아기에게 구더기나 음식을 먹이고 있는가? 토니는 현실을 시험하고, 자신의 인지 왜곡에 의문을 제기하고, 자신을 좀 더 신뢰하기 시작했다. 이것은 '1사분면: 적극적 활용'(Yasenik & Gardner, 2012)으로 잠시 전환하기 위한 기반을 마련하였다. 처음에 나는 토니의 사고와 세계관의 왜곡에 도전할 수 있는 일반적인 진술(놀이 장면에 적절한)을 함으로써 정신교육적 요소를 작업에 포함하였다. 나는 아이들이 안전하게 지켜져야 하고, 어른은 아이들을 해치려는 것이 아니며, 아이들을 해치는 나쁜 사람들은 가끔 사실이 아닌 것을 말한다고 중얼거렸다. 우리가 속아 넘어갔을 때 나는 일어난 일은 지명된 가해자가 토니에게 한 짓, 즉 토니를 혼란스럽게 하려고 사실이 아닌 것을 말했던 것과 같다고 언급함으로써 연결 해석을 했다.

전환점 3: 잡동사니를 치우는 치료자

다음 전환점은 토니가 엉망진창으로 만들며 엄청난 난장판 놀이 5회기를 한 후에 "아일린, 너는 청소하지 않아도 돼."라고 말했을 때 나왔다. 나는 그렇지 않다고 대답했지만, 이전 19번 회기에서 토니가 항상 회기가 끝나기 전에 모든 것을 조정해야 한다고 주장했다는 것을 잘 알고 있었다. 토니에게서 이제 내가 다 정리해도 좋다는 대답을 들을 수 있어서 무척 좋았다.

전환점 4: 두뇌를 탐구하고 삶으로 되돌아오기

핑거 페인팅은 이제 새로운 국면을 맞이했다. 촉감을 이용하여 난장판을 만들고 청소를 하는 대신, 토니는 손가락 페인팅을 사용하여 뇌를 만들기 시작했다. 토니는 자기 아빠의 뇌가 엄마, 자기 자신, 나의 뇌와 어떻게 다른지 알아내려고 애쓰고 있었다. 토니는 이 이미지들을 가지고 네 사람의 뇌의 차이에 대한 자신의 인식을 탐구하려고 했다. 이제 자기 생각과 다른 사람들의 생각 간의 차이점을 식별할 수 있게 된 것이 분명했다. 토니는 우리를 '2사분면: 개방적 논의 및 탐색'으로 바로 데려왔다(Yasenik & Gardner, 2012). 토니는 더는 자신을 '전부 나쁜' 것으로 보지 않았다. 토니가 다른 방식으로 자신을 알기 시작하는 것이 점점 더 안전해지고 있었다. 토니의 차별화 능력(Harter, 2012)은 점점 커지고 있었다.

전환점 5: 소년으로 되돌아가는 인형

역할 놀이의 매우 극적인 부분에서 토니는 '인형이 되고' 소년으로 되돌아가야만 하는 것과 관련하여 자신의 신체적 정체성을 탐색했다. 숨바꼭질 할 때 자신이 보이는지 궁금해했고, 그 과정에서 자신의 신체적인 특징을 알게 되고 자신의 개인적인 특성에 관심을 두었다. 이때 토니는 통합의 조짐을 보이기 시작했다. 자신의 능력에 대해 새로이 발견한 자신감을 공유하는 것을 기뻐했고, 자신을 재정의하고, 자신의 긍정적인 특성을 인식하고 있음을 보여 주는 방법으로 친절한 사람, 좋은 친구로서의 자신에 대해 이야기했다 (Harter, 2012).

전환점 6: 배열하는 능력이 향상되다

투사 놀이도 새로운 형태로 다시 등장하였다. 토니는 자신의 놀이에서 무기력한 감정과 과거의 경험을 탐색했다. 이것은 토니의 이야기가 좀 더 일관성 있고, 논리적이며, 차례로 배열되기 전에 양면성과 분노의 표현을 촉발하였다. 우리는 시작, 중간, 결말을 보기 시작했다. 결심이 더 자주 나타났다. 놀이의 중단은 줄어들고, 회기에서 에너지 수준은 떨어졌다.

전환점 7: 가해자들이 놀이에서 전멸되다

토니가 다수의 범죄자와 다수의 아동 피해자와 관련하여 좀 더 노골적으로 공개하여 경찰 수사가 속도를 낼 때까지 모든 것은 잠시 잠잠해진다. 토니는 이제 더 강하고 격렬한 분노가 표면화되어 회기 내에 뚜렷하게 표현하기 시작했다. 가해자들의 그림을 그리고, 온갖 종류의 모욕하는 소리를 지르고, 고통과 증오의 감정을 표현하면서 앞으로 달려 나가 자신이 그린 이미지에 젖은 진흙을 던지며 가해자들을 전멸시키기 시작했다. 많은 진흙 조각을 던지는 것은 토니의 강한 감정에 대한 이유를 언어로 표현하는 것을 동반하며, 종종 자신과 다른 사람들에게 저질러진 행위에 대한 언급도 포함한다. 나는 토니의 동작과 말투를 따라 하고 '중력을 높이기 위해' 더 빨리 달리고, 더 크게 소리 지르고, 더 세게 던지라고 지시받았다. 이 놀이는 매우 의식적인 수준에 있다. ‘나쁜 아빠’는 아들에게 행동을 가르치려는 수단으로 아들의 ‘버릇없는’ 행동에 대응하여 행동하는 것으로 보이지 않았다. 토니는 이 단계에서 상징 놀이의 거리가 필요하지 않다. 토니의 부적절한 죄책감은 줄어들었고, 관용의 창(Siegel, 2012)은 토니가 이전에 억압된 감정을 표현하고 카타르시스적 안도감을 느끼는 동안에 계속 조절된 상태를 유지할 수 있을 만큼 충분히 넓어졌다. 토니는 무의식적인 수준에서 자신의 감정을 경험하기보다는 자신의 감정을 생각하고 있다.

전환점 8 및 9: 앞날을 생각하기 및 통합의 기간

토니는 자기 자신의 정체성을 주장할 준비가 되어 있었다. 여섯 살 때 토니는 왜 아빠와 같은 성을 쓰냐고 물었고, 더는 그것을 원하지 않기로 결정했다. 토니는 선생님에게 이름을 바꾸고 싶다고 말하고, 어머니의 성을 채택했다. 자신의 새 이름을 모든 교과서에 썼다. 토니는 아기 때, 지금 그리고 ‘나이 든(일곱 살)’ 때의 자신의 모습을 그렸다. 앞날이 밝아 보였다. 우리는 E-P-R의 새로운 순환을 시작했는데, 이번에는 미래를 위한 기술을 연습하고, 발달 과업을 달성하고, 숙달을 보여 주는 데 초점을 맞추었다. 토니는 각 회기의 일부분에 엄마를 초대하여 속임수에 대한 반응으로 큰 목소리로 “안 돼! 그만해!”와 “가라!”라고 말하며 자신 있게 연습할 수 있는 게임을 마련했고, 미래에 대한 계획을 세우고 목록을 만들기 시작했다. 토니의 체화 놀이는 서커스 묘기와 장애물 코스와 씨름하면서 신체적 기량을 보여 주는 데 초점을 맞췄다. 나는 토니가 체화 개발의 초기 단계로 돌아가 3개의 하위 단계를 거치며 움직이자 축하해 주었다(Prendiville, 2010). 토니는 커다란 콩 가방에 몸을 웅크리고 앉더니 요람에 태워서 재우고, 노래를 해 주고, 흔들어 달라고 부탁했다. 나는 신체적 자기를 경험하는 핵심이고(하위 1단계: 나는 신체이다/신체를 가지고 있다), 긍정적인 자기 이미지와 안정감의 근원인 이러한 양육의 충분한 신체 경험을 찾고 수용하는 토니의 능력에 기뻤다. 놀이는 신뢰 추락에서부터 실어서 흔들기, 그리고 다시 별개의 인간으로서 점차 세상으로 나가는 것을 포함하여 확대되었다. 서커스 놀이(하위 2단계: 내 몸이 할 수 있는 것)의 다음 라운드는 이전 라운드보다 훨씬 더 정교했다. 토니는 이제 각 막(幕)의 주인공이 되었다. 즉, 가장 강한 사람, 최고의 저글링을 하는 사람, 가장 숙련된 곡예사 등이 되었다. 나는 토니가 자기 몸이 할 수 있는 것과 자신에 대한 통제력을 가지고 있다는 점을 인지하고 있다는 것을 보여 주는 많은 신체적 능력 놀이를 보았다. 토니는 또한 자신이 존경하는 사람들과 공유하는 긍정적인 특징들을 강조하기 시작했다. 토니의 자신감은 점점 커지고 있었다.

프렌디빌(Prendiville, 2010)의 하위 3단계(나는 나, 나는 당신이 아니다)의 등장으로 자유롭게 된다. 즉, 모든 나쁜 것을 씻어 내는 청소를 고려하여 핑거 페인팅(손가락만, 이번에는 팔 전체가 아니다!)으로 잠시 되돌아갔다. 놀이는 물 즐거웠고, 회기는 수월했고, 우리는 일련의 회기들을 즐겼다. 토니가 과거에 강렬한 에너지와 혼란을 빚었던 게임들은 이제 해결되지 않은 문제들과 관련이 있다는 증거 없이 다시 나타났다. 토니는 통합의 시기를 즐기고 있었다. 세상은 좋았다.

전환점 10: 자기와 안전한 어린이 사회 되찾기

토니는 상징 놀이 내에서 자기 자신의 치유를 인정하기 시작했다. 토니는 목과 '약한 심장'에 있는 모든 '나쁜 분비선'을 제거하는 수술을 받았다. 토니의 테디 또한 '토니에게 그렇게 했던' 것처럼 그들도 이 수리가 필요했다. 이 놀이에 이어 토니는 "사람이 강할 때 얼마나 강해지는지 보라."라고 말했다. 토니는 자신이 더 선명한 자전적 자기를 개발하고 있다는 것을 보여 주었다. 토니는 이제 과거의 경험을 인정하고, 강하고 유능하고 자신감에 차 있는 미래의 자기에 대한 희망을 품고 있는 지금-여기의 자기의식을 고수할 수 있다. 그는 '다른 아이들처럼 더 나은 삶'을 살았으면 하는 바람을 표현했지만,

미래가 좋을 것이고, '결국 멋진 삶'을 살 것이라고 기대했다. 토니는 "우리는 아이들을 지원한다."와 같은 사명과 다음의 선언으로 '안전한 어린이 협회'를 세웠다.

- 겁먹어도 괜찮다.
- 어린이는 안전할 권리가 있다.
- 어린이는 안전할 필요가 있다.
- 어린이는 안전해야 한다.

이 안전한 어린이 협회의 일원으로서 우리는 '우리 경력에서 훌륭한 일을 하고', 어린이들의 삶에 '약간의 선량함'을 부여하는 데 성공적이며, 아이들이 더는 나쁜 꿈을 꾸지 않고 매우 행복하게 만든다. 우리 협회는 모든 아동 학대를 가까스로 막았고, 가해자들을 저지했다! 토니는 "어린이들은 큰 사람으로 자랄 것이고, 더 나은 세상을 만들 것이다."라고 말했다.

전환점 11: 내 머릿속 더 많은 배움의 여지

가정법원은 토니 아버지의 접근 신청을 기각하고 아버지의 재신청 허가를 거부했다. 토니는 "우리가 이겼다!"라는 환희와 함성으로 나를 맞이했다. 토니는 "이제 나는 내 머릿속에 배울 수 있는 여지가 더 많아졌어요."라고 말했다. 이것은 학교에서의 학업 과제에 초점을 두는 인지능력이 놀이에서 나타나면서 변화를 가져왔다. 토니는 또한 미래를 생각하기 시작했고, 스스로 안전책과 안전 계획을 만들었다. 이것은 토니를 치유에서 좀 더 인지적인 단계로 이끌었다. 우리는 토니가 범법자들에게서 들은 다양한 거짓말을 탐색하기 시작했고, 토니는 자신이 길들여지고 의도적으로 혼란스럽게 된 방식에 대해 좀 더 이해하려고 애썼다. 토니의 주체적 자기(I-self)는 이전에 자기의식과 세계관에 부정적인 영향을 끼쳤던 내사(introjections)를 평가하고, 이에 매달릴 필요가 없는 대상으로서의 자기(Me-self)를 구성하고 있었다.

토니는 이제 자신이 아버지에게 하나의 '덫을 놓는' 사람이 되는 게임을 마련했고, 우리가 항상 이기는 싸움을 했다. 우리는 '고도의 능력'과 도구를 갖추고 '극도의 주의'를 기울였다. 토니의 아버지는 역할 놀이 게임과 자신을 대표하는 점토 피규어를 제작하고 신체 부위를 제거할 때 철저히 전멸되었다.

우리의 치료가 마지막 단계에 이르렀을 때, 토니는 존엄성, 권한 부여 그리고 통제력을 되찾는 방법을 찾은 것이 명백했다(Norton & Norton, 2008). 치료가 끝난 지 2~3년 후에 내가 점검(check-in) 회기를 위해 토니를 마지막으로 만났을 때 토니는 자신이 어렸을 때 '슬프고 무섭다'고 느꼈고, "내면에 상처를 입었고, 정서 장애가 있으며 섬뜩했다."라고 나에게 말했다. 그러면 지금은? 이런, 지금은 토니가 나에게 자신이 "굉장히 엄청나게 멋진 삶"을 살고 있다고 말한다.

전환점 요약

다음은 토니의 치료 과정 중에 일어난 상당한 움직임과 통합을 보여 준다. 그리고 시간이 흐르면서 더 강하고 건강한 자기(Self) 감각에 이바지하는 사분면들 사이를 엮는 치료자의 자기(Self)와 지지의 사용 같은 가능한 요소도 보여 준다.

과정의 단계	사분면	전환점	무엇이 전환점에 기여했는가
1회기: 치료적 시금석 (기준)	2사분면		• 이것은 치료적 관계의 발달을 위한 기초를 놓았다.
초기 회기들: 잡동사니 분류, 상사/노예 역할 놀이, 안전 구축	3사분면		• 융합의 필요성이 줄어들고, 갈등 주제가 등장한다.

보호 탐색: 방패, 헬멧, 갑옷	3사분면	1. 당신은 문이 될 수 있다.	• 토니가 자신이 회기 내에서 통제하고 있는 것을 경험한다.
안정이 확립됨. 내 놀이 역할이 '하녀' 또는 '노예'에서 '누이'로 변화	3, 4사분면과 1사분면을 엮는 과정		• "심지어 큰 난장판도 해결할 수 있다."'라는 반복적인 논평
토니의 공개 시도와 이것이 토니의 치유 놀이의 감소에 미치는 영향	4사분면 이지만, 아이에 의해 시작됨	2. 진짜 경찰관	• 토니는 언어적 과정보다 놀이를 자유롭게 할 치료 공간을 유지할 필요가 있다.
도움의 필요성과 아동이 왜 안전해야 하는지를 강조하려고 놀이를 사용	2사분면		• 토니의 세계관 변화에 이바지하는 놀이 내에서 유지되고 있는 정신-교육적 요소
새로운 주제: 슈퍼 히어로, 위기, 양육	3, 2사분면과 1사분면을 엮는 과정 – 분 단위		• 치료자가 역할 놀이에서 일어난 신체적 반응을 사용(토니의 암묵적 기억이 인지한 신체적 구성요소에 언어를 부여하려고 의도하는)
질척질척한 지저분한 그림	3사분면		• 신체적 정체성 문제의 치유가 시작될 수 있는 체화 놀이로 토니를 다시 데려오기
속임수 주제	1사분면으로 잠시 이동(3사분면에서)	3. 잡동사니를 치우는 치료자	• 현실 점검, 인지적 왜곡의 질문하기
뇌를 탐색하기	4사분면 (토니가 이끄는)	4. 두뇌를 탐구하고 삶으로 되돌아오기	• 차별화하는 능력이 성장하고 있다.

자신을 보기	3사분면	5. 소년으로 되돌아가는 인형	• 자신의 특성에 대한 인식이 높아진다.
이야기에 나타난 결심	3사분면	6. 배열하는 능력이 향상되다	• 놀이 대본에서 시작, 중간 및 끝의 놀이 순서를 치료자가 요약
가해자들이 놀이에서 전멸되다	2사분면 (아이가 이끄는)	7a. 가해자에게 죄가 할당됨: 아이는 더는 책임이 없음 7b. 성을 바꾸어 더는 이를 범죄자와 공유하지 않음	• 언어 표현을 곁들인 신체적 놀이 • 카타르시스적 안도감 • 길들이는 전술에 대한 인식이 높아짐
새로운 역할과 기술을 연습 (E-R-P) 자유로이 흐르는 놀이	2사분면 (아이가 이끄는)	8. 미래를 위한 계획을 세움 9. 존경받는 다른 사람들과 공유하는 긍정적인 특징들을 확인함. 통합의 기간	• 치유 놀이에서 E-P-R의 모든 단계를 재경험 • 양육, 역량 및 자기주장 놀이
자기를 되찾기	2사분면 (아이가 이끄는)	10. "사람이 강할 때 얼마나 강해지는지 보라." 더욱 선명한 자전적 자기	• 안전한 어린이 협회-미래에 대한 새로운 희망
인지능력 놀이	2사분면 (아이가 이끄는)	11. "이제 머릿속에 배울 여지가 더 많아졌다."	• 법원 결정 • 길들이기 과정의 이해

참고문헌

Axline, V. (1947). *Play Therapy*. New York: Ballantine.

Gil, E. (2006). *Helping Abused and Traumatized Children: Integrating Directive and Nondirective Approaches*. New York: Guilford Press.

Harter, S. (2012). *The Construction of the Self: Developmental and Sociocultural*

Foundations (2nd Ed.). New York: Guilford Press.

Jennings, S. (1999). *An Introduction to Developmental Playtherapy*. London: Jessica Kingsley Publishers.

Kestly, T. A. (2014). *The Interpersonal Neurobiology of Play: Brain-Building Interventions for Emotional Well-Being*. New York: Norton.

Norton, C., & Norton, B. E. (2008). *Reaching Children through Play Therapy: An Experiential Approach* (3rd Ed.). Denver, CO: White Apple Press.

Panksepp, J. (1998). *Affective Neuroscience: The Foundations of Human and Animal Emotions*. New York: Oxford University Press.

Perry, B. D. (2006). The Neurosequential Model of Therapeutics: Applying Principles of Neuroscience to Clinical Work with Traumatized and Maltreated Children. In N. B. Webb (Ed.), *Working with Traumatized Youth in Child Welfare*. New York: Guilford Press. Accessed on 23/05/2018 at https://childtrauma.org/wp-content/uploads/2013/08/Perry-Bruce-neurosequentialmodel_06.pdf

Porges, S. W. (2011). *The Polyvagal Theory: Neurophysiological Foundations of Emotions, Attachment, Communication, Self Regulation*. New York: Norton.

Prendiville, E. (2010). The Play Therapy Process: Interventions with Children with Attachment Difficulties. Key Note Address. Romanian Play Therapy and Dramatherapy Association Annual International Conference, 2 October.

Prendiville, E. (2014). The Therapeutic Touchstone. In E. Prendiville & J. Howard (Eds.), *Play Therapy Today: Contemporary Practice for Individuals, Groups, and Parents*. London: Routledge.

Prendiville, E. (2017a). Neurobiology for Psychotherapists. In E. Prendiville & J. Howard (Eds.), *Creative Psychotherapy: Applying the Principles of Neurobiology to Play and Expressive Arts-Based Practice*. London: Routledge.

Prendiville, E. (2017b). Neurobiologically Informed Psychotherapy. In E. Prendiville & J. Howard (Eds.), *Creative Psychotherapy: Applying the Principles of Neurobiology to Play and Expressive Arts-Based Practice*. London: Routledge.

Rogers, C. (1976). *Client Centred Therapy*. London: Constable.

Schaefer, C. E., & Drewes, A. (2014). *The Therapeutic Powers of Play: 20 Core Agents of Change* (2nd Ed.). New Jersey: Wiley.

Siegel, D. (1999). *The Developing Mind: Toward a Neurobiology of Interpersonal Experience*. New York: Guilford Press.

Siegel, D. (2012). *The Developing Mind: How Relationships and the Brain Interact to Shape Who We Are* (2nd Ed.). New York: Guilford Press.

Terr, L. (1983). Play Therapy and Psychic Trauma: A Preliminary Report. In C. E. Schaefer & K. J. O'Connor (Eds.), *Handbook of Play Therapy*. New York: John Wiley & Sons.

Yasenik, L., & Gardner, K. (2012). *Play Therapy Dimensions Model: A Decision-Making Guide for Integrative Play Therapists*. London: Jessica Kingsley Publishers.

제5장

위탁 돌봄 아동, 카를로스의 복합외상치료에 있어서의 전환점

Atena A. Drews

사례 소개

아프리카계 미국인 소년인 카를로스는 네 살 때부터 위탁 가정을 오갔다. 출생과 초기 아동기는 발달과 애착에서 정상 범위 안에 있었다. 하지만 어린 시절 동안 카를로스의 어머니는 약물 사용과 가정폭력, 그리고 자신이 화가 났을 때 아이를 신체적으로 학대할 가능성에 대한 두려움 때문에 카를로스를 돌볼 수 없었다. 카를로스(익명성을 목적으로 한 여러 사례의 편집으로 식별할 수 없는 이름)가 네 살이었을 때, 어머니는 자신의 감정에 압도된다고 느끼고 신체 학대를 막 하려고 해서 사회서비스과(Department of Social Services: DSS)에 전화를 걸어 도움을 요청했다. 그녀는 자신을 도울 가족이나 다른 자원이 없었기에 자신이 옳은 행동을 하고 있다고 느끼면서 DSS가 자신에게 재택 서비스를 제공해 주기를 바라고 있었다. 하지만 DSS는 카를로스를 위탁 가정에 맡겼다. 다음 한 해 동안, 카를로스의 어머니는 자신의 약물 사용에 대한 프로그램에 참석하고 도움을 구하는 일을 잘 하였다. 그 기간에 카를로스의 어머니는 나와 카를로스와 함께 가족 놀이치료에 참석하며 더 나은 의사소통, 한계 설정, 그리고 육아에 애를 썼다. 카를로스 어머니의 진전과 가족 재결합에 대한 치료자의 옹호로(엄마의 돌봄으로 돌아가고 싶은 카를로스의 욕구와 구두 간청이 더해져서), 카를로스는 여섯 살 때 어머니에게 돌아갔다. 불행하게도 6개월 후 카를로스의 어머니는 마약 거래를 하고 있었고, 자신을 신체적으로 공격하고 카를로스를 위협하는 남자와 험난한 관계를 맺게 되었다. 가정폭력이 연루되었고, 주기적으로 경찰을 집으로 불렀다. 경찰이 연루된 마지막 시기에 한 번, 어머니는 카를로스를 자신에게서 빼앗는 것을 막으려고 경찰에게 언어적이고 물리적인 공격을 하였다. 카를로스는 경찰이 어머니를 거칠게 다루는 것을 목격했고, 자신을 위험에서 벗어나게 하려고 경찰이 자신을 경찰차에 태우는 일을 겪었다. 이 모든 것은 카를로스에게 정신적 외상이었다. 여덟 살이었던 카를로스는 다시 어머니의 돌봄에서 벗어나 이전과 같은 기관에서 위탁 가정으로 보내졌고, 그 후 거기서 머물렀다. 처음 위탁 가정에 6개월간 머물렀지만, 반항적인 행동과 언어적 공격, 그리고 때때로 신체적 공격 때문에 위탁모는 카를로스를 내보냈다. 카를로스는 현재의 위탁 가정에 도착할 때까지 1년 반 동안 다른 두 가정에 더 보내졌는데, 두 가정 모두 카를로스의 행동을 관리하지 못했다.

카를로스의 어머니는 학대하고 마약을 다루는 남자들과 연루되는 주기를 끊으려고 열심히 노력했지만, 이런 학대적인 상황으로 다시 되돌아가는 자신을 반복적으로 발견했다. 그 후 DSS는 법원에 카를로스 어머니의 친권 해지를 청구했고, 그들은 카를로스의 어머니가 자발적으로 포기하도록 했지만 최소한의 접촉은 할 수 있었다. 카를로스의 어머니가 친권을 포기하게 함으로써 법원의 개입은 줄어들 것이고, 카를로스가 필요로 하는 안정과 양육을 줄 수 있는 '영구적인 가정'에 입양될 수 있을 것이다. 카를로스의 어머니는 카를로스에 관한 어떠한 접촉이나 정보도 전혀 못 가지기보다, 적어도 일 년에 두 번은 카를로스가 어떻게 지내는지 사진과 최신 정보를 받는다고 합의하고 자발적으로 자신의 권리를 양도했다. 카를로스는 자신을 입양하겠다는 뜻을 내비친 위탁 가정에 있었고, 이것이 어머니가 자신의 권리를 양도하도록 설득한 요인이었다.

카를로스가 열 살이 되었을 때, 양아버지는 갑자기 병에 걸려 수술을 받기 위해 병원에 입원했다. 수술의 합병증과 병원의 과실로 인해 양아버지는 며칠 안에 뜻하지 않게 사망했고, 카를로스는 긍정적인 남성 역할 모델을 잃었다. 카를로스와 양아버지는 매우 가까운 사이였다. 양아버지는 강하고 긍정적인 역할 모델이었다. 그는 카를로스에게 어떻게 행동하고, 어떻게 여자를 대해야 하며, 어떻게 아프리카계 미국인 남성으로 있어야 하는지에 대해 이야기하곤 했으며, 카를로스에게 어린 시절과 어머니를 상실한 것에 대해 말할 기회를 주었다. 카를로스는 삶에서 어떤 남성 역할 모델도 없이 자신의 친아버지에 관해 아무것도 모른 채 자라왔기에, 양아버지는 삶에서 곧 강한 남성 역할 모델이자 아버지상이 되었다. 양아버지가 죽자 양아버지만큼 양육적이지도 않고 종종 언어적으로 가혹했던 양어머니는 우울해졌고, 카를로스와 상호작용할 동기가 부족해졌다.

카를로스의 양어머니는 전일제로 일을 하고 있었으므로 카를로스에게 최소한의 기본적인 돌봄 이상은 해 줄 수 없었고, 퇴근 후에는 집에 와서 잠을 자거나, 카를로스를 혼자 내버려 두거나, 다 큰 아들들에게 방과 후에 카를로스를 보고 훈육하게 했다. 카를로스가 처음에 친어머니를 잃고 그다음에는 양아버지를 잃은 것에 대한 비탄, 분노, 슬픔의 감정을 다루는 데 어려움을 겪고 있는 동안에 양어머니는 카를로스에게 언어적으로, 때로는 육체적으로 가혹했다. 그 결과, 카를로스는 양어머니와 그녀의 손자 손녀에게 언어적이고 육체적으로 공격적으로 변했고, 학교에서도 친구들을 밀치고, 책상과 의자를 집어 던지고, 화가 났을 때 선생님을 위협했다. 카를로스의 분노는 아무런 경고도 없이 화산 폭발처럼 밖으로 터져 나오곤 했다. 카를로스는 아주 작은 문제나 사건처럼 보이는 일에 얼굴을 찡그리고, 주먹을 꽉 쥐고는 갑자기 주먹을 휘두르거나, 소리를 지르고 욕을 하곤 했다. 무엇이 자신을 그렇게 분노로 가득 차게 하는지, 어떻게 그것을 가장 잘 조절할 수 있을지에 대한 통찰력이 거의 없었다. 게다가 공격적이고 분노하는 행동과 우울증을 줄이려고 복용하던 정신과 약의 부작용으로 살이 많이 쪘다. 그 결과, 또래의 다른 아이들보다 체중이 많이 나가고 키가 컸으며, 이로 인해 어른들은 카를로스가 나이가 더 많다고 생각하고 그에 따라 더 성숙한 행동을 기대하였다(심지어 어떤 나이에 적합한 행동에도 너그럽지 못했다). 그 결과, 카를로스는 우울증, 낮은 자존감, 충동성, 판단력 및 문제해결 능력의 저하를 나타냈다. 카를로스는 배가 고프기도 했지만 자기 위로를 하려고 끊임없이 음식을 추구했고, 양어머니는 추가로 음식을 먹지 못하게 제한했다. 결과적으로, 카를로스는 항상 배가 고프고, 영양이 부족하고, 짜증이 났다.

카를로스는 소규모의 특수교육 수업에서 퇴출당할 위험에 끊임없이 처했고, 또래들에 대한 신체적 공격 때문에 스쿨버스 탑승이 제한되었다. 카를로스는 양어머니의 거듭된 위협과 자신이 왜 가족에 속하지 못하는지에 대한 양어머니의 성인 아이들이 하는 속상한 말들로 인해 현재의 위탁 가정에서 쫓겨날까 봐 종종 불안해하고 걱정했다. 양어머니의 두려움은, 특히 한부모로서 카를로스를 입양할 수 없고, 특히 아이의 큰 몸집을 고려해 볼 때 현실적으로 더욱 난폭하게 변한다면 아이의 행동을 관리할 수 없을 것이라는 점에 있었다.

이 장은 8세에서 11세까지 아동의 여정을 보여 주며, 놀이치료를 활용한 총 95회기, 처방적 통합 접근방식의 치료로서의 놀이 및 치료에서의 놀이를 보여 준다. 그것은 몇 가지 중요한 전환점이 있는 공격성과 정서적 조절 부전을 통해 표현되는 근본적인 비탄, 상실, 유기의 감정, 왕따, 가족 체계적 문제가 있는 복합외상을 겪는 우회적인 여정이었다. 그 결과, 카를로스는 이제 더 만족스러운 존재 방법과 함께 자존감, 자기 조절, 대처 전략을 지닌 소년이 되었다. 카를로스는 18세가 될 때까지 치료를 받으며 위탁 가정에 있었지만, 현재의 위탁 어머니가 자신을 입양하지 않을 것이라는 점을 받아들였다. 카를로스는 이제 어머니와의 미래와 재통합에 대해 생각할 수 있게 되었고, 더는 특수교육 수업이 필요하지 않을 정도로 기관 직원의 지원으로 자신의 행동을 적절하게 관리할 수 있게 되었으며, 정식 학교로 복귀하려고 한다. 매주 아동 주도 놀이치료와 놀이치료에 통합된 지시적 놀이 기반 접근방식을 통해 카를로스는 자신이 느끼는 분노를 통찰하고 이를 안전하게 해소할 수 있을 뿐만 아니라, 갑작스러운 부정적 감정과 그에 따른 파괴적인 분노를 스스로 가라앉히고 처리하는 좀 더 나은 방법을 배울 수 있었다. 그리고 자신의 성취와 나이에 맞는 능력에서 즐거움을 찾기 시작했다.

이론적 방향

처방적 놀이치료(Drewes, 2011)는 1990년대 이후에 두각을 나타냈다. 이 접근방식은 이전에는 절충주의라고 불렸지만, 통합 또는 통합적이라는 용어가 선호되었다. 이는 하나의 상호작용적이고 조율된 치료 수단에 이론, 기술 및 공통 요소를 한데 섞은 것이다(Norcross, 1987).

기본 개념, 목표 및 기법

- 기술적 절충주의(technical eclecticism): 이 처방적 접근방식은 이 시점에서 이 증상/문제에 대해 개인을 위한 최선의 치료를 살펴본다. 치료는 과거에 유사한 문제와 특성을 가진 다른 사람들에게 가장 잘 작용했던 것에 관한 연구로 설명된다.
- 이론적 통합(theoretical integration): 이것은 치료에 대한 두 개 이상의 접근방식에서 가장 좋은 요소를 취하며, 그 결과가 두 개의 개별 치료방법의 합보다 클 것이라는 기대로 그것들을 혼합한다. 치료 기법의 통합과 함께 근원적인 이론들을 통합하는 것이 강조된다. 결과적으로, 이 결과

는 실무와 연구 모두에서 새로운 방향을 낳는다.

- 공통 요인(common factors): 이 접근방식은 다른 치료방법들이 공통적으로 공유하는 근본적인 핵심 성분을 확인한다. 목표는 그러한 공통점을 바탕으로 가장 단순하고 효과적인 치료방법을 제시하는 것이다. 그렌카비지와 노르크로스(Grencavage & Norcross, 1990)는 50개의 연구 간행물에서 89개의 서로 다른 공통점을 제시했다. 셰퍼(Schaefer, 1999), 셰퍼와 드루위스(Schaefer & Drewes, 2014)는 놀이치료를 성공시킨 놀이치료와 관련된 적어도 20개의 변화 핵심 동인이 있음을 확인했다. 즉, 자기표현과 점진적 노출, 무의식에의 접근, 은유적 통찰, 서술적 창조, 정화, 스트레스 관리, 역조건화, 카타르시스, 주의 산만, 신체적 건강, 승화, 애착과 관계 향상, 도덕적 판단, 권력/통제, 능력, 자기 통제, 창의적인 문제해결과 사고 및 대처 능력, 인식과 능력의 개선, 현실 검증, 그리고 행동 시연이다.
- 동화적 통합(assimilative integration): 임상전문가에게는 하나의 이론 체계에 강하게 기반을 두되, 다른 체계의 관행과 관점을 선택적으로 통합하거나 동화하려는 의지가 필요하다. 이 접근방식은 하나의 일관성 있는 이론 시스템의 장점과 여러 시스템의 광범위한 기술적 개입의 유연성을 결합한다. 학습한 하나의 이론적 접근방식을 버리는 대신에 다른 접근방식으로부터 일부 방법을 점진적으로 통합하여 새로운 형태로 만드는 결과를 낳는 접근방식의 재작업이 있다(Norcross, 2005). 예를 들어, 내가 치료 회기에서 활용하는 동화적 통합 접근방식은 특정 회기에서 다음과 같이 보일 것이다.
  - 내담자를 만난 후에 평가, 라포, 치료적 동맹 형성, 치료자 및 상담실의 정서적 안전 확립 등을 위한 일련의 엄격한 비지시적인 회기가 있을 것이다.
  - 5분 확인: 지난주가 어땠는지, 부모/학교에서 온 전화, 지난 회기에서 시도한 숙제, 지난 회기와 관련된 미완료 문제, 휴가나 휴일로 인한 향

후 회기의 변화
– 치료자의 투명성과 일치성
– 15분: 행동 문제, 치료 계획 항목, 정서 조절, 감정 식별, 대처 기술 개발에 대한 지시적 기법
– 20분 동안의 비지시적 아동 주도 놀이
– 심호흡과 명상 기법으로 5분간의 정화

처방적 놀이치료는 각 내담자에게 각 회기를 개별화하고 맞춤화할 수 있다. 어떤 치료 접근방식이나 이론도 모든 진단에 걸쳐 작용할 수 없다고 연구 결과에서 나타났기에, 그것은 모든 것에 적용되는 접근방식이 아니다. 그것은 지원, 지시, 탐구 등의 개입 유형을 조합한 것이다. 활용되는 다양한 형태의 개입(아동 주도 및 좀 더 인지행동 놀이에 기반한 기법 등)은 상호 보완적이며 모순되지 않는다. 그러나 통합적 접근방식은 놀이치료자가 치료 접근방식에서 유연하고 놀기 좋아해야 하며, 두 가지 치료 형태에 모두 정통해야 한다. 놀이치료자는 특히 복잡한 트라우마를 작업할 때, 이러한 접근방식과 작업 스타일을 혼합하는 방법을 배울 필요가 있다. 통합 접근방식은 회기 내 또는 회기들에 걸쳐 활용될 수 있다.

첫째, 치료자는 치료적 관계를 형성하기 위해 공감적 반응으로 시작할 필요가 있다. 이것은 비지시적이고 아동 주도적인 접근방식을 엄격하게 사용한 후, 명시된 것처럼 좀 더 지시적인 놀이 접근방식으로 이동하는 초기 회기들을 통해 이루어질 수 있다. 이 초기 회기들은 치료자가 아동의 눈과 심장을 통해 세상을 볼 수 있게 해 주고, 아동의 발달과 정서적 수준, 환경과의 상호작용, 아동의 의존성/독립성, 정서 조절, 감정 동일시 능력은 물론이고, 놀이 기술과 주제를 평가할 수 있게 해 준다. 또한 치료자는 문제를 이해하고 치료 계획과 역동을 생각할 때 초점을 둘 중 적어도 하나의 이론적 접근방식에 대한 확고한 지식을 가져야 한다. 여러 가지 방법에서 이론화할 수 있는 능력은 각 내담자에게 각 회기를 개별화하고 맞춤화할 수 있게 해 준다. 통합적 놀이

치료는 정신병리와 기능장애의 선형적 모델을 가지고 있지 않다. 오히려 정신병리와 기능장애를 여러 가지 인과관계로 보고 인지, 역동, 대인관계, 행동 등의 혼합과 통합으로 보이는 개인적 기능의 다양한 측면에 동일한 가중치를 부여하며, 치료는 한 프로토콜에서 다른 프로토콜로 움직이는 것이 아니라, 좀 더 광범위한 도구를 사용하여 작업한다. 스타인과 켄달(Stein & Kendall, 2004)은 트라우마, 특히 아동 성학대에 대한 세 가지 갈래의 통합 접근방식을 권장하였다. 즉, 문제 행동을 위한 인지/행동적 개입, 새로운 기술의 구축, 묻혀 있는 자기(self)의 부분들과 함께 외상적 기억과 감정을 통합하는 데 도움이 되는 정신역동 개입이다. 통합 놀이치료자는 또한 증상을 유지하고 강화하는 것은 무엇이든지 근절하기 위해 체계적인 문제, 특히 가족 간의 상호작용, 행동과 반응의 순서에 세심한 주의를 기울일 필요가 있다.

아동과 청소년의 심리적 장애는 다층적이고 복잡하고 다중결정적인 경우가 많기에 다면적인 치료 접근방식이 필요하다. 종종 복잡한 트라우마(가정폭력, 지역사회 폭력, 성폭력 및 신체적 학대, 애착 문제, 위탁 돌봄, 모든 것의 결합)의 바탕을 이루는 공포증 및 행동 문제와 함께 불안과 주의력 문제 같은 중복되는 증상 및 진단이 있다. 그러한 다면적인 진단을 다루어야 하는 것은 치료자가 아동의 삶에서 아동과 아동의 삶에 있는 사람들의 요구를 충족하기 위해 여러 개의 모자를 쓰고 하나의 치료적 자세에서 다른 치료적 자세로 능숙하게 변화하도록 강요한다. 예를 들어, 치료는 환경 내에서 공감적 관계와 안전을 구축하기 위해 아동 중심 접근방식에서 시작하고 나서 환경 제한, 반영, 놀이 주제와 문제를 이해하는 것을 요구하는 놀이에서의 연상적이고 갈등적인 문제를 다루고, 그런 후에 부모나 학교 시스템 또는 학급 교사를 정신 교육에 참여시킬 필요가 있는 방향으로 나아가고, 마지막으로 최적의 행동 기능을 위해 정서 조절과 대안적 대처 전략을 다루는 지시적인 작업으로 나아갈 수 있다.

트라우마의 치료는 상징적 언어, 창의성, 가상 놀이를 활용하는 비언어적 전략이 필요하다(Gil, 2006). 치료에는 표현 예술, 리듬, 패턴화된 움직임, 진정 활동을 통해 편도체와 함께 작용하는 신경순차적 모델을 포함할 필요가 있다(Perry & Hambrick, 2008; van der Kolk, 2005). 이는 비지시적 접근방식과 지시적 접근방식 모두를 활용할 수 있는 유연한 접근방식이 필요하다.

사례개념화

원래 정신역동 놀이치료 교육을 받았기에 그것은 치료와 회기를 개념화하는 나의 초기 접근방식이자 이론적 틀과 렌즈이다. 따라서 나는 치료 동맹, 치료적 수용 공간 내에서 치료자와 함께 아동이 느끼는 안전감, 그리고 좀 더 수동적이고 반영적인 자세로 라포를 형성하기 위해 초기 회기 동안뿐만 아니라 회기 중에도 아동 주도적 접근방식을 항상 이용한다(3사분면). 여러 해에 걸쳐 나는 '한 가지 방법이 모든 치료 상황에 맞지 않는다'는 것을 알게 되었는데, 특히 복합외상, 성적 학대, 애착 문제를 작업할 때는 그러했다. 결과적으로, 나는 인지행동, 애착 및 체계적 관점의 이론적 틀과 치료 접근방식을 치료 회기 내와 회기들에 걸쳐 나의 놀이치료 접근방식에 통합하는 데 있어서 처방적이고 통합적이 되었다. 나는 이 시기에 이 특정 아동의 문제와 증상에 대한 최선의 치료방법을 찾는 데 처방적으로 작업해야 했다.

나는 아동 주도형 비지시적 접근방식(3사분면)을 활용하는 것과 회기 내에 지시적 놀이 기법을 적용하는 것(4사분면) 사이에서 왔다 갔다 한다. 발달 및 인지 수준, 정서적 수준과 문제, 증상 및 치료 문제, 자기 조절과 애착 수준, 놀이 능력과 가족, 그리고 학교 시스템과 역동 등 개별 아동의 많은 다면적인 측면에 따라 회기 내에서 또는 회기들에 걸쳐 어느 방향에서든 소요 시간이 다양할 수 있다.

놀이치료 차원 모델을 사용하여 나의 초기 접근방식은 '3사분면: 비지시적 반응'에서 일하는 것이 될 것이다. 결과적으로, 이러한 아동 주도 회기 동안에 나는 치료자로서 나 자신이 인식과 상호작용의 세 가지 수준에서 동시에 작용하는 것으로 본다. 즉, 관찰자, 탐정 그리고 놀이자(아이가 주도하는 대로)의 세 가지 수준이다. 나는, 먼저 아이의 놀이를 여러 사분면과 차원에 걸쳐 관찰하고 있다. 예를 들어, 아동의 놀이가 나이에 적절한가? 아동의 강점은 무엇인가? 결함 영역은 무엇인가? 아동이 좌절감을 참을 수 있는가? 아동이 놀이에 얼마나 몰두하고, 그 놀이는 시간이 흐르면서 지속될 수 있는가? 불안 또는 감정의 범람으로 인해 놀이가 언제 중단되는가? 아동이 놀이 과정과 치료자와의 관계에서 독립적인가, 의존적인가? 동시에(혹은 이 연속체의 위아래로 움직이면서) 나는 내적으로, 정신적으로 내가 관찰하고 있는 것과 아이의 이력에 대해 내가 알고 있는 것, 나타난 문제, 치료 계획 등에 근거하여 가설을 세우고 있다. 예를 들어, 이 피규어는 누구를 나타낼까? 왜 이 순간에 놀이가 중단되었을까? 왜 이 회기와 치료 과정의 시점에서 내게 결혼을 했는지, 아이가 있는지 물었을까? 이 시나리오는 알려져 있거나 알려지지 않은 아이의 인생 경험의 실행이 될 수 있을까? 마지막으로, 나는 그들이 나의 참여를 원하는 정도까지 아동의 놀이에 관여하고 있다. 조용히 앉아서 놀이를 곰곰이 생각하거나('3사분면: 비지시적 반응'), 또는 아이의 내부 대본의 지시에 따라 적극적으로 참여하거나("다음에는 뭐라고 말해야 할까?" 또는 "나는 뭘 해야만 할까?"라고 묻는 연극적인 방백을 사용하며) 또는 지시('2사분면: 개방적 논의 및 탐색' 및 '4사분면: 공동 촉진') 또는 내가 꽉 막혔고 침체한 놀이 과정을 도와야 할지 여부 등을 관찰한 결과에 따라 사례개념화를 한다. 처방적 접근을 개념화하고 있다. 아동은 작가, 감독, 프로듀서 그리고 놀이가 펼쳐질 때 하나로 마무리되는 관객이기에 자신만의 내부 대본이 있다. 비록 일주일이 넘었더라도, 아동은 내부적으로 자신의 이야기와 장면들을 고수할 수 있는 독특한 능력이 있어서 일단 그들이 방에 다시 들어가면 마치 시간이 전혀 지나지 않은 것처럼 자신이 멈춘 곳을 바로 알아볼 수 있다! '놀이자'로서 나는 여전히 아동의 지시를 따르고 있지만, 이것이 무엇을 의미하는지, 그리고 어떻게 대답하고, 반응하고, 반영하는 것이 가장 좋은지에 대해 그 조각들을 맞추어 종합하려고 노력하고 있다(자기의 언어적 사용). 나는 놀이에 대해 추측하는가("다음에 무슨 일이 일어날지 궁금하다." 또는 "도와주는 사람이 도움을 줄 수 있을지 궁금하다.")? 나는 놀이를 확장하는 데 도움이 되는가, 아니면 그냥 놀이에 머물면서 내 안에서 느끼는 직관적인 반응(자기의 감정적 사용)과 심지어 생리적 감정(불안 감정, 침입적 사고나 감정)에 대해 내적으로 되돌아보는 데 도움이 되는가? 나는 직관적이고 생리적인 수준에서 놀이 시나리오와 활동이 어떻게 진행되는지에 대해 조화를 이루고 있으며, 내가 그것을 이해하고 아이의 여정을 따라갈 수 있을까? 아니면 그것은 오히려 갑작스러운 전환, 변화, 그리고 겉보기에 모순되는 행동이나 감정이 있는 롤러코스터일까 등 다양하게 상황을 맞게 된다.

각 회기가 시작될 때 나는 내가 알고 있는 것('2사분면: 개방적 논의 및 탐색')을 아이에게 알리고, 치료 목표가 무엇이 되어야 하는지를 작업하는 데 있어 매우 솔직하고 합리적으로 한다. 나는 그들에게 비밀로 하지도 않고, 공격성 때문에 아이가 학교에서 문제가 있다는 전화를 부모에게서 이미 받았을 때 "일주일은 어땠니?"와 같이 조작하는 듯이 느낄 수 있는 질문으로 아이를 속이려고 하지도 않는다. 이것은 단지 아이에게 "오, 멋진 한 주였어요."라고 대답하게 하고, 내가 그를 반박하거나 간접적으로 그가 거짓말을 하고 있다는 것을 암시하게 할 뿐이다. 오히려 나는 솔직하게 그 아이를 품위 있고 자긍심 있게 대하면서 엄마가 나에게 전화를 해서 정보를 알려 줬으며, 우리는 그것을 이야기하거나 우리의 놀이를 위해 시간과 안전한 공간을 사용할 수 있다고 말한다. 이 시간은 또한 지난 회기를 다시 논의하고, 아이가 제기한 마치지 못한 의견, 질문 또는 쟁점을 다루고, 그렇게 함으로써 필요할 수 있는 또 다른 대화를 위한 공간을 허용한다. 내가 몸이 좋지 않거나, 정신이 산만하거나, 또는 특정한 방법(내가 아이를 다치게 하는 것, 찌르거나 학대하는 것 등)으로 행동하거나 놀아 달라는 부탁에 불편함을 느끼는지를 공유하며 나는 또한 회기 내내 매우 솔직하다(부록 A: 2.2 정서성).

이 시점 이후 나는 훨씬 더 지시적으로 될 수 있었고, 정서 조절, 감정 동일시, 이완 및 마음챙김 기술 구축, 문제해결 기술, 역할 놀이 및 사회적 기술 구축, 트라우마 서술 작업 등 치료 계획의 다양한 구성요소를 다루는 놀이 기반 기법에 공을 들일 수 있었다('4사분면 : 공동 촉진'). 외상(예를 들어, 성적 · 신체적 · 언어적 학대, 복합외상)으로 인해 자기 조절이 잘 안 되고 자기 위로를 할 수 없는 아이들은 편도체를 달래는 것을 도와주는(Goodyear-Brown, 2010; Perry & Hambrick, 2008) 놀이치료 재료를 활용하는 신경-순차 모델의 활용을 허용하는 데 필요한 회기 수에 관해 치료자 측의 유연성이 필요할 수 있다(Perry & Hambrick, 2008). 줄넘기, 오자미(beanbags), 찰흙, 구프(goop), 너프 공(작고 가벼운 발포로 만든 공), 작고 부드러운 공, 리듬 악기, 그리고 요가 운동이나 스트레칭과 같은 아이템들이 있는 것은 긴장과 분노 감정을 해소하고 초기 외상성 기억을 발산하는 데 도움을 줄 수 있다. 이러한 기초 작업 및 진정하기의 초기 과정이 없으면 아동은 놀이를 시작할 수 없거나, 심지어 치료 과정에도 참여할 수 없다. 일단 더 잘 조절되면 치료자는 그다음에 더 많은 지시적인 작업을 위해 다음 15분을 사용할 수 있다.

지시 시간이 지난 후, 아동/10대는 그 후 회기의 남은 시간(45분 회기 중 약 20분) 동안 모래 상자, 보드게임 사용, 그림 그리기, 표현 예술 등 자신이 놀고 싶은 것을 선택한다. 그리고 회기가 끝나갈 무렵, 정리하는 데 시간을 보낸다(그것은 보통 아동에 의한 권력 투쟁이나 저항으로 끝날 수 있기에 회기의 종료를 지연시킬 수 있다. 그래서 나는 이것을 의무적인 요소로 하지 않기에 대개 치료자가 한다). 치료실을 나갈 때 긴장을 풀어 주는 것을 돕고, 필요하다고 느낄 때 주중에 이 기술을 활용하게 하기 위해 정리하는 동안 아이에게 마음챙김 심호흡 운동을 연습하고 사용하게 가르친다.

나는 이것이 회기의 과정임을 아이들이 알게 하며, 특히 지시 업무와 관련하여서는 더욱 그러하다. 지시적인 작업 동안에 우리는 아동을 치료에 오게 한 많은 감정으로 가득한 문제로 시작한다. 아동은 기억들이 감정적으로 차오르고 고통스러운 곳을 가지 않는 것을 선호하기에, 가능하면 그 주제를 완전히 피하려고 할 가능성이 크며 심지어 놀이를 통해서도 그럴 것이다. 이것이 바로 내가 통합 놀이치료자가 된 이유이다. 왜냐하면 내가 주거 치료 시설에서 같이 작업했던 성학대 피해 아동은 종종 비지시적인 놀이 동안 자신의 학대 문제를 꺼내지 않았기 때문이다. 성학대 피해 아동은 그 주제를 심지어 놀이에서도 피했고, 당신이 그것을 꺼내지 않았다면 아동은 괜찮다. 그리고 만약 내가 그것에 관해 얘기하지 않기로 했거나 작업하지 않기로 했다면, 아동은 아마도 내가 자신의 격분, 분노, 화산 폭발을 감당할 수 없거나 그것들을 다루는 것을 두려워한다고 추측했을 것이다. 그래서 (치료자에 의해) 중요한 문제가 나타나기를 기다리고, 얼마나 오랫동안 그것들을 끄집어내지 않고 (아이에 의해) 치료가 계속될 수 있는지를 보는 춤이 뒤따른다. 그러나 치료에서 그러한 감정적으로 가득한 문제들을 안전하게 다룰 수 있는 시간 제한적인 부분을 가짐으로써 아이는 해야 할 작업을 참을 수 있다. 일단 지시 기간이 끝나면 나는 아이에게 우리가 끝났다는 것을 확실히 알릴 것이다. 그러고 나서 나는 아이가 그 활동을 계속하기를 원하는지, 아니면 자신이 주도하는 시간으로 옮기기를 원하는지에 대한 선택권을 아이에게 줄 것이다. 아동의 나이에 따라 몇몇은 자신이 작업하던 지시적인 놀이 기반 과제를 계속하는 반면, 대다수는 감정적으로 가득한 활동을 두고 아동이 주도하는 시간으로 옮겨 가는 것을 선택할 것이다.

치료 과정: 전환점과 자기(Self)의 출현

치료의 참여 단계: 1~10회기(8세)

참여 단계는 주로 2사분면과 3사분면에서 치료적 관계와 치료실 및 치료자에게 안전함을 느끼는 것을 구축하며 보낸다. 전환점(4사분면)은 분노 표현, 애착 놀이, 애착 형성을 통해 진화했다.

카를로스는 예상한 대로 고개를 숙이고, 얼굴을 찌푸리며, 때로는 운동복상의에 달린 모자를 머리 위로 잡아당겨 쓰고 방으로 들어가고는 했다. 카를로스는 느릿느릿 움직이고, 육중하게 걸으며, 한숨을 크게 쉬면서 탁자에 앉고는 했다. 그런 후 카를로스는 고개를 탁자 위에 내려놓고는 나를 쳐다보지도 않고 내 존재를 인정하지도 않았다(3사분면). 내가 "만나서 반가워!" 또는 "안녕!"이라고 인사라도 하면 카를로스는 금방 화를 내며 얘기하지 말라고 말했고, "내가 왜 여기에 와야 하는 거죠?"라고 물으면서 당면한 문제해결에 애를 쓰는 것에 대한 자신의 거부감을 반영했다.

처음 5분 동안 나는 카를로스의 분노와 여기에 있기를 꺼리는 것을 반영했지만, 아이를 돕기 위한 공간의 안전과 치료적 관계를 제공하고는 했다(3사분면, 2사분면). 우리 사이에는 침묵의 시기가 있었고, 나는 카를로스와 온화하게 대화하며 탐색하고는 했다(2사분면). 그런 후 나는 아이의 양어머니로부터 지난주에 걸쳐 발생한 사건에 대해 내가 받은 모든 정보를 공유하고, 이것에 관해 이야기할지는 카를로스의 몫으로 남겨 두고는 했다(2사분면). 나는 카를로스가 나와 이야기하는 것에 화를 낼 것인지, 아니면 나의 말을 듣는 것을 참을 수 있는지에 따라 침묵을 지키고는 했다. 만약 내가 카를로스에게 말하는 것을 원치 않는다고 카를로스가 분명히 말했다면, 나는 프레디라고 부르는 원숭이 인형 하나를 데리고 갔을 것이다(부록 A: 3.1 신체적 자기). 이 원숭이 인형은 (카를로스의 페르소나인 것처럼) 큰 소리로 말하지 않았고, 오히려 카를로스가 하고 싶은 말을 내 귀에 속삭여서 나는 카를로스의 대변인이 되었다! 결국 나는 카를로스가 표현하고 있는 것(3사분면), 일어나고 있을지도 모르는 근본적인 감정(2사분면), 그리고 이 아이와 연결되지 못해서 내가 얼마나 슬픈지를 공감적으로 반영하면서 카를로스에 대한 내 생각과 일어나고 있는 일에 대해 인형에게 큰 소리로 말하고는 했다. 카를로스는 나와 인형 사이의 이 이야기를 자신이 듣고 있다는 것을 인정하지 않을 테지만, 말하고 싶지 않고, 불쾌하고, 화가 나며, 신경을 쓰지 않는다는 프레디의 입증하는 언급을 눈여겨보는 것이 분명했으며, 이는 카를로스가 몸을 이완하고, 자리에 털썩 앉지 않고 위치를 옮겨 앉고, 결국 모자를 벗으면서 증명이 되었다. 그러나 카를로스는 여전히 나를 쳐다보려 하지 않았다. 그런 후 점심을 먹지 않았거나 치료를 받으러 오는 길에 간식을 먹지 못해서 배가 고프다고 말하고는 했다. 카를로스가 양어머니에게 간식을 먹으러 옆집에 갈 돈을 달라고 부탁하고 싶은지, 아니면 내가 늘 챙겨 두었던 음식을 먹고 싶은지를 논의했다(2사분면). 카를로스는 종종 양어머니가 자신의 부탁을 거절할까 봐 양어머니에게 부탁하는 것을 두려워했고, 실제로 양어머니는 가끔 차나 집에서 자신을 대하는 아이의 태도에 짜증을 냈고, 처음에는 간식 살 돈을 주는 것을 보류하고는 했다.

회기에서 카를로스는 그 후 자신의 분노를 물리적으로, 심지어 언어적으로 표출하려고(4사분면) 너프 공이나 오자미를 벽에 던지고 싶은 행동을 참았다. 나는 카를로스가 무엇 때문에 화가 났는지, 누구에게 화가 났는지, 그리고 그들에게 무슨 말을 하고 싶은지를 큰 소리로 말하도록 격려했다. 종종 그것은 양어머니에 관한 것이었는데, 양어머니는 집이나 학교에서 아이가 한 일이나 한 말에 대해 벌을 주었고, 그 벌은 과도하다고 느꼈다(일주일 동안 친구들과 노는 것을 제한하는 것 또는 일찍 잠자리에 드는 것으로, 이는 저녁 식사가 없다는 것을 의미했다). 그런 다음, 카를로스에게 어떻게 대답하고 싶었는지 또는 자신에 대한 긍정적인 것들의 목록(4사분면)을 말하도록 격려하였다. 그때 카를로스는 자신의 감정 수준을 낮추고 집중력을 더 높이려고 심호흡이나 마음챙김 기법을 시도할 준비가 되어 있었다. 그러고 나서 남은 시간을 사용하여 방안을 탐색하고, 회기가 끝날 때까지 원하는 것은 무엇이든지 활용했다.

때때로 카를로스는 카드 게임[워(war)나 진 러미(Gin Rummy) 혹은 우노(Uno)]이나 보드게임[대개 미안해!(Sorry)]을 하자고 했는데, 자신이 항상 이길 필요가 있었다. 이 시간 동안, 카를로스는 종종 그날 또는 이전에 학교나 집에서 일어났을 법한 자신의 분노의 원인이 되었던 사건들을 자발적으로 공유하고, 자신을 괴롭히고 있는 것이 무엇인지 알아내려고 노력하기 시작했다(의식 차원). 그런 다음, 우리는 문제해결 기술과 대처 전략을 활용하여 카를로스의 행동을 이해하고 완화하는 것을 다루는 데 도움을 주었다. 각 회기에서 카를로스는 숨바꼭질을 하면서 불을 끄고, 나에게 자신을 찾는 데 필요한 손전등을 주거나, 아니면 스스로 발견되기 위해 손전등을 가지고 있기도 했다(3사분면). 숨바꼭질하는 동안, 나는 카를로스를 찾는 것을 연장하고는 했다. 나는 테이블, 의자, 책상, 모래 상자 등 가능한 모든 곳을 살펴보고, "아니, 여기에는 없네."라고 말하고는 했다. 그리고 강한 정서 상태로 "오, 카를로스가 어디에 있을까? 나는 카를로스가 그립네. 내가 곧 카를로스를 찾을 수 있기를 바라."라고(4사분면) 말하고는 했다. 카를로스는 이 놀이를 즐겼으며, 대상 영속성을 재정립하고 원하고 그리워지는 감정을 조성하는 데 도움을 주었다. 내가 "나는 너의 소리를 들을 수조차 없네. 너를 어떻게 찾을까?"라고 표현할 때, 카를로스는 손전등을 비추면서 자기 위치를 신호하거나 소리를 내서 내가 자신을 찾을 수 있게 했다(4사분면). 카를로스는 나에게 이 놀이를 반복해서 해 달라고 부탁하곤 했는데, 회기마다 적어도 세 번씩 숨바꼭질을 하고, 그 결과 자신을 찾을 때마다 아장아장 걷는 아이처럼 신이 난 표정으로 미소 지으며 웃고는 했다. 그리고 나서 우리는 정리를 하면서 회기를 종료하고, 회기 밖으로 이행하는 것을 도우려고 심호흡 또는 마음챙김 기법(지시 차원)을 다시 사용하고는 했다. 또한 카를로스는 화가 나거나 마음이 상할 때마다, 일주일에 걸쳐 그것들을 활용하고는 했다(그리고 다음 회기에 자신에게 그것이 어떻게 효과가 있었는지 혹은 어떻게 효과가 없었는지를 내게 알려 주었다).

치료 중간 단계: 20~40회기(9~10세)

중간 단계 동안에 놀이는 대부분 4사분면에 있었고, 카를로스는 좀 더 몰입하고 상호(공동, 공통) 촉진적이 되었다. 비록 주제가 종종 상실, 유기, 절망에 대해 반복되었지만, 카를로스는 자신의 무의식적인 의사소통을 인식하기 시작했다. 전환점은 치료자가 입증한 의식과 감정으로 일어났고, 그 결과 양어머니와 학교에서 다른 사람들을 향한 신체적 · 언어적 학대가 현저하게 감소하였다.

이러한 아동 주도 회기가 진행되면서 카를로스는 자신의 감정을 표현하려고 놀이 재료와 모래 상자를 이용할 때 좀 더 편안하게 느끼기 시작했다. 운동복 모자를 머리 위에 뒤집어쓰거나 침묵 속에 앉아 있지 않고도 회기에 들어갈 수 있었다. 오히려 카를로스는 스낵을 먹는 데 적응하기 시작했고, 회기의 처음 5분 동안 그날과 일주일에 관해 이야기를 나누고는 했다. 그런 다음, 우리는 카를로스가 제기한 어떤 문제이든 그것에 기반하여 대처 전략을 수립하는 것을 돕거나, 또래나 양어머니에게 활용할 수 있는 언어 반응을 역할 놀이하거나, 최근에 겪은 경험들을 사용하여 감정 동일시에 애쓰도록 도우려고 다양한 놀이 기반 기법('4사분면: 공동 촉진')을 사용하여 약 15분 동안 작업하고는 했다.

일단 우리가 지시적인 과제를 마치면, 카를로스는 모래 상자로 가고는 했다. 실제 '모래에 그림'을 그리기보다는 어린아이처럼 모래에서 미니어처를 가지고 노는 것을 더 좋아했다. 카를로스는 모래에 선을 긋고 모래 상자를 둘로 나누고는 했다. 자신이 한쪽을 가지고, 나에게 다른 한쪽을 주었다. 그런 다음에 자신의 '팀'을 위해 몇 개의 해골과 해골 같은 아이템들을 골랐고, 나에게 내 편을 위해 몇 개를 선택하도록 허락했다. 그 후 카를로스는 날아다니는 용, 다양한 공격적인 동물(보통 사자, 호랑이, 악어), 몇몇 사람(남자, 여자, 닌자), 구슬과 공, 대포 그리고 마법사를 선택하려고 움직였다. 카를로스는 나에게도 비슷한 품목을 선택하라고 지시해서 우리는 같은 범주를 가지고 있었다. 가끔 카를로스가 내가 선택한 물품 중 하나를 가져가서 내가 가질 수 있는 물건의 수가 줄어들고는 했다. 그런 후 전투가 벌어졌다. 카를로스는 규칙을 정하곤 했는데, 그것은 종종 자신의 '팀'만을 위한 것이었고 내가 사용할 수는 없었다. 카를로스는 임의로 내 팀은 뚫을 수 없는 힘의 장(force field)을 설치하곤 했지만 내 힘의 장을 침투할 수 있거나, 혹은 카를로스의 구슬과 공은 나의 동물들을 소탕하는 폭탄이지만 카를로스의 동물들은 폭탄이 터진 후에 다시 살아나고는 했다. 나의 역할은 연극에 완전히 몰입하고 놀이를 상호 촉진하는 것이었다(4사분면). 카를로스는 내 '팀'이 이점을 얻거나, 자신의 변화무쌍하고 자의적인 규칙과 예외를 모방할 수 있는 놀이 시나리오를 내가 서서히 바꾸는 것을 용인하였다. 다만, 또 다른 예외를 찾기 위해서만 내가 '움직이는 것'을 허락했고 그런 후 나의 군대를 말살시키곤 했는데, 나의 군대는 다시 살아나는 것을 허락하지 않고 사실상 게임과 회기를 끝내고는 했다. 각 놀이 시나리오는 나의 모든 '캐릭터'가 죽거나, 묻히거나 또는 제압되는 것으로 끝나고는 했다. 카를로스의 군대를 이기거나 한 수 앞서는 방법은 없었다. 이 놀이를 매주 반복적으로 재연한 후, 어떤 행동을 취했거나 시도했든지 절망적이고 무력감을 느끼며 놀이를 끝냈기에 카를로스와의 회기를 기대하지 않는 감정을 알게 되었다(부록 A: 4.1 구체화). 이때 나는 놀이에 관한 해석을 하기 시작했고, 내가 느끼고 있던 카를로스의 근본적인 무의식적 의사소통('4사분면: 공동 촉진'과 '1사분면: 적극적 활용')을 전달하는 정서적 자기(emotional self)를 활용했다(부록 A: 2.2 정서성). 이것은 마치 카를로스가 겪고 있는 것을 경험적 차원에서 이해하면서 내 안에서 카를로스의 메타커뮤니케이션과 유사한 과정을 조성하는 것 같았다(부록 A: 4.1 구체화). 카를로스는 자신이 느끼고 있는 절망, 혼란, 분노, 슬픔, 상실감의 깊이로 나를 끌어내리고 있었다. 실제로 카를로스는 현재의 생활 상황에서 매우 절망적이고 무력한 느낌을 겪고 있었다. 양아버지의 상실, 양어머니와의 정서적 거리, 그리고 생모의 물리적 상실로 인해 자신의 세계가 안정적이라고 느끼기 어려웠고, 그것이 끊임없이 더 나쁘게 변하는 것을 멈추게 할 수 있는 것은 아무것도 없다는 인식을 하게 했다. 이것은 카를로스에게 중요한 전환점이었다. 카를로스가 깊은 감정적 수준에서 자신의 감정, 경험에 대한 나의 검증을 진정으로 '들을' 수 있게 되는 것과 함께 자신의 감정, 경험과 모래 놀이에서 나타난 시각적 · 상징적 표현을 인식하면서 우리가 무의식의 차원을 통해 의식 차원으로 더 나아갈 때 부정적인 행동들이 바뀌기 시작했다. 카를로스는 더는 학교에서나 양어머니에게 폭언을 퍼붓지 않았다. 학업성취에 대한 구두 칭찬과 보상을 받으면서 숙제를 완성하고, 좋은 성적을 받고 싶어 하기 시작했다. 카를로스는 놀이를 선택하기 전에 숙제를 끝내려고 회기에 가져왔고, 그래서 그것을 끝냈다. 카를로스의 선생님은 학습에 대한 아이의 에너지와 흥미가 높아진 것에 대해 언급하기 시작했고, 카를로스의 높은 점수는 이러한 변화의 즉각적인 반영이었다. 카를로스는 자신의 발달 수준과 성취감과 숙달 감각을 더욱 충분하게 수용하기 시작했다.

치료 종결 단계: 60~95회기(10~11세)

> 종결 단계에서 카를로스의 놀이는 2사분면으로 옮겨 가서 무의식에서 의식 차원으로 훨씬 더 많이 이동했다. 카를로스는 양아버지의 죽음을 다루었고, 자신의 공포와 분노의 감정에 직면할 수 있었다. 치료가 끝날 무렵, 카를로스는 자기의 신체적 사용(부록 A)과 나이에 적합한 상호 촉진 놀이로 더욱 이동할 수 있었다. 중요한 전환점은 카를로스가 양아버지의 상실과 버림받은 감정을 처리할 수 있었던 때이다. 그 결과, 카를로스는 자기 위로와 진정한 전략을 구사할 수 있었고, 분노 폭발이 줄었고, 일상생활과 개인적인 상호작용에서 기쁨과 긍정적인 정서가 증가하였다.

이 기간에 회기의 형식은 거의 동일하게 유지되었다. 카를로스는 회기에서 훨씬 더 좋은 눈 맞춤과 감정적인 투자를 하며 참여했다. 감정의 범위와 깊이, 그리고 그것들을 언어화하고 표현하는 능력이 현저하게 증가하였다. 처음 5분 동안은 카를로스가 자신이 좀 더 잘 다룰 수 있었던 사건들에 대한 논의로 시작하고는 했다. 우리는 인지행동치료(CBT) 개념을 활용한 지시적 놀이 기반 기법으로 다음 15분을 생산적으로 활용할 수 있었다. 카를로스는 자신의 감정을 더 잘 관리하는 방법에 기꺼이 애를 썼고, 그렇게 쉽게 화를 내고 폭발하지 않았다. 카를로스는 갖가지 대처 전략을 활용할 수 있는 촉발점으로서 감정과 신체의 상관관계를 더 잘 알고 있었다. 그리고 우리는 괴롭힘을 당하거나 화가 났을 때 사용할 수 있는 대처 전략, 이완 방법, 역할 놀이에서 언어 표현 등을 연습했다. 자신이 주도하는 시간 동안 카를로스는 모래 상자에서 자신의 놀이를 바꾸기 시작했다. 놀이 시나리오에서 눈에 띄는 차이가 있었다. '팀들'은 더는 그렇게 적대적이지 않았다. 시나리오는 똑같이 시작하였지만, 미니어처의 선택과 모래 상자에서의 전투 쪽 설정 등과 함께 놀이 과정과 궁극적인 결과가 바뀌고 있었다. 카를로스는 양측이 한 팀이 되어서 서로를 돕는 협력적인 방법을 소개했다. 미니어처들은 죽은 후 양쪽 모두에서 살아 돌아왔다. 규칙은 카를로스 쪽에서만 불공평하게 지시되고 사용되기보다는 양쪽 모두에서 비슷했다. 그리고 완전한 전멸의 최종 결과는 궁극적으로 그것이 멈출 때까지 서서히 감소하고 있었다. 결말은 더욱 우호적이고 희망적이 되었다. 다른 도우미들이 평화를 유지하려고 장면에 들어갔고, 우정이 형성되고 협력하는 모습을 보여 주었다. 카를로스는 계속해서 같은 범주의 미니어처를 사용했지만, 카를로스가 강조하는 것은 상실과 죽음의 문제를 탐색하는 것으로 바뀌기 시작했다. 카를로스는 남자 피규어를 전투에서 죽게 하고 묻히게 했다. 카를로스는 그 해골들을 이용하여 남자 피규어가 묻힌 곳 위에 걸터앉아 마치 구슬을 묘비인 것처럼 추가하고는 했다(무의식을 따라 의식 차원으로 이동하며). 치료자는 처음에는 행동에 관련된 감정을 비침투적으로 반영했다(3사분면). 그러나 여러 회기에 걸쳐 거듭된 실연으로 카를로스는 양아버지의 죽음과 그와 관련된 질문과 감정을 다루고 있는 것이 분명했다. 치료자는 '1사분면 : 적극적 활용'으로 옮겨 갔으며, 부드러운 해석뿐만 아니라 죽음에 대한 반영적 의견("그 사람은 이제 죽었기에 더는 숨을 쉬거나, 먹거나, 느끼고, 만질 수 없다." "실제 세계에서 한번 죽으면 다시 살아날 수 없다." "그는 잠깐 살아 있었고, 기분이 좋았고, 그다음 순간 갑자기 죽었다." "가끔 사람들은 자신의 부정적인 행동이나 생각만으로 사랑하는 사람을 죽게 만들었을지도 모른다고 생각한다.")을 제공했다. 이러한 반영은 카를로스에게 또 하나의 중요한 전환점으로 이어졌다. 그런 후 카를로스는 자신의 양아버지가 갑자기 죽은 것에 대한 감정과 생각을 좀 더 직접적으로(의식 차원) 말로 표현할 수 있게 되었고, 자신의 행동이나 행위가 매우 부정적인 것으로 인해 자신이 그의 죽음에 어떻게든 기여했다는 오랫동안 간직해 온 공포를 표현했으며,

양어머니가 죽음으로써 자신이 버림받을까 봐 걱정했고, 자신의 생모가 양육권을 포기하고 자신을 떠난 선택을 이해하려고 노력했다. 카를로스는 자신이 입양될지도 모르는 바로 그때 양아버지가 돌아가셨다는 것에 화와 분노를 표현할 수 있었고, 둘이 함께 이야기하고 일을 하면서 보낸 시간을 얼마나 그리워했는지, 자신의 삶에서 이런 일을 같이할 수 있는 또 다른 남자가 없다는 것을 표현할 수 있었다. 또한 자기 어머니의 친권 양도에 관해 느꼈던 분노, 근본적인 슬픔과 혼란을 탐색할 수 있었다. 이러한 인식은 우리가 15분간의 지시적인 시간 동안뿐만 아니라 아동 주도의 놀이 동안에 카를로스의 공포와 감정('2사분면 : 개방적 논의 및 탐색')을 다루는 데 있어서 더 많이 지시적일 수 있도록 해 주었다. 카를로스는 일반적으로 죽음의 개념에 대해, 구체적으로 양아버지의 죽음에 관해 이야기하는 것에 좀 더 수용적이었다. 죽음 및 입양에 대해 자유로워짐에 대한 독서치료의 사용, 양어머니를 회기의 일부에 참여시켜서 어떻게 카를로스의 건강을 돌보고 있는지, 자신을 위해 오랜 시간 동안 있을 계획인지 이야기를 나누고, 양어머니의 집에서 자신이 계속 살 것이라는 양어머니의 약속, 그리고 카를로스를 데리고 양아버지의 무덤에 가 마무리할 계획을 세우는 점 등 모든 것이 카를로스의 상실에 대한 전환점을 심화하는 데 도움이 되었다. 우리는 또한 오자미와 진흙을 벽에 던짐으로써 버림받았다는 감정을 터뜨리는 것을 돕고, 조절을 위한 공간을 제공하는 동안 쾅 치려고 리듬봉을 사용하고, 그동안 쌓인 감정과 기억에 관해 이야기하면서 공을 앞뒤로 던지는 캐치 놀이를 함으로써 카를로스가 자신의 상실, 죽음과 버림받은 감정을 터트리는 것을 돕는 데 물리적인 개입을 사용할 수 있었다. 이러한 신체 활동 동안, 나는 카를로스가 이끄는 대로 따를 뿐만 아니라 활동을 지시함에 있어서 '4사분면: 공동 촉진'은 물론 자기(Self)의 언어적 사용(부록 A)으로 좀 더 이동할 수 있었다. 회기에서 벗어나도록 돕고 주중에 가정과 학교에서 휴식과 마음챙김을 활용하는 연습을 위해 회기는 그 기법들로 계속 마쳤다. 이 회기들이 끝날 무렵(75~95회기), 카를로스는 모래 상자나 다른 재료보다는 보드게임을 점점 더 많이 활용하는 걸 선택했고, 궁극적으로 모래 상자를 더는 사용하지 않게 되었다. 처음에 보드게임을 하는 동안, 카를로스가 이기고 내가 질 때마다 괴롭히는 사람이 될 정도로 나를 놀리고 조롱하고는 했다("너는 패배자이다." "나는 너보다 낫다." "너는 나를 이길 수 없다."). 나는 종종 "축하해. 잘했어!" "나는 이번에 이기지 못했지만, 다음엔 이길 거야" "나는 우노는 잘하지 못하지만, 체스는 잘한다." 같은 역할 모델링 방식(부록 A: 1.3 내용 재진술)으로 대답하고는 했다. 카를로스가 나의 말과 의견(논평)을 자신의 승패에 대응하는 방식에 통합하기 시작했을 때, 전환점이 눈에 띄었다. 치료 시간 내의 이러한 변화는 학교 환경 밖과 집에서 눈에 띄었다. 선생님과 양어머니의 보고에 따르면, 카를로스는 괴롭힘을 당하고 있는 다른 친구들에게 훨씬 덜 괴롭히는 사람이 되어 친구가 되어 있었고, 심지어 '큰형'으로 변해 가고 있다고 하였다. 분노를 느끼면 심호흡을 하고, 친구에게 책상을 던지거나 난폭해지기보다는 상황에서 벗어나기로(또는 다른 대처 전략을 사용하기로) 할 때 자제하는 카를로스의 능력에서 큰 변화가 주목되었다. 학문적으로 카를로스는 이제 우등생 명단에 올라가고 있었는데, 이것은 수업 중에 행동상의 문제가 전혀 없고 성적이 상당히 높다는 것을 의미한다. 이 시간 동안 카를로스의 치료 회기에서의 태도는 훨씬 더 편안하고 차분했으며, 빈번히 웃고 미소 짓는 것이 눈에 띄었다.

최종 논평

이 장에서는 8세부터 11세까지 카를로스의 여정에서 비지시적 차원과 지시적인 차원에 걸쳐 엮은 처방적 놀이치료 방식을 제시하였는데, 공격성과 정서적 기분 부전을 통해 표현되었던 슬픔, 상실, 버림받은 감정, 괴롭힘, 가족 체계적 문제를 가진 복합외상으로 인해 보이는 몇몇 중요한 전환점이 있었던 총 95회의 회기를 다루었다. 그 결과, 카를로스는 이제 긍정적인 자존감, 자기 조절, 그리고 더 만족스러운 존재 방식과 함께 대처 전략을 가진 소년이 되었다.

전환점 요약

과정의 단계	사분면	전환점	무엇이 전환점에 기여했는가
참여 단계	2사분면과 3사분면	• 치료적 관계 구축과 안전감 느끼기	• 반응, 반영, 숨바꼭질에서 치료자의 일관성
참여 단계	4사분면	• 분노 표현, 애착 놀이, 치료자와 애착 구축	• 감정 동일시, 분노 방출, 치료자에 의한 반영, 카를로스와 개체 항상성 확립을 이용한 지시적 놀이
중간 단계	4사분면	• 놀이에 더 완전히 몰입하고 상호 촉진하기 • 상실, 유기, 무망감이라는 주제의 반복 • 양어머니와 학교 환경에 대한 언어적 및 신체적 공격의 현저한 감소	• 놀이, 치료자의 반영, 부드러운 해석을 통해 무의식에서 의식적으로 되기
종결 단계	3사분면	• 양아버지의 죽음에 대처하고 카를로스의 공포와 분노 감정에 직면하면서 무의식으로부터 의식으로 이동 • 나이에 적합한 수준의 신체적 자기의 사용과 상호 촉진	• 감정 표현, 치료자의 반영, 모래 상자의 사용을 촉진하는 것을 돕는 비지시적 놀이 활동
종결 단계	1사분면	• 죽음이 무엇이었는지, 아이가 그것에 대해 가지고 있는 환상과 죽음의 원인에 대한 적극적 활용과 부드러운 해석	• 치료자의 부드러운 해석, 죽음, 매장, 상실과 관련된 문제를 유발하는 모래 상자의 사용

종결 단계	2사분면	• 카를로스의 일상생활에서 양아버지와 함께 보낸 시간까지의 연결고리인 놀이 주제에 대한 회기 시작 중의 공개 토론	• 양아버지와 함께한 카를로스의 삶과 대비, 그의 현재에 대한 치료자의 지시적 토론과 초대적 탐구 • 점토 던지기, 건강하고 도움이 되는 방법으로 분노를 표출하기, 지시적 놀이 기반의 진정 활동(심호흡, 거품, 캐치 놀이)을 연습하는 물리적 개입

참고문헌

Drewes, A. A. (2011). Integrating play therapy theories into practice. In A. A. Drewes, S. C. Bratton, & C. E. Schaefer (Eds.), *Integrative play therapy*. Hoboken, NJ: Wiley.

Gil, E. (2006). *Helping abused and traumatized children: Integrating directive and nondirective approaches*. New York: Guilford Press.

Goodyear-Brown, P. (2010). *Play therapy with traumatized children: A prescriptive approach*. hoboken, NJ: Wiley.

Grencavage, L. M., & Norcross, J. C. (1990). Where are the commonalities among the therapeutic common factors?. *Professional Psychology: Research and Practice, 21*(5), 372-378.

Norcross, J. C. (1987). *Casebook of eclectic psychotherapy*. New York: Brunner/Mazel.

Norcross, J. C. (2005). A primer on psychotherapy integration. In J. C. Norcross & M. R. Goldfried (Eds.), *Handbook of psychotherapy integration* (2nd edn). Hoboken, NJ: Wiley.

Perry, B. D., & Hambrick, E. P. (2008). The neurosequential model of therapeutics. *Reclaiming Children and Youth, 17*(3), 38-43. Accessed on 23/05/2018 at http://childtrauma.org/wp-content/uploads/2013/08/NMT_Article_08.pdf

Schaefer, C. E. (1999). Curative factors in play therapy. *The Journal for the Professional Counselor, 14*(1), 7-16.

Schaefer, C. E., & Drewes, A. A. (2014). *The therapeutic powers of play: 20 core agents of change*. Hoboken, NJ: Wiley.

Stein, P. T., & Kendall, J. (2004). *Psychological trauma and the developing brain: Neurologically based interventions for troubled children*. New York: Haworth Press.

van der Kolk, B. (2005). Developmental trauma disorder: Towards a rational diagnosis for children with complex trauma histories. *Psychiatric Annals, 35*(5), 401-408.

제6장

수치심은 목에 걸릴 수 있다

–다섯 살 프레디의 의식 상승–

Paris Goodyear-brown

사례 소개

프레디는 네 살배기 남자아이로, 신앙에 기반을 둔 환경에서 남자 교사에게 성폭행을 당했다. 부모는 프레디가 남동생과 부적절한 성적 행위를 하는 것을 우연히 보고 무언가 잘못되었다는 것을 알게 되었다. 다음에 기술된 치료 작업은 모두 첫 회기 동안 일어났는데, 프레디는 나와 치료 관계를 맺고, 공간을 탐색하고 사용하며, 때로는 신체적으로 '말'하고, 때로는 외상 후 놀이를 통해 보이고, 때로는 명백히 언어로 표현하는 방식으로 자신의 트라우마 이야기로 향하거나 멀어지거나 하며 여러 가지 방법 사이에서 움직였다. 프레디는 이 초기 참가 회기 이후 약 20회기의 개인 및 가족 작업과 몇 번의 부모 코칭 회기 동안에 나를 만났다. 우리는 프레디의 경험에서 감정적인 독성을 거를 수 있었고, 프레디는 희망과 건강함 속에서 어린 시절을 다시 시작할 수 있었다.

이론적 방향

통합적 접근방식은 내담자가 순간순간 보여 주는 욕구에 대한 대응과 치료의 연속체에 걸쳐 아동의 자기 발달에 대한 더 큰 맥락에서 한 번의 치료 과정 내에서 사려 깊고 의도적으로 적용할 수 있는 다양한 작업 방법(놀이치료의 더 폭넓은 분야 내에서)의 여지를 허용한다. 이 접근방식은 아동과 가족이 치유 여정에 많은 욕구가 있다는 것과, 우리가 우리의 시야를 오직 하나의 렌즈를 통해 보도록 제한하는 순간에 그러한 욕구를 명확하게 인지하는 우리의 능력을 좁힐 수 있다는 것을 인정한다. '욕구'는 놀이치료 과정의 서로 다른 시점에서 나타나는 놀이, 말, 특이한 행동 또는 증상을 통해 전달된다. 아이의 욕구가 끊임없이 진화함에 따라 증거 정보를 바탕으로 한 치료 목표가 만들어지고 잠재적으로 필요한 것으로 이해되지만, 아동의 회복 과정에 대해 유연하게 양도된다. 적절히 대응하는 치료자는 '순간의 발달적 필요'에 따라 아동과의 춤을 존중한다.

애착 이론에 기초하고 아동과 가족과의 외상 작업을 위해 나 자신이 개발한 유연한 순차적 놀이치료(Flexibly Sequential Play Therapy: FSPT) 모델은 임상전문가가 아이가 보여 주고 표현하는 욕구를 따를 수 있도록 하고, 치료 작업에 대한 '지금-여기(here and now)' 목표의 형태로 이 욕구를 명확히 하고, 그 목표가 달성되도록 촉진하는 비지시적 및 지시적 접근방식 또는 관련 방법들로부터 끌어낼 수 있게 한다(Goodyear-Brown, 2010). FSPT는 임상전문가에게 외상을 입은 아이들의 치료 요구를 증거하는 정보이고 발달적으로 예민한 일반적인 순서 안에 배치하는 틀을 제공하는 한편, 순간순간 상호작용을 안내하려고 치료 관계에서 표현된 뉘앙스에 대한 임상적 기교와 존중을 허용한다([그림 6-1] 참조).

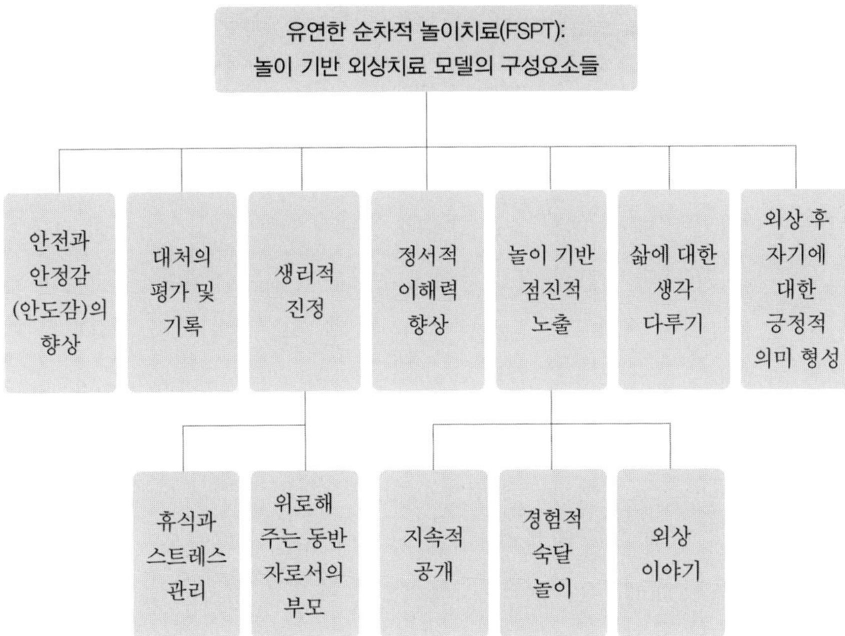

[그림 6-1] FSPT의 구성요소들

FSPT는 아동이 은유적으로, 상징적으로, 언어적으로, 그리고 비언어적으로 콘텐츠와 함께 작업할 필요성을 인식하고, 신체, 뇌, 애착 관계 및 세계관에 저장된 외상 콘텐츠에 대한 모든 형태의 접근을 허용한다. FSPT는 상향식 두뇌 발달(Gaskill & Perry, 2012; MacLean, 1990; Perry, 2009; Perry & Hambrick, 2008)과 외상을 생성하는 경험이 자기를 위로하고, 외상을 이해할 수 있는 집행 기능 체계를 이용하고, 세상에서 단순히 안전을 느끼는 아동의 발달 능력에 대해 가질 수 있는 심오한 방해와 함의에 대한 이해를 중시한다. 프레디의 사례가 전개되면서 여러분은 회기에서 즉각 필요한 것이 공동 조절을 통해 마음을 진정시키는 시점, 표현된 욕구가 신체적으로 이야기를 '말하는' 또 다른 시점, 개방적인 토론이 필요한 또 다른 시점, 그리고 프레디가 치료 후반에 안전과 보안을 강화하려고(모델 안 첫 번째 목표) 다시 돌아오는 시기를 보게 될 것이다. 의식은 놀이 투사에 대한 반영이 주어지면서 상승하고, 외상에 대한 감각적 인식의 '상연'이 추적되며, 마침내 프레디는 통합을 향한 인지적 전환을 일으킨다. 뇌 발달과 대인관계 신경생물학에 대한 이해의 기하급수적인 성장(Cozolino, 2014; Schore, 2003; Siegel, 2006, 2012)은 놀이치료 과정에서 종종 볼 수 있는 트라우마 상황을 지향하거나 벗어나는 춤을 묘사하는 새로운 언어를 우리에게 준다. 조절 향상과 일관성 있는 이야기 창출의 수단으로서 치료자와 내담자 간의 애착 관계에 초점을 맞추는 것이 FSPT 모델의 기반이다. 치료의 줄거리 구조조차 대체하는 것은 어느 순간이라도 아동의 욕구를 이해하는 것의 중요성이다. 안전 기반 서클 프로그램(Circle of Security Project; Powell et al., 2014)에 의해 제공되는 애착 욕구의 매우 귀중한 표현은 내가 치료적으로 진행하는 방법에 대한 즉각적인 평가를 하는 동안 그 위에 걸쳐 앉는 비계 역할을 한다. 나는 아동이 자신의 환경을 이해하고, 자기 자신의 삶에 대해 논리정연한 이야기들을 만들고, 선하고 유능하다는 자기(Self)의식을 발달시키기 위해 배고프다는 전제에서 일한다. 내담자는 아마도 놀이에서, 언어적 성찰에서, 혹은 이전에 압도적이었던 외상 내용의 신체적 또는 정서적 통합에서 심오한 진화를 통해 표현되는 의식의 상승을 가질 수 있으며, 행동의 퇴행이나 신체적 또는 상징적 처리로의 발달상 복귀가 거의 즉각적으로 뒤따를 수 있다. 사고, 감정, 행동이 모두 신체적 자기(Self)(Damasio, 1999)와 연결되어 있고 모두 경험되면서 외상 내용의 통합과 관련된 의식에서 새로운 변화나 상승은 심리적으로 와해된 것(decompensation)[1]이나 분열처럼 보이지만, 실제로는 통합을 향한 단계가 낳은 떠오르는 감정이나 사고로서 새로운 차원의 신체적 안락보다 앞서는 불균형(D'Mello & Graesser, 2012; D'Mello et al., 2014)이다. 이러한 방식으로 아동의 외상 회복은

1) 역자 주: decompensation은 의학 용어로는 대상부전으로 쓰이며, 심리학에서 이 용어는 스트레스에 대응하여 방어기제를 유지할 수 없어 성격장애나 심리적 불균형을 초래하는 것을 말한다. 자기애성 성격장애나 경계성 성격장애로 고통받는 사람은 괴로운 현실을 방어하기 위해 피해망상 속으로 도피할 수 있다. 즉, 심리적 균형이 와해된 상태를 의미한다.

평형 및 불균형 기간이 반복 과정의 필수 요소로 중히 고려될 필요가 있는 다른 발달 과정을 반영할 수 있다. 실제로 치료자는 핀볼 기계에 있는 무거운 은공처럼 약간 느낄 수 있고, 인식의 수준 사이를 왔다 갔다 할 수 있고, 때로는 외상의 신체적 핵심까지 내려가서 더 높은 수준의 의식이나 아동이 내적 경험의 귀중한 것을 제공한 후에 아동에게 더 많은 안전을 제공하는 놀이의 차원에까지 도달할 수도 있다. 우리의 일은 아동이 춤을 이끌어 갈 때, 아동에게 계속 맞추는 것이다. FSPT 전문가들은 아동과 '춤'을 추는 능력이 향상함에 따라 핀볼 효과[2]는 더욱 편안해지고, 확실히 더 기대되고, 심지어 즐거워진다.

사례개념화

치료를 받으러 왔을 때, 프레디는 방금 부모로부터의 학대를 밝혔고, 성적으로 반응을 보이는 행동을 하고 있었으며, 특이한 공격성을 보이고 있었고, 분리 불안의 증상을 보이고 있었으며, 격렬한 활동 시기에서 가족 간의 상호작용과 이전의 즐거웠던 활동의 시기로 옮겨 가고 있었다. 또 과각성에서 저각성까지 마구 바뀌며, 자신의 내부 균형을 찾는 데 어려움을 겪고 있었다. 프레디와의 치료 작업은 프레디가 신뢰받는 어른의 손에서 발달하는 자기(Self) 감각에 상처를 견뎌 냈다는 이해에 근거를 두었다. 우리는 프레디가 견디었던 성적 침해의 대인관계 특성이 잠재적으로 발달에 전반적인 방해를 초래했을 수 있다는 가설을 가지고 앞으로 나아갔다(van der Kolk, 2014). 즉, 프레디는 사회적, 인지적 또는 정서적 발달에 지연이나 차이가 있을 수 있으며, 학대받는 동안에 신경생리학적 경험을 했을 가능성이 크며, 이는 프레디의

2) 역자 주: 사소해 보이는 하나의 사건이나 물건이 도미노처럼 연결되면서 세상을 움직이는 거대한 사건을 일으키는 현상.

미주신경 반응(Porges, 2011)에서 극단적인 왜곡과 자율신경계의 잠재적 조절 곤란(Corrigan, Fisher, & Nutt, 2011)으로 이어졌을 것이다. 이 모든 것이 프레디의 자기 조절 능력 발달에 부정적인 영향을 끼쳤다. 외상을 입은 아이들은 종종 자신의 몸이 보내는 신체적 정보를 인정하고 처리하는 능력이 부족하다. 프레디의 경우, 학대의 순간에 자신의 몸과 마음을 분리하는 효과적인 전략을 개발했다. 이것은 피할 수 없는 상황에서 극도의 고통에 대처하는 데 상당히 도움이 되지만, 프레디는 외부 세계와 관련하여 자기 수용과 전정(前庭) 입력 모두를 처리하는 데 귀중한 발달 시기를 잃었다. 이것이 프레디에게 실제로 말하는 것은 무엇을 의미하는가? 프레디는 미묘한 태도로 자신의 환경과 관계를 맺지 않았고, 종종 상황에 필요한 것보다 더 많은 물리적 힘을 가져왔다. 실제로 치료의 일부 작업에는 '충분하지 않고, 혹은 충분하고, 그리고 너무 많다'는 실험을 할 수 있게 해 주는 게임들이 포함되어 있었다. 프레디의 작업 일부는 자신의 몸이 주는 생리적 신호를 느끼고, 자신과 주변 사람들에게 안전한 방식으로 반응하는 것을 배우는 것이었다. 심지어 이 첫 회기에서도 프레디의 처리는 사분면 사이를 놀랍도록 민첩하게 왔다 갔다 하며 움직였다. 때때로 프레디는 활기찬 외상 후 연극(Gil, 2011/2017; Goodyear-Brown, 2010)에 참여했다.

치료 과정: 전환점과 자기(Self)의 출현

프레디의 의식의 기복은 강렬한 에너지의 순간, 붕괴의 순간, 언어 표현에서의 명료한 순간, 혼란스러운 놀이의 순간, 1, 2, 3, 4사분면(Yasenik & Gardner, 2012)으로의 초대 등이 모두 한 회기 중에 펼쳐지는 강렬한 클래식 음악의 한 곡처럼 느껴졌다. 다음은 프레디의 내용과 나의 반응이 시시각각 전개된 이야기이다. 여러분은 프레디의 욕구가 표현되고 인식되면서 내가 사분면의 안으로 밖으로 오가며 엮어 만드는 것을 보게 될 것이다.

FSPT 전문가들은 아이에게 권력을 주고, 놀이 공간, 놀잇감의 소개와 치료자와의 관계를 촉진하려고 항상 '3사분면: 비지시적 반응'에서 치료를 시작한다. 우리는 아동의 목소리를 증폭시키고, 놀이 활동을 일어나는 대로 묘사한다. 또한 첫 회기 어느 시점에 치료자는 '2사분면: 개방적 논의 및 탐색'으로 빠르게 진출하며, 아동이 치료를 받기 전에 겪은 외상 경험에 관해 그들이 알고 있는 발달적으로 민감한 설명을 제공할 것으로 이해된다. 이 정보는 실제적으로 공유되며, 놀이실에서 일어난 무서운 일에 대해 아동에게 말하기/놀기/그리기 등을 허락하거나, 동일하게 그렇게 하지 않도록 하는 언어를 포함한다. 치료자는 아동의 욕구가 다른 방향으로 치료 선택을 몰고 가지 않는 한, 그들의 설명에 따라 3사분면으로 즉각 돌아가도록 훈련받는다. 한편, 내담자가 이 초기 이야기에 대해 어떻게 반응하는가(내용에 대해 언어적으로 또는 놀이에서 반응하고, 내용 또는 치료자를 완전히 무시하고, 이전 놀이 패턴으로 되돌아가며, 운동 활동의 갑작스러운 폭발이나 중단하는 것)는 치료자에게 외상 내용의 의식적 인식에 관한 인내의 현재 창구와 선호하는 대처 방법에 대해 알려 준다.

프레디의 부모는 아이가 있는 어른들이 거의 하지 않는 한 여행, 즉 데이트를 했다. 그들은 프레디를 조부모의 아주 능숙한 보살핌에 맡겼다. 프레디와 남동생은 조부모의 방대한 농장을 자유롭게 뛰어다니며 사촌들과 함께 많은 시간을 보냈다. 이 특별한 날, 부모는 차에서 내려 아이들을 부른 다음, 프레디와 남동생이 놀기 좋아하는 거대한 목련으로 갔다. 아빠는 전에도 여러 번 그랬던 것처럼 낮게 웅크리고 있다가, 목련의 아랫잎 밑으로 미끄러져 들어갔다. 그가 본 것은 아이들이 뛰어올라 옷을 다시 제자리로 끌어당기는 흐릿한 모습뿐이었다. 프레디를 당황하게 할 가능성에 민감하여 그는 프레디가 무엇을 보았는지 물어보려고 나중에 프레디와 둘이 남을 때까지 기다렸다. 잠시 후, 프레디는 울음을 터뜨리며 '프라이버시(privacy) 게임'을 하고 있다고 말했다. 부모가 더 깊이 탐색해 감에 따라 현재 다섯 살인 프레디는 세 살 때 'B 씨'와 교회 수업에서 프라이버시 게임을 한 적이 있다고 설명했다. 프레디의 부모는 프레디가 마치 큰 짐을 내려놓는 듯 안도해 보였다고 보고했다.

그다음 24시간 동안 프레디는 "그가 내 엉덩이를 깨물었다." "그는 나를 변기에 데려가 내 엉덩이를 다치게 했다."와 같은 프라이버시 게임의 세부 사항을 공유하기 시작했다. 부모는 또한 어느 시점에 프레디가 반복적으로 입을 크게 벌리고 목구멍 뒤쪽에서 딸깍거리는 소리를 내며 '기괴한' 표정을 지었다고 보고했다. 부모가 손을 내밀어 도움을 청한 것은 이때였다. 그들은 먼저 내게 손을 내밀었고, 나는 그들에게 학대 보고와 조사에 대해 때때로 좌절감을 주는 과정을 설명했다. 치료를 시작하기 전에 법의학 면담을 할 필요가 있다는 이해로 무장한 프레디의 부모는 그 과정이 끝나면 다시 연락할 것이라고 말했다. 그들의 말대로 나는 몇 주 후에 그들에게서 연락을 받았고, 법의학팀과 조율한 후에 치료가 시작될 수 있다는 것이 합의되었다.

애착 이론은 FSPT 모델의 기초적인 발판이며, 아이의 자기 개발인 '나(I)'가 '너(You)'와 수천 번의 상호작용으로 태어나고 양육된다는 점을 이해하는 것은 프레디가 이 안전하다고 추정되는 어른과의 신뢰에 상처를 입은 후에 왜곡되고 지연된 자기의식을 지닐 수 있다는 우리의 가설을 뒷받침한다. 게다가 왜곡된 자기의식은 놀이치료실에서 나타나기 십상이다. 그것이 나타날 때, 변화를 위한 환경을 조성하기 위해 그것을 잡고 반영할 필요가 있다. 그러나 대인관계 트라우마는 종종 아동을 위한 탐구 체계를 폐쇄하고, 아동이 돌이킬 수 없을 정도로 손상되는 것을 두려워하는 부모에게 겁을 줄 수 있고, 발달적으로 퇴행처럼 보이는 방식으로 애착 시스템을 활성화할 것이다. 부모 자신도 아이의 치료 과정 내내 많은 지지가 필요할 것이다. 프레디의 경우, 부모는 프레디가 탐구할 수 있는 안전한 기반을 역사적으로 제공했던 안전한 애착 인물이다. 그 비밀을 말하는 것은 프레디에게 부모가 여전히 자신에게 안전한 근거지인지, 그들이 여전히 자신을 '좋아하는'지, 그리고 그들이 힘든 것들을 위한 컨테이너(Container)로서 얼마나 안전한지에 대한 의문을 불러일으킨다. 이것 때문에 프레디를 위한 치료팀을 만들고, 이 시간 내내 부모 반응의 중요성을 이야기하고, 부모 자신의 불안이나 내용을 삽입하지 않고 프레디의 이야기를 어떻게 담을 수 있는지에 대한 지원과 코칭을 제공하기 위해 단지 부모만 참여하는 회기가 여러 차례 있었다. 나는 또한 아침과 잠자리에 들 때 부모가 프레디와 함께할 수 있도록 두 가지 양육적 활동을 부과하면서, 날마다 프레디에 대한 그들의 지속적인 기쁨을 보여 주는 실용적인 놀이 기반 전략을 권했다(Booth & Jernberg, 2009). 내가 프레디와 놀이 회기를 시작했을 때, 우리는 여전히 몇 주마다 부모 회기를 번갈아 가며 했다. 또한 집 안에서 성적 행동 규칙을 확립하고, 가족 내에서 각 개인의 권리와 경계를 재미있게 강화하며(Goodyear-Brown, 2013), 갈등 해결을 위한 협력적인 방법으로 가족을 지도하는 가족 대화 및 놀이 회기도 있었다.

프레디는 첫 번째 놀이치료 회기에 와서 건물 주위를 안내받았다. 너추어 하우스(Nurture House)에는 완벽하게 갖추어진 놀이실, 완벽하게 갖추어진 모래 상자 방, 예술 스튜디오가 있고, 위층에는 아늑한 놀이터가 있다. 아이들은 종종 공간에 대한 초기 오리엔테이션의 일부로 모든 방을 둘러본다. 우리가 모래 상자 방에 도착했을 때 프레디는 "이 방은 멋지네. 여기서 놀아도 되나요?"라고 소리쳤다. 나는 "그래."라고 말하고는 한쪽 문을 닫으려고 움직였다(방에는 3개의 문이 있다). 프레디는 다른 두 문을 닫으며 사생활에 대한 욕구를 전하거나, 나와 단둘이 있는 것이 편하다는 것을 나타냈다. 그것은 아이가 태어나면서부터 끊임없이 욕구를 충족시켜 주고 즐겁게 해 주며, 아이가 마음을 연 이래로 적절히 반응하기 위해 열심히 노력했던 '충분히 훌륭한' 애착 인물이 있었다는 것을 기억하는 데 도움이 된다. 프레디가 나와 첫 번째 신뢰성을 형성하는 속도는 부분적으로 이 같은 차용한 애착의 힘에 기인한다.

프레디는 즉시 쥐라기 모래로 옮겨서 손가락으로 모래를 훑어보고는 그 부드러움에 대해 언급했다. 나는 프레디의 탐색을 추적했고, 모래가 얼마나 부드러운지에 대한 프레디의 인식을 반영했다. 그러고 나서 프레디는 반짝반짝 빛나는 하얀 모래로 옮겨 가서 그 반짝임에 대해 언급했다. 프레디는 회의의 처음 10분 동안 마찬가지로 그 방을 탐색했다. 프레디는 그것에 대해 배우고 자신을 편안하게 하려고 운동 감각적으로 공간과 연결하는 감각적인 탐구자라는 것이 분명해졌다. 회기의 이 부분 동안 나의 작업은 '3사분면: 비지시적 반응'에 전적으로 있었다.

전환점 1과 2: 그것을 잡고 있을 수 있어요? 그것을 들을 수 있어요?

처음 두 종류의 모래와 몇 개의 미니어처를 탐색한 후, 프레디는 운동성 모래로 가득 찬 모래 상자 속으로 두 손을 찔러 넣었다. 프레디는 "오오, 이 모래는 카카(kaka)처럼 느껴져."라고 말했다. 프레디는 두 주먹에 모래를 쥐어 짜면서 나를 바라보다가 시선을 왼쪽으로 떨구었다. 이 시점에서 프레디는 내 일이 자신의 목소리를 듣고 자신의 언어와 놀이 선택을 반영하는 것임을 이해한 것 같았다. 이것을 이해한 프레디는 다소 '금기'가 될 수 있는 말을 건네며 '수위를 높였다'.

> 패리스: 아, 질척질척한 모래가 너에게 카카처럼 느껴지는구나!

프레디는 내가 '카카'라는 단어를 반영하는 것에 기뻐하는 것 같았다(다른 환경에서 다른 어른들은 프레디가 이 단어를 사용하는 것을 막았을지도 모른다는 생각이 들었다). 이 아이의 현재 고통은 최근 폭로한 성적 학대와 관련이 있다는 것을 알고 있기에, 이때 나의 내적 질문은 "어떻게 하면 프레디가 내게 보여 줄 필요가 있을 어떠한 역겨운 물질도 담을 수 있을 만큼 튼튼한 컨테이너라는 것을 보여 줄 수 있을까?"였다. 나는 내 일에 있어서 더 높은 수준의 자기 몰입을 하는 경향이 있고, 종종 정신적 충격을 받은 아동들이 다른 임상적 문제를 가진 아동보다 공간에서 안전함을 느끼기 위해 치료자의 더 적극적인 지지가 필요할 수도 있다는 전제에서 일을 하지만, 항상 비지시적인 응답으로 시작하여 아동이 나를 더 적극적인 지지로 끌어들이게 한다. 프레디는 그렇게 하는 데 그리 오래 걸리지 않았다. 그는 다소 도전적인 태도로 내 눈을 바로 보며 "그것을 느껴 보세요! 그것은 카카같이 느껴져요."라고 요청했다. 여기서 프레디는 나의 육체적 자기와의 상호작용을 요청함으로써 나를 더 깊은 몰입의 수준으로 끌었다. 나는 프레디와 눈을 마주치며 프레디처럼 손을 모래 속으로 찌르는 것을 흉내 냈고, 두 손으로 모래를 쥐어짜면서 "정말 카카 같은 느낌이야."라고 동의했다. 그러고 나서 나는 "이것은 카카처럼 따뜻하지 않지만, 대개 우리가 똥을 싼 후에 맞다."라고 있는 그대로 말했다. 이것은 그가 내게 준 것보다 훨씬 더 많은 것을 담을 수 있는 확장이요 의사소통이며, '4사분면: 공동 촉진'으로의 '빠른 질주'에 해당한다. 그것은 또한 치료 과정에서 첫 번째 전환점으로 이어지는 것처럼 보였다. 프레디는 기뻐서 낄낄거리며 내게 좀 더 가까이 다가왔다. 나는 이러한 육체적 변화를 프레디가 나에 대해 점점 더 편안해졌다는 것을 보여 주는 비언어적 신호와 이 정도의 반응을 수용하는 것으로 인식했다. 내가 들고 있는 모래를 달라고 부탁하고, 자기 모래를 내 것과 함께 공 안에 넣어서 운동성 모래 가운데에 놓아두었다. 나는 다시 3사분면으로 이동하여 프레디가 '바로 저기에 카카의 큰 공'을 남기기로 했다고 생각했다. 프레디는 "응." 하고 모래 상자로 걸어가서 나의 용 수집품을 보기 시작했다.

나는 프레디가 '그것들을 확인하고 있다'고 생각하며 3사분면에 머물렀다. 프레디는 머리가 두 개인 용을 집어 들었다. 이 피규어는 아주 긴 목이 두 개의 머리 각각을 지탱한다. 프레디는 그 용을 쥐라기 모래로 가지고 와서 한 용의 입속에 모래를 밀어 넣기 시작했다. 이 놀이는 프레디의 초점과 에너지에 새로운 수준의 강렬함을 가져다주었기에 나는 육체적으로 소통하고 있는 것에 대해 경의를 표하는 침묵을 제공하면서 조용히 있었다. 몇 분 동안 격렬하게 모래 삽질을 한 후, 프레디는 용의 목구멍으로 모래를 계속 밀어 넣으면서 무의식적으로 끙끙 소리(사실상, 성적인)를 내기 시작했다. 나는 그 무언의 의사소통을 묵묵히 목격하면서 잠시 조용히 있었다.

패리스: 넌 그것들을 거기에 집어넣고 있네.

프레디는 고개를 끄덕였지만, 스스로 혐오스러운 얼굴을 하고 용의 몸을 모래 상자에서 이리저리 꿈틀거리게 하면서 훨씬 더 적극적으로 용의 입속으로 모래를 밀어 넣기 시작했다. 내 느낌은 프레디가 자기를 다른 용도로 사용하고, 나에게서 좀 더 강렬한 몰입의 수준을 원한다는 것이었고, 그래서 나는 내 어조에서 더 많은 걱정(감정)을 불어넣으며 다시 말했다. "용은 더 많이 먹어야만 해. 숨이 막힐 지경으로 아주 많이!"

전환점 3과 4: 더 깊은 몰입, 취약계층의 목소리 확보

프레디는 잠시 놀이를 멈추고 침울한 눈으로 나를 바라보며 "용이 그것을 먹어야 하는데, 그것을 좋아하지 않는다."라고 말했다.

> 패리스: 용은 원하지 않지만(용을 대신하여 단호하고 약간 화가 난 목소리로),
> 그것을 삼켜야 하는구나(슬픔과 체념을 목소리에 불어넣으며).

반응의 뉘앙스와 자기의 사용은 어떤 의사소통을 증폭시킬 것인가에 대한 우리의 선택으로 확장된다. 나의 선택은 종종 놀이를 통해 자기 대상(아이)의 의사소통의 정서적 요소를 증폭하는 것이다(반영적 해석을 사용하여).

프레디는 다시 모래를 삽질하러 갔고, "응, 용은 그래야 해."라고(목소리에 슬픔을 담아) 말했다. 프레디의 놀이의 방향은 격렬하고, 화가 난 에너지에서 더 느리고 조용한 리듬으로 바뀌었다.

> 프레디: 맛이 좋지 않아요?
> 패리스: 역겨운 맛이구나.
> 프레디: 정말 역겹네요!

프레디는 계속해서 용의 입을 메우고는 다시 한번 숨이 막히는 소리를 내기 시작했다.

패리스: 용이 곤경에 처한 것처럼 들리는구나.

프레디: 용이 숨이 막힌다! 역겹다!

패리스: 정말 역겹구나. 용은 그것을 멈추기를 원하는구나. 용이 "그만! 제발 그만! 숨이 막혀."라고 말하네.

여기서 나는 내담자가 트라우마 동안에 느꼈을지도 모르는 감정에 목소리를 주려고 용의 목소리를 취하면서 4사분면으로 옮겨 갔다.

프레디는 더욱 활기를 띠면서 용에게 "닥쳐! 그냥 삼켜 버려!"라고 말했다.

패리스: (용처럼 재갈을 물린 소리를 하며) 제발! 나는 삼키고 싶지 않아. 나는 숨을 못 쉬겠어. 누가 좀 도와줘요.

나는 높은 수준의 몰입으로 4사분면에 머물면서 외상 당시에 프레디가 느꼈을지도 모르는 잠재적 공황과 압도에 목소리를 주었다. 그러면서 프레디의 세계관은 자신이 도움을 받을 수 있는 것이 없다는 믿음을 포함할지도 모른다는 '부드러운 가설'(Yasenik & Gardner, 2012)을 시험하기 시작했다.

프레디가 나에게 고개를 끄덕이며 "선생님은 계속 숨이 막힌다."라고 속삭이듯 말했다. 프레디는 머리가 두 개인 용의 입을 가득 채워 쟁반 위에 놓아두었고, 나는 계속 재갈을 물리며 도움을 청했다. 프레디는 무서운 생물체를 골라 쟁반에 담기 시작했고, 나는 연기로 "나는 나쁜 놈들만 봐……. 아무도 도와주지 않아. 아무도 날 도와주러 오지 않아. 나는 혼자야."라고 말했다. 그리고 결국 "나는 무서워."와 같은 말의 표현을 제공했다.

프레디: 이것들은 나쁜 사람들이야.

나는 4사분면에서 다시 '3사분면: 비지시적 반응'으로 옮겨 갔다. "너는 용 근처에 나쁜 놈들을 많이 배치했구나."

프레디는 특히 키가 크고 무서운 모습을 발견하고는 "정말 무서운 사람이야."라고 말했다. 나는 그가 정말 무섭다는 것에 동의했다.

전환점 5: 선생님, 그를 잡으세요! 치료자에게 도움을 요청하기

프레디는 "선생님이 그를 잡으세요."라고 말하며 내 쪽으로 그를 밀쳤다. 여기서 프레디는 이번에도 자원으로 나를 놀이 속으로 더 깊이 들어가도록 이끌었다. 나는 내가 그를 붙잡도록 하는 그의 선택을 생각했고, "너는 내가 바로 여기서 그를 잡기를 원하는구나."라고 말했다. 그러고는 피규어를 보며 잠재적 가해자 상징에게 "맞아. 무서운 놈은 여기 있어야 해. 왜냐하면 프레디가 그렇게 말하니까."라고 말하면서 놀이에서 프레디의 힘을 증폭시켰다. 프레디는 미소를 지으며 모래에 있는 피규어들을 정리하러 돌아왔다(내가 무서운 놈과 이야기를 나눌 때, 나는 다시 4사분면으로 옮겨 가며 아이의 동맹으로서 놀이의 은유 속으로 들어가기 시작했다. 나의 목표는 이 환경에서 프레디의 힘과 통제 의식을 증폭하고, 프레디가 더 큰 숙달 경험을 갈망한다는 부드러운 가설을 시험하는 것이었다).

전환점 6: 선생님은 나를 잡아 줄 수 있어요! 보호에 대한 신뢰

나쁜 놈을 붙잡고 있는 동안, 나는 프레디가 몇 분 더 비지시적 반응을 보이며 자신의 모래 세계를 계속 건설하는 것에 온전히 초점을 두면서 3사분면으로 돌아왔다. 결국 프레디는 모래 상자 수집품에서 깨진 미라를 골랐다. 미라는 몇 년 전에 부러져 다리 하나가 없고, 미라의 헬멧에 끈 한 개가 붙어 있어서 미라 포장 밑에 있는 피규어의 얼굴에 우묵우묵 자국이 나 있는 것이 보였다.

프레디: 그가 다쳤어요.

패리스: (내 목소리에 우려를 담아) 아, 이것이 다쳤네.

프레디는 내 손에서 그 무서운 놈을 가져가서는 용 옆에 있는 쟁반에 떨어뜨렸다. 그런 후 내 손에 깨진 미라를 놓으며 "이제 선생님이 그를 붙잡으세요."라고 말했다.

패리스: 네가 상처 입은 놈을 붙잡고 있으라고 나한테 주네.

프레디: 그래요, 나쁜 사람들로부터 그를 보호해 주세요.

이것이 자기 대상(self-object)이라는 가설과 내담자가 우리 사이의 안전성에 대하여 좀 더 명시적인 향상을 요청하고, 어쩌면 보호를 시험하고 있다는 가설에 착수하면서 나는 놀이의 은유 안에서 이러한 안전을 전달함으로써 위험을 완화하였다. 나 자신을 자원으로 제공함으로써 좀 더 명시적인 안전 구축 작업에 들어가는 위험을 무릅썼다.

이러한 선택을 하면서 나는 다시 '4사분면: 공동 촉진', 무의식적/지시적으로 이동했다.

패리스: (내 손으로 감싼 미라 피규어에게 부드럽고 매우 양육적인 목소리로) 내가 잡았어! 너는 나와 함께 안전해.

프레디는 갑자기 어떤 생각이 든 듯 얼굴을 찌푸리며 "우리에게는 감옥이 필요해요!"라고 소리쳤다.

패리스: 네가 결정했어. 우리에게는 감옥이 필요해.

프레디는 주위를 둘러보며 "감옥이 있어요?"라고 물었다. 나는 미라를 보호하면서 모래 상자 방에 감옥을 둘 곳으로 손짓을 했다. 그는 중간 크기의 목조 감옥을 골라서 모래 속에 넣었다. 그러고는 모래 상자의 용 근처에 떨어뜨린 '진짜 나쁜 놈'을 집어 감옥 안에 넣었다.

패리스: (나쁜 놈에게 말하며) 넌 거기 있어야 해. 프레디가 결정했어.

프레디는 나를 보고 미소 지으며 "그래요, 제가 결정했어요."라고 말했다.

프레디와 나는 한참 동안 거기에 앉아 상자를 바라보며 나쁜 놈이 갇혀 있는 것이 어떤 기분인지 느꼈다. 이후 프레디는 한숨을 내쉬었다.

전환점 7과 8: 한 팀이 되어 문제를 인정하기

우리가 함께 모래 상자를 바라보는 동안에 프레디는 내게서 몇 인치 떨어진 의자 바로 옆에 서 있었다. 프레디가 한숨을 쉬었을 때, 그리고 우리의 공동 관심사가 모래 상자에 고정되어 있는 동안 프레디는 자신의 엉덩이를 내 무릎에 기댈 때까지 살짝 몸을 숙였다. 나는 상자에 시선을 집중하면서 프레디의 한숨을 반영했다. 프레디는 다시 두 개의 머리를 가진 용을 집어 들고, 용의 입에서 모래를 털어냈다. 나는 그 순간 프레디가 나에게 무엇을 필요로 하는지 확신할 수 없었기에 프레디의 행동을 반영하여 "너는 그의 입에서 그것들을 꺼냈구나."라고 말하며 3사분면으로 돌아갔다.

프레디: (슬픈 느낌으로) 그래요.

패리스: (용에게 말하며 4사분면으로 되돌아가면서) 아, 용! 너는 슬퍼 보이네.

프레디: (용처럼 걸걸한 목소리로) 그래요.

패리스: 가끔은 물건이 없어지고 나서도 여전히 기분이 나쁜지 궁금하네.

이것은 해석적인 제의였고, 프레디가 더는 상처받지 않더라도 젊어질 수 있는 잠재적인 수치심이나 더러움을 중심으로 정상화하는 것을 목표로 의식의 상승을 제공하며 나를 1사분면으로 옮겼다.

프레디: (용의 목소리로) 난 아직 더러워요.

패리스: (용에게 얘기하며) 너는 아직도 더럽다고 느끼는구나.

프레디: (용의 목소리로) 나는 깨끗해지고 싶어요. 좀 도와줄래요?

전환점 9: 은유적으로 자원 제공하기

패리스: 음, 넌 다시 깨끗해지고 싶구나……. (나는 4사분면에서 일하며 여기서 도와주는 상징을 소개한다.) 알다시피 나는 그들이 안전해진 지 오랜 후에 더럽다고 느끼는 다른 용들을 가지고 있어. 나는 더럽다고 느끼는 용들을 도울 수 있는 아주 특별한 나무를 가지고 있지(나는 맨 위 선반에서 녹색 잎과 무지갯빛의 열매가 있는 발광 나무를 얻는다). 이 나무는 마법의 잎을 가지고 있고, 마법의 열매를 맺어. 어떤 사람들은 네가 과일을 먹으면 다시 깨끗해진다고 말했어("어떤 사람들은 말했어."라는 말은 아이가 은유적인 치유를 받아들이거나 부담 없이 거부할 여지를 남긴다).

프레디: (기뻐하는 용의 목소리로) 앗싸! 제가 과일을 먹을게요……. (그것을 먹는 시늉을 한다.) 아주 맛있어요! 내 뱃속을 청소하고 있어요.

이 놀이 의사소통을 마친 후, 나는 프레디를 따라 3사분면으로 돌아갔고, 프레디가 놀이를 계속하는 동안 비지시적 반응에 관여했다. 프레디는 '좀 더 청소를 갈망하고' 있었기에 놀이에서 몇 번이나 용을 나무로 다시 데리고 왔다. 결국 프레디는 상자에서 물러나며 말했다. "다했어요." 그리고 모래 상자에서 피규어들을 꺼내 다시 선반 위에 올려놓기 시작했다.

전환점 10: 명명하기에 너무 크지 않다

나는 회기의 이 시점에서 방침을 바꾸어 '2사분면: 개방적 논의 및 탐색'으로 진출했다. 초기에 라포가 형성되어 있었고, 안전 구축, 더럽히기, 청소, 억제 등 놀이 주제가 모두 목격되고 탐구되었다. 바라건대, 프레디에게 안전하고 큰 컨테이너로 나 자신을 정립시켰으며, 프레디는 놀이의 한 사이클을 완료했다. 성적 학대를 당한 아이들과 함께 작업할 때 나의 가장 중요한 신조 중 한 가지는 아이들에게 무슨 일이 일어났는지 적어도 부분적으로는 내가 이미 알고 있다는 것을 그들이 알았으면 한다는 것이다. 나는 "엄마, 아빠가 B 씨와 있었던 일을 말해 줬다."라고 말했다.

프레디는 모래 상자 반대편에서 나를 쳐다보며 "그가 나에게 프라이버시 게임을 하게 했어요."라고 말했다. 나는 프레디와 눈을 마주치고 프라이버시 게임을 하게 되었던 많은 아이를 내가 보았고, 프레디가 나에게 필요한 모든 것을 보여 주고 말해 주거나 그렇게 하지 않을 수 있으며, 나에게 말하거나 보여 준 어떤 것도 내가 프레디에 대해 느끼는 방식을 변화시키지 않을 것이며, 나의 일이 돕는 것이라고 설명했다. 여기서 나는 치료 문제를 의식적인 자각으로 끌어들이기로 했다. 즉, 아이에게 그것에 대해 억지로 말하도록 하는 것이 아니라, 의식적인 어쩌면 언어적인 처리의 길을 열어 주는 것이다. 모든 내담자가 자신의 성적 학대에 대한 상세한 언어적 처리의 길을 여행하는 것은 아니지만, 치료 초기에 언어의 개입을 제공함으로써 아동이 가장 자신에게 힘을 실어 준다고 느끼는 의사소통을 위해 발달한 모든 도구를 이용하도록 한다. 이런 아동과 함께 작업하던 초기에 나는 아동이 온갖 이유로 놀이실에서 어려운 콘텐츠에 접근하지 않는 것을 선택할 수도 있다는 것을 알게 되었지만, 나는 그런 이유 중 한 가지가 나에게 무슨 일이 일어났는지 알고 있거나 혹은 아동이 나를 무서운 내용으로부터 보호하거나 보호해야 한다는 혼란스러운 욕구를 가지고 있기 때문에 질문이 되는 것을 절대 원하지 않는다. 우리가 '더 크고, 더 강하고, 더 현명하고, 더 친절하다(Circle of Security

의 핵심)'는 것을 보여 주는 방법 중 일부는 우리가 말할 수 없는 것에 대해 기꺼이 말할 용의가 있다는 것을 보여 주는 것이다. 나는 언젠가 트라우마 중심 인지행동치료(TF-CBT)의 창시자 중 한 사람인 에스더 데블링거(Esther Deblinger)가 지역사회에서 지지 지향적인 치료자와 함께 지내다가 돌보게 된 한 젊은 여성에 대해 말하는 것을 들은 적이 있다. 그녀는 아이를 만났을 때, 이전 치료자와 성적 학대에 대해 얼마나 많이 이야기를 했는지 물었다. 아이는 "우리는 그것에 관해 얘기하지 않았어요."라고 말했다. 데블링거 박사는 그 점에 대해 크게 의아해했고, 어린 소녀는 한숨을 쉬며 "그분은 아직 준비가 안 되어 있었어요."라고 말했다. 내 작업에서 아이들이 우리가 관계를 시작하자마자 자신의 학대와 관련된 어떤 수준의 처리도 시작할 수 있다는 것을 이해하기 바란다. 그리고 나는 아이들이 앞으로 나아가는 데 필요한 안전과 콘텐츠의 적정성이 무엇이든지 간에 그들과 함께 트라우마 내용을 향해서, 그리고 그 내용으로부터 멀어지게 춤을 출 것이다. 나는 그들이 준비되었을 때 나도 준비되어 있다는 것을 그들이 알았으면 싶다. 어떤 경우에는 내가 알고 있는 것에 대해 치료의 시작 시점에 하는 진술은 언어적 반응 없이, 때로는 전혀 반응 없이 진행한다. 하지만 이 경우 프레디는 많은 말을 사용했다.

프레디는 나와 마주 앉기 위해 자진해서 하던 정화 과정을 떠남으로써 나를 놀라게 했다. 프레디는 "그것은 무서웠고 정말로, 정말로 일어났다."라고 말했다. 커다란 푸른 눈을 올려다보며 내가 자기를 믿는지 눈으로 물으면서 "무서웠다."라는 말을 강조하여 말했다.

전환점 11: 목소리 높이기

나는 프레디가 이런 방식의 의사소통을 선택했기에 그 목소리를 크게 높이도록 하고 싶었다. 나는 종이 한 장과 마커를 꺼내서 "너의 이야기의 이 부분은 너에게 정말 중요하니 내가 그것을 적어 놓을게."라고 말했다. 나는 "그것은 무서웠고 정말로, 정말로 일어났다."라고 천천히 반복해서 말하면서 글을 쓰기 시작했다. 나는 무서웠다는 단어를 같은 말투로 똑같이 강조했고 그것을 모두 대문자로 썼는데, 프레디가 몸을 숙여 어떤 단어가 "무서우세요?"라고 물었다. 내가 그 단어를 가리키자 프레디는 작은 손으로 그 단어를 만지려고 손을 내밀었다. 프레디는 "내가 너무 무서워해서 선생님이 크게 썼군요!" 라고 말했다. 그런 다음, 프레디는 "그는 소름이 끼쳤어요. 그리고 그 게임도……. 글쎄, 내가 세 살 반짜리 반에 있을 때 몰래 찍어 둔 거래요."라고 말했다. 나는 프레디의 말투를 반복하면서 그것들을 받아 적되 속도를 늦추었다. 프레디는 글로 적음으로써 위로와 검증을 받은 듯 보였고, 내가 쓸 때 내게 몸을 기울였다.

그런 후 프레디가 "내 이름을 다른 편에 써 주세요."라고 말했다. 나는 프레디의 이름을 종이 뒷면에 크게 대문자로 썼다. 프레디는 종이를 집어 들고 몇 번이고 뒤집은 다음, "내 이름이 무서워요. 글자보다 더 커요!"라고 말했다. 나는 프레디의 말을 반영했다. 프레디는 (로비에서 기다리고 있던) 엄마 아빠에게 가서 종이를 보여 주라고 부탁했고, 우리는 이렇게 그 회기를 마쳤다.

프레디는 추악한 일의 컨테이너가 될 수 있는 나의 능력을 시험하려고 재빨리 움직였다. 본질적으로 카카 놀이는 "엿 같은 일을 감당할 수 있어요?"라고 미리 속된 것을 변명하면서 묻는 방식이었다. 그러고 나서 프레디는 보호를 위한 시험을 했고, 신체적으로 부호화된 외상 후 놀이를 제공했으며, 안전을 재확립하는 데 있어서 나를 협력자로 요청했지만, 상징과 놀이의 은유 자체를 사용하였다. 이 첫 회기에서 프레디는 나에게 조심해서 다룰 자기 대상(self-object)을 주었다. 이어지는 회기들에서 미라는 몇 번이고 다시 나타났고, 때로는 나쁜 놈들에게 상처를 입기도 하고, 때로는 그놈들로부터 보호받기도 하고, 또 종종 다시 붕대로 감싸기 위해 병원에 가야 하기도 했다. 종종 프레디는 외상 후 연극이나 그림 그리기, 스토리텔링 또는 언어화를 통해 자신의 학대에 관한 새로운 역동을 드러낸 후, 미라를 다시 소개하고 어떤 식으로든 내가 그것을 돌보도록 초대하곤 했다. 다음 몇 번의 개별 놀이 회기가 진행되는 동안, 프레디의 놀이는 안전/해로움, 공격/부동화, 보호/차단이라는 이분법적인 주제를 계속 포함했다. 나의 역할은 자신을 컨테이너로 사용하는 것(3사분면에 있는 동안 반영하고, 설명을 주고, 놀이를 정확하게 추적하는)과 공동 촉진 방식(4사분면)으로 놀이에서 나에게 부여된 역할로 들어가는 것 사이에서 움직였다. 이것은 내가 희생자의 역할을 맡았을 때 무력함과 관련된 사고 및 감정들(단지 나에게 주어진 학대를 받아야만 한다.)을 언어화하고 행동화하는 동시에 프레디가 이 반응이 필요한 역할을 나에게 맡겼을 때 놀이에서 구조자로서의 역할(Norton & Norton, 1997)이 커지면서 높은 수준의 자기 몰입이 필요했다.

프레디는 모래 상자에서 좋은 사람과 나쁜 사람 사이의 힘겨운 싸움을 하는 것에서 우리를 육체적으로 좋은 사람과 나쁜 사람으로 만드는 것으로 옮겨 갔다. 이런 식으로 프레디는 학대의 결과로 경험했던 조절 부전의 극단을 완전히 체화(Levine & Kline, 2006; Rothschild, 2000)하도록 요청했다. 이 같은 기간 동안에 부모님이 참여하고, 집 안에서 안전 규칙을 제정하고, 프레디가 부모님과 함께 지지받는 즐거운 경험을 하는 것을 돕는 것과 관련된 몇 가지 대화 위주의 회기가 여러 번 있었다. 10회 정도의 기간에 걸쳐 프레디는 가정과 회기에서 모두 훨씬 더 조절되었다. 공격성은 엄청나게 줄어들었지만, 이로 인해 프레디는 새로운 문제를 갖게 되었다. 프레디는 공격성을 강점으로 파악했던 것 같다. 착한 사람과 나쁜 놈의 놀이 은유에서 벗어나 'B 씨'가 될 피규어를 선택하고 B 씨를 다시 보게 되면 그를 해칠 모든 방법을 상상하는 것으로 옮겨 가면서 프레디는 강인하고 통제할 수 있다고 느꼈고, 공격성이 떠났을 때 간단히 말해 프레디는 나약함을 느꼈다. 놀이 파트너였던 공격성이 자신을 버리고 발달적으로 퇴보된 버전의 자기(Self)를 자신에게 남겨 놓았다는 것을 느낄 정도였다. 그 약점은 프레디의 수치심과 뒤섞여 있었는데, 그것은 프레디가 정액을 삼키도록 강요받았고 무력하고 더러운 기분을 느끼게 한 것이 프레디의 약한 세 살짜리의 자기 속에 있었기 때문이다. 프레디의 목에 걸린 정액만큼이나 부끄러웠다. 프레디의 커지는 위기는 어떻게 공격성 없이 힘을 가질 수 있을까라는 질문과 씨름하게 되었다. 몇 회기 동안 프레디는 베개와 많은 자연광으로 가득 찬 너추어 하우스(Nurture House)의 위층에 있는 작은 공간인 '아늑하고 조용한 곳'으로 직접 갈 것을 요청했다. 그곳은 낮잠을 자기에 안성맞춤인 곳이고, 프레디는 파파산[3] 쿠션 위에서 편안해져서는 이불을 덮어 달라고 한 다음, '잠이 들곤' 했다. 이 지점에서 관계는 엄청나게 신뢰로웠고, 나는 낮잠을 자려는 프레디의 결정을 반영하며 항상 3사분면에서 시작하곤 했다. 프레디는 재빨리 나를 공동 촉진 역할(4사분면)에 초대했고, 나는 프레디를 흔들고, 프레디에게 이불을 덮어 주고, 나쁜 놈들을 경계하고, 갈 때가 되면 깨우는 등 구체적인 과제를 했다. 나는 프레디가 이 퇴행적인 발달 지점에서 자신을 만난 체내 기쁨의 순간에서 이익을 얻을 수 있다는 것을 느꼈다. 이 시기 동안에 프레디의 놀이 행동은 세 살짜리 아이의 행동과 흡사했고, 나는 프레디가 상처를 받고 있는 동안에도 교정적인 감정 경험과 프레디의 소중함에 관한 의사소통을 할 수 있는 것에 희망적이지 않은지 궁금했다. 나는 우리가 아늑하고 조용한 곳에서 함께 보내는 시간에 치료놀이®[4] 게임을 통합하기 시작했다. 나는 베개 쌓기 게임을 하면서 더 많은 베개의 균형을 잡아 보도록 도전하게 했다. 프레디는 한 번에 3개씩 쌓을 수 있다는 것을 깨닫자 기뻐서 꽥 소리를 질렀다. 몇 바퀴를 돌고 나서는 벌떡 일어나 "더 강한 게임을!"이라고 요구했다. 프레디는 여전히 다른 사람들과 연결되어 있다고 느끼는 동안 자신의 몸에서 강하게 느끼는 방법을 발견했다. 이 회기가 끝난 직후 프레디는 나에게 씻을 수 있는 마커를 사용하여 자기 얼굴에 사자 얼굴을 만들어 달라고 부탁했다. 나는 프레디의 갈색 코를 즐겁게 바라보며 프레디의 볼에 수염을 그린 후 수염을 세어 보았다. 프레디는 활짝 웃으며 엄마가 볼 수 있냐고 물었다. 우리가 잘한 것이 한 가지 더 있다. 엄마와 아빠를 다음 몇 번의 회기에 참여하게 하면서 더 어린 발달 단계의 프

3) 역자 주: 큰 둥근 볼 모양.

4) 역자 주: 애착, 자존감, 타인에 대한 신뢰 및 즐거운 참여를 구축하고 강화하기 위한 아동 및 가족 치료의 한 명칭이다.

레디를 즐기게 했다. 프레디의 놀이가 다섯 살짜리의 놀이로 다시 발전한 후, 안구 운동 민감소실 재처리(Eye Movement Desensitization and Reprocessing: EMDR)가 놀이에 통합되었고, 엄마는 프레디가 모래에서 작업하는 동안에 일어났던 무서운 일들에 관한 이야기를 들려주었다. 프레디는 축구를 하기 시작했고, 자신의 팀에서 가장 뛰어난 선수 중 한 명이 되었으며, 신체적인 힘을 자신의 팀을 돕기 위해 사용했다. 프레디는 형제자매에게 친절했고, 부모님과 연결되어 있었고, 사회적 · 학문적 · 가족적 상황에서 유능했다. 어느 날 치료가 끝나갈 무렵, 프레디는 놀이실로 들어와 다시 머리가 두 개인 용을 집어 들었다. 나는 필요하다면 다시 한번 공동 촉진을 할 준비를 하면서 세심한 주의를 기울였다. 프레디는 용의 입에 모래를 가득 채운 후 그것을 쏟아내더니 "용은 더는 그것을 삼킬 필요가 없어."라고 말했다. 프레디가 느꼈던 성적 학대의 수치심은 더는 프레디의 목구멍에 달라붙어 있지 않은 것 같았다.

전환점 요약

과정의 단계	사분면	전환점	무엇이 전환점에 기여했는가
1회기	3사분면: 비지시적 반응		• 프레디는 회기를 이끌 수 있는 권한을 받았다. • 프레디는 자신이 속도를 조절할 수 있고, 내가 자신의 내용을 반영하거나 '유지'할 수 있다는 것을 이해했다.
2회기	3사분면과 2사분면 사이를 엮기. 좀 더 자신에 관한 신체적 놀입	• 전환점 1: "그것을 느껴라! 카카를 느껴라."	• 프레디가 이끌고 내가 반영하는 대로 프레디는 나의 억제 능력을 시험하고, 나를 더 육체적으로 놀이에 참여하도록 초대할 만큼 대담해졌다.

3회기	3사분면과 4사분면 (공동 촉진) 사이를 엮기. 좀 더 치료사가 몰입	• 전환점 2: 용이 모래 위에서 질식 · 성적 투덜거림	• 내가 '카카'를 '똥 싸기'로 확장해 역겨운 것들을 잡을 수 있는 능력을 전달했고, 프레디는 즉시 놀이에서 트라우마를 신체적으로 경험하는 것을 보여 줌으로써 즉각적으로 홀딩에 대한 보상을 받았다.
4회기	1사분면	• 전환점 3: "용은 그것을 먹어야 하지만, 용은 먹고 싶지 않았다."	• 나는 놀이에서 "용은 점점 더 많은 것을 가져야 한다."라고 말하며 용의 무력한 위치를 강조하였다.
5회기	4사분면 더 깊은 수준의 몰입	• 전환점 4: "닥치고, 삼켜!"	• 나는 몰입도 수준을 높여서 용의 목소리가 되었고, 부드러운 가설 테스트가 되었고, 프레디는 가해자의 목소리를 듣고 응답했다.
6회기	4사분면	• 전환점 5: "나쁜 놈을 잡게 나에게 주세요."	• 나는 놀이 은유에 초대를 받았을 때, 가해자 억제를 통해 안전을 강화했다.
7회기	4사분면	• 전환점 6: "내가 붙잡을 수 있도록 미라를 주세요."	• 나는 초대되었을 때 놀이 은유에서 자기 대상에게 양육 보호를 말함으로써 안전을 강화했다.
8회기	3사분면	• 전환점 7: "물건을 꺼내기"	• 물건을 없애려는 프레디의 선택에 대한 인식을 반영했다.
9회기	1사분면	• 전환점 8: 용이 여전히 지저분하고, 놀이에 도움을 청하고 있다는 문제에 대해 콧소리를 높임	• 용이 여전히 기분이 좋지 않은지 놀이 은유에서 제시하거나 궁금해한다.
10회기	4사분면	• 전환점 9: "내 뱃속을 청소하고 있다."	• 나는 놀이 은유에서 가능한 자원을 제공하는 공동 촉진으로 기능했다.

11회기	2사분면	• 전환점 10: "정말, 정말 일어났다."	• 프레디는 말을 무시하는 놀이로 돌아가는 대신 말로 세부 사항을 제공했고, 또 그렇게 하고 싶어 하는 것처럼 보였다. 나는 그의 목소리를 확인하고 소리가 높아지는 것을 녹음했다.
12회기	3사분면	• 전환점 11: "내 이름은 겁쟁이 보다 크다!"	• 프레디가 두려움보다 더 큰 존재가 될 수 있다는 가능성을 확인하면서 다시 성찰을 했다.

참고문헌

Booth, P. B., & Jernberg, A. M. (2009). *Theraplay: Helping parents and children build better relationships through attachment-based play*. San Francisco, CA: John Wiley & Sons.

Corrigan, F. M., Fisher, J. J., & Nutt, D. J. (2011). Autonomic dysregulation and the window of tolerance model of the effects of complex emotional trauma. *Journal of Psychopharmacology, 25*(1), 17-25.

Cozolino, L. (2014). *The neuroscience of human relationships: Attachment and the developing social brain* (Norton series on interpersonal neurobiology). New York: W. W. Norton and Company.

Damasio, A. (1999). *The feeling of what happens: Body and emotion in the making of consciousness*. New York: Harcourt, Inc.

D'Mello, S., & Graesser, A. (2012). Dynamics of affective states during complex learning. *Learning and Instruction, 22*(2), 145-157.

D'Mello, S., Lehman, B., Pekrun, R., & Graesser, A. (2014). Confusion can be beneficial for learning. *Learning and Instruction, 29*, 153-170.

Gaskill, R., & Perry, B. (2012). Child sexual abuse, traumatic experiences, and their impact on the developing brain. In P. Goodyear-Brown (Ed.), *Handbook of child sexual abuse: Identification, assessment, and treatment*. Hoboken, NJ:

Wiley Publishing.

Gil, E. (2011). *Helping abused and traumatized children: Integrating directive and nondirective approaches*. New York: Guilford Press.

Gil, E. (2017). *Posttraumatic Play in children: What clinicians need to know*. New York: Guilford Press.

Goodyear-Brown, P. (2010). *Play therapy with traumatized children: A prescriptive approach*. Hoboken, NJ: Wiley Publishing.

Goodyear-Brown, P. (2013). *Tackling touchy subjects*. Publisher: Author.

Levine, P. A., & Kline, M. (2006). *Trauma through a child's eyes*. Berkeley, CA: North Atlantic Books.

MacLean, P. D. (1990). *The triune brain in evolution (Role in Paleocerebral Functions)*. New York: Plenum Press.

Norton, B. E., & Norton, C. C. (1997). *Reaching children through play therapy: An experiential approach*. Denver: The Publishing Cooperative.

Ogden, P., Minton, K., & Pain, C. (2006). *Trauma and the body: A sensorimotor approach to psychotherapy*. New York: W. W. Norton and Company.

Perry, B. D. (2009). Examining child maltreatment through a neurodevelopmental lens: Clinical applications of the neurosequential model of therapeutics. *Journal of Loss and Trauma, 14*(4), 240-255.

Perry, B. D., & Hambrick, E. P. (2008). The neurosequential model of therapeutics. *Reclaiming Children and Youth, 17*(3), 38-43. Accessed on 23/05/2018 at http://childtrauma.org/wp-content/uploads/2013/08/NMT_Article_08.pdf

Porges, S. (2011). *The polyvagal theory: Neurophysiological foundations of emotions, attachment, and communication*. New York: W. W. Norton and Company.

Powell, B., Cooper, G., Hoffman, K., & Marvin, B. (2014). *The circle of security intervention: Enhancing attachment in early parent-child relationships*. New York: Guilford Press.

Rothschild, B. (2000). *The body remembers: The psychophysiology of trauma and trauma treatment*. New York: W.W. Norton and Company.

Schore, A. (2003). *Affect dysregulation and disorders of the self*. New York: W. W. Norton and Company.

Siegel, D. J. (2006). An interpersonal neurobiology approach to psychotherapy. *Psychiatric Annals, 36*, 4.

Siegel, D. J. (2012). *Pocket guide to interpersonal neurobiology: An integrative handbook of the mind*. New York: W. W. Norton and Company.

van der Kolk, B. (2014). *The body keeps the score: Brain, mind, and body in the healing of trauma*. New York: Penguin Books.

Yasenik, L., & Gardner, K. (2012). *Play therapy dimensions model: A decision-making guide for integrative play therapists*. London: Jessica Kingsley Publishers.

제7장

코리와 T-REX

-용기를 되찾음-

Linda E. Homeyer

사례 소개

코리가 놀이치료에 온 것은 세 살이 조금 넘었을 때였다. 키는 그 나이 때의 평균이었고, 빛나는 푸른 눈과 짧고 흩날리는 금발 머리를 가지고 있었다. 코리는 어린 남동생과 함께 온전한 가족의 일원이었다. 엄마와 아빠는 둘 다 전문직 직장인이었고, 그들이 일할 때 코리는 집에 같이 사는 할아버지의 보살핌을 받았다. 코리가 18개월이 될 때까지는 모든 것이 잘되어 갔지만, 할아버지가 돌아가시면서 데이케어(daycare)에 맡겨졌다. 코리는 곧 저항하는 문제 행동을 보이기 시작했고, 보육기관에 데려갔을 때는 괴로워했다. 집에서 코리는 기저귀를 차면 울었고, 악몽과 야경증으로 깨어나서 수면 문제를 겪기 시작했다. 밤에 부모가 도와주러 오면 물어뜯고 때리면서 진정하지 않았다. 약 45분 정도 잠이 든 후에도 코리는 얼굴, 뺨, 성기를 '할퀴곤' 하였다. 코리의 부모는 보육기관에서 성적 학대를 당했을 가능성을 보고했지만, 조사는 결론에 이르지 못했다. 부모는 코리를 집에서 돌보기로 했다.

문제 행동이 1년 더 지속된 후, 코리가 놀이치료를 위해 치료실을 찾았다. 놀이치료를 시작할 당시에 우려 사항은 수면과 관련된 지속적인 문제들('극심한 외상 악몽'과 야경증), 특정 사람과 장소에 대한 공포(코리는 이전 보육기관을 차를 타고 지나가는 것을 참을 수 없어 했다), 그리고 과민함(쉽게 놀랐다.) 등이었다. 코리는 발작 같은 삽화도 겪기 시작했다. 이 삽화들은 코리가 갑자기 바닥에 쓰러지면서 피투성이 입술, 얼굴의 상처, 타박상 같은 상처를 입게 되는 것 등이었다. 소아 신경과 전문의 상담(수주간의 놀이치료 후 발생)에서 이러한 증상이 '외상 발작'으로 분류되었고, 코리는 수면 지원을 위해 수면제를 처방받았다. 부모는 코리의 모든 문제 행동이 코리가 보육기관에서 경험했을 성적 학대에 근거한다고 믿었다.

이론적 방향

AdPT는 코트만(Kottman, 2003)에 의해 개발되었으며, 알프레드 아들러가 창시한 개인심리학(Individual psychology)을 기반으로 한다(Ansbacher & Ansbacher, 1956; Kottman & Ashby, 2015). 아들러 치료자들은 사람을 전체론적이고, 창조적이며, 목적지향적이고, 그리고 사회적으로 내재화된 것으로 본다. 사람들은 사회적 관심이 있는 것으로 보며, 소속감과 다른 사람들과 연결되어 있다. 사람들은 자신의 목적지향적 행동과 인생 과제에 이바지하는 믿음/잘못된 믿음, 사적 논리, 생활양식의 체계를 개발한다(Kottman & Ashby, 2015).

아들러 치료자들은, 아동이 ① 자신, 다른 사람, 세상에 관한 믿음의 탐구, ② 아동의 가족에게서 소속감을 얻는 방법, 그리고 ③ 아동이 마치 자신, 다른 사람, 세상에 대한 자신의 믿음이 진실인 것처럼 행동하는 데에서 비롯되는 행동을 탐색하게 촉진한다(Kottman, 2009, p. 2).

이러한 '마치 ~인 것처럼 행동하기'의 행동은 드라이커스와 솔츠(Dreikurs & Soltz, 1964)에 의해 잘못된 행동의 네 가지 목표, 즉 관심 끌기, 힘 겨루기, 보복, 그리고 무능력함 가장하기로 분명하게 표현되었다. 이러한 것들은 아동이 가족과 세상(학교, 또래 등)에 속하고 포함되는 방법을 찾아야 하는 필요에 바탕을 둔다. '중요한 C's'[1](Lew & Bettner, 1996, 2000)의 사용은 아동의 자기 감각 발달에 대한 강점을 바탕으로 한 관점이다. 중요한 C's는 다른 사람들과 연결되어 있다고 느끼기, 느낀 공동체감을 갖기, 자신을 돌볼 수 있다고 느끼기, 자신이 중요하고 다른 사람에 의해 소중하게 생각된다고 믿기, 용기를 보여 주기이다(Kottman & Ashby, 2015; Lew & Bettner, 2000). 중요한 C's는 또한 아동의 삶에서 돌보는 사람과 다른 어른들이 아동과 문제 중심적인 관점보다는 긍정적이고 친사회적인 관점에서 작업할 수 있도록 돕는 데 유용하다.

아들러 놀이치료는 4단계로 구분된다. 이러한 것들이 개입 과정에 걸쳐 유동적이지만, 그들은 놀이치료자가 진전을 이해하고 확인할 수 있는 틀을 제공한다. 4단계(Kottman, 2009, p. 6에서 인용)는 다음과 같다.

① 놀이치료자와 아동 사이에 평등적 관계를 확립하여 각자가 관계 내에서 치료적 문제와 힘을 이해하는 데 동등함을 나타낸다.
② 잘못된 행동의 목표를 포함한 아동의 생활양식을 탐색하고, '중요한 C's'의 우선순위를 설정한다.
③ 아동이 자신의 잘못된 행동의 생활양식/목적을 통찰할 수 있도록 돕는다(일반적으로 작업 단계라고 함).

1) 역자 주: ① Connecting: 연결감
② Community Feeling: 공동체감 갖기
③ Capable: 자신이 중요하다고 믿기

④ 아동의 행동을 재정향하고 재교육한다.

각 단계는 문제, 아동, 가족의 복잡성에 따라 치료 기간이 달라진다. 이것은 보이는 문제, 가족의 분위기, 심리적 출생 순위를 포함한다. 아울러 놀이치료자들은 아동이 어떻게 건설적이고 긍정적인 방식으로 소속되고 포함되는지를 이해하는 데 도움을 주려고 한다. 이것은 잘못된 믿음을 바로잡는 것을 포함하며, 이것은 결국 사적 논리를 바꾸고 잘못된 행동의 목표를 해결한다. 우리가 아동을 사회적으로 내재된 존재로 보기에 가족 및 학교(해당하는 경우)와 함께 작업하는 것이 중요하다. 다시 말하면, 이것은 특정한 아동과 가족 단위의 필요에 따라 달라진다.

코리와 같은 어린아이들에게 AdPT는 아동 주도의 상호작용의 발달적 적절성을 인식하며 비지시적인 것으로 보인다. 야세닉과 가드너(Yasenik & Gardner, 2004)가 말했듯이, AdPT 치료자는 "처음에는 비지시적으로, 그리고 시간이 지나면서 더 지시적으로 아동과 작업할 수 있다"(p. 35). 실제로 이 사례가 보여 주듯이, 이것은 내가 코리와 함께 작업한 방식이다. AdPT 치료자는 아동이 더 건강하고 건설적인 방법으로 자기(Self)에 대해 느끼고 생각할 수 있도록 돕기 위해 언어 추적과 놀이에 참여하는 것을 제공한다. 그리고 적절하다면 비생산적인 사적 논리를 작동시키는 잘못된 믿음에 도전한다.

전체적인 사례개념화의 일부로, 아동 발달에 영향을 미치는 다른 영역은 전체 아동을 포괄적으로 볼 수 있는 관점을 갖기 위해 고려될 필요가 있다. 아이가 보호자(돌보는 사람)에게 안전하게 애착을 느끼고 있는가? 그렇지 않다면 애착 스타일은 무엇이며, 보호자들은 더 강한 애착을 발달시키기 위해 어떤 노력을 할 수 있는가? 아울러 치료자들이 보호자의 생활양식/성격의 우선순위를 이해하려고 애쓰는 것처럼, 그들의 성인 애착 방식을 이해하는 것도 중요하다. 안정형 애착을 가진 부모들은 자신의 생활양식을 건설적인 방법으로 더 자주 사용한다. 놀이치료와 다른 삶에 영향을 주는 경험이 필요한 아동에 대한 스트레스로, 이러한 스트레스 요인은 (원인이 무엇이든지) 종종 어른들이 자신의 파괴적인 생활양식을 살도록 촉발한다.

또한 가족이나 지역사회에서 보호자가 경험할 수 있는 모든 가능한 트라우마를 포함하여 트라우마적 삶의 경험을 인식하는 것은 매우 중요하다. 이것은 대인관계 트라우마, 자연재해 또는 지역사회/주/국가적인 비극일 수 있다. 아들러리안 상담자들은 개인을 사회적으로 내재된 것으로 보기에 어떤 그리고 모든 삶의 사건이 그 개인의 신념/잘못된 믿음, 사적 논리, 그리고 인생 과제를 성공적으로 완수하는 능력에 영향을 미친다. 예를 들어, 내가 AdPT에서 만난 한 아이는 세 살 때 외국에서 가족과 함께 살았던 이력이 있다. 아이의 엄마는 그곳에서 결코 안전하다고 느끼지 않았다고 보고했다. 아이는 엄마로부터 '안전하지 않다'는 것을 감지하고 그 믿음을 내면화했다. 그 후 아이에게 수술이 필요했을 때, 아무도 영어를 할 줄 모르는 병원에서 아이의 사적 논리는 계속해서 형성되었다. 아이는 안전하지 않았고, 부모는 아이를 안전하게 지킬 수 없었다. 내가 그 아이를 여덟 살 때 보았을 때 아이는 중동 걸프전에 반응하고 있었고, 뉴스에서 보았던 것처럼 미사일이 자기 집을 타격할 수 있다고 믿었다. 아이의 사적 논리는 확고히 정립되어 있었다. "나는 나 자신을 스스로 돌봐야 한다. 다른 사람들은 나를 안전하게 지켜 줄 수 없다. 세상은 무섭고 안전하지 못한 곳이다. 따라서 나는 내가 할 수 있는 곳이라면 어디서든, 어떤 방법으로든 권력을 잡고 휘두르며 나 자신을 돌봐야 한다."

마지막으로, 사례의 신경생물학적 영향에 대한 인식은 무엇이 일어났는지, 그리고 어떻게 아이와 보호자를 도울 수 있는지를 이해하는 데 도움이 된다. 신경심리학적 관점은 애착, 외상 및 조절 능력을 포함하여 전체적으로 형성된다(Badenoch, 2008; Perry & Szalavitz, 2006/2017; Siegel, 2012; Van der Kolk, 2014). 공포에 대한 뇌의 반응을 이해하면 '인내의 범위(window of tolerance)'(Ogden & Fisher, 2015; Ogden & Minton, 2000)와 다중 미주신경 이론(Porges, 2011)은 아이와 그의 가족과 함께 작업할 때 이해하고 적용할 수 있는 핵심 개념이다.

사례개념화

AdPT의 이러한 모든 측면과 기타 발달 문제를 종합하여 나는 다음과 같은 방법으로 코리를 개념화했다.

① 사적 논리: "나는 매우 작고, 약하며, 부적절하다. 다른 사람들은 너무 크고, 너무 강하고, 나를 다치게 한다. 세상은 고통스럽고, 무섭고, 안전하지 못한 곳이기에 나는 대처할 용기가 없고, 내가 얼마나 약한지를 보여 주어야 한다."

② 일반적 발달: 코리는 발달적으로 제대로 성장하고 있는 것처럼 보였다.

③ 애착: 코리는 그의 부모에게 강하고 건강한 안전 애착을 지니고 있었다. 부모 모두 안정적인 애착을 가진 것으로 보인다. 코리의 어머니는 자기 아버지(코리의 외할아버지)의 죽음 이후 몇 가지 복잡한 슬픔 반응을 경험했다.

④ 신경심리학적: 코리의 트라우마 발작은 쓰러짐/실신에 대한 자신의 낮은 각성의 표현이었다. 가성 발작은 신경계가 압도되고 다른 적응적 대처 메커니즘이 없는 결과물이다. 의사들은 이러한 스트레스 관련 반응을 심인성 비간질 발작(PNES)이라고 부른다.

⑤ 기타 평가:

- 아동 행동 체크리스트(Achenbach & Rescorla, 2000): 이것은 코리의 어머니가 작성하였다. 코리는 수면 문제에서 임상 범위와 신체화, 내면화, 외면화 하위 척도에서 경계선 범위의 점수를 받았다.
- 아동 성적 행동 검사(Friedrich, 1997): 코리는 전체 점수, 성적 학대 민감 항목, 발달 관련 성적 행동 등 모든 하위 척도에서 임상적으로 유의한 범위의 점수를 기록했다.
- 행동 체크리스트의 변화: 내가 개발한 것으로, 성 학대를 경험한 아이

들의 비공식적인 행동 변화 목록에서 몇 가지 우려되는 행동을 확인했다.

⑥ 외상: 이러한 모든 평가와 부모로부터의 정보로, 코리는 할아버지의 죽음과 그 후의 성적 학대를 목격함으로써 외상을 입은 것을 예측할 수 있었다. 이를 바탕으로 비록 결정적인 공식적 조사나 정확히 무슨 일이 일어났는지에 대하여 알 수 있는 증거는 없지만, 우리는 코리가 보육기관에서 성적 추행을 경험했다는 믿음에서 작업했다.

치료 과정: 전환점과 자기(Self)의 출현

야스닉과 가드너의 '몰입도 정도: 자기 사용 척도'(부록 A)와 그들의 놀이치료 차원 모델은 모두 사례연구 전반에 걸쳐 사용될 것이다. 하지만 독자의 정보를 위해 내가 '2사분면: 개방적 논의 및 탐색'과 '1.1 지금–여기 토론' '1.4 해석'을 사용하지 않았다는 점이 주목된다. 대부분의 AdPT 치료자는 이것들을 사용할 것이지만, 나는 그렇게 하지 않기로 의도적인 결정을 내렸다. 코리의 나이와 상징적이고 은유적인 놀이를 효과적으로 사용하는 코리의 능력은 그것들의 사용을 요구하지 않았다. 코리는 평등 관계를 확립하기 위해 전형적으로 사용되는 놀이로 19번 연속으로 놀이치료를 하였다. 첫 회기 시작부터 코리는 나를 자신의 탐험 놀이에 참여하도록 초대했다. 이것은 코리의 사회적 관심의 수준을 나타냈고, 코리의 연결 능력, 즉 변화에 대한 긍정적인 지표의 역할을 했다. 코리는 아이들을 안전하게 지키기 위해 아이들과 함께 자는 엄마에 관한 놀이를 했고, 행복한 가족에 관해 자신이 만든 노래를 불렀다. 또한 집 안에 괴물이 있다는 것을 공유했고(엄마가 아이들과 잘 필요가 있다는 것을 가정적으로 나타내며), 과민한 반응을 보였다(예를 들어, 나의 삐걱거리는 의자 소리에). 이 두 번의 초기 회기 동안 나는 '3사분면: 비지시적 반응'(Yasenik & Gardner, 2004)에 머물면서 몰입 수준 '1.2 반영 및 추적 반응'과

'1.3 내용 재진술'(부록 A)을 사용했다. 이를 통해 코리는 놀이를 주도하고, 자신의 안전 수준에 보조를 맞추고, 나와 평등한 관계를 확립할 수 있는 능력을 지니게 되었다.

전환점 1: 보호하는 부모 되기

세 번째 회기에서 코리는 회기 동안에 변화를 보이면서 편안함과 안전감을 표현했다. 코리는 처음으로 자신을 나의 '엄마'라고 확인하고, 나를 '허니'라고 지칭하는 등 양육과 수유 놀이를 계속하였다. 코리는 아빠와 나를 위해 음식을 만들고, 우는 아기를 돌보았다(비록 코리의 엄마가 그들의 가족 중에서 허니라고 불리는 사람은 아무도 없다고 나에게 알려 주었지만, 이것은 집에서의 일상을 반영하는 것이었다. 허니는 이 역할에 있을 때 나에게 할당된 특별한 이름인 것 같다). 그러고 나서 코리는 같은 회기에서 엄마로서의 자신을 위해, 그리고 아빠로서의 나를 위해 총과 칼을 선택하기 위해 이동했다. 나는 코리의 새로운 자기(Self)에 공감했고, 지금은 보호하는 부모 역할을 했다. 즉, 코리는 강하고 보호할 수 있는 것처럼 행동했다. 코리는 용기가 없다는 자신의 잘못된 믿음을 시험하고 있었다. 이것은 AdPT의 '2단계: 생활양식과 믿음/잘못된 믿음'으로 넘어가는 것이었다. 코리는 자신이 약하고, 어른들이 자신을 안전하게 지킬 수 없다는 잘못된 믿음에 도전하는 것을 선택했다. 엄마와 아빠의 역할로 보호하는 놀이에서 높은 수준의 관여 및 동기로, 우리는 '나쁘고 위험한' 것과 맞서 싸우고 있다는 코리의 끼워 넣음은 코리가 회기를 끝내고 떠나는 것을 어렵게 만들었다.

코리가 역할 놀이를 시작하면서 우리는 '1사분면: 적극적 활용'(Yasenik & Gardner, 2004)으로 이동했다. 코리는 자신의 은유법을 사용하고 있었지만, 부모의 역할 연기를 하고 있으며(부모는 자신을 보호할 수 없고/보호하지 않는다고 믿었던), '나쁜'과 '위험한'이라고 구두로 딱지를 붙이는 것은 그것에 관한 의식 수준을 보여 주고 있었다. 나는 코리의 놀이에 들어가서 그것을 확장하였지만, 해석을 사용하지는 않았다(부록 A: 1.4 해석). 오히려 나는 나 자신의 자기(Self) 시스템을 적정한 방법으로 인식하면서 코리의 지시를 따르는 적정한 수준에서 몰입 수준 '3.1 신체적 자기'와 '4.1 구체화'를 사용하였다. 나는 여전히 전에 사용한 1.2와 1.3(부록 A)에서 계속 왔다 갔다 했다. 코리의 엄마는 부모상담을 요청했다. 수면의 어려움은 더 심해졌다. 코리의 엄마는 약 한 시간 정도 잠든 뒤, 코리가 "나를 해치지 마."라고 말하며 울기 시작했다고 보고했다. 코리가 새로운 보육기관에서 낮잠 자는 것을 힘들어해서 엄마는 매일 일찍 코리를 데리러 갔다. 나는 코리가 작업 단계로 나아가기 시작하고, 자신의 문제를 더 의식적으로 인식하게 되면서 고통스러운 행동을 보일 것이라고 이야기를 나누었다. 나는 '인내의 범위'(Ogden & Fisher, 2015; Ogden & Minton, 2000)의 개념과 코리가 인내할 수 있는 경계 내에서 앞뒤로, 그리고 위반하는 코리의 움직임에 대해 논의하였다. 우리는 코리가 고통을 이겨 내고 자신의 신경생물학적 체계가 인지된 공포를 견디는 법을 배우게 되면서 행동이 어떻게 좀 더 어려워질 수 있는지를 논의하였다. 코리는 AdPT에서 공포를 이겨 내고, 용기 있고, 능력 있고, 유능하다는 자기의식을 발달시키면서 조절하는 법을 배우고 인내의 범위 안에 머물게 될 것이다.

전환점 2: 죽음과 위험

코리의 놀이는 보호가 필요한 것(아이들이 악어와 뱀을 성공적으로 물리칠 수 있는 놀이)과 위험에 대한 경각심을 고조시키는 것('나쁜 여자'가 인형집 놀이에 들어갔고, 엄마와 허니는 죽었다.) 사이의 긴장을 표현하면서 계속 확대되었다. 다섯 번째 회기는 표상과 놀이의 현저한 변화로 두 번째 전환점이 되었다. 코리는 회기가 시작하는 순간부터 분명한 조절 곤란이 있었다. 코리의 격렬함 수준은 장난감을 선반에서 빼내는 것과 같은 매우 활발한 놀이를 포함하여 회기 내내 높았다. 코리에게는 또한 더 많은 제한 설정이 필요했다. 마침내 코리가 기린 가족과 더 긴 놀이 장면에 자리 잡았을 때, 코리의 상징 놀이는 집중력과 정화의 기회를 제공했다. 아이 기린들은 '위험한 것'에 너무 가까이 가고 있었고, '불'에 너무 가까이 가고 있었다. 부모 기린은 아이들을 보호하려고 했고, 아이들에게 "위험한 곳(불)에 가지 마라……. 다칠 거야. 어쩌면 죽었을지도 모른다."라고 충고했다(엄마 기린이 아이 기린에게 말했다). 하지만 몇몇 아이 기린은 너무 가까이 가서 죽었다. 코리에게 맞추어 나는 이 놀이가 얼마나 중요한지 감지했다. 위험, 위험, 죽음, 죽음!(이 글을 쓰는 동안에도 나는 내 심장박동이 빨라지고 있다는 것을 알고 있다. 나는 컴퓨터에서 몸을 뒤로 젖히고 조절하기 위해 숨을 깊이 쉬고, 잠시 멈추고, 그 회기에서의 우리의 연결과 작업을 존중한다) 나는 몰입 수준 '2.1 정서성'에 있었다. 비록 내가 이 놀이 장면에서 역할 놀이를 하지 않았고, 아이가 완전히 그것을 주도하고 있었지만, 나는 많은 수준에서 감정을 느꼈다. 나는 코리의 위험과 보호하지 못한다는 것에 대한 강렬함에 말의 속도, 목소리 톤, 나의 얼굴 표정, 운율(부록 A에 나타난 대로)을 일치시켰다. 이 회기 내내 나는 '3사분면: 비지시적 반응'(Yasenik & Gardner, 2004)에서 '1.2 반영 및 추적 반응'과 '1.3 내용 재진술'(부록 A)을 사용하여 코리가 이끄는 것을 허용하고 계속 몰입 수준에 있었다. 이 회기의 전환점은 이어지는 놀이의 핵심이었다.

나는 이 회기가 끝난 직후 코리의 엄마와 이야기를 나누었다. 성적 학대를 당한 아이들과 많은 경험을 쌓은 나는 코리의 위험 대 보호 놀이는 예상했지만, 불은 새로웠다. 놀이하는 동안 강하게 공명한 우리는 불의 중요성에 대해 이야기했다. 그것은 위험 그 이상이었고, 죽음이었다. 코리의 엄마와 함께 불장난을 탐색할 때 엄마의 눈은 눈물로 홍건해졌고, 코리의 엄마는 "그들은 코리가 기억하지 못할 거라고 했다."라고 말했다. 그녀는 자신과 남편 그리고 자신의 아버지가 그들의 집 근처에서 큰 관목 화재와 싸웠던 날에 관해 이야기를 했다. 할아버지는 심장마비로 땅바닥에 쓰러지며 머리를 바위에 부딪혔다. 생후 18개월밖에 안 된 코리는 재빨리 그 자리에서 옮겨졌지만, 이 모든 것을 보았다. 부모님이 일하실 때 코리를 돌봐 주던 할아버지의 죽음으로 인해 코리는 보육기관에 다니기 시작했다. 코리의 부모는 보육기관에 대한 코리의 저항하는 행동을 단순히 보살핌의 과도기와 할아버지의 부재로 해석했다. 나중에 그들은 성적 학대가 일어나고 있을 확률이 높아 보이자 코리를 강제로 보육기관에 보낸 것에 대한 죄책감을 느꼈다. 코리와 나는 AdPT 3단계에 있는 것이 분명했고, 코리의 생활양식과 잘못된 믿음에 대한 통찰력을 얻고 있었다. 코리의 세계는 사람들이 죽고 자신이 다치는 위험한 곳이었다. 코리는 그것을 알아내야 했다.

전환점 3: 할아버지가 돌아가셨다

화재와 죽음의 놀이가 끝난 후, 코리는 능력, 안전 그리고 자기 역량 강화라는 주제로 몇 번의 회기를 진행하였다. 여전히 이 놀이에 장난감을 사용하는 동안, 코리는 점점 더 나를 역할 놀이에 포함하는 쪽으로 방향을 바꾸었다. 놀이실에서 더 깊은 수준의 안전과 연결을 수용하면서 세 번째 전환점이 일어났고, 코리는 자신의 할아버지/돌보는 사람의 죽음을 맞이할 수 있는 충분한 용기를 가졌다. 코리는 나에게 바닥에 누워 죽은 할아버지를 연기하도록 하면서 나를 반복하여 '치료했지만' 회기마다 계속해서 실패했다. 코리는 용감하게 '나를 구하려고' 시도했다. 긴 에이스 붕대[2]로 내 머리를 싸매고, 주사나 다른 치료를 해 주었다. 하지만 코리는 나를 구할 수 없었다. 놀이실에서 나를 죽게 한 아이들과의 나의 과거의 경험은 회기가 끝날 때 그들이 다시 살아나라고 말한 것이다. 코리가 아니라 내가 죽었다. 정말 죽었다. 물론 놀이치료자로서 나는 말하는 죽은 사람이 될 수 있었다. 나는 코리가 나를 도와주려고 하는 것이 얼마나 중요한지, 코리가 나를 돕기 위해 어떤 노력을 했는지, 그리고 나는 '너무 아프고' 코리는 '너무 용감하다'는 것을 반영했다. 나는 어떻게든 누군가가 할아버지를 구할 수 있었을 것이라는 코리의 잘못된 믿음에 도전하고 있었다. 이 세 번의 회기는 주로 '1사분면: 적극적 활용'에 있었고, 내가 할아버지

2) 역자 주: 손목, 무릎 등의 염좌 탈구용의 신축성 있는 붕대의 상표명.

역할을 하고(내가 아니라 코리의 지시로) 코리가 얼마나 나(할아버지)를 원했는지와 코리(의사)가 얼마나 노력했는지에 대한 일부 확장하는 반영을 이용하였다(Yasenik & Gardner, 2004). 내가 죽음을 이해하는 코리의 투쟁(부록 A)에 참여하면서 몰입 수준 '1.2 반영 및 추적 반응'과 '1.3 내용 재진술'의 사용이 계속되었다.

전환점 4: T-Rex와 잠자기

마침내 할아버지의 죽음에 대한 처리와 수용을 끝내고, 그 결말을 참을 수 있게 되자 다음 전환점이 일어났다. 9회기를 시작하면서 코리는 바닥에 침대를 만들어 놓고(큰 수건과 베개가 놓여 있으며) 내게 누우라고 지시했다. 그리고 나를 큰 수건으로 덮고는 그 위에 뱀, 악어, 거대한 거미 그리고 다른 많은 섬뜩하고 소름끼치는 공격적인 형태의 장난감을 더하였다. 마침내 나에게 테디베어인 것처럼 티라노사우루스(T-Rex) 공룡을 잡으라고 주었다. 내가 '좋은 밤'을 보내기를 기원하며, 코리는 아빠를 위해 저녁을 만들기 위해 부엌으로 갔다. 위험으로 뒤덮인 채 내가 누워 있을 때, 티라노사우루스가 내게 얼마나 보호가 필요한지를 상징적으로 보여 주는 것인지, 아니면 위험도가 높아진 것을 의미하는지가 궁금했다. 우리는 몇 회기 동안 이런 식으로 반복해서 놀았다. 때때로 코리는 잠자리에 들기 전에 나에게 먹을 것을 주거나, 뱀에게 물린 후 나를 죽게 하였지만, 그런 후에 내가 위험을 안고 다시 잠을 잘 수 있도록 되살렸다. 이어지는 회기에서 코리는 나와 함께 잠자리에 드는 무서운 장난감의 수를 점차 줄였다. 티라노사우루스는 남았다. 코리는 나를 계속 허니라고 불렀고, 자신은 엄마였다. 코리는 요리하는 동안 아빠와 이야기를 하거나 '할머니'와 전화 통화를 하기도 하였다. 한 회기에서 코리는 모든 '위험한' 것들을 (5회기의 기린 가족과의 놀이에 다시 귀를 기울이며) 죽였다. 코리는 이 회기들을 통해 때때로 나에게 "무서워! 엄마, 무서워!"라고 말하라고 지시했고, 이 시간 전부를 나는 바닥 위에 만든 침대에서 누워 보냈다.

나는 완전히 '4사분면: 공동 촉진'에 있었다. 이 평등한 관계에서 나는 코리를 공동치료자로 전적으로 믿었다. 나는 코리의 놀이 초대에 응했다. 코리는 이 놀이가 어떤 방향으로 나아가야 하는지를 나보다도 훨씬 더 잘 알고 있었으며, 가장 좋은 상태는 평등이었다. 나는 코리가 테러에서 너무나 외로웠고, 코리가 가지고 있는 공포의 깊이를 반영하면서 내 반응을 확장하기 시작했다. 나는 코리의 환상과 상징성(Yasenik & Gardner, 2004, p. 38)에 머물렀다. 나는 몇 가지 몰입 수준을 사용하고 있었으며, 코리의 시나리오에 감정을 삽입했을 때 '2.1 정서성' '2.2 정서적 자기', 그리고 내가 코리의 공포와 공포감을 느꼈을 때 '2.2 정서적 자기(뱀과 티라노사우루스의 의지가 당신에게 그렇게 할 것이다!)', 회기를 거듭하며 내가 코리의 허니가 되었을 때(높은 육체적 에너지 소비는 없었지만 나는 '지쳤다.') '3.1 신체적 자기', 나 자신의 내적 경험과 조화되어 '4.1. 구체화'(부록 A)를 사용하고 있었다.

한편, 나는 개인 놀이치료 외에도 코리의 엄마에게 코리에 관한 치료를 일대일로 가르치고 있었다. 코리의 엄마와 코리는 집에서 특별한 놀이 시간을 보내고 있었다. 우리는 그들의 가족 분위기에서 작업하고 있었으며, 그로 인해 코리와 엄마가 더 강하게 연결될 수 있었고, 코리가 다른 사람, 즉 자기 엄마가 '능력 있음'을 경험할 수 있었다. 코리의 엄마가 코리의 중요한 C's 욕구와 신경심리학적 관점에 대해 점점 더 이해하게 되면서 엄마는 덜 두렵고 더 힘을 갖게 되었다. 이로써 코리의 엄마는 다시 자신의 생활양식에서 건설적인 면으로 옮겨 갈 수 있게 되었다. 코리의 엄마는 코리가 악몽을 덜 꾼다고 보고했다. 코리는 일반적으로 자신의 감정에 이름을 붙이는 능력 등 여러 면에서 더 행복하고, 더 말이 많아지고, '대하기'가 더 쉬워졌다. 코리는 일주일에 며칠 다른 보육기관에 다니기 시작했고, 이제 아무런 일 없이 낮잠을 잘 수 있었다.

전환점 5: 볼에 키스

놀이가 서서히 바뀌었다. 여전히 나는 허니가 되어 자러 가고, 코리는 엄마가 되고, 아빠를 위해 저녁을 만드는 놀이를 했다. 안전하지 못한 것에 대한 에너지는 줄어들고, 무서운 밤 동안 강하고 힘센 것에 대한 놀이가 더 많아졌다. 나는 더는 무서운 것으로 뒤덮이지 않았다. 나는 티라노사우루스를 가지고 있었다. 나는 그것이 나의 보호자라고 결정했다. 그러고 나서 코리는 캠핑 랜턴을 추가해서 불을 켰다. 이 놀이가 바뀌면서 나는 "오늘 밤은 너무 안전하다고 느껴요." "오늘 밤은 악몽을 꾸지 않을 것 같아요."와 같은 좀 더 힘이 실린 진술을 하기 시작했다. 우리는 재정향과 재교육이라는 마지막 아들러식 단계에 있다. 코리의 놀이를 통해 코리는 나에게 밤 시간이 더는 두렵지 않다고 알려 주고 있었다. 나는 우리 놀이에서 나의 말로, 코리가 안전하고 악몽이 없다는 것에 대한 내 말을 들을 수 있다는 것을 강화했다. 안전했다. 코리가 밤새 잠을 자는 것에서 증명되듯이, 집에서 밤에 안전을 경험하고, 우리의 회기 내 '가정 놀이'에 야간 조명(캠핑 조명)을 추가함으로써 회기 내에서 안정을 경험하고, 나는 말로 안전을 강화하고 있었다. 코리의 좌우 뇌, 명시적이고 암묵적인 믿음과 기억은 이제 새롭게 균형 잡힌 안전감을 위해 함께 작동하고 있었다. 코리의 행동은 이제 인내의 범위의 한계 안에 잘 있었고, 조절되어 머물러 있는 코리의 능력에 반영되었다. 우리의 마지막 잠자리 놀이가 된 회기에서 코리는 나를 침대에 눕히고는 티라노사우루스와 캠핑 랜턴으로 완성하였다. 코리는 아빠를 위해 저녁을 만들러 부엌으로 가기 전에 몸을 숙이고 뺨에 키스한 뒤 "사랑해, 허니. 잘 자!"라고 말하며 내 등을 토닥거렸다. 코리에게 밤의 두려움이 사라졌다. 코리는 안전했고, 저녁을 준비하면서 노래를 불렀다.

이는 회기에 걸쳐(7회기) 가장 긴 주제, 강렬한 놀이 주제였으며, 이전 놀이 부문과 마찬가지로 '4사분면: 공동 촉진'(Yasenik & Gardner, 2004)에서 계속되었다. 나는 코리와 함께 그 순간에 머물면서 거시적인 의사소통을 통해 코리의 놀이에 대한 나의 이해를 반영하면서 몰입 수준 '2.1 정서성' '2.2 정서적 자기' '3.1 신체적 자기' '4.1 구체화'(부록 A)를 확인하고 있었다.

전환점 6: 행복한 얼굴과 나비

마지막 네 번의 회기에서는 잠자리 놀이를 더 이상 하지 않았다. 16회기 이후 아버지와 부모상담을 한 결과, 코리는 잘 자고, 보육기관에서 좋았으며, 몇 주 동안 '발작'이 없었던 것으로 밝혀졌다. 우리는 종결하기로 하고 점점 더 횟수를 줄여 가며 마지막 세 번의 회기는 격주로 하였다. AdPT를 완전히 한 바퀴 돌았다. 나는 '3사분면: 비지시적 반응'(Yasenik & Gardner, 2004)으로 돌아왔다. 우리가 철수하기 시작하면서(부록 A) 나는 코리와 함께 있는 것을 즐기고 있었다. 17회기에 코리는 학교에서 그린 행복한 그림을 선물로 가져왔다. 회기에서 코리는 웃는 얼굴과 나비의 예술과 공예 사진을 만들었다. 코리의 지시에 따라 우리는 플루트를 연주하고 춤을 추었다. 마지막 회기에서 코리는 우리 둘 모두에게 진주, 깃털 목도리, 왕관을 입혔다. 코리는 자기가 허니이고, 나는 엄마라고 발표했고, 나는 코리를 행복하게 학교에 보낼 예정이었다. 그래, 코리는 허니였고, 나는 그것을 내내 알고 있었다. 내가 코리의 고통과 괴로움, 그리고 상실을 역할 연기한 것은 영광이었다. 나도 마찬가지로 코리가 용기 있고, 창의적이며, 유쾌한 소녀로 변신하는 것이 기뻤다. 함께 연결되어서 우리 둘 다 수렁을 뚫고 다른 편으로 나아갔다.

전환점 요약

다음에는 코리의 사례 서술이 간략한 개요로 정리되어 있다.

과정의 단계	사분면	전환점	무엇이 전환점에 기여했는가
1~2회기: AdPT 1단계-평등 관계 수립	3사분면: 비지시적 반응		• 놀이와 치유가 일어날 수 있는 안전한 관계 형성
3~4회기: AdPT 2단계-아동의 생활양식과 잘못된 믿음 탐색	1사분면: 적극적 활용	• 전환점 1: 양육에서 보호 놀이로 전환	• 안전이 확립된 상태에서 코리는 보호할 수 있는 부모 역할을 할 수 있음
5회기: AdPT 2단계-아동의 생활양식과 잘못된 믿음 탐색	3사분면: 비지시적 반응	• 전환점 2: 기린 가족-죽음과 위협	• 부모가 보호하지 못하고 죽음이 일어나는 지점에서, 화재의 위험성을 해소하기 위해 장난감 사용하기
6~8회기: AdPT 3단계-코리가 생활양식에 대한 통찰력을 얻도록 지원	1사분면: 적극적 활용	• 전환점 3: 죽은 할아버지 놀이	• 할아버지를 치유할 수 없고, 다시 살아날 수 없음 • 숙달과 수용
9~15회기: AdPT 4단계-재정향과 재교육	4사분면: 공동 촉진	• 전환점 4: 티라노사우루스와의 무서운 밤 시간	• 야간 공포의 강렬한 상징에서 공포의 해결로
16~19회기: 종결	3사분면: 비지시적 반응	• 전환점 5: 볼에 키스하기	• 창조적이고 용기 있는 자기 재등장
17회기	3사분면: 비지시적 반응	• 전환점 6: 행복한 얼굴과 나비	• '허니'라는 캐릭터로 아동이 직접 자기 참조

참고문헌

Achenbach, T. M., & Rescorla, L. A. (2000). *Manual for the ASEBA preschool forms and profiles*. Burlington, VT: University of Vermont Department of Psychiatry.

Ansbacher, H., & Ansbacher, R. (Eds.). (1956). *The individual psychology of Alfred Adler*. New York: Basic Books.

Badenoch, B. (2008). *Being a brain wise therapist*. New York: Norton.

Dreikurs, R., & Soltz, V. (1964). *Children: The challenge.* New York: Hawthorn/ Dutton.

Friedrich, W. (1997). *Child sexual behavior inventory.* Lutz, FL: Psychological Assessment Resources.

Kottman, T. (2003). *Partners in play: An adlerian approach to play therapy* (2nd Ed.). Alexandria, VA: American Counseling Association.

Kottman, T. (2009). Treatment manual for adlerian play therapy. Unpublished manuscript.

Kottman, T., & Ashby, J. (2015). Adlerian play therapy. In D. Crenshaw & A. Stewart (Eds.), *Play therapy: A comprehensive guide to theory and practice.* New York: Guilford Press.

Lew, A., & Bettner, B. L. (1996). *Responsibility in the classroom.* Newton Center, MA: Connexions.

Lew, A., & Bettner, B. L. (2000). *A parent's guide to motivating children.* Newton Center, MA: Connexions.

Ogden, P., & Fisher, J. (2015). *Sensorimotor psychotherapy: Interventions for trauma and attachment.* New York: Norton & Company.

Ogden, P., & Minton, K. (2000). Sensorimotor psychotherapy: One method for processing traumatic memory. *Traumatology, 6*(3), 149-173. doi:10.1177/ 153476560000600302

Perry, B., & Szalavitz, M. (2006/2017). *The boy who was raised as a dog.* New York: Basic Books.

Porges, S. (2011). *The polyvagal theory: neurobiological foundations of emotions, attachment, communication, and self-regulation.* New York: Norton & Company.

Siegel, D. (2012). *The whole-brain child.* New York: Random House.

van der Kolk, B. (2014). *The body keeps the score: brain, mind, and body in the healing of trauma.* New York: Penguin Books.

Yasenik, L., & Gardner, K. (2004). *Play therapy dimensions model: A decision-making guide for therapists.* Calgary, AB: Rocky Mountain Play Therapy Institute.

제8장

트라우마 이면의 표현되지 않은 것을 인정하기

–놀이치료를 통한 상호 주관성과의 만남–

Carolina S. Araya, Magdalena S. Oyanedel, and Francisca Jenschke

사례 소개

이 장에서는 성적 학대의 피해자였던 네 살짜리 소년 벤자민의 사례를 설명한다. 구체적으로는 놀이치료 과정을 따라 몇 가지 전환점을 보여 주고 있으며, 이는 아이의 치유를 향한 길에 이바지하였다. 이러한 전환점은 성적 학대가 아직 공개되지 않은 치료의 첫 8개월 동안에 일어났다. 전환점들은 아이와 치료자가 궁극적으로 학대를 폭로하게 될 공유된 여정에 착수하는 순간이었다.

벤자민은 처음에 민감성, 악몽, 야뇨증, 분변 실금, 강박적 자위 같은 보복의 심각한 증상 때문에 심리치료에 의뢰되었다. 부모는 벤자민이 다녔던 유치원에서 학대를 받았을지도 모른다는 우려를 표명했다.

일단 치료가 시작되자 벤자민의 놀이는 방어의 주제로 특징짓던 것에서 위협, 발기 불능, 불안, 혼란 등의 놀이 주제로 바뀌었다. 그 사이에 집단 슈퍼비전 회의에서 연속적인 놀이치료 회기들이 분석되었고, 기존에 존재하던 증상의 심각한 악화로 인해 최근의 성적 피해의 가설이 형성되기 시작했다.

치료자의 자기 사용, 특히 치료자의 주관성 사용은 근본적인 트라우마를 설명하는 데 결정적이었다. 안전한 관계 구축이 이 초기 기간 동안의 주된 치료 목표였다. 안전한 공간은 벤자민의 학대 경험의 공개를 촉진할 뿐만 아니라 벤자민을 보호하기 위한 것이었다. 동시에 그것은 치료적 만남과 정교화 과정에 필요한 토대를 확립하기 위한 것이었다.

치료자로서 우리는 현재의 침해의 맥락에서 성적 학대를 공개하는 것이 매우 어렵다는 것을 알고 있다. 아이의 정신적 생존이 위태롭다. 벤자민의 자기(Self)의 일관성에 대한 감각은 강력한 방어기제의 활성화에 달려 있다. 심지어 그러한 장치들은 그의 성격을 피폐하게 하는 대가로 그가 자신의 자기(Self)를 붕괴시키려고 위협하는 현실에 대처할 수 있게 한다.

그렇다면 이 어린 소년은 자신이 살아남기 위해 부정해야 하는 것들에 관해 회기 중에 어떻게 말할 수 있었을까? 우리가 치료적 체계나 환경을 구축하면서 고려해야 할 요소는 무엇이며, 적절한 개입을 선택하는 데 가장 관련이 있는 것은 무엇인가? 서로 다른 이론적 접근방식들이 이러한 질문에 독특하고, 때로는 서로 이질적인 방식으로 답한다. '은유'하는 방법을 통해 우리는 통합적 개입 체계를 사용한다. 하지만 상호 주관적 및 관계적 정신분석으로부터 얻는 이론적 아이디어는 우리에게 놀이치료 과정, 특히 트라우마가 있는 아동에 대한 더 깊은 이해에 도달할 수 있는 유용한 개념을 제공한다. 이러한 이론적 접근은 고전적인 정신분석과는 여러 면에서 다르다. 고전적 접근방식이 중립과 금욕의 사용을 권고하는 반면, 관계적 정신분석학적 접근방식은 치료자의 주관성을 임상적 도구로 강조한다. 중요한 것은 관계적 정신분석가는 치료자와 환자 사이의 상호 영향력의 불가피성을 인정하고, 치료 과정의 핵심으로서 상호 간에 상호작용 영역의 공동 구성을 인식한다. 다시 말해서 상호 주관적 및 관계적 정신분석의 경우, (내담자와 치료자로부터) 주관성을 모두 치료 과정의 중요한 요소로 여긴다.

다음 절에서는 놀이치료의 실제를 풍부하게 하는 정신분석적 사고의 흐름에 대한 몇 가지 주요 기여를 설명한다. 이 접근방식의 가장 중요한 아이디어에 대한 심층적인 설명을 전달하는 것은 확실히 이 장의 범위를 벗어난다. 그 대신에 우리는 벤자민의 치료 분석 동안에 우리의 '등대'였던 네 가지 개념을 설명한다. 즉, 상호 주관성, 관계 외상, 대상 표현, 그리고 정서 조절이 그것이다.

이론적 방향

공통의 근거를 확립하기 위해 우리는 이 개념 체계의 역사적 발전과 가정에 관해 간략하게 설명할 것이다. 1983년에 그린버그와 미첼은 이 현대적 관점에서 다양하고 심지어 적대적인 학파의 아이디어를 통합한 최초의 작가들이다. 그들은 페렌치, 위니컷, 설리번 그리고 코허트의 원래의 아이디어와 기여를 포함하였다(Jordan, 2009; Orange, 2013). 그 후 수십 년 동안, 이 접근방식은 광범위하게 확장되었다. 엄밀히 말하면 이것은 통일된 체계가 아니다. 상호 주관적 및 관계적 정신분석은 특정 전제를 공유하는 서로 다른 이론적 경향이다. 두 가지 접근방식은 모두 20세기의 마지막 수십 년 동안에 뉴욕에서 개발되었다. 비록 우리는 두 이론적 경향 사이의 차이를 인식하지만, 이 장에 제시되고 분석된 사례와 관련하여 그들의 공통점을 강조할 것이다.

첫째, 그들은 현상학(Husserl, 1954/1970)과 대화형 해석학(Gadamer, 1977/1999)의 영향을 강하게 받은 인식론적 관점을 공유했다. 따라서 그들은 아는 사람을 알려진 것과 구분하는 것이 불가능하다는 것을 인정한다. 어떤 면에서는 감정가와 그들의 지식 대상이 서로 얽혀 있다. 필연적인 결과로 두 가지 접근방식 모두 마음이 대부분 생물학적 충동으로 움직이는 개별적인 실체가 아니라고 주장한다. 오히려 개인의 주관성이 내재되고, 발달되고, 지속되는 상호 주관적 매트릭스의 결과이다(Jordan, 2009; Orange, 2013). 분석가의 세계와 내담자의 세계 사이의 상호 간 상호작용으로 만들어진 더 넓은 시스템은 정신분석적 연구의 핵심이 된다. 이 저자들은 고립된 정신에 대한 집중의 포기를 제안한다(Stolorow & Atwood, 1992/2004).

이러한 인식론적 관점은 프로이트의 메타심리학(metapsychology)에 비판적이며, 심리치료 과정에 개념적·방법론적 변화를 도입한다. 임상적 관계의 개념화와 관련하여 내담자와 치료자는 상호 영향을 미치는 대상으로 인정된다. 따라서 이 기법은 치료자의 자기 개방을 가능하게 한다. 그러나 이러한 치료자의 자기 사용은 단순히 자기 개방이 아니며, 동시에 비대칭적이다. 이 개념은 치료자가 내담자에 대해 윤리적 책임이 있으며, 내담자의 치유 과정과 일반적 복지를 모두 보존해야 한다는 것을 암시한다. 치료자는 치료 관계에 관련된 힘을 알아야 한다(Aron, 1996/2002; Beebe & Lachmann, 2003). 성인의 심리치료 분야에서 상호 주관적 및 관계적 정신분석은 광범위하게 발달해왔다. 그러나 아동 심리치료, 특히 놀이치료에 대한 그것의 기여는 덜 정교하다. 이 사례에서 확인된 전환점 분석을 통해 이 장이 이 논의를 진전시키고 이 접근방식에 대한 전문가의 이해와 적용을 지원하기를 바란다.

상호 주관성

이 모델에 의해 확립된 치료자-내담자 관계의 상호 주관적 특성을 인정하는 것은 심리치료 과정에 대한 우리의 이해를 재정의한다. 그러한 과정은 '두 주관성의 만남', 즉 두 참가자의 상호작용하는 마음 사이의 상호적 영향에 의존하는 경험으로 정의될 것이다.

스톨로로와 애트우드(Stolorow & Atwood, 1992/2004)에 따르면, 치료자는 그들 내부 세계의 조직 양상이 어떻게 내담자의 것과 '상호작용'하는지를 조사하는 전문가가 되어야 한다. 즉, 치료자가 더는 내담자에게 '무슨 일이 일어나는지'에 대한 전문가가 아니라는 것을 암시한다. 심리치료가 추구하는 변화가 더는 정신 내부의 과정, 즉 분석가의 해석으로 달래진 통찰이 아닐 것이다. 그와는 반대로, 치료상의 변화는 치료자와 내담자 둘 다에 의해 창조된 대인관계 분야의 변화에서 시작될 것이다. 그 결과, 관계의 패턴이 변화하고 새로운 스타일의 의사소통이 상호작용 방식으로 함께 만들어진다. 비베와 라크만(Beebe & Lachman, 2003)이 지적한 바와 같이, "친밀한 관계를 조율하는 기대는 의식적인 인식에 도달하지 않고도 암묵적 영역에서 재조직될 수 있다. 치료 행위는 단어로 번역되지 않는 암묵적 방식에서 발생할 수 있다" (p. 391).

관계 외상

페렌치(Ferenczi, 1933/1949)는 트라우마의 관계적 기원을 지적했다. 그는 신체적 또는 심리적 온전함에 심각한 손상을 입힐 수 있는 위협으로 경험되는 사건이 트라우마를 초래할 수 있다고 제안했다. 실제로 환경(다른 사람들)이 사건에 수반되는 감정을 인정하거나 검증하지 않을 때 트라우마가 된다. 그 경우, 트라우마는 항상 지금-여기에 존재한다. 그것은 신체, 감각적 지각, 그리고 아동의 놀이 동안에 나타나게 된다. 양육자의 공감적 인정과 지지가 부족하면, 결국 아동이 자신의 경험에 진실성을 느끼는 감각이 손상된다. 아동이 강렬한 감정을 견디는 감정이 손상되며, 해리적 기제가 자기 보호를 위한 최후의 방편으로 작동하게 된다. 외상 경험과 사용된 방어기제는 정체성과 자서전적 기억 과정의 개발을 방해하면서 정신적 성장을 하는 데 필요한 핵심적인 요인들을 제거하는 힘이 있다(Schore, 2010, 2011; van der Kolk, 2003). 해리는 지속적인 기능 양식이 되어, 삶이 펼쳐질 수 있는 가능성을 제한한다(Bromberg, 2009).

놀이와 대상 표현

위니컷(Winnicott, 1971/1999)은 '충분히 좋은' 환경을 아동에게 제공해야 하는 세 가지 기능을 설명했다. 그중 두 가지는 정서적 행동과 아기에게 향하는 어머니(또는 주요 양육자)의 특정한 태도를 의미하며, 이는 아기의 신체적 및 정서적 요구를 돌보는 안아 줌(holding)과 조율적 돌봄(handling)을 포함한다. 세 번째 기능은 놀이를 발전할 수 있게 하기에 특히 중요하다. 위니컷은 그것을 '대상 표현'이라고 불렀다. 위니컷에 따르면, 충분히 좋은 엄마는 아기의 요구에 적극적으로 적응하고 아기에게서 이것이 일어날 것으로 기대하는 순간의 욕구를 예측하고 만족시킬 수 있는 사람이다. 그렇게 함으로써 엄마는 아기의 필요를 충족시키는 적절한 방법으로 아기에게 적절한 대상을 제시하고 동시에 '잠재적 공간'을 만든다. 다시 말해서, 엄마와 아기 사이의 잘 맞는 결합은 아이가 창조적인 형태로 현실과 마주할 수 있게 해 줄 것이다. 아이는 자신이 필요로 하는 대상을 창조했다는 전능한 환상을 갖게 될 것이다.

환상의 과정은 점진적으로 환멸로 바뀔 것이다. 아이가 성숙하고 새로운 자원과 강점을 개발함에 따라 '충분히 좋은 엄마'는 아이의 욕구를 충족시키는 데 더 자주 '실패'해야 한다. 자신의 독특함에 대한 아이의 인식을 증진하기 위해 이러한 결합의 부족은 민감하고 점진적이며 적절해야 한다. 아이는 자신을 엄마로부터 분리된 '다른' 존재로 인식할 것이다. 증가하는 긴장감은 과도기적인 대상의 출현과 사용을 통해 창조적으로 해결될 것이다.

위니컷의 아이디어를 우리의 임상 실제에 적용하여 우리는 내담자의 치료적 변화를 촉진하기 위해 치료자가 '충분히 좋은' 엄마의 기질을 모방해야 한다는 것에 동의한다. 그 목표를 염두에 두고, 그리고 아이가 창조적인 치료 공간을 만나게 하기 위해 치료자의 개입은 신중하고 민감하게 진행되어야 한다. 치료자는 반응의 시기를 존중해야 하고, 아이의 요구에 민감해야 하며, 자신의 필요나 행동에 대한 해석을 아이에게 강요하지 않도록 자신의 자기 사용을 인지해야 한다. 또한 우리는 치료자로서 아이에게 제안하거나 놀이

치료실에 미니어처, 인형, 표현물 등을 전시할 때마다 위니컷이 대상 표현으로 설명한 기능을 수행하고 있다고 생각한다. 아이는 장난감이나 점토나 그림 그리기와 같은 창조적인 활동을 이용하여 이전에는 자신에게 가능하지 않았던 방식으로 자신의 감정을 표현하고 생각할 수 있다. 놀이치료자는 아동의 욕구에 민감한 어른으로서 아동의 욕구에 부합하는 방식으로 세상을 아동에게 더 가깝게 데려온다. 따라서 치료자는 아동이 두려움 없이, 그리고 놀이를 통해 자신의 세계를 탐험할 수 있도록 해야 한다.

정서적 조절

초기의 반복적인 공동 조율의 경험이 아이들의 기분을 바꾸고 감정 표현의 강도를 조절하는 능력의 발달에 영향을 미친다는 것을 보여 주는 타당한 과학적 증거가 있다. 쇼어(Schore, 2002)에 따르면, 유아는 중요한 다른 사람들과의 상호작용을 통해 자신의 감정 상태를 조절하는 법을 배우면서 자기 조절 시스템을 개선한다. 따라서 엄마는 외부로부터 아기의 내적 상태를 수정한다. 이 정서 조절의 초기 상호작용 메커니즘은 발달에 장기적인 영향을 미친다. 그것은 자기를 조직하는 원칙이 된다. 향후에 개인은 내적 작동 모델(Beebe & Lachmann, 2002; Fosha, 2001)에 근거하여 자신의 정서적 경험을 관리할 것이다. 초기에 정신생활을 구조화하는 기능과 함께 정서적 공동 조절의 메커니즘은 또한 치료적 변화를 촉진하는 임상적 개입도 가능하게 한다. 비베와 라크만(Beebe & Lachman, 2002)이 언급한 바와 같이, 심리치료에서 상호작용의 두 가지 과정은 자기의 원초적 원칙을 재조직할 수 있다.

사례개념화

여기에 묘사된 전환점은 벤자민의 치료 과정의 초기 단계에서 일어났다.

첫 번째 개입은 아동을 보호하기 위해 학대자의 신원을 밝혀야 한다는 설득력 있는 상황에서 이루어졌다. 이를 위해 치료자는 부모, 학교 직원, 사법 시스템과 동시에 연속적인 틀로 임상 슈퍼비전과 함께 작업하였다. 이 초기 단계 동안, 놀이에 새로운 것을 도입할 때가 아니었다. 치료자는 주로 '3사분면: 비지시적 반응'(Yasenik & Gardner, 2012)에 머물며 아동의 과정과 시기를 존중하고 치료적 유대 관계를 구축했다. 치료자의 자기의 언어적인 사용은 낮은 수준부터 중간 수준까지 다양했다. 치료자는 주로 내용에 대한 성찰적인 표현을 사용하여 아동의 은유적인 놀이 수준에서 작업하였다. 시간이 흐르면서 치료자와 벤자민과의 감정적 조율이 점점 더 커지면서 치료자는 벤자민이 자신의 정서적 경험에 더 잘 적응할 수 있게 감정에 대한 성찰적인 진술들을 점차 소개했다. 트라우마 맥락 때문에 놀이에 표현된 감정과 아동의 행동으로 표현된 감정 사이에는 빈번하게 불일치가 있었다. 그렇다면 치료자의 주관성에 초점을 맞추는 것이 좀 더 적절하였다. 그 과정에 따라 치료자는 지시의 차원에서 개입하며 자신의 인식을 점진적으로, 그리고 장난스럽게 통합하기 위한 공동 촉진 역할에 접근하였다. 처음에 벤자민의 놀이 친구들은 항상 마녀에게 위협을 받는 공주와 매번 치료자를 구해 주는 보호적인 사자였다. 치료자는 자신을 비지시적인 역할에 머물게 하고, 때때로 '1사분면: 적극적 활용'의 특징인 간단한 구두 진술을 번갈아 하였다. 그러한 구두 진술들은 좀 더 심오한 내용을 탐색하고 더 높은 수준의 의식을 진전시키려고 했다. 특히 벤자민은 이런 종류의 개입을 조직적으로 거부했는데, 이는 자신의 놀이에서의 방해로 증명되었다. 이것은 증상이 여전히 존재하고 현재의 학대에 대한 가설이 점점 그럴듯해 보이기 때문에 치료자에게 많은 압박을 주었다. 이 시점에서 벤자민의 놀이는 보호에 관해 이야기하였다. 벤자민은 침착해 보였다. 그런데도 치료자는 놀이가 펼쳐지는 동안에 벤자민이 불안, 공포의 감정과 발기 불능을 경험하고 있음을 느낄 수 있었다. 슈퍼비전 팀은 벤자민의 놀이가 어떻게 되었으면 좋았을지 표현했지만, 그 밑에는 해리되고 분명히 또는 의식적으로 인지하고 있지 않은 벤자민이 보여 줄 수 없거나 명확하게 표현하고 이야기할 수 없는 것이 놓여 있다. 치료자는 벤자민이 참을 수 없는 것을 느끼고 있었다. 치료자의 도전은 자신이 벤자민의 과정과 보호에 도움이 될 수 있는 수준으로 나아가는 것이 될 것이다.

치료 과정: 전환점과 자기(Self)의 출현

전환점 1: 원숭이가 피해자이다

첫 번째 전환점 이전에도 벤자민의 놀이에서 분명히 드러난 주제는 다양했다. 벤자민은 방어적인 주제에서 끊임없는 위협적인 분위기가 있는 주제로 옮겨 갔다. 예를 들어, 지진이 시작되었고, 놀이는 파괴, 재난, 무질서를 표현했다. 회기에서 치료자는 감정적 관여를 현저하게 늘려 갔고, 종종 감정에 대한 성찰적인 진술을 사용했다. 이런 종류의 개입에 대한 벤자민의 반응은 긍정적이었다.

치료자는 임박한 파괴의 위협과 충격의 강도를 느낄 수 있을 정도로 놀이에 감정적으로 몰입했다. 하지만 벤자민은 자신의 놀이에서 그 결과를 겪는 어떤 등장인물도 통합하지 않았다. 그 경험의 영역은 분리되어 놀이에서 제외되었다. 벤자민은 파괴의 힘을 (지진처럼) 체화했고, 치료자가 그 규모를 설명할 때 자랑스러워했다. 치료자는 그 충격의 강도를 인지하고 영향을 받았다. 치료자는 비통함과 무력감을 느꼈다.

상호 주관적 매트릭스의 맥락에서 치료자는 벤자민의 참을 수 없는 감정을 경험하였다. 치료자는 자신의 정서적 자기에서 일어났던 피해의 규모를 평가했고, 그 결과 해리된 정서를 확인하기 위해 벤자민을 지원할 무언가를 할 필요가 있었다. 치료자는 벤자민이 가까워지고 용인할 수 있는 방식으로 이러한 감정을 표현하는 방법을 찾기 위해 노력했다. 어느 순간에 벤자민의 놀이 강도가 약해졌고, 지진은 이미 일어났고, 놀이는 끝났다. 치료자는 새로운 움직임을 시도하기 전에 벤자민이 그것을 받아들였는지 자세히 관찰하면서 또 다른 초대를 연장했다. 치료자는 앵무새를 포함했는데, 이는 이전 회기에서 관문을 제공했던 인형이었다. 그 회기에서 벤자민은 그것을 골랐고, 앵무새가 자신을 괴롭히는 것이 무엇 때문인지 알고 있다고 시사했다.

치료자: 앵무새는 어때? 어디 있지? (그 무렵 앵무새는 여행 동반자가 되었다. 벤자민은 매 회기마다 그것을 사용했다.)

(벤자민은 활기를 띠며 스스로 인형 코너로 가서 그것을 데려온다.)

치료자: (벤자민에게 의심을 품은 듯이 보이도록 하며) 앵무새에게 친구가 있니?

벤자민: 네, 있어요. 매우 위험한 사자. (사자가 으르렁거린다.)

다시 한번 벤자민은 지진이 했던 것처럼 공격성을 나타내는 캐릭터를 선택했다. 따라서 치료자는 새로운 캐릭터를 도입함으로써 지시의 차원으로 나아가되, 상징적인 영역(4사분면: 공동 촉진)에 머물기로 했다. 치료자는 이러한 경험을 체화할 수 있는 캐릭터를 소개했다.

(치료자는 원숭이 인형을 놀이 현장에 가져와서 완전한 침묵 속에 앵무새 가까이에 둔다. 그러고 나서 치료자는 원숭이의 머리를 손 사이에 숨기고는 바닥에서 떨게 만든다. 치료자는 아직 새로운 캐릭터를 보지 못한 벤자민을 바라본다. 서로 눈이 마주치자 치료자는 원숭이를 바라보며 어리둥절한 표정으로 벤자민을 돌아본다.)

벤자민: 무슨 일이에요?

치료자: 잘 모르겠는데……. 무서워하는 것 같은데…….

(벤자민은 원숭이를 바라보며 고개를 끄덕인다. 그런 다음, 동물을 골라서 원숭이를 반복해서 공격하기 시작한다.)

치료자: (목소리를 내어 벤자민에게) 원숭이는 기분이 어때?

벤자민: (목소리를 내어 치료자에게) 그들은 원숭이를 매우 아프게 하고 있고, 원숭이는 고통스러워하고 있어요.

치료자: (점점 더 원숭이를 흔들며) 원숭이한테 무슨 일이 일어나고 있는지 아는 사람? 원숭이가 누구에게 말할 수 있을까?

벤자민: 자, 보세요! 무슨 일이 벌어지는지 보세요! (벤자민은 나쁜 놈들을 감금하기 시작한다.) 원숭이는 그들이 도망칠까 봐 두려워해요. 보세요, 보세요! 그들은 지금 탈출하고 있어요!

치료자는 벤자민이 자신의 부당한 희생을 인정하고 자신을 보호할 수 있을 것을 상상할 수 없었다. 치료자는 한 번 더 움직이기로 했다. 치료자는 앵무새를 집어서 원숭이에게서 무슨 일이 일어나고 있는지를 보는 캐릭터로 그것에 목소리를 주었다. 벤자민은 그것을 줄거리에 포함하고, 심지어 그들이 '아주 좋은 친구'라고 덧붙이기도 하였다. 놀이에서 새로운 관문이 열렸다.

치료자: (앵무새로서) 꼬마 원숭이, 넌 너무 무서워!

벤자민: 앵무새에게 지켜보라고 말하세요! (벤자민은 나쁜 놈들이 탈출하는 틈을 메우기 시작한다.) 그리고 원숭이한테 말하게 그것을 말해 주세요. 보세요, 보세요! 걱정하지 마세요. 그들은 지금 구멍을 닫으려고 해요!

여기서 전환점은 피해(이전 놀이에서 분리된)의 경험을 체화하는 새로운 캐릭터(원숭이)가 추가되고, 이제 원숭이의 경험을 알고 있는 앵무새의 역할이 확대되면서 일어난다. 치료자는 벤자민이 피해자의 문제에 대한 더 깊은 탐색을 선호하면서 더 안전하다고 느끼는 상징적인 공간을 존중한다. '원숭이'는 피해자이고, '앵무새'는 원숭이에게 무슨 일이 일어나고 있는지 알고 있다. 이를 통해 벤자민은 관계를 타당화하고 유지하는 맥락에서 무력함과 해악에 관한 새로운 감정적 경험을 할 수 있게 된다. 이 시나리오에서 인형(원숭이)은 벤자민이 참을 수 없는 그런 감정을 안고 느끼는 사람이다. 벤자민에게 원숭이의 경험에 관한 뉘앙스를 설명해 달라고 요청함으로써 치료자는 벤자민의 시기를 존중하고, 벤자민이 정의한 감정적인 장면으로 들어가 확대한다. 인형은 고통받는 사람이다. 치료자는 자신의 목소리 톤과 자신이 인형을 다루는 방식에서 이것을 표현한다. 피해자로서의 원숭이 캐릭터를 추가함으로써 벤자민과 치료자 모두가 해악과 무력함의 감정적 경험을 공유된 상징 영역인 '공개된 공간'에 놓을 수 있다.

갑자기 페렌치의 말이 울려 퍼진다. 관계 외상은 다른 사람에 대한 인식 부족으로 발생한다. 트라우마가 얼어붙는다. 다른 사람(치료자)이 처음에 외상 사건과 관련된 감정을 인식할 때에만 그 사건은 치료에서 상징화되거나 상세히 말할 수 있는 경험이 된다. 이 단계는 외상 정교화의 초석이다.

반면, 앵무새는 그러한 경험들에 대한 인식과 확인의 가능성을 체화했으며, 따라서 벤자민에게 인정과 도움이 가능한 경험의 새로운 영역을 시작하게 했다. 원숭이(치료자가 다루는)는, 그리고 그것을 통해서 벤자민은 고통을 직면하고, 억제되고, 위로받는 동안에 동반하는 기분이 어떤지를 배운다. 놀이의 그와 같은 순서는 벤자민이 점진적으로 자신의 이야기를 다른 방식으로 느끼고 생각할 수 있게 해 준다.

감정, 특히 해리된 감정들을 인형에 투사하는 것, 놀이에서 그것들을 체화하는 것, 그리고 치료자와 함께 그것들을 경험할 가능성(그것들과 놀며)은 지금 벤자민과 치료자가 수행하고 있는 정교화 작업의 주요 요소가 될 것이다. 해리된 감정을 관계 영역으로 가져오는 것은 암묵적 임상 문제의 표면화를 촉진할 뿐만 아니라 동반되는 정서적 활성화를 억제하고, 그것을 새로운 정서적 공동 조율의 새로운 경험으로 이어지게 한다.

전환점 2: 단지 한 소년이 사자가 무엇을 하고 있는지 알았다

이전 모임들에서 벤자민은 바닥에 있는 미니어처를 가지고 놀았다. 앞서 논의한 바와 같이, 벤자민은 종종 사자와 공주를 선택했다. 벤자민은 사자를 가장 친절하고 보호적인 인물로 묘사했다. 이 회기에서 벤자민은 뭔가 다른 것을 포함했다. 사자의 또 다른 면이 나타난다. 사자는 여전히 존경할 만한 특징을 가지고 있지만, 또한 가장 나쁜 놈이다.

벤자민: 보세요! 새들을 못살게 굴었어요! (그는 발로 새들을 때린다.) 새들은 사자한테서 도망치려고 하지만, 새들을 잡아 우리에 넣었어요. 나무들도 못살게 굴었어요. (벤자민은 나무들을 잡아서 던져 버린다.) 모두를, 모두를 못살게 굴었어요. 하지만 보세요! 새에게도 좋았고, 나무에도 좋았고, 보세요! 그것 중 하나를 심기도 했어요!

치료자는 놀이의 이야기에서 변화를 확인하지만 혼란스러워한다. 치료자는 마치 사자를 마주 보는 통합적인 자세를 취할 수 없는 것처럼 덫에 걸린 듯 느끼지만, 사자의 두 가지 특징을 모두 반영하고 있는 자신을 지켜본다. 그러나 치료자는 긴장을 유지하며 아동이 캐릭터의 분리된 측면들 사이에서 선택하도록 강요하지는 않는다. 사자는 동시에 둘 다가 될 수 있다. 성적 학대에 관한 진행 사례에서 우리는 가해자가 피해자에게 힘을 발휘할 수 있는 역할이 있고, 종종 정서적 의존의 관계를 유지하는 경우가 많다는 것을 알고 있다. 아동에게 상처를 주는 사람은 종종 동시에 아동이 사랑하는 사람이다. 따라서 이 사자의 묘사는 비록 통합의 도전이기도 하지만 벤자민의 놀이에서 진전이 있음을 나타낸다. 치료자가 놀이에 관여하는 방식은 벤자민이 자신의 인식을 증폭시키고 자신에 대한 관점과 위반 경험에 관한 감정을 심화시킬 수 있게 한다. 안전한 놀이 공간에 보호되어서 벤자민은 무슨 일이 일어나고 있는지 아는 소년은 단 한 명이라고 말할 수 있다.

벤자민: 보세요! 심지어 다리에도 좋았고, 아무도 넘어지지 않도록 항상 신경을 썼고, 사자도 또한 아이들을 무척 사랑했어요. 사자는 그들이 죽는 것을 원치 않았고, 그들에게 이렇게 했어요. (벤자민은 잠시 멈추더니

소년의 얼굴을 핥는 시늉을 한다.) 사자는 그들을 그렇게 어루만졌어요. 사자는 우리처럼 손이 없어요.

이 놀이 부분에서 벤자민은 별다른 감정적 관여를 보이지 않았다. 사자가 얼마나 훌륭했는지를 묘사할 때는 말투에서 친절과 부드러움을 전달하는 감정이 느껴지고, 사자 또한 얼마나 비열한지에 대해 말할 때는 자신이 보여 주는 감정들과 연결되지 않는 감정을 지니고 있다. 벤자민은 해리가 제공하는 '평온함'에 머물며 사자의 '좋은' 부분을 생각할 수 있다. 벤자민은 같은 캐릭터의 '비열한' 부분에 영향을 받지 않는 것처럼 보인다. 같은 장면에 대한 치료자의 경험은 다르다. 치료자는 양쪽 측면의 이분법에서 발생하는 부조화를 인식하고, 좋은 점과 비열한 부분을 통합할 수 없는 것에 내재된 취약성으로 인해 안절부절못하기 시작한다. 치료자 자신의 주관성을 인식하고, 사자가 소년의 얼굴을 핥는 행위에 내포된 한계의 죄를 설명하는 데 정서적 반응이 없는 것에서 적절한 개입을 찾는다. 치료자는 사자가 핥는 소년의 처지에서 자신을 경험한다. 역겨움과 공포를 느낀다. 그런 다음, 치료자는 벤자민에게 다음과 같은 질문을 함으로써 표현되지 않은 감정을 인정하고 검증하려고 한다.

치료자: 그 소년들은 사자가 자신을 핥는 것에 대해 어떻게 느끼니?

벤자민: 그들은 비열하다고 생각해요!

이 개입은 성공적이며, 벤자민이 위반 경험을 놀이 장면에 가져올 수 있게 한다. 치료자는 그 이야기를 큰 목소리로 반복하고 추가적인 개입을 하기로 한다.

치료자: 사자가 이런 짓을 못하게 하려면 그들은 무엇을 할 수 있을까?

벤자민: 단지 한 소년이 사자가 무엇을 하고 있는지 알고 있어요. 그는 어리석고 못생긴 소년이에요. (벤자민은 어리석은 소년을 나타내기 위해 외계

인 미니어처를 포함하였다.) 사자는 그에게 이렇게 했어요. (벤자민은 망설이며 멈춰 선다.) 이건 놀이니까 나는 이걸 할 수 있어요. (벤자민은 미니어처를 가져다가 머리 전체를 핥는다.) 사자는 그의 머리 전체를 핥았어요.

놀이 장면의 긴장감이 높아진다. 치료자의 개입은 벤자민이 실제로 자신이 경험했던 시련을 숙고하거나 생각하도록 도왔다. 벤자민은 육체적으로 안절부절못하게 되고, 치료자는 '1사분면: 적극적 활용'의 특징인 간단한 해석/반영적 논평과 지지적인 진술을 함으로써 의식의 정도를 높이기로 한다.

치료자: 벤자민, 나는 네가 좋기도 하고 나쁘기도 한 사람들과 네가 싫어하는 어떤 일을 겪었다는 것을 알아. 이런 일이 다시는 일어나지 않도록 함께 해 나갈 거야. (벤자민은 구두로 대답하지 않고, 놀고 싶다고 말한다.)

벤자민: 원숭이, 우리(cage), 사자도 같이 놀 수 있을까요? 오, 이 사람만이 사자가 비열한 짓을 했다는 것을 아는 유일한 사람이에요.

(치료자가 원숭이를 데려간다. 벤자민은 우리를 조립하더니 그 안에 비열한 캐릭터들을 집어넣고, 앵무새 인형을 벗기더니 때리기 시작한다.)

벤자민: 나쁜 놈들은 앵무새가 무서워서 앵무새를 보면 달려가요.

치료자: (벤자민에게 소리 내어) 이번에는 원숭이에게 다르네. 이번에는 원숭이를 괴롭히는 나쁜 놈들을 알아차리는 사람, 즉 원숭이를 보호하는 사람이 있어.

벤자민: 맞아요! 이제 선생님에게 이야기를 하나 할게요. 그런 후 선생님이 앵무새한테 말하세요, 알았죠? 착한 척하는 나쁜 놈이 있었는데, 실제로 아이들에게서 돈을 뺏어 갔어요.

벤자민은 이제 자신의 놀이에서 등장인물들의 미묘한 차이를 구체화하고 있다. 그들은 이전 장면처럼 단순히 좋거나 비열한 것이 아니라, 일부 캐릭터들은 동시에 선과 악일 수 있기에 양면성이 나타난다. 우리는 이것을 벤자민에게 다시 반영해 주고 그 자신의 경험('1사분면: 적극적 활용')을 벤자민에게 연결시키는 치료자의 능력이 벤자민의 과정에서 전환점을 촉진한다고 생각한다. 이후 벤자민은 자신의 경험을 상징적 차원에서 좀 더 체계적이고 명확한 방법으로, 임상적 주제를 좀 더 깊고 풍부하게 나타내며 표현하기 시작했다. 게다가 나쁜 놈들이 확인되고 처벌되기에 이야기의 결말에 전환이 있다. 우리는 이것이 벤자민의 자기 이미지에서의 변화와 관련이 있을 것이라고 믿는다. 등장인물의 정체성에서 일어나고 있는 변화로 인해 벤자민의 주관적 자기(Harter, 2012) 이미지에 변화가 일어나기 시작하고 있다는 가설을 세울 수 있고, 이는 처음으로 위협을 하는 사람들과 싸우는 데 적극적인 역할을 하고 있다.

전환점 3: 앵무새의 전화

이 회기에서 벤자민은 자발적으로 놀이를 시작하지 않았다. 벤자민은 치료자의 지도를 요청했다. 치료자는 역할 놀이에 들어가서 그들이 앵무새를 위한 전화기를 만들 것을 제안하며, '4사분면 : 공동 촉진'을 향해 가기로 했다. 벤자민은 흥분한 표정이었다. 전화가 끝나자 벤자민은 앵무새를 데리고 탁자 밑에 들어가 전화를 걸기 시작했다. 치료자가 대답하고 잘 들을 수 있는지 확인했다. 앵무새(벤자민)는 벤자민이 학교에서 겪은 상황에 대한 다양한 사건을 이야기했다. 그러고는 자신의 은신처에서 나와서 이 전화로 얼마나 잘 들을 수 있는지 언급했다. 치료자는 '다른 것만큼 분명하게 비밀을 들을 수 있을까?'에 대해 궁금해하며, 벤자민에게 비밀을 듣게 하도록 격려했다. 그 에피소드에서 우리는 치료자가 어떻게 그 장면에 적응했는지뿐만 아니라 그 비밀의 주제를 어떻게 소개할 수 있었는지도 볼 수 있다. 이전 회기들에서 일어난 일을 고려할 때, 치료자는 벤자민이 힘을 얻고, 자신의 외상 경험을 기꺼이 폭로할 수 있을 거라고 생각했다. 동시에 증상, 특히 자위행위, 분변 실금(자신도 모르게 대변을 싸는 일), 그리고 정서 조절 부전 등이 증가했다. 이에 따라 이러한 증상의 강도는 성적 학대가 현재의 경험임을 나타내는 것 같았다. 치료자는 벤자민과 다시 한번 이야기를 나누어야 한다고 느꼈다. 벤자민이 고통을 받는 현재 피해의 확실성은 치료자에게 큰 고뇌를 불러일으키고 있었다. 아마도 치료 과정에서 달성된 발전은 이번에는 벤자민에게서 다른 대답을 하게 할 수 있을 것이다.

벤자민: 해 보시죠! (그러고는 테이블 밑으로 들어간다.)

벤자민: (앵무새로서) 여보세요, 여보세요?

치료자: 안녕, 앵무새야. 잘 들리니? 나에게 무슨 말을 하고 싶니?

벤자민: (앵무새로서) 무슨 비밀을 얘기하고 싶으세요?

치료자: 비밀을 말하고 싶니?

벤자민: (앵무새처럼) 네.

벤자민이 비밀을 이야기하자는 초대를 받아들였기에 치료자는 그 개입이 성공적이었음을 알고 있다. 하지만 치료자는 벤자민이 좀 더 부드럽게 말하고, 자신의 불안을 인지했다는 것에 주목했다. 이전의 시도에서 벤자민이 의식을 지향하는 개입을 거부하거나 자신의 놀이를 방해했기 때문에 치료자는 불안했다. 치료자는 벤자민에게 압력을 주지 않도록 주의하면서 비밀의 주제를 탐색하기로 했다.

치료자: 얼마나 오랫동안 그 비밀을 지켜 왔니?

벤자민: (앵무새로서) 1,000년 동안.

치료자: 그러면 1,000년 동안 비밀을 지킨다는 것은 어떤 기분일까?

벤자민: 좋아요.

치료자: 벤자민은 그 비밀에 대해 어떻게 생각해?

벤자민: (앵무새처럼) 음…… 별로 좋지 않아요.

벤자민은 치료자가 더 높은 수준의 의식을 향하는 움직임을 받아들였다. 우리는 벤자민이 비밀을 지키는 것에 대해 끔찍하게 느꼈다는 것을 이미 알고 있었기에 놀이를 벤자민의 경험과 연결하는 것이 목표였다. 치료자도 벤자민이 누군가에게 말을 할 수 있었는지를 이해하고 싶었지만, 벤자민(앵무새로서)은 더는 대답을 하지 않았고 놀이는 중단되었다. 그때 벤자민은 똥을 누고 싶다고 말했다.

벤자민: 지금 당장 똥을 누고 싶어요.

치료자: 가끔 걱정 때문에 우리는 똥을 누고 싶어진단다.

치료자는 벤자민의 괴로움을 느낄 수 있었다. 치료자는 놀이에서 표현된 외상성 경험이 명백하다고 느꼈고, 아이의 긴장감을 감지했다. 2사분면으로 옮겨 가면서 치료자는 벤자민의 손을 잡았다.

치료자: 벤자민, 우리가 만났던 때를 기억하니? 네가 약간의 고통스러운 일을 겪을 것이라는 것을 내가 알고 있다고 말했잖아. 그리고 그 얘기를 하는 게 매우 힘들다는 것도 나는 알고 있었어.

벤자민: 네.

치료자: (벤자민이 개입에 잘 받아들인다는 점에 유의하여 멈추며) 네가 겪고 있는 일에 대해 누군가에게 말할 수 있었니?

벤자민: 아니요.

치료자: 나는 그 사람이 좋은 사람이지만 너를 기분 나쁘게 한다는 것을 알고 있어. 네가 그 사람이 누군지 누군가에게 말할 수 있다고 생각하니? (벤자민은 주제를 바꾼다.)

치료자: (다시 그의 손을 잡는다.) 나는 네가 한 것과 같은 경험을 해 온 아이들을 알아.

벤자민: 그 아이들에게 무슨 일이 일어났어요?

치료자: 어른이 그 아이들을 다치게 해.

벤자민: 나한테 일어난 것처럼요?

치료자: 그래. 나는 무슨 일이 일어나고 있는지 말하는 일이 매우 힘들다는 것을 그 아이들에게서 배웠지만, 그 아이들이 간신히 그것을 해냈을 때 우리는 다시 그런 일이 일어나지 않도록 하려고 노력했단다.

치료자는 자신과 벤자민 둘 다 벤자민이 견뎌 낸 폭행에 대해 (처음) 현실적 지위를 부여했다고 느꼈다. 치료자는 벤자민이 자신이 고통받은 성적 학대를 직접 이야기할 수 없다는 것을 알고 있었지만, 이번 회기에서 벤자민을 폭행한 어른과 관련된 고통스러운 비밀의 존재를 인정했다. 치료자는 벤자민에게 아이들이 여전히 폭행에 대해 말할 수 없을 때 자신의 비밀을 말하는 부적을 하나 건네준 후 회기를 끝냈다. 벤자민은 부적을 향해 다가가서 조용히 자신의 비밀을 말했다. 그러고 나서 그 부적을 원숭이 집(자신이 알고 있는 곳, 그리고 이전에 다른 아이들이 부적을 남긴 곳)에 두기로 했다. 벤자민은 치료실을 떠날 때, 보호(마스킹)테이프를 가져다가 원숭이 집에 몇 조각을 붙였다. 그리고 "그러니까 그의 집이 저항하는군."이라고 말했다. 이것은 치료 과정의 전환점이었다. 이 회기 후에 벤자민은 자신의 가해자의 신원을 엄마에게 밝혔다. 더 높은 수준의 의식(4사분면과 2사분면)을 향한 치료자의 움직임은 벤자민에게 잘 받아들여졌고, 이는 이전에는 말할 수 없었던(아마도 생각할 수 없었던) 것을 말로 표현할 수 있게 하였다. 부모와의 작업과 함께 벤자민의 외상성 경험을 자세히 말하도록 놀이 공간을 마련해 주고, 벤자민의 시기와 방어에 적응한 치료자와의 만남이 벤자민에게 자신의 비밀을 털어놓는 데 필요한 안전과 검증을 제공하는 맥락을 주었다.

전환점 4: 나쁜 놈들의 학교

벤자민의 폭로 이후, 몇몇 철회하는 에피소드가 있었다. 벤자민의 경험 현실을 다루는 것은 때때로 벤자민과 가족에게도 참을 수 없는 일이었다. 정교한 과정이 진행됨에 따라 벤자민은 매우 중요한 정서적 유대 관계를 가졌던 학대자들의 긍정적인 특징들을 찾아야 할 필요성이 더욱 명백해졌다. 이 회기에서 치료자는 벤자민이 자발적으로 제기한 놀이 주제를 탐색하기 위해 비지시적 반응(3사분면)의 역할로 시작했다. 일단 학대가 드러나면, 그것이 벤자민의 놀이 진화에 접근하고 관찰하는 가장 좋은 방법인 것 같았다.

벤자민은 잘못된 행동을 하는 용이 있는 학교를 지었다(용은 다른 사람을 때리고, 사방을 어지럽히고, 다른 사람의 사적인 부분에 '일'을 저질렀다). 놀이하는 동안, 용은 어떻게 행동하는지를 배워야 하는 것으로 나타났다. 두 명의 등장인물이 용의 행동을 지켜보며 감시했다. 만약 용이 끔찍한 짓을 했다면, 그들은 '용이 배울 때까지' 용을 학교에 가두었다. 그러고 나서 그들은 행동을 보기 위해 그것을 풀어 주었다. 처음에 용은 행동을 배운 것처럼 보였으나, 얼마 지나면 다시 전의 행동으로 되돌아갔다. "용은 절대 배우지 못할 것 같다. 이것은 거의 1년이 되었다."라고 벤자민은 말했다. 벤자민은 다시 확인했고, 이번에는 용이 훌륭하게 행동했다. 벤자민은 그것을 축하하며 보상했고, 밖으로 나가도록 허락했다. 그러나 용은 다시 맹공격했고, 벤자민은 다시 한번 용을 가두었다. 벤자민은 여러 경우에 좋고 나쁨이 모두 있는 캐릭터들과 놀았다. 벤자민은 그들이 좋은 일과 나쁜 일을 한다고 강조했다. 치료자는 이것이 벤자민에게 중요한 것 같다고 생각했고, 벤자민의 매우 혼란스럽고 모순될 수 있는 경험을 통합할 필요가 있다고 가정했다. 치료자는 더 높은 수준의 의식으로의 움직임을 지지하기로 했고, 이것은 또 하나의 전환점이 되었다.

> 치료자: 이 용이 어떻게 무언가를 배우는지 놀랍구나. 너는 W[1]도 좋은 일을 한다고 생각하니?

---

1) W는 학대자의 이름이다.

벤자민: W는 좋은 일을 많이 하고, 용이 하는 좋은 일을 봐요. (벤자민이 놀이를 가리킨다.) 그는 어루만지지만, 뿔로 해요.

(그런 후 벤자민은 치료자를 바라보며 W의 행동에 대해 암묵적으로 치료자의 반감을 얻으려고 한다. 치료자는 벤자민의 반대를 확인하고 거기에 동조한다.)

벤자민: 그러니 학교에 가서 배워!

치료자: (벤자민이 놀이에 놓은 것을 가지고 의식을 지지하는 또 다른 진술을 하며) W도 적절히 어루만지는 법을 배워야 해.

벤자민: 그는 아주 멋진 방법으로 어루만지지만, 또한 나쁜 방법으로도 해요. (치료자는 벤자민이 방금 한 말을 재차 확인하면서 반영의 말을 한다.)

(벤자민은 놀이를 재개하고, 용을 위한 규칙을 정하는 캐릭터를 추가한다. 벤자민은 속삭이듯 다음과 같은 규칙을 치료자에게 말하고 용에게 말해 달라고 한다.)

치료자: (용에게 규칙을 말하며) ① 때리지 않기, ② 어지럽히지 않기, ③ 다른 사람의 사적인 부분은 건드리지 않기.

(벤자민도 용에게 말을 걸며 규칙을 배웠는지 확인하려고 한다. 구체적으로 각 규칙에 대해 용에게 묻고, 용으로서 대답한다. 용이 배우지 않은 유일한 규칙은 사적인 부분은 건드리지 않기에 관한 것이다.)

치료자의 개입으로 벤자민은 자신의 경험을 구체적이고 있는 그대로 자신의 놀이에 통합하는 것이 좀 더 쉬워졌다. 벤자민이 참을 수 있는 방식으로 애정과 학대는 놀이에 공존할 수 있었다. 용은 인정된 좋은 일을 할 수 있었지만, 만약 규칙을 따르지 않는다면 어떤 결과가 있을 것이다.

벤자민과의 치료 작업에서 긴장감이 줄어들고 있었다. 벤자민이 선택한 놀이 양식은 유연하고 다양했으며, 치료자는 그 놀이를 추적하고, 놀이에 참여하고, 심지어 다양한 놀이 활동에 초대하는 등 다양한 방법으로 벤자민과 동행할 수 있었다. 이제 방어가 줄어들었다. 벤자민은 해악과 처벌, 양가감정, 그리고 나쁜 사람이 행동을 배울 필요성에 대한 주제를 통합했다. 벤자민이 자신의 경험을 밝힐 수 있었기 때문에 이제 치료자는 더 높은 수준의 의식을 향해 나아가는 데 있어 벤자민을 지원하는 것이 가능해졌다. 외상성 경험을 자세히 말하는 것이 그 작업의 중심에 있었다. 이 단계에서 치료자는 반영적 진술을 더 자주 사용했다. 이러한 언급은 벤자민의 경험을 깊게 하는 데 도움을 주었고, 벤자민의 감정을 인정하고 검증하며, 벤자민의 자원을 확인하고 강화하였다. 벤자민의 놀이에는 명확한 행동 규칙이 있었고, 이를 따르지 않는 사람들은 처벌을 받았으며, 희생자들에 대한 인정과 보호가 있었다.

전환점 5: 건축가

이 회기에서 벤자민은 미니어처를 가지고 놀고 있었고, 우리도 무언가를 만들고 싶었다. 벤자민은 오랜 시간을 들여 작품을 조립했고, "아주 큰 학교야."라고 말하며, 자신이 만든 것에 대해 매우 만족하고 자랑스러워했다. 벤자민은 "우리가 갖게 될 모든 환자에 당신은 놀랄 것이다."라고 덧붙였다. 그러면서 예의 바르게 행동하지 않는 '나쁜 놈들'을 한 무리 데려왔다. 벤자민과 치료자는 규칙을 따르지 않는 사람들을 탐지하고 가두는 일을 담당하는 사람들이었다. 벤자민이 나쁜 놈들에게 더 많은 힘을 내 주고 있었기에 그것은 힘든 일이었다. 결과적으로, 치료자는 놀이에서 더 적극적인 역할을 맡기로 결심했다.

치료자: (벤자민을 바라보고는 학교 직원들에게) 정말 큰 학교구나! 네가 이 학교의 건축가이니?

벤자민: (활짝 웃더니 목소리 톤과 자세를 바꾸며) 맞아요. 내가 건축가예요.

치료자: 건축가 씨, 당신은 모든 것을 볼 수 있으니 규칙을 따르지 않는 사람이 보이면 우리에게 알려 주세요.

벤자민: 좋아요, 말해 줄게요. (벤자민은 아주 침착하고 효율적인 방법으로 나쁜 놈들을 잡기 시작한다. 벤자민은 못된 짓을 하는 사람들을 볼 수 있

다고 말한다. 이러한 역할에서 자신을 매우 자랑스럽게 생각한다.)

벤자민: (그 순간에 덧붙여) 하지만 지금 가장 비열한 놈은 나와 있고, 아무도, 아무도 그 놈을 잡을 수 없어요. 경찰관과 경비원이 노력하지만 실패해요. 용은 세상의 모든 사람을 때리고, 괴롭히고, 학교를 파괴해요.

(치료자는 벤자민을 바라본다. 치료자는 놀이에서 파괴와 불가피성이라는 감정의 재진입이 얼마나 가까운가를 다시 느낄 수 있었다. 그 결과, 치료자는 벤자민이 놀이의 은유를 통해 이번에는 다른 전략을 활성화함으로써 지배력이나 권력을 행사할 수 있는 가능성을 열어 둘 필요가 있었다.)

치료자: (걱정스러운 얼굴로 벤자민을 바라보며) 저 세상에서 무엇을 할 수 있을까?

벤자민: 아무것도 없어요.

(치료자는 벤자민을 향해 시선을 유지했고, 이는 아마도 벤자민으로부터 새로운 대답의 기회를 만들었을 것이다.)

벤자민: (아주 자신 있게 반응하며) 하지만 나는 더 크고, (몇 가지 장난감을 보며) 나는 그것을 잡을 수 있어요.

돌이켜 보면 이것은 치료 과정의 또 다른 전환점이었다. 치료자는 벤자민에게 1인칭 시점에서 큰 학교의 건축가로서 처음으로 직접 역할을 체화하는 기회를 가능하게 하였다. 이 생각을 소개하는 목적은 벤자민이 자신의 놀이 맥락에서 점진적으로 자신의 힘의 역할을 늘릴 수 있을 뿐만 아니라 안전과 보호의 느낌을 경험할 거라는 것이다. 벤자민은 이 놀이 삽입을 수락하고 이 직책과 자신을 동일시했다. 이 전환점은 벤자민에게 새로운 관점을 제시했고, 힘과 통제의 감정 표현을 장려했으며, 자신의 자원을 확인하고 그것과 접촉할 기회를 주었다.

치료자: (경찰로서 나쁜 놈과 대화하며) 우리는 네가 비열하고 힘이 세다는 것을 알고 있고, 우리가 할 수 있는 것은 아무것도 없지만, 네가 모르는 게

있어. 건축가는 너보다 훨씬 크고, 힘이 세고, 용감해서 너를 잡을 수 있어. (이때 벤자민이 쉽게 나쁜 놈을 잡는다.) 그는 두려워하지 않고, 너를 학교에 남겨 두는 것도 어렵지 않아.

치료자: (감독으로서) 이제 너는 배워야 할 거야. 네가 가장 비열한 사람이기 때문에 분명히 너는 용감하지 않고, 네가 한 일을 우리에게 말하지 않을 거야. 하지만 건축가가 더 크기 때문에 그것은 중요하지 않아.

벤자민: (치료자를 중단시키며) 난 너보다 크고, 네가 하는 건 다 보고, 네가 하는 모든 것을 그들에게 말해 줬어.

이 놀이 부분에서 벤자민은 1인칭 시점에서 영향력 있는 역할로 활약하고 있었지만, 치료자와 경험을 공유하고 치료자의 명시적인 확인을 받을 필요가 있었다.

전환점은 건축가를 가장하는 행위에 내포되어 있었다. 이 역할은 벤자민에게 놀이에서 안전한 장소를 제공했고, 자신의 인식을 의심하는 것을 불가능하게 만들었다. 실제로 벤자민은 다른 등장인물들보다 컸으며(벤자민은 그들에게 반복해서 이 점을 말하는 것을 즐겼다), 그 위치에서 그들이 무엇을 했는지 분명히 알 수 있었다. 그 무엇도 벤자민의 능력에 의심을 던질 수는 없었다.

치료자: 그래, 우리는 네가 한 일을 정확히 알고 있어. 그래서 네가 모든 것을 다시 배울 때까지 여기 머물게 될 거야. 이제 우리는 그것이 너라는 것을 알았고, 너는 더는 해를 끼칠 수 없을 거야. 미안하지만, 건축가는 모든 것을 봐.

벤자민: 그리고 나는 모두에게 말할 거야.

마지막 진술은 벤자민의 역량 강화를 입증한다. 긍정적인 자기 인식처럼 벤자민의 자존심이 강화되는 것이 분명했다. 더욱이 학대 경험으로 위태롭게 된 자기, 대상으로서의 자기(Me-Self), 주체적 자기(I-Self; Harter, 2012)에 대한 묘사에서 근본적인 변화가 있었다.

요약

이 장에서 설명한 임상 사례는 관계 외상의 맥락에서 우리의 치료적 접근 방식을 분명히 보여 준다. 성적 학대의 공개 그리고 이후 경험을 자세하게 말하는 과정을 시작하는 것은 벤자민과 치료자의 주관성을 만남을 통해 가능해졌다. 우리는 이 치료 단계에서 벤자민의 심리적 성장을 계속하게 하는 요소가 적어도 세 가지 있다고 생각한다.

첫째, 치료자가 벤자민의 욕구에 적응할 수 있는 '충분히 좋은' 돌보는 사람 역할을 하면서 동시에 벤자민이 적극적으로 피한 바로 그 감정과 경험에 접근하도록 격려하는 능력이다. 실제로 이것은 은유적 공간(3사분면과 4사분면)에서 벤자민과 충분히 오랫동안 함께 있는 것을 의미했다. 확실히 더 높은 수준의 의식(1사분면과 2사분면)을 향해 나아가는 것은 처음에는 어려웠지만, 그 후에 그것은 훌륭한 도구가 되었다. 이 요소들 사이의 균형 있고 유연한 상호작용은 벤자민의 치료 과정에서 우리가 확인한 전환점의 핵심이었다.

둘째, 상호 주관적 매트릭스의 분석으로 제공된 도구는 치유 과정의 중요한 구성요소였다. 비록 이 '대인관계 장치'가 전체 치료 과정의 토대에 놓여 있었지만, 상호 주관적인 춤이 점점 더 눈에 띄게 된 것은 인형 놀이를 통해서였다. 치료자와 벤자민은 놀면서 감정, 생각, 경험을 표현하고 있었다. 치료자의 몰입도는 더 높았고, 치료자의 신체적인 자기, 정서적 자기, 그리고 자신의 자기 시스템을 더 활성화하는 것을 포함했다. 치료자는 회기에서의 감정적인 분위기와 자신의 행동에 대한 벤자민의 반응과 함께 끊임없이 자신의 상호 주관성을 관찰하고 있었다.

아동-치료자 관계를 치료 작업의 중심에 두는 것의 중요성은 전체 과정을 통해 확인되었다. 벤자민의 시점과 기능 스타일을 인식하고 자신을 적응시키는 치료자의 민감성, 자신을 이해하고 표현하는 아동의 방식에 대한 존중, 창의성의 사용, 그리고 매우 강렬한 경험과 감정을 인내하고 억누르는 능력이 중요한 자원이었다. 하지만 그 초석은 감정과 생각의 인간적인 만남이었다. 치료자와 아동 사이의 이러한 만남은 놀이에서 나타난다. 그들은 모두 그 감정적 경험을 여러 번 공유하고 마주쳤다.

셋째, 상호 주관성의 개념에 맞추어 대상을 표시할 때 환경의 역할에 관한 위니컷의 아이디어(Winnicott, 1971/1999)는 근본적인 과정과 매우 관련이 있다. 치료자로서 우리가 놀이에 새로움을 추가할 때, 우리는 아동이 창조적으로 그것을 만날 수 있게 하는 방법으로 이 현실을 제시할 수 있어야 한다. 아동은 자신이 어떤 것을 만나고 동시에 그것을 창조한다는 것을 느껴야 한다(환상에 대한 위니컷의 개념). 엄밀히 말하면, 우리는 치료자와 아동이 경험을 함께 만든다는 것을 알지만 그들 중 누구도 스스로 이야기를 정의하지는 않는다. 결론적으로, 치료자와 아동 모두 놀이에서 무엇을 놀고, 느끼고, 상세하게 묘사되는지와 그들의 관계를 목격했다. 그 내용은 미니어처 또는 예술적 표현에 투사되었을 뿐만 아니라, 그 관계에 반향을 불러일으키고 있다. 따라서 정서적인 공동 조절을 위한 새로운 기회를 열었다. 치료자가 정서적인 경험을 지속하고 아이들이 그것을 처리하는 것을 도와주는 정도까지 관계 수준에서 해로운 것을 인식하는 것이 가능했다. 이제 표현되지 않은 것은 공유되고 인정된 경험이었다. 그 순간, 앞으로 나아가는 것이 가능해졌다.

전환점 요약

과정의 단계	사분면	전환점	무엇이 전환점에 기여했는가
초기 회기들: 놀이에 위협, 파괴, 재난, 무질서의 분위기가 있다. 놀이에서 관계와 공유 언어의 확립을 위해 작업한다.	4사분면: 공동 촉진	• 원숭이가 피해자이다	• 충격적인 경험과 연결된 분열된 감정이 벤자민의 놀이에서 분명히 나타나고 있다. • 치료자는 그러한 감정을 경험하고, 아동을 공유된 놀이 시나리오로 데려온다. • 그것은 새로운 원숭이 인형을 포함함으로써 일어난다. 캐릭터는 피해 경험을 체화하고, 앵무새의 역할을 확장시킨다. 이제 벤자민은 원숭이가 어떻게 느끼는지를 알게 되었다.
혼동스러운 회기들: 임상 주제와 아동의 정서적 관여가 불일치한다.	1사분면: 적극적 활용	• 단지 한 소년이 사자가 무엇을 하고 있는지 알았다	• 치료자가 캐릭터의 분열되고 모순된 면을 볼 수 있을 때, 혼란을 느낀다. • 치료자는 벤자민이 사악한 캐릭터와 상대하는 동안, 벤자민의 일관성 있는 감정적 반응이 결여되어 있는 장면 앞에서 걱정스러움을 느낀다. • 치료자는 연극의 구성에 개입하지 않을 수 없게 됨을 느꼈고, 그 과정의 서비스에서 양면성과 혼란을 겪게 되었다. • 치료자와 벤자민 모두 캐릭터와 사람들이 동시에 선하기도 악하기도 할 수 있다는 것을 인식한다. 그리고 그 양면성에 직면하여 때로는 거부감을 느끼고, 때로는 애정을 느끼는 것이 타당하다. 특히 당신을 해한 사람이 감정적으로 가까운 사람일 때 그렇다.

놀이는 더 조직적이 된다. 벤자민은 힘을 얻었다.	4사분면: 공동 촉진 2사분면: 개방적 논의 및 탐색	• 앵무새의 전화	• 고립된 사건과 감정 사이의 통합을 성취하는 것은 놀이치료 내내 벤자민에게 자기의식을 더 강하게 불러일으키게 했다. 그래서 외상 기억이 놀이 이야기에 다시 등장했을 때, 치료자는 자신의 개입에서 더 높은 수준의 직접성으로 나아가기로 결심했다. 치료자는 2사분면과 4사분면의 전략을 사용하여 벤자민의 놀이를 외상 경험과 연결시켰다. • 폭행으로 고통받는 동안 느낀 감정을 인정하는 것은 참았던 성적 학대를 엄마에게 쉽게 밝힐 수 있게 했다.
소년이 학대를 폭로했다. 소년이 놀이를 진행하며, 학대자를 향한 자신의 감정을 다루고 있다.	1사분면: 적극적 활용	• 나쁜 놈들의 학교	• 동일인에 대한 양면적이고 모순된 감정을 가질 가능성에 대해 인정 및 검증을 한다. • 벤자민은 놀이에 새로운 등장인물과 줄거리를 포함한다. 벤자민은 새로운 가능성을 열어 놓고 있다. 나쁜 놈들은 선해지는 방법을 배울 기회가 있다. 이것은 상처를 주는 방식으로 행동하는 사람들에게 더 희망적이고 자애로운 관점을 허용한다. 동시에 벤자민은 용인할 수 있는 행동과 용인할 수 없는 행동 사이에 더 명확한 경계를 설정한다. 치료자가 촉진한 1사분면을 향한 움직임은 벤자민이 W와의 관계에서 경험했던 다양한 감정의 검증을 용이하게 한다.

놀이는 좀 더 조직화되었다. 벤자민에게는 더 많은 힘이 있다. 벤자민은 나쁜 놈들이 예의 바르게 행동하는 법을 배울 수 있는 학교를 만들었다.	4사분면: 공동 촉진	• 건축가	• 벤자민은 놀이에 새로운 캐릭터를 포함하고, 캐릭터 흉내를 내기로 선택한다. 그것은 벤자민이 새로운 지위를 발견할 수 있게 해 준다. 이제 벤자민의 인식을 의심하는 것은 불가능하다. "나는 모든 것을 보고, 그들에게 당신이 하는 모든 것을 말했다." • 벤자민은 자신을 자랑스러워한다. 이번 폭로가 더는 위협적인 상황만은 아니다.

참고문헌

Aron, L. (1996/2002). *A meeting of minds: Mutuality in psychoanalysis* (Volume 4, Relational Perspectives Book Series). Hillsdale, NJ: The Analytic Press.

Beebe, B., & Lachmann, F. (2002). Organizing principles of interaction from infant research and the lifespan prediction of attachment: Application to adult treatment. *Journal of Infant, Child, and Adolescent Psychotherapy, 2*(4), 61-89. https://doi.org/10.1080/15289168.2002.10486420

Beebe, B., & Lachmann, F. (2003). The relational turn in psychoanalysis: A dyadic systems view from infant research. *Contemporary Psychoanalysis, 39*(3), 379-409. https://doi.org/10.1080/00107530.2003.10747213

Bromberg, P. (2009) Reduciendo el tsunami: Regulación afectiva, disociación y la sombra de la inundacion. *Clinica e Investigacion Relacional, 3*(1), 93-110.

Ferenczi, S. (1933/1949). Confusion of tongues between the adult and the child (The language of tenderness and of passion). *International Journal of Psycho-Analysis, 30*, 225-230.

Fosha, D. (2001). The dyadic regulation of affect. *Journal of Clinical Psychology, 57*(2), 227-242.

Gadamer, H. G. (1977/1999). *Verdad y Metodo I.* Octava edicion. Salamanca: Editorial Sigueme.

Greenberg, J. R. & Mitchell, S. A. (1983). *Object relations in psychoanalytic theory.* Cambridge, MA: Harvard University Press.

Harter, S. (2012). *The construction of the self: Developmental and sociocultural foundations* (2nd Ed.). New York: The Guilford Press.

Husserl, E. (1954/1970). *The crisis of european sciences and transcendental phenomenology.* Evanston: Northwestern University Press.

Jordan, J. F. (2009). Una introduccion al psicoanalisis intersubjetivo y relacional. *Revista Chilena de Psicoanalisis, 26*(1), 6-12.

Orange, D. M. (2013). *El desconocido que sufre. Hermeneutica para la practica clinica cotidiana.* Santiago, Chile: Editorial Cuatro Vientos.

Schore, A. N. (2002). Advances in neuropsychoanalysis, attachment theory, and trauma research: Implications for self psychology. *Psychoanalytic Inquiry, 22*(3), 433-484. https://doi.org/10.1080/07351692209348996

Schore, A. N. (2010). El trauma relacional y el cerebro derecho en desarrollo: Interfaz entre psicologia. *Gaceta de Psiquiatria Universitaria, 6*(3), 296-308.

Schore, A. N. (2011). The right brain implicit self lies at the core of psychoanalysis. *Psychoanalytic Dialogues, 21*(1), 75-100. https://doi.org/10.1080/10481885.2011.545329

Stolorow, R., & Atwood, G. (1992/2004). *Los Contextos del Ser. Las Bases Intersubjetivas de la vida Psiquica.* Barcelona: Editorial Herder.

van der Kolk, B. A. (2003). The developmental impact of childhood trauma. In L. J. Kirmayer, R. Lemelson, & M. Barad (Eds.), *Understanding trauma: Integrating biological, clinical, and cultural perspectives.* Cambridge: Cambridge University Press.

Winnicott, D. W. (1971/1999). *Playing and reality.* London: Routledge.

Yasenik, L., & Gardner, K. (2012). *Play therapy dimensions model: A decision-making guide for integrative play therapists.* London: Jessica Kingsley Publishers.

제9장

치료적 조율

–외상을 입은 아동의 심리치료에서 치료자가 언제 주도하고
언제 따라야 하는지 안내하는 정서적 동시성의 역할–

Katherine Olejniczak

사례 소개

나는 시앤이 처음 자신을 나에게 소개했을 때가 생생하게 떠오른다. 시앤은 어둡고 촉촉한 강아지 같은 눈으로 나를 뚫어져라 쳐다보며 "당신은 벌레야."라고 말했다. 하지만 이 강아지 같은 눈은 천진하지도 순진하지도 않았다. 오히려 그 눈은 새로이 형성된 우리 관계의 안전성을 시험해 보는 깊은 자기 자각의 지혜와 자신이 자신의 취약성 전달을 하소연하고 있었다. "여기 내가 있어요. 나는 당신을 믿어요. 나는 당신의 도움이 필요해요. 당신이 나를 도와줬으면 좋겠어요."

사실 나는 8주 전에 시앤을 처음 만났고, 그 이후로 우리는 매주 치료 회기를 가졌다. 나는 시앤과 그녀의 외상 이력, 그리고 당시 시앤의 삶에 나타난 외상의 영향에 대해 많은 것을 알게 되었다. 하지만 가장 중요한 것은 시앤이 자신을 위해 이런 일을 할 수 있는 어른들을 믿을 수 없는 자신의 세상에서 자

신의 안전을 지켜 주었던 이 일에 대한 방어책에도 불구하고, 나는 시앤이 여전히 다른 사람들과의 연결에 대한 희미한 희망의 빛을 가지고 있다는 것을 알게 되었다는 점이다.

시앤이 처음 외상치료에 의뢰되었을 때는 일곱 살이었다. 2년 이상 나와 함께 총 42번의 치료 회기에 참석했다. 통합적인 놀이치료 접근방식이 외상치료의 틀 안에서 시행된 주된 치료 개입이었다.

이 장에서는 시앤과 같은 외상을 입은 아이들의 임상 실제를 안내하는 외상치료, 심리치료의 신경 과학, 놀이치료 차원 모델(PTDM; Yasenik & Gardner, 2012) 원리의 통합을 탐구한다.

이론적 방향

놀이치료 차원 모델 개정판(PTDM-R)

아이들과 함께하는 나의 작업의 중심은 아이들의 치료 욕구와 그들에게 최고의 이익이 무엇인지를 중요하게 고려하는 것이다. 따라서 나의 실행은 아동 발달과 애착 이론에 근거를 두며, 신경 과학으로 뒷받침되고, 발달적으로 적절하고 신경생물학적으로 민감한 개입에 대한 아동의 필요를 충족시켜 주고 있다. 따라서 나의 임상적 의사결정을 안내하는 데 있어서 통합적 놀이치료 접근방식과 PTDM(Yasenik & Gardner, 2012)을 이용하는 놀이치료는 나의 주요 치료 양식이 되었다. 통합적 놀이치료는 "아동의 주도를 따르라."보다는 "아동의 욕구를 따르라."라는 격언(Goodyear-Brown, 2010)과 함께 아이들, 특히 외상을 입은 아이들(Drewes, Bratton, & Schaeffer, 2011; Gil, 2006/2012)의 개인적 욕구에 대한 반응에서 유연성을 제공한다. 즉, 아동의 욕구에 근거한 치료 실제의 철학적 입장을 취함에 있어서 아동은 치료자가 자신의 지시를 따르거나(즉, 비지시적이거나), 아니면 더 큰 '몰입'으로 치료 과정의 일부를 촉진할(즉, 좀 더 지시적일) 필요가 있는지를 전달한다.

올레니작(Olejniczak, 2013)은 이 새로운 모델을 놀이치료 차원 모델 개정판(PTDM-R)이라고 언급하며, PTDM에 대한 개선을 제안했다. PTDM-R은 지시와 의식 차원 둘 다를 따라 임상적 의사결정을 중재하는 중심으로서 몇 가지 새로운 신경생물학적 영역을 추가한다. 여기서 초점은 규정과 인내의 범위(Window of Tolerance: W.O.T) 영역이다([그림 9-1] 참조).

올레니작(Olejniczak, 2013)은 놀이치료 과정 중 아동의 증상을 개념화할 때 야제닉과 가드너(Yasenik & Gardner, 2012)가 제안한 아동의 증상을 완화하는 요인이 대부분 특정 시점에서 아동의 조절 능력이라고 주장하였다. 아동이 조절 부전이 되어서 인내의 창(W.O.T)을 벗어나면, 다양한 발달 및 기능 영역에 걸쳐 아동의 기능은 제대로 발휘하지 못한다(Cook et al., 2005). 이로 인해 이후 놀이치료 과정에서 놀이, 의사소통, 관계 기술, 발달, 감정 표현, 자기 조절 능력, 애착 구성, 세계관, 방어기제, 회복탄력성 등 보호 기능에 대한 아

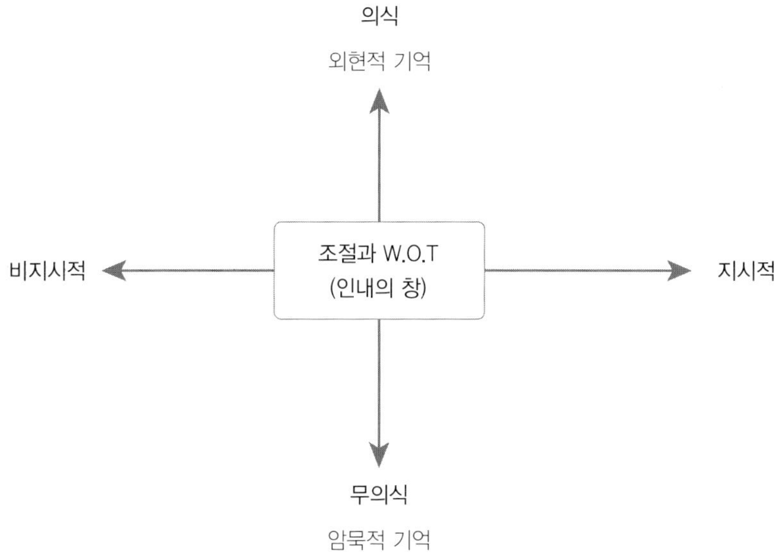

[그림 9-1] 놀이치료 차원 모델 개정판(PTDM-R; Olejniczak, 2013)

동의 기능을 감소시키게 된다.

따라서 W.O.T를 통해 아동의 조절 타입을 친밀하게 이해하려는 치료자는 아동의 각성 상태 및 회기 내 또는 회기 사이의 이동 능력과 관련된 아동의 기능적 능력을 시시각각으로 평가할 수 있다. 인내의 창(W.O.T)은 각성 시스템을 "감정적 및 생리적 각성의 다양한 강도가 시스템의 기능을 방해하지 않고 처리될 수 있는 영역"으로 개념화한다(Siegel, 1999, p. 253). 우리의 자율적이고 정서적인 기능이 조절될 때, 우리는 우리의 인내의 창 안에서 작동하고 있고 우리의 몸은 우리가 생리적으로 안전한 상태에 있다는 것을 우리에게 전달한다. 우리는 안전하다고 느낀다(Porges, 2011). 우리는 가장 유연하고 적응적이며, 우리의 내부 경험과 주변 세계의 변화하는 상황에 효과적으로 대응하며(Siegel, 1999), 가장 최적의 상태(Hill, 2015; Ogden, Minton, & Pain, 2006)에서 기능한다. 우리는 다른 사람들과 효과적으로 관계를 맺기 위해 우리의 사회 참여 시스템에 접근할 수 있고(Porges, 2011), 탐구하고 놀려는 고유한 생물학적 호기심의 추동에 따라 행동할 수 있는 능력을 지니고 있다(Perry, Hogan, & Marlin, 2000). 우리의 인지기능은 우리가 사고와 추론과 같은 복잡한 기능을 수행할 수 있게 해 주며, 우리는 가장 창의적인 상태에 있다(Perry, 2006). 우리의 뇌와 신체는 우리 경험의 감각적 · 정서적 · 인지적 측면을 효과적으로 통합할 수 있고(Hill, 2015), 우리는 일관성 있는 서술과 통합된 자기 시스템으로 의미를 생성할 수 있다(Schore, 2003; Tronick & Beeghly, 2011).

그러나 우리가 괴로워하게 될 때, 각성은 우리의 인내의 창(W.O.T) 밖으로 이동하고, 기동/과각성 또는 고정/저각성의 조절 부전 생존 반응을 한다. 우리의 몸은 위협에 반응할 준비가 되어 있다. 우리는 안전함을 느끼지 못한다. 우리는 위협에 대한 인식에 주의를 집중하여 인내의 창 밖에서 활동하고 있다. 우리는 들어오는 감각 정보를 통합할 수 없게 되고, 미래에 그것을 피하려고 경험의 단편들만을 저장하게 된다. 우리는 내부와 외부 세계의 변화에 덜 적응하고, 인지적 기능과 사회적으로 참여하고, 호기심을 갖고, 탐구하고, 놀이하는 능력이 제대로 발휘되지 못한다. 자기의 통합된 경험의 발달에 영향을 미치는 만성적인 상태로 경험은 종종 단편화된 상태로 남아 있고, 그것들의 의미를 만드는 우리의 능력에 영향을 미친다(Hill, 2015). 외상을 입은 아동에 대한 놀이치료 개입의 중요한 요소는 아동이 기동/고정의 상태를 인식하고, 적절한 인내의 창 내에서 그들의 생리를 관리하는 것이다. 이를 통해 외상 증후군을 더욱 유지하는 그들의 조절 부전 상태의 지속 시간과 영향을 최소화한다(Goodyear-Brown, 2010; Ogden et al., 2006; Perry, 2006). 치료가 진행됨에 따라 외상 개입은 그들의 인내의 창의 가장자리에서 아동의 조절과 정서를 작업하는 데 초점을 맞춘다(Cozolino, 2010; Ogden et al., 2006). 이것은 "안전한 환경의 맥락에서 정서적으로 허용되는 양에서 조절 부전 정서를 다시 경험함으로써 압도적인 외상 감정이 내담자의 감정적 삶으로 조절되고 통합될 수 있도록 그들을 지지함으로써 그들의 인내의 창을 넓히는 데 도움이 된다"(Schore, 2009, p. 130).

심리치료에서의 정서적 동시성과 정서 조절

아동의 조절 부전 각성 반응은, 우선 아동을 돌보는 사람에 의해 조절된다. 돌보는 사람과 아동의 2자 관계의 상호 주관적 공간에서 적절히 대응하는 돌보는 사람을 통해 아동은 정서 조절(Tronick, 2007), 궁극적으로는 건강한 자기 출현(Schore, 2003)을 발달시킨다. 이러한 조율된 상호작용을 하는 동안에 보호자와 아동의 정서 상태는 마치 춤을 추는 것과 같으며, 보호자는 아동의 몸의 상승과 하강에 따라 함께 움직이며, 심리생물학적으로 연결된 경험을 함께 만들어 낸다(Ham & Tronick, 2009). 안정 애착에서와 같이, 놀이치료에서 정서적 동시성은 필수적이다. 그것은 치료 관계의 안전과 신뢰의 기초가 된다. 적응된 치료자는 심리생물학적으로 아동의 정서적 및 생리적 상태와 조화를 이루고, 이것들에 반응하고, 아동이 '함께 있다'는 느낌과 공감 및 수용이라는 느낌을 경험하는 상호 주관적 공간을 공동으로 창조한다(Golding

& Hughes, 2012). 이를 통해 치료자의 자기 사용은 "애착, 감정적 의사소통 및 상호작용적 조절의 결합을 형성할 수 있는 놀이 맥락을 공동 창조할 수 있다" (Schore, 2017, p. 129). 외상을 입은 아이들과의 놀이치료 과정에는 부조화, 파열, 그리고 어떤 관계의 회복 특성이 내재하여 있고, 특히 아동이 치료자와의 관계 내에서 애착 트라우마를 재연할 때(Tronick, 2007) 그렇다. 치료적 변화가 일어날 수 있는 것은 이 상호 회복 공간에서이다. 아동은 다양한 긍정적·부정적 영향을 안전하게 경험하고, 자신의 인내의 창을 넓히고, 자기와 다른 사람과 함께 이러한 새로운 관계 경험에 대응하는 새로운 방법을 개발할 수 있는 공동 조절 환경을 제공하는 동시 상호작용에 있다(Schore, 2017).

PTDM 사분면을 통해 의사결정을 안내하는 인내의 창을 사용하면, 아동이 참을 수 있는 범위를 넘어 생리적 각성을 증가시키지 않고 인내의 창 가장자리의 외상성 물질에 대한 아동의 적절성을 촉진할 수 있다. 관계적 안전의 맥락 안에서 치료자는 그들의 춤에서 파트너로서의 역할과 적정 동인으로서의 역할(Goodyear-Brown, 2010)을 수행하고, 조화롭고 부수적인 반응을 제공할 수 있다. 하지만 이 과정 동안 인내의 창 밖으로 이동하고, 자기 조절 능력이 낮은 아동을 위해 치료자는 다시 인내의 창 내에서 아동을 공동 조절하려고 좀 더 지시적인 접근방식을 활용할 수 있다. 이 관계적으로 풍부한 보상 맥락은 아동에게 상호적 회복을 제공하고, 내부 상태에 대한 공동 조절을 제공하고, 그렇게 함으로써 자기 조절 능력을 향상시킨다.

아동의 요구에 민감한 방식으로 구조화된 놀이치료의 관계적 맥락은 아동의 신경생물학적 균형을 재구성하고 더 적응적인 반응을 촉진할 수 있다. 치료자가 궁극적으로 아동이 적절한 인내의 창 내에서 자신의 트라우마 경험을 처리하고 통합할 수 있도록 지원하므로 PTDM 차원의 유연성은 아동과 치료자 사이에 동시적 댄스가 발생할 수 있도록 한다. 또한 PTDM-R에 조절과 인내의 창 도메인을 포함하는 것은 치료자에게 외상 패러다임과 치료 틀에 적절한 실천 모델을 제공한다. 그것은 아동이 인내의 창 내에서 기능할 수 있도록 지원하는 과정을 명확히 표현하고, 조절 경계에서 작업함으로써 이를 확장하며, 따라서 무의식적인 암묵적 기억이 의식적 외현 기억으로 통합되는 과정을 지원한다.

사례개념화

아동 보호 서비스 기관이 시앤의 외상치료를 위해 의뢰하였을 때, 시앤은 일곱 살이었다. 비록 시앤의 가족이 자신들의 원주민성과 강하게 동일시하지는 않았지만, 시앤에게는 호주 원주민 문화가 있었다. 보호 문제로 8개월 전에 어머니(칼리)에게서 떨어진 후 세 번째 위탁 보호 시설에서 살고 있었다. 시앤은 가정폭력(태내를 포함)과 부모의 정신건강 문제, 약물 오용, 방임, 유기를 경험했다. 또한 초기 위탁 시설에서 신체적 학대를 받았다.

시앤의 외상 증상으로는 과각성, 불안, 외상 침습, 해리, 수면 및 기억 곤란 등이 있었다. 시앤의 관계 형태는 어른들을 예측할 수 없고, 믿을 수 없고, 무관심하고, 신체적으로나 감정적으로 학대하는 것으로 경험한 것이었다. 시앤의 적응적인 반응은 자신의 욕구를 충족시키기 위해 자신에게 의존하는 것이었다.

이러한 도전에도 불구하고 시앤은 연결과 관계에 대한 욕구가 있었다. 게다가 비록 스트레스를 받고 자신의 증가하는 외상 관련 행동과 관련된 도전으로 인해 붕괴에 취약했지만, 시앤의 현재 위탁 가정은 일관되고, 양육되고, 회복적이었다.

치료 과정: 전환점과 자기(Self)의 출현

3단계 외상치료 틀의 맥락을 구체적으로 살펴보면, 시앤의 치료 과정과 주요 전환점이 여기에 제시되어 있다(Cloitre et al., 2012; Ford & Courotis, 2013;

Goodyear-Brown, 2010). 각 단계에는 구체적인 치료 목표가 있다.

① 안전 및 안정화: 상대적 안전성을 촉진하고, 생리를 진정시키고, 아이가 적절한 인내의 창 안에서 활동할 수 있도록 지원하며, 대처 능력을 높이고, 신체적 및 정서적 능력을 향상하며, 아이의 행동 인식을 촉진한다.
② 외상 기억 처리: 신체적 및 감정적 처리, 외상 기억 관리 및 처리, 왜곡된 믿음과 잘못된 귀인 해결, 일관성 있는 서술과 의미 형성을 개발한다.
③ 재연결: 외상 후 자기에 대한 긍정적인 의미 부여, 일상생활에 새로운 기술과 자원을 통합, 미래의 도전을 계획, 그리고 과거, 현재, 미래의 통합이 목표이다.

통합과 회복을 달성하려고 외상을 입은 아동과의 놀이치료 중에 이러한 치료 과제의 순서가 필요하지만, 이것이 발생하는 과정은 종종 자연에서 유연하게 순차적이다(Goodyear-Brown, 2010; Olejniczak, 2013). 이 사례연구는 PTDM 사분면과 외상치료 목표를 통한 움직임, 누가 이 움직임을 주도했는지(예를 들어, 아동 또는 치료자)를 조사, 그리고 치료자의 자기 사용을 강조한다. 더욱이 그것은 임상적 의사결정을 안내하는 핵심 메커니즘으로서 PTDM-R 영역, 조절 및 인내의 창의 역할을 강조한다.

외상치료 1단계: 안전과 안정화

1단계는 1회기와 16회기 사이에 일어났으며, 시앤은 우리의 치료 관계와 물리적 환경에서 안전 의식을 경험하는 것을 보장하는 데 초점을 맞추었다. 따라서 나는 처음 6회기 동안 놀이치료에 대한 나의 지향적 접근방식으로 '3사분면: 비지시적 반응'을 활용했다. 이러한 관계는 시앤이 자신의 경험을 자유롭게 탐구하고, 새로운 존재 방법을 시험하고, 치유를 향해 나아갈 수 있는 '안전한 컨테이너(safe container)'(Winnicott, 1971)를 제공했다(Oaklander, 1978).

상호적 조절의 반복적인 예가 시앤이 어른들이 안전하고, 예측이 가능하고, 반응하며, 적응할 수 있다는 점을 배울 수 있도록 지원했다(Schore, 2003).

전환점 1

1회기 동안 시앤은 높은 수준의 조절 곤란을 보였고, 놀이는 혼란스러웠다. 시앤의 생리적 상태에 대한 나의 적응과 동시화를 통해 나는 공동 조절을 제공하는 것으로 반응했다. 나는 스스로 놀이에 몰두하여 시앤의 놀이 맥락에 머무르는 동안 내내(4사분면: 공동 촉진) 시앤과 일치시키려고 의도적으로 내 몸의 에너지를 사용하고, 시앤의 거울신경세포(Berrol, 2006)를 활성화하면서 극에 몰입한 다음에 내 몸의 움직임을 느껴지게 했다. 나는 나의 공동 조절 시도에 대한 시앤의 반응을 통해 나와의 관계적 능력에 대한 시앤의 인내의 창을 평가할 수 있었다. 시앤이 나를 조절의 자원으로 이용할 수 있을까? 또한 1회기 동안 시앤은 자신의 트라우마 경험을 이야기하려는 타고난 동기를 보여 주었다. 시앤은 칼리와 그녀의 전 남자친구 사이에서 목격했던 학대를 일부 공유하며 "그들이 화를 내서 무서운 동시에 나와 행복할 때 혼란스럽다."라고 말했다. 하지만 그 공개는 시앤의 조절 곤란의 강도를 증가시켰다. 따라서 시앤의 첫 번째 주도에 따라 나는 시앤의 이야기를 목격하고 검증했고, 시앤을 다시 인내의 창 내로 재조절하기 전에 외상성 내용에 노출되는 것을 인내할 수 있는 시앤의 능력을 평가하였다. 이것에 이어 시앤은 남은 회기 동안 모래 놀이에 참여했다. 시앤은 모래 상자를 사용하였고, 치료 과정에서 이것은 주된 놀이 수단이 되었다. 시앤은 나를 자신의 모래 놀이에 초대했고, 3사분면에 머물면서 나는 시앤으로부터 지시를 구했다. 시앤은 놀이가 어떻게 진행되기를 원하는지에 대해 나에게 명확한 지시를 내렸다. 이러한 배경에서 안전이라는 주제를 중심으로 한 '투쟁'(Allan, 1998)의 과정이 등장했고, 2회기에서 7회기까지 반복적으로 놀이가 진행되었다.

전환점 2

서로 다른 두 쪽이 서로 공격하고 한쪽이 죽어 가면서 시앤의 모래 놀이 '투쟁'이 뚜렷이 드러났다. 사용된 미니어처와 안전이라는 주제에 대한 변형에 상관없이 시앤 쪽은 내 쪽을 거듭 이겼다. 회기가 진행됨에 따라 나는 시앤의 놀이에 더 깊이 몰입했고, 좀 더 지시적이 되어 점점 4사분면에서 작업하게 되었다. 놀이와 은유의 맥락 안에서 나는 시앤의 안전 의식과 관련된 나의 가설을 적극적으로 시험해 보았다.

나는 '1사분면: 적극적 활용'을 통해 해석을 제공함으로써 의식적 처리를 위해 시앤의 인내의 창을 탐색했고, 시앤의 상징적 표현과 시앤이 살았던 안전 경험 사이의 유사성을 부드럽게 인식시켰다. 시앤은 이러한 성찰에 대해 공개로 반응하며, 칼리와 접촉 방문을 했을 때 안전하다고 느꼈지만, "나를 떠났을 때 안전하다고 느끼지 않았다.", 그리고 "그들이 큰 비명을 질러서 내가 그것을 고치려고 할 때 무섭다."라고 말했다. 비록 시앤은 모래 놀이로 돌아가서 스스로 조절하는 법을 배웠지만, 그 공개는 계속해서 시앤을 인내의 창 밖으로 밀어냈다. 또한 두 차례의 해석적 진술을 이용한 1사분면으로의 나의 움직임이 잘못 조율이 되어 시앤의 놀이에 지장을 초래했다. 따라서 이 분열을 고치는 것이 나의 과제였는데, 이를 나는 공동 조절을 통해, 그리고 내가 다시 한번 시앤의 지도를 따라가는 동안에 시앤이 과정을 다시 지시할 수 있게 하려고 3사분면으로 돌아갔다. 이 치료 단계에서 시앤의 낮은 자기 조절 능력을 고려할 때, 시앤의 주된 치료 욕구 중 하나는 생리 기능을 진정하고 안정시키는 것이었다. 나는 이 중요한 1단계 치료 과제가 치료 초기에 다뤄져야 한다는 것을 알고 있었다. 하지만 나는 처음으로 우리 관계에서 시앤의 통제에 대한 욕구에 특권을 주는 것이 필수적이라고 보았다. 이러한 신뢰는 치료적 관계에 내재한 파열-보수 과정에 발판을 마련할 것이며, 이는 본질적으로 내담자의 알고 존재하며 관계하는 방식에 도전하는 것이다. 그것은 또한 시앤이 자신의 회복을 지지하는 좀 더 직접적인 치료 개입에 효과적으로 참여할 수 있게 할 것이다. 나는 이것을 하기 위해 시앤의 초대를 기다리고 있었는데, 그것은 8회기에서 다루어졌다.

전환점 3

시앤은 다시 모래 놀이에 몰두했고, '쓰레기'장을 만들었다. 이 표현은 시앤에게 깊은 반향을 불러일으키는 것처럼 보였다. 시앤은 쓰레기들이 얼마나 큰지 강조하며 쓰레기 트럭에 쓰레기, '나쁜 것들'을 싣는 데 높은 수준의 에너지와 몸의 움직임을 보여 주었다. 시앤이 쓰레기를 처리하면서 소리쳤다. "이제 퇴비로 변하고 있다. 퇴비는 정원에 좋다. 벌레는 쓰레기를 퇴비로 바꾸는 것을 돕는다. 벌레가 조력자야." 그런 후 시앤은 뱀 미니어처를 집어서 내게 건네주었고, 애원하듯 내 눈을 바라보며, "자, 당신이 벌레예요."라고 말했다. 이것이 마침내 시앤이 아주 깊은 수준에서 나를 자신과 연결하도록 초대했다는 것을 감지한 치료의 전환점이었다. 시앤의 모래 놀이에 있는 벌레는 재생 과정에서 도우미를 상징적으로 나타냈고, 시앤은 나에게 "나 여기 있어……. 난 너를 믿어……. 네가 날 좀 도와줬으면 해……. 네가 도와줬으면 좋겠어."라고 말했다. 3사분면에 머물면서 나는 시앤에게 놀이에서 내가 어떻게 진행해야 하는지의 방향에 대해 시앤의 의견을 따랐고, 시앤은 나에게 "벌레가 할 줄 아는 것을 해."라고 요청했다. 이 지시를 명확히 하면서 시앤은 나에게 치료 과정을 촉진하는 데 있어서 적극적으로 진행하도록 분명히 허락하였다. 시앤은 우리 치료 관계의 안전과 신뢰, 그리고 취약한 안전을 나에게 표현했다. 이것은 내가 안전과 안정이라는 치료적 목표를 통해 진행을 촉진하고, 시앤의 육체적·정서적 능력, 그리고 자율 조절 능력을 향상함으로써 나의 몰입도를 더욱 높일 수 있었다. 나는 이것을 촉진하는 관계적 및 감각 운동적 놀이 활동에 시앤을 참여시켰다.

전환점 4

나는 '2사분면: 개방적 논의 및 탐색'과 '4사분면: 공동 촉진' 사이에서 작업하면서 감각 운동 활동 및 숨쉬기 활동뿐만 아니라, 움직임, 음악, 창조적 시각화 등의 놀이치료 매체를 이용했다. 시앤이 가장 좋아하는 활동은 비눗방울 불기와 음악, 특히 드럼 연주였다. 시앤이 적당한 속도(분당 60~80박자)로 드럼을 연주하면서 뇌간이 패턴화되고 반복적인 방법, 즉 생리적 진정(Perry, 2006)에 필요한 요소를 자극했다. 복식호흡은 내가 2사분면에서 작업하면서 시앤이 개발하도록 지원했던 또 다른 자기 조절 기술이었다. 우리는 이 호흡법을 연습했고, 시앤은 비눗방울 불기, 노래하기, 그리고 관악기 연주하기 등 다양한 놀이 활동을 통해 호흡을 탐색했다. 복식호흡은 복부 미주신경을 조절한다. 들숨은 미주신경 억제를 '끄고' 심박수를 증가시키고, 천천히 하는 날숨은 미주신경 억제를 '켜고' 심박수를 감소시킨다(Porges, 2011). 따라서 이러한 활동은 미주신경 억제를 작동시키는 역할을 하였다. 나는 2사분면에서 시앤이 자신의 몸이 어떻게 작동하는지 이해하도록 돕고, 큰 감정을 느낄 때 자신의 몸을 돌볼 수 있도록 하는 작업을 했다. 시앤은 특히 불안하고 두려울 때, 자신의 '바깥의 내면'(Rabe, 2008)에 대해 배우는 것을 포용했다. 청진기를 통해 시앤이 자신의 심장박동을 듣고 놀라 시앤의 '강아지' 눈은 더 커졌다. 청진기로 자신의 심장박동 수의 변화를 들으며, 시앤은 심장박동 수를 늦추기 위한 복식호흡에 이어 심장박동 수를 가속화하는 전체 운동 활동을 즐겼다. "내가 내 심장에 변화를 줄 수 있어요!"라고 시앤이 소리쳤다. 또한 시앤은 '시간이 가면서' 자신의 감각과 다시 연결하고, 자신이 선호하는 드럼 치는 방법을 통해 자신의 인내의 창 내에서 각성을 다시 증가시키는 법을 배웠다. 이 전환점은 시앤이 자신의 몸에 대한 발견과 인식을 통해 자기(Self)와 다시 연결되는 것이 특징이었다.

전환점 5

"나는 당신에게 드럼을 쳐서 나의 날(day)을 만들 거예요."라고 시앤은 밝혔다. 시앤은 자신의 생리와 감정과 관련하여 자기(Self) 통합을 경험하고 있었다. 놀이를 통해 시앤은 자신의 조절 능력에 대한 자기효능감을 발달시켰고, 공동 조절에 내가 덜 필요했다. 나는 시앤이 이제 자신의 몸 자세를 좀 더 똑바로 잡고(Ogden et al., 2006), 자신의 놀이에 대한 접근에서 좀 더 여유롭고 깊이 생각하는 것을 관찰했다. 시앤의 조절 부전은 안정되었고, 인내의 창은 넓어졌다. 또 조절 경계선에서 작업할 수 있는 능력을 발달시켰고, 그렇게 하기 위한 관계적 안전과 자율 조절 기술의 안전한 기반에서 자신의 외상 내용으로 이동했다. 이것은 2단계의 좀 더 집중적인 외상 처리에 대한 시앤의 준비 상태를 나에게 보여 주었다.

외상치료 2단계: 외상성 기억의 처리 및 관리

2단계는 17회기와 31회기 사이에 발생했지만, 외상 처리는 놀이치료 과정의 모든 단계에서 일어난다는 것이 나의 견해이다. 왜냐하면 아동이 놀이에 몰두할 때 무의식적 자기를 사용하기 때문이다. 놀이에서 "아동은 절대 자신을 떠나지 않는다. 그들은 자신을 더 많이 사용한다"(Oaklander, 1978, p. 137). 놀이(특히, 3사분면과 4사분면)는 "지금-여기(here and now)를 그때-저기(there and then)와 연결하며"(Levy, 2011, p. 51), 외현(의식적) 기억을 촉발할 뿐만 아니라, 암묵적(무의식) 기억과 과정도 활성화한다(Cozolino, 2010). 이것은 붕괴된 감각과 경험의 통합을 촉진한다. 놀이치료는 시앤이 자신의 몸을 새로운 방식으로 경험할 수 있도록 해 주었고, 나의 존재와 함께 시앤도 또한 새로운 방식으로 자기-타인을 경험했다.

2단계 내내 시앤의 개인적 욕구, 스타일과 놀이 능력(예를 들어, 놀이를 시작하고, 지시하고, 유지하는)을 고려하여 나는 3사분면에서 시작하며 회기에 계속 접근했다. 시앤은 자주 모래로 돌아왔다.

전환점 6

19회기부터 나는 시앤의 모래 놀이에서 그 과정이 주로 무의식에서 의식적인 인식의 수준이 증가하는 것으로 눈에 띄는 변화를 관찰했다. 시앤의 에너지는 물의 사용과 모래 상자를 가로지르는 '모래 폭풍'으로 더욱 강렬해졌다.

1단계에서 나타난 투쟁의 주제는 질서 회복과 더 큰 조직의 존재, 즉 시앤의 내적 세계에서 일어나고 있는 것의 반영과 함께 '해결'(Allan, 1998)로 진행되었다. 시앤의 놀이는 시앤이 외부의 영향을 인식하고 인정하는 능력을 발달시키고 있음을 시사했고, 시앤의 이야기에서 시앤은 이 시기에 1사분면으로 이동하면서 피규어와 대상을 살아온 경험에서의 개인과 연관시키기 시작했다.

전환점 7

"모래에서 노는 것은 내가 제일 좋아하는 거예요!" 시앤은 20회기에서 나에게 말했다. 시앤은 이 놀이 매체를 통해 자신의 외상 처리의 많은 부분에 착수했고, 내내 나는 종종 시앤의 인내의 창 안이나 가장자리에 있는 외상 내용에 대한 노출의 적정성을 지지하면서 1사분면과 4사분면을 이용했다. '시앤의 춤의 협력자'와 '적정성 동인'으로서의 역할(Goodyear-Brown, 2010)은 증가하는 정서 관용을 지지하는 관계적으로 풍부한 맥락을 제공했다. 나는 시앤의 인내의 창이 시앤의 각성이 외상 내용에 반응하여 증가할 때, 시앤이 각성을 효과적으로 조절하면서 확장되는 것을 관찰했다. 모래 놀이에서 시앤은 공격당하고, 혼자가 되어 무력해지고, 남의 도움을 받고, 남을 돕고, 도움을 줄 수 없는 다른 사람의 도움을 얻으려고 하고, 이런 일이 일어났을 때 자신을 안전하게 지키는 등의 경험을 놀이했다. 시앤의 이야기 파편들을 쥐고 나중에 시앤이 이것들을 자신의 경험에 대한 논리적인 서술로 완성하도록 돕는 것도 내 역할이었다.

전환점 8

27회기에서 시앤은 갑자기 자신의 모래 놀이를 버리고 처음으로, 그리고 유일하게 아기 인형들과 관계를 맺었다. "아가야, 조용히 해! 넌 그를 화나게 할 거야!" 시앤이 아기를 흔들면서 화를 내며 소리쳤다. 은유에 몰두하며 4사분면에서 작업하면서 나는 일어나고 있는 일이 아기의 잘못이라는 왜곡된 믿음에 부드럽게 도전했다. "아기가 울고 있네. 지금 당장 아기에게 필요한 게

뭔지 궁금하구나?" 나는 시앤이 지닌 자책의 귀속에 대한 나의 가설을 시험하고, 인지 왜곡과 잘못된 속성의 인지적 구조 조정을 수행하는 데 있어서 인내의 창의 가장자리에서 작업하는 것을 인내할 수 있는 시앤의 능력을 시험할 수 있었다.

전환점 9

시앤은 후속 회기들에서 모래 상자로 돌아왔다. 자신의 안전감에 대한 해결책에 도달한 듯 보였고, 다음과 같은 말을 했다. "나의 생명체들은 모두 안전해. 그들은 더는 다치지 않아. 엄마 새들은 아기 새들을 보호하는 방법을 알고 있어. 왜 내 편에는 안전한 장소가 없을까?" 놀이를 통해 시앤은 이러한 것들이 자기 어머니에 대한 자신의 경험이라는 것을 의식적으로 인식하게 되었다. 시앤은 자신의 경험에 대한 의식적 인식이 높아지자, 이를 중심으로 이야기를 전개하며 치료 작업을 적극적으로 지시했다. 자신을 '2사분면: 개방적 논의 및 탐색'으로 이끌었고, 자신의 엄마와 함께 불안감을 느끼는 문제에 분명히 맞서서 아이들을 보호하기 위해 부모들의 '직업'을 탐색했다. 나는 다른 돌봄 팀원들에 의해 여러 번에 걸쳐 지속적으로 전달되었던 것처럼, 시앤에게 시앤이 가정 외 돌봄을 받는 것에 관한 이야기를 제공했다.

전환점 10

나는 주로 2사분면으로 나의 움직임을 이끌고 거기서 나의 작업에 집중했으며, "무슨 일이 일어났는지 내 잘못이다."와 같이 전에 시앤의 외상성 경험을 유지했던 왜곡된 믿음과 잘못된 속성을 다룸으로써 외상 이야기의 인지적 구조 조정을 촉진했다.

외상치료 3단계: 지속적인 회복 촉진

3단계는 마지막 10회기인 32~42회기에서 발생했다. 시앤은 이제 칼리와 함께 살기 위해 돌아왔고, 두 번째 주말마다 자신의 양어머니(애니)를 방문했다. 이 개입의 마지막 단계에서의 치료는 치료 중에 발달한 관계적 · 신체적 · 감정적 · 인지적 자원을 시앤의 일상생활에 통합하고 강화하는 데 목적이 있었다.

전환점 11

이 단계의 몇 회기는 시앤의 경험에 관한 이야기를 기록하는 데 전념했으며(2사분면), 시앤의 인생 이야기, '나에 관한 나의 책'에서 절정에 이르렀다. 인생 이야기 작업(Rose, 2012)은 주로 시앤의 공개와 함께 2단계 동안에 일어났으며, 이 과정의 마지막 부분은 시앤이 자서전적 기억의 이전 결손이 방해했던 방식으로 자기 이야기의 파편을 일관성 있는 전체로 통합할 수 있게 하였다. 시앤은 이제 '예비 과정에서 어떤 학교에 다녔고, 선생님이 누구였는지'를 알았다.

전환점 12

시앤의 인생 이야기 책의 개발과 함께 시앤의 계속되는 모래 놀이 과정은 자신의 외상 후 자기에 대한 긍정적인 의미를 만들고 계획과 준비가 필요한 미래의 도전을 식별하는 인지적인 과제로 움직이게 하는 것을 가능하게 했다. 시앤은 위탁 보호자에게서 멀어지는 것에 대한 상실과 슬픔을 고통으로 여겼지만, 2사분면에서 이에 대한 열린 논의로 시앤은 이러한 감정을 칼리와 공유할 수 있도록 해 주었고, 그들은 애니와의 지속적인 관계를 지원하기 위한 계획을 세울 수 있었다.

전환점 13

칼리와의 재결합은 시앤의 안전에 대한 위협을 다시 경험한 사건 때문에 새롭게 떠오르는 시앤의 자기의식에 어느 정도 퇴보하는 결과를 낳았다. 놀이치료에서 시앤은 이 붕괴의 장면을 연기했다. "나는 모래 사나이로 변하고 있어……. 나는 어디에나 있어." 이 짧은 기간 동안 나는 시앤을 2사분면으로 이끌었고, 이전에 배운 외상 후 자기 감각의 기술과 자질을 다시 논의하고, 그것들을 현재 상황에 적응시켰다. 이 과정을 통해 시앤은 자신의 과거 경험을 현재 상황과 구분할 수 있었다.

전환점 14

나는 우리가 예정했던 마지막 회기의 몇 달 전에 우리의 치료가 끝날 수 있도록 준비하면서 시앤을 적극적으로 이끌었다. 이 과정에서 시앤은 공포와 예측 불가능으로 특징지었던 갑작스럽고 학대적인 관계의 종말을 경험하기보다는 새로운 회복의 경험을 제공하며, 시앤이 계획적이고 목적이 있는 방법으로 관계의 종말을 경험할 수 있게 하였다. 마지막 회기에서 시앤은 "나는 마지막으로 모래에서 놀고 싶어."라고 말했다. 시앤은 모래 상자를 손으로 헤치며, 상자 한가운데에 있는 더미로 단번에 모래를 그러모았다. 시앤은 더미 주위에 울창한 숲을 만들었고, 마무리할 때 더미 위에 한 개의 특정한 미니어처를 놓았다. 이 상징은 치료 후반기 동안에 시앤의 모래 놀이에서 일관되게 나타났다. 그것은 작은 앵무새였다. 시앤이 어느 정도 연관되어 있던 호주 원주민 문화의 꿈의 시대(dreamtime) 이야기들은 작은 앵무새를 "높아진 통합의식을 나타내는 것으로 본다. 그리고 단순히 현재에 살고 있다는 것만으로 작은 앵무새는 우리의 타고난 지혜와 학습된 지식을 효과적으로 넓히고, 우리 삶의 경험을 명확하게 하고, 우리의 과거를 치유한다……. 그것은 참으로 현명한 선생님이다"(King, 2007, p. 124).

전환점 요약

과정의 단계	사분면	전환점	무엇이 전환점에 기여했는가
1단계: 전환점 1 1회기	1~6회기 지향하는 접근방식으로 3사분면, 3, 2, 4사분면 사이에서 유동적인 움직임, 그리고 3사분면으로의 복귀	• 시앤은 자신을 관리하고 있는 상태로 경험했다. • 치료적 관계와 물리적 환경에 대한 안전을 확립했다. • 임상적으로 조율의 필요성이 제시되었을 때, 나는 공동 조율을 하였다. • 시앤은 모래 상자를 발견했고, 그것의 감각적 특성과 관계를 맺고, 이는 시앤의 과각성된 생리작용에 진정 효과를 가져왔다.	• 시앤은 수용을 경험했고, 증명되고 검증되었다. • 치료자는 시앤의 조절 프로파일(특히, 과각성 상태), 적응적 반응, 그리고 치료자와의 관계 능력의 인내의 창과 시앤의 외상 경험에 대한 노출에 익숙해졌다. • 시앤은 새로운 조절 방법을 확인했다.
전환점 2 6~7회기	4사분면, 1사분면	• 전투/투쟁 수행	• 치료자는 시앤의 놀이에서 떠오르는 새로운 주제를 확인했고, 이에 대한 치료자의 가설을 시험하기 위해 해석을 제공했다. • 이것은 안전과 보호에 대한 시앤의 감정에 대한 의식적 인식을 뒷받침했다.
전환점 3 8회기	1, 4, 2 사분면	• "당신은 벌레이다." 시앤은 치료자에게 안도감과 신뢰를 표현했다. • 시앤의 놀이에서 더 큰 복잡성과 더 많은 이야기가 등장했다.	• 치료자에 대한 시앤의 신뢰와 안전한 감정으로 취약함을 드러냈다. • 시앤의 생리적 안정화는 자신의 놀이 기술의 발전을 낳았다.

전환점 4 10회기	2사분면	• "나는 마음을 바꿀 수 있어!" 시앤은 자신의 몸에 대한 자기 인식을 재연결했다.	• 시앤의 신뢰는 치료자의 몰입도를 높여 신체적 · 정서적으로 읽고 쓰는 기술의 치료 목표를 통해 진전을 촉진했다.
전환점 5 15회기	4사분면	• "나는 오늘 드럼을 칠 거야." • 몸의 리듬을 두드리며	• 자기의 통합–생리와 감정 • 조율 능력에 대한 자기 효능감의 향상
2단계: 전환점 6 19회기	모든 4사분면 사이에서 유연하게 움직임	• '전투'의 해결–시앤의 내부 세계에서의 질서 회복 • 시앤이 모래 놀이 미니어처를 살아온 경험으로부터의 개인으로 관계 맺기	• 놀이를 통한 시앤의 의미 부여는 트라우마 경험의 원인이 되는 외부 영향의 인식을 뒷받침하며, 자신의 부정적 자기 귀인에 도전하기 시작했다.
전환점 7 20~26 회기	4사분면	• "나는 모래에서 노는 것을 제일 좋아한다." 시앤의 모래 놀이는 비언적 및 언어적 내러티브를 통한 트라우마의 공개와 처리를 가능하게 했다.	• 치료자는 시앤의 트라우마 내용을 향하고 멀어지는 치료적 춤에 합류했다. • 치료자는 나중에 시앤이 일관성 있는 전체를 개발하도록 돕기 위해 시앤의 이야기의 파편들을 잡고 있었다.
전환점 8 27회기	3사분면	• "아가야, 조용히 해. 네가 치료자를 화나게 할 거야!" 치료자는 자기 비난에 대한 치료자의 가설을 시험하고, 이것에 부드럽게 도전하기 위해 놀이의 은유에 몰두했다. • "아기기 울고 있어. 지금 당장 아기에게 필요한 것이 무엇인지 궁금하네?"	• 놀이에 대한 치료자의 몰입은 자기 비난에 대한 치료자의 가설을 시험할 수 있게 했고, 인지 왜곡과 잘못된 귀속이라는 인지적 구조 조정 작업을 수행하는 데 있어 시앤의 인내의 창 가장자리에서 일하는 것에 대한 관용을 평가할 수 있게 했다.

전환점 9 30회기	3, 1, 2 사분면	• "나의 생물들은 모두 안전하다. 그들은 더는 다치지 않는다. 엄마 새들은 아기 새들을 보호하는 방법을 안다." 시앤은 이것들이 엄마와의 경험이라는 것을 의식적으로 인식했다.	• 시앤은 2사분면으로의 이동을 지시하고, 아이들을 안전하게 보호하는 부모의 역할을 탐구하면서, 이에 대한 일관된 내러티브의 개발에 착수했다. • 시앤은 안전과 보안에 대해 느끼는 감각을 개발했다.
전환점 10 31회기	2사분면	• "벌어진 일은 내 잘못이다." 시앤의 강화된 자기 조절 기술과 의식적인 인식은 명시적인 외상 처리를 요청했다.	• 나는 시앤의 선례를 따랐고, 시앤의 외상성 내러티브 및 왜곡된 믿음과 잘못된 귀인을 해결하는 데 인지적 구조 조정을 촉진했다,
3단계: 전환점 11 32회기	2사분면	• "이제 나는 예비 학교에서 나의 선생님이 누구였는지 안다."	• 인생 내러티브 작업을 통해 시앤의 삶에서 중요한 이정표와 트라우마 내러티브에 대한 일관성 있는 설명이 가능해졌다.
전환점 12 33회기	3, 2사분면	• 시앤은 자신의 양부모를 지원 자원으로 남겨 둔 것에 대한 자신의 슬픔을 바꾸었다.	• 시앤은 자신의 외상 후 자기에 대해 긍정적인 의미를 부여했다.
전환점 13 36회기	3, 2사분면	• "나는 모래 사나이로 변하고 있다. 나는 어디에나 있다." 안전에 대한 위협 인식으로 인한 자기 붕괴/통합	• 치료자는 치료 목표의 진전을 이끌었고, 이전에 배운 기술을 통합하여 현재 상황에 적응시켰다.
전환점 14 42회기	2, 3사분면	• "마지막으로 모래에서 놀고 싶다." 작은 앵무새를 상징으로 시앤이 자기의 통합을 경험했다.	• 마지막 회기 준비로 시앤은 계획적이고 목적 있는 치료 방법으로 관계를 마치는 경험을 할 수 있었다.

참고문헌

Allan, J. (1998). *Inscapes of the child's world: Jungian counseling in schools and clinics*. Washington, DC: Spring Publications.

Berrol, C. F. (2006). Neuroscience meets dance/movement therapy: Mirror neurons, the therapeutic process and empathy. *The Arts in Psychotherapy, 33*(4), 302-315.

Cloitre, M., Courtois, C. A., Ford, J. D., Green, B. L., Alexander, P., Briere, J., Herman, J. L., Lanius, R., Spinazzola, J., & van der Hart, O. (2012). *The ISTSS expert consensus treatment guidelines for complex PTSD in adults*. Accessed on 03/08/2018 at https://www.istss.org/ISTSS_Main/media/Documents/ISTSS-Expert-Concesnsus-Guidelines-for-Complex-PTSD-Updated-060315.pdf

Cook, A., Spinazzola, J., Ford, J., Lanktree, C., Blaustein, M., Cloitre, M., DeRosa, R., Hubbard, R., Kagan, R., Liautaud, J., Mallah, K., Olafson, E., & van der Kolk, B. (2005). Complex trauma in children and adolescents. *Psychiatric Annals, 35*(5), 390-398.

Cozolino, L. (2010). *The neuroscience of psychotherapy: Healing the social brain* (2nd Ed.). New York: W. W. Norton & Company.

Dalai Lama Center (Producer). (2011). Parenting for the 21st century: Building the neural circuits for resilience and kindness [Video file]. Accessed on 03/08/2018 at https://www.youtube.com/watch?v=PGUEDtGSwW4

Drewes, A. A., Bratton, S., & Schaeffer, C. (2011). *Integrative play therapy*. Hoboken, NJ: John Wiley & Sons.

Ford, J. D., & Courtois, C. A. (2013). *Treating complex trauma: A sequenced, relationship-based approach*. New York: Guilford Press.

Gil, E. (2006). *Helping abused and traumatized children: Integrating directive and nondirective approaches*. New York: Guilford Press.

Gil, E. (2012). Trauma-Focused Integrative Play Therapy (TF-IPT). In P. Goodyear-Brown (Ed.), *Handbook of child sexual abuse: Identification, assessment and treatment*. Hoboken, NJ: John Wiley & Sons.

Golding, K. S., & Hughes, D. A. (2012). *Creating loving attachments: Parenting with PACE to nurture confidence and security in the troubled child*. London: Jessica Kingsley Publishers.

Goodyear-Brown, P. (2010). *Play therapy with traumatized children: A prescriptive approach*. Hoboken, NJ: John Wiley & Sons.

Ham, J., & Tronick, E. (2009). Relational psychophysiology: Lessons from mother-infant physiology research on dyadically expanded states of consciousness. *Psychotherapy Research, 19*(6), 619-632.

Hill, D. (2015). *Affect regulation theory: A clinical model*. New York: W.W. Norton & Company.

King, S. A. (2007). *Animal dreaming: The spiritual and symbolic language of the Australasian animals*. Australia: Blue Angel Gallery.

Levy, A. J. (2011). Neurobiology and the therapeutic action of psychoanalytic play therapy with children. *Clinical Social Work Journal, 39*(1), 50-60.

Oaklander, V. (1978). *Windows to our children*. Utah: Real People Press.

Ogden, P., Minton, K., & Pain, C. (2006). *Trauma and the body: A sensorimotor approach to psychotherapy*. New York: W. W. Norton & Company.

Olejniczak, K. (2013). Applying the play therapy dimensions model to a trauma therapy framework: A retrospective case study identifying the neurobiological mechanisms at play. Unpublished masters thesis. Canterbury Christ Church University, UK.

Perry, B. D. (2006). Applying principles of neurodevelopment to clinical work with maltreated and traumatized children: The neurosequential model of therapeutics. In N. B. Webb (Ed.), *Working with traumatized youth in child welfare*. New York: Guilford Press. Accessed on 23/05/2018 at https://childtrauma.org/wp-content/uploads/2013/08/Perry-Bruce-neurosequentialmodel_06.pdf

Perry, B. D., Hogan, L., & Marlin, S. J. (2000). *Curiosity, pleasure and play: A neurodevelopmental perspective*. Accessed on 03/08/2018 at https://childtrauma.org/wp-content/uploads/2014/12/CuriosityPleasurePlay_Perry.pdf

Porges, S. (2011). *The polyvagal theory: Neurophysiological foundations of emotions, attachment, communication and self-regulation*. New York: W.W. Norton & Company.

Rabe, T. (2008). *Inside your outside!*. London: HarperCollins Publishers.

Rose, R. (2012). *Life story therapy with traumatized children: A model for practice*. London: Jessica Kingsley Publishers.

Schore, A. N. (2003). *Affect dysregulation and disorders of the self*. New York: W. W. Norton & Company.

Schore, A. N. (2009). Right brain affect regulation: An essential mechanism of development, trauma, dissociation, and psychotherapy. In D. Fosha, D. Siegel, & M. Solomon (Eds.), *The healing power of emotion: Affective neuroscience, development and clinical practice*. New York: W. W. Norton & Company.

Schore, A. N. (2017). Playing on the right side of the brain: An interview with Allan N. Schore. *American Journal of Play, 9*(2), 105-142.

Siegel, D. J. (1999). *The developing mind: toward a neurobiology of interpersonal experience*. New York: Guilford Press.

Tronick, E. (2007). *The neurobehavioural and social-emotional development of infants and children*. New York: W. W. Norton & Company.

Tronick, E., & Beeghly, M. (2011). Infants' meaning-making and the development of mental health problems. *American Psychologist, 66*(2), 107-119.

Winnicott, D. W. (1971). *Playing and reality*. New York: Routledge.

Yasenik, L., & Gardner, K. (2012). *Play therapy dimensions model: A decision-making guide for integrative play therapists*. London: Jessica Kingsley Publishers.

제10장

컨테이너

-인생 스토리 구성하기-

Adriana Sorbo, Valerie Kendall and Cassandra White

사례 소개

위탁 양육 시스템에서 자란 많은 아동처럼, 캐리의 초기 발달 이력에 대한 세부 사항은 부족했다. 일련의 사례 담당자, 기록들, 현재 위탁기관의 사회복지사들은 캐리의 이력을 아는 사람이 아무도 없다는 것을 의미했다. 이어지는 것은 첫 입안자인 아드리아나 소보(Adriana Sorbo)가 캐리와 함께 만든 여행과 그 길을 따라 경험했던 수많은 전환점에 대한 설명이다. 캐리의 사례 담당자와 양부모와의 인터뷰, 기록된 보고서의 검토, 그리고 캐리 자신의 보고로부터 나는 캐리의 어린 시절에 대한 이런저런 정보를 수집할 수 있었다. 캐리는 다섯 명의 아이 중 넷째였고 유일한 여자아이였다. 심각하고 복잡한 의학적인 어려움을 가지고 태어났고, 수많은 수술과 입원을 경험했으며, 매일 전문화된 의료 서비스가 필요했다. 캐리의 가족은 오랫동안 아동 개입 서비스(Child Intervention Services: CIS)에 관여한 이력이 있으며, 캐리가 필요로 하는 특별한 의료로 인해 복잡해진 부모의 약물 남용, 가정폭력, 방치에 대한 우려로 출생 시부터 캐리에 대한 아동 보호 기관의 개입이 시작되었다. 유아기에 캐리는 바로 위 오빠인 조던과 함께 약 4년 동안 때때로 같이 살았던 친이모가 돌보았다. 이 기간에 캐리와 형제자매는 친어머니와 친아버지, 그리고 후에 의붓아버지의 손을 거쳤다. 하지만 부모의 친권은 캐리가 네 살쯤 종료되었고, 캐리와 친어머니 사이의 모든 접촉은 그 직후에 중단되었다.

대략 네 살 때, 캐리는 자넷과 에릭의 위탁 가정에 맡겨졌다. 양부모에게는 친딸과 양아들이 있었는데, 둘 다 캐리보다 세 살 아래였다. 캐리의 친형제자매는 다른 위탁 가정에 맡겨져서 위탁 가정의 가족과 함께 지내게 되었다. 캐리가 자넷과 에릭과 함께 살게 된 직후, 그들은 단기 애착 중심 치료에 참여했지만, 그 외에 다른 치료에는 전혀 참여하지 않았다.

자넷은 캐리가 가족에 잘 적응하고 빠르게 자신과 친밀한 관계를 발전시켰지만, 때로는 걷잡을 수 없는 감정이 동요를 겪곤 했다고 설명했다. 자넷은 캐리가 감정이 격해지면 종종 울고, 비명을 지르고, 몸을 마구 흔들고, 때로는 물건들을 던지곤 했다고 묘사했다. 자넷은 가끔 캐리의 마음을 달래고 진정시키는 데 도움을 줄 수 있었지만 이러한 '감정의 소용돌이'는 한 시간 이상 지속되었는데, 자넷에 따르면 캐리에게 이러는 어떤 계기도 뚜렷하게 나타나지 않았다고 말했다. 자넷과 에릭의 집에 도착한 다음해에 캐리는 자신의 오빠 조던과 정기적으로 연락을 취했다. 하룻밤 동안 위탁 가정을 방문한 다음 날, 캐리는 양어머니에게 자신의 오빠가 자신을 '아프게' 했다고 폭로했고, 나중에 그들이 잠자리에 든 후에 오빠가 자신의 성기를 만졌다고 설명했다. 조던과 캐리 사이의 방문은 즉시 중단되었다. 이 사건이 언제 일어났는지는 분명하지 않지만, 사건 당시 캐리는 대략 다섯 살 정도였던 것으로 나는 알고 있었다. 성적 학대가 폭로된 후 캐리의 '감정의 소용돌이'는 크게 늘었다. 사건 이후 어느 아동에게도 치료적 개입을 추구하지 않았고, 아이들 사이에 무슨 일이 일어났는지 좀 더 이해하려는 어떤 시도도 없었던 것으로 보인다.

폭로한 지 약 2년 후, 캐리는 뜻밖에도 자신의 학교와 가까운 놀이터에서 자기 오빠를 보았다. 캐리는 조던이 근처에서 살고 있다는 것을 몰랐고, 그 광경을 보고 완전히 놀랐다. 이 사건은 캐리의 '감정의 소용돌이'를 상당히 많이 유발하였고, 그때 캐리의 사례 담당자는 캐리를 위해 치료를 요청했다.

이론적 방향

나는 나의 이론적 지향성이 끊임없는 진화에 있다고 생각하곤 했다. 하지만 인간 발달에 대한 나의 견해, 변화에 대한 이해, 그리고 치료자로서의 나의 역할을 형성하는 일련의 일관된 과학적이고 이론적인 토대가 있다. 발달적인 관점에서 나는 치료에서 마주치는 각각의 아이를 끊임없이 진화하는 인간으로 이해한다. 발달의 각 연령과 단계에 그들의 경험이 어떻게 영향을 미쳤는지에 달려 있을 것이다. 전형적인 아동 발달에 대한 기본적인 이해는 내가 아동에게 보여 주는 것, 아동이 놀이와 치료에서 경험을 통합하는 능력에 대한 해석을 알려 준다. 신경순차적 관점에서 페리(Perry, 2006)의 근거 기반 '신경핵심치료모델(Neurocessential Model of Therapeutics: NMT)'에 의하면, 이 모델은 아동의 문제 사안을 평가할 때 아동의 신경학적 발달을 고려한다. 이 모델에 따르면, 처방 및 히스토리 수집 과정에서 치료자는 아동이 모델에서 구분한 다양한 단계에서 기대되는 신경 기능에 도달했는지를 고려할 것이다. 또한 치료 중에는 과거 및 현재의 아동의 성장 기간에 인지한 오류를 바로잡기 위한 적절한 활동을 제공하기 위해 세심한 주의를 기울일 것이다. 좀 더 완전하게 이해하기 위해서는 이 모델이 구분하는 발달 기간을 알아야 한다. 그것들은 다음과 같다. 유전적, 태내기, 출산 전후기, 유아기, 아동기 등이다. 이러한 각 수준에서 뇌의 부위들이 발달하고 있다. 페리는 발달기마다 지배적인 뇌 부위의 기능을 살펴보고, 아이가 '정상' '경증 결함' '중등도 결함' 또는 '고도 결함'으로 보였는지를 평가한다. 신속하게 검토하면 이것들은 제어하는 기능과 함께 우리가 보고 있는 주요 뇌 부위이다(괄호로 표시되어 있듯이). 뇌간(신진대사, 각성/자기 조절, 주의/자극, 심혈관/생리적), 간뇌/소뇌[수면, 수유(먹이기)/식욕, 조정/균형, 미세한 운동], 변연계[정서/기분, 위협 대응 컴플렉스, 적응(동조), 놀이/쾌락, 공유/관계, 단기 기억/학습], 피질(체지각 통합, 감각 시간/만족 지연, 1차적 및 구체적 인지, 자기 인식/자기 이미지, 말하기/표현, 언어 표현/수용적인), 그리고 전두엽 피질(운동 활동/통합, 모듈 반응성/충동성, 계획/순서 배열, 추상/개념, 통찰/반영적 인식, 도덕성, 가치, 영성) 등이다.

아동의 발달 궤적(Perry, 2013, p. 22)의 정확한 그림과 아동의 현재의 장단점을 드러내는 것에 근거하여 아동의 개별적 욕구에 부응하기 위한 다양한 치료 전략의 순서를 포함하는 틀을 개발할 수 있다. 따라서 제공되는 교육적 · 치료적 경험을 선택하는 것은 아동의 생활연령이 아니라 신경 발달 수준에 기초한다. 발달 수준은 영역(예를 들어, 인지, 감정, 운동, 사회적, 영적)에 따라 다를 수 있다. NMT는 이를 다루는 몇 가지 평가 도구를 제공한다. 캐리의 경우, 나는 친부모의 유전적 특징에 관해 아무것도 몰랐지만, 부모가 약물남용을 했고, 캐리가 심각하고 복잡한 의학적인 어려움을 지니고 태어났다는 것을 알고 있었다. 만약 부모가 진술된 바와 같이, 캐리의 욕구를 충족시키는데 소홀했다면 엄마는 임신 중에 자신의 건강에 무관심했는가? 캐리의 엄마는 임신 중에 불법 약물을 사용했는가? 모유 수유를 했는가? 나는 또한 캐리가 이모의 보살핌을 받으며 보낸 거의 4년의 세월과 그 기간에 얼마나 많은 시간을 친부모의 직접적인 보살핌 아래에서 보냈는지 거의 알지 못했다. 앞에서 설명한 NMT를 참조하면, 나는 뇌간 기능(자율 조절), 간뇌 기능(아이가 이 거주지에서 저 거주지로 이동했을 때의 수면장애, 캐리는 악몽을 꿨다), 변연계(기분, 위협 반응) 및 피질(자기 이미지, 만족 지연 능력) 내에서 부정적인 결과를 기대할 수 있었다. 그래서 모든 뇌의 영역에서 우리는 이러한 다양한 위험을 예상할 수 있었고, 실제로 마주할 수도 있었다. 나는 가능한 한 많은 놀이치료를 통해 이러한 문제들을 다루려고 노력했다. 비록 나는 NMT 적용의 일부인 구조화된 평가와 치료 계획 도구를 이용하지는 않았지만, 캐리의 뇌 기능이 캐리의 발달 내내 영향을 받았을 가능성이 매우 크다는 점은 내가 내린 치료적 결정과 내가 캐리의 현재 행동을 개념화하는 방법을 알려 주었다.

특히 외상, 부모 중독, 정신질환, 방치, 일관성 없는 돌봄, 돌보는 사람의 사망 또는 상실과 같은 일로 인해 돌봄에서 초기 발달을 경험한 아이들과 함께 작업할 때, 나는 애착에 관한 광범위한 분야의 연구에 기반한다(Bowlby, 1973; Horowitz & Reidbord, 1992; Levy & Orlans, 1998; Middleton et al., 1993; Parks, 1965). 경험은 신체적으로 우리의 뇌를 형성하고, 초기 애착 인물과의 관계가 자기 발전의 토대가 된다는 것을 이해하는 것은 내가 아동이 나타내는 행동을 아동의 애착 욕구의 맥락에서 이해하는 데 도움이 된다. 아동이 차선의 애착을 지니고 치료를 받을 때, 나는 치료에서 나의 기본적인 역할을 아동의 인생에서 짧은 시간 동안 유사 애착 인물로 활동할 수 있는 배려심 있고 일관된 성인으로 본다. 이 집에서 저 집으로 옮겨 다니는 CIS와 관련된 아동들은 소수의 사람이 돌보는 기관에서는 지속적인 안전 애착을 형성하는 기회를 잃어버리는 경우가 많고, 그것으로 안정적이고 통일된 자기의식을 발달시킬 수 있는 능력도 사라진다.

사례개념화

캐리는 세상에서 보살핌을 받지 못한 아이였거나, 그렇지 않으면 그것이 캐리가 나타내고자 하는 방식이다. 캐리는 항상 미소를 지었고, 모든 사람과 수다스럽고 유쾌했으며, 자신에게 일어났던 불쾌한 일들을 '잊어버리기' 위해 모든 노력을 다했다. 캐리는 거의 항상 통제할 수 없을 것 같은 삶을 통제하려고 필사적으로 애쓰는 아이였다. 이러한 모습은 주디스 루이스 허먼(Judith Lewis Herman)이 "잔학한 행위에 대한 일반적인 반응은 그것들을 의식에서 추방하는 것이다."라고 말하면서 트라우마와 회복에 관해 소개한 것을 반영한다. 캐리의 물리적 경계는 정기적인 침습적 의료 개입의 필요성에 의해 영향을 받았다(영구적으로 카테터를 꽂고 한 성인이 매일 의료 기기를 세척하는 것이 필요했다). 캐리의 정서적 · 심리적 경계는 가정폭력, 성적 학대, 그리고 삶에서 중요한 사람들의 갑작스러운 상실을 목격한 초기 경험에 영향을 받았다. 따라서 거의 일정한 기준으로 캐리는 어느 정도 통제력을 회복하려고 노력했다. 으스대고 까다로웠으며, 매력적이고 수다스러웠다. 캐리는 자신의 '하나뿐이고 유일한' 여성이자 '엄마'라고 불렀던 양어머니의 관심을 요구하는 압도적인 감정적 소용돌이를 겪었다. 하지만 허먼의 말대로 "잔혹 행위는 묻히기를 거부한다"(Herman, 1992, p. 1). 우리 사무실에서 치료를 시작했을 때, 캐리의 나이는 일곱 살 반이었다. 처음에는 남성 치료자를 만났다. 그는, ① 놀이치료와 캐리의 정서적 욕구를 관리하기 위해 고군분투하던 자넷에게 지원을 제공하는 것과, ② 캐리를 위한 안전과 조율 전략에 초점을 두었다. 자넷은 캐리가 오빠를 다시 보는 것에 대한 두려움을 표현했고, 특히 감정적으로 소용돌이칠 가능성이 가장 큰 때인 잠잘 때 두려움을 느꼈다고 보고했다. 자넷은 캐리가 조던이 자신의 집을 찾을 것이라는 두려움을 표현했고, 그 때문에 베개 밑에 막대기와 바위를 두고 잠들기 시작했다고 보고했다. 몇 달 동안 치료를 받은 후 정서 조절 부전의 사건들은 상당히 줄어들었고, 캐리는 자신의 감정 상태를 더 잘 통제하고 안전하게 느꼈다고 보고했다. 종결을 위한 준비가 이루어졌다. 그러나 캐리는 뜻밖에 오빠와 마주치는 두 번째 사건을 겪었고, 상당한 재발을 경험했다. 캐리가 이전의 치료자와는 더 이상 작업을 할 수 없어서 치료를 계속하기 위해 나와 만나기 시작한 것은 이때였다. 내가 캐리를 처음 만났을 때 캐리는 매주 '감정의 소용돌이'를 겪고 있었고, 두려워하고, 양어머니에게 집착했다. 조던을 본 것 외에도 최근 양부모의 별거와 또 다른 수술 등 굵직한 인생 사건들을 잇달아 경험했다.

치료 과정: 고착점

치료에서 캐리는 명랑하고 호기심이 많고 자신감 있는 어린 소녀로 보였다. 상담하는 동안 캐리는 거의 끊임없이 이야기했고, 자신이 모든 치료 과정을 이끌도록 허락하는 대신에 어떤 활동을 내가 소개했을 때 자신의 방식대로 하려는 협상을 시도했다. 나와의 첫 회기 동안에 캐리는 나에게서 등을 돌린 채 놀이를 했지만, 나를 직접 보지 않음에도 불구하고 나를 추적하고 있는 것이 분명했다. 캐리의 놀이에는 관계의 주제, 상실과 변화의 주제가 포함되었고, 종종 위험에 처하거나 무력해진 성인 캐릭터가 포함되었다.

초기 회기들에서 나는 거의 전적으로 '3사분면: 비지시적 반응'을 운영했다(Yasenik & Gardner, 2012). 하지만 나는 캐리의 치료 목적을 검토하고 한 치료자로부터 다른 치료자(즉, 나)로의 전환의 영향에 대해 논의하며, 첫 회기를 지금-여기에 관한 토론으로 시작했다(부록 A: 1.1. 지금-여기 논의). 비록 이것은 회기의 극히 일부에 불과했지만, 내가 이미 캐리에 대해 알고 있는 것을 캐리에게 투영했고, 캐리에게 일어났던 일을 캐리가 내게 말해 주어야 한다고 느꼈을지도 모르는 어떤 압박감을 최소화하는 것이 중요했다. 나는 심리적 트라우마의 중심 주제가 "끔찍한 사건들을 부정하려는 의지와 그것들을 소리 내어 분명히 선언하려는 의지 사이의 갈등"이었다는 것을 알고 있었다(Herman, 1992, p. 1). 일단 놀이에 몰입하면 나는 놀이 활동에 대한 반영 및 추적 반응을 사용하고, 놀이 중 내용을 다시 언급했다(부록 A: 1.2 반영 및 추적 반응 및 1.3 내용 재진술). 때로는 양육, 안전, 신뢰, 공포의 주제가 뚜렷해졌고, 나는 이러한 기회를 빌려 놀이 은유에서 부드러운 해석을 했다(1사분면: 적극적 활용).

고착점 1: 가족이 붕괴하고 있다

캐리가 자넷과 중요하고도 긴밀한 관계를 맺고, 치료자를 공동 조절자로 삼은 것이 분명했다. 자넷은 캐리에게 헌신했고, 정식으로 입양하고 싶다는 바람을 표명했다. 하지만 자넷은 캐리의 개인적 삶에서 혼란으로 악화된 캐리의 감정적인 욕구에 압도당하여 힘들어지는 것을 느끼고 있었다. 캐리의 폭발적인 감정으로 인한 가정의 위기 상황 때문에 내가 캐리에게 치료에 관해 소개한 것은 일반적으로 새로운 고객에게 있는 일이 아니었다. 간단한 소개 후, 나는 재빨리 위기 개입자의 역할에 뛰어들었다. 나는 보통 '3사분면: 비지시적 반응'에서 몇 회기를 보내곤 하지만, 2회기 동안에 캐리가 현저히 조절 부전 상태에 도달하여 캐리를 진정시키기 위해 직접적인 개입(2사분면: 개방적 논의 및 탐색)이 필요했기에 나는 단지 첫 회기만 이 사분면에서 일하면서 보냈다. 나는 3회기와 4회기에서 3사분면으로 돌아왔지만, 가정에서의 불안정이 위기점에 다다르고 있고 직접 다루어져야 한다는 것이 금방 명백해졌다. 내 시간의 많은 부분을 자넷과 함께 보냈고, 캐리가 자신의 정서적 욕구를 충족하는 것을 돕기 위해 정서적 지원, 정신 교육, 구체적인 전략을 제공했다. 나는 캐리와 나 사이에 계층적 돌봄 관계를 구축하여 신뢰와 안전을 구축하는 데 목적을 둔 구조화된 놀이 기반 활동을 도입하기 시작했다. 이러한 회기 동안에 나는 돌봄과 보호를 전하기 위해 존중적 접촉과 신체적 근접성을 사용하여 매우 신체적으로 관여했다(부록 A: 3.1. 신체적 자기). 마지막으로, 캐리와 자넷 간의 공동 회기는 그들의 애착 관계를 바로잡고 강화하는 데 초점을 맞췄다.

고착점 2: 난 괜찮아, 괜찮아, 모든 게 다 괜찮아

아이가 주도하는 놀이로의 짧은 복귀는 회피라는 캐리의 주요 방어기제가 놀이 은유와 의식적으로 모두 외상을 다루는 데 어려움을 증명할 것임을 시사했다. 나는 주로 '1사분면: 적극적 활용'과 '3사분면: 비지시적 반응'에서 작업하면서 치료적 놀이의 과정이 캐리의 속도로 전개되도록 허용하고, 2사분면과 4사분면에서 좀 더 지시적인 접근으로 이행하는 것을 허용하면서 딜레마에 직면했다. 비록 캐리는 여전히 감정적으로 고군분투하고 있었지만, 자신이 겪은 학대에 대한 의식적이고 직접적인 논의를 용인할 수 있는 능력을 보여 주었고, 사실 자넷과 자신의 오빠 및 친가족과 함께 사는 동안의 경험에 관해 이야기를 계속했다. 학대는 '널리 알려져' 있었고, 따라서 나는 학대가 그늘에서 가려질 때 종종 도사리고 있는 수치심을 최소화하려는 의도로 학대를 공개하는 것이 중요하다고 결정했다. 게다가 비록 캐리는 일반적으로 집에서 더 잘 조절되었지만 감정 상태는 여전히 취약했고, 나는 조던과의 관계와 관련된 캐리의 감정을 직접 다루고 조율하는 전략을 연습하지 않으면 캐리가 더 불안정해질 것이라고 걱정했다. 그러므로 우리의 회기는 조절 활동과 안전 구축 활동의 균형, 조던에 의한 학대에 대한 공개적인 탐색이었다. 나는 트라우마(2사분면: 개방적 논의 및 탐색)를 탐색하면서 미술, 모래 놀이, 움직임의 활용을 도입하였고, 접촉을 이용하여 놀이에 신체적으로 계속 관여했다.

이러한 회기들 동안 캐리는 지금-여기에서 조던과 관련된 자신의 감정을 확인할 수 있었고, 조던의 성적 학대에 대한 기억으로 인해 촉발된 어린 시절의 기억을 회상하고, 학대 이후의 날들을 자세히 묘사할 수 있었다. 캐리는 이 회기들 동안 재빨리 조절 부전이 되었지만, 자신을 진정시키고 그 재료를 계속 쓰는 몇 가지 전략을 사용했다. 이러한 회기들에서 밀고 나가기와 철회는 지속적으로 균형을 유지했으며, 그것에 의해 나는 나의 정서적 자기에 예민하게 적응했다(부록 A: 2.2 정서성). 나는 때때로 캐리의 설명에 큰 영향을 받아서 회피라는 안전 속으로 철회해야 했다. 나는 캐리를 너무 몰아붙이는 것에 대한 나 자신의 자기 의심과 두려움을 알게 되었다. 또한 캐리의 신호에 더욱 적응하게 되었고, 그것이 캐리에게 정말로 너무 과할 때 캐리가 내게 알려 줄 것이라고 믿기 시작했다. 나는 성적 놀이, 건강한 접촉, 경계에 대한 교육을 제공하려고 놀이를 사용했다. 예를 들어, 나는 발달적으로 전형적인 성적 놀이/호기심 대 부적절한 성적 접촉에 관한 이야기를 만들려고 인형들을 사용했다. 나는 조던과 캐리 사이에 벌어진 사건을 두 사람 모두 친가족 관계에서 겪었던 혼돈이라는 더 큰 맥락에 부드럽게 놓았고, 그 사건이 일어났을 때 조던도 어린아이였음을 캐리에게 상기시켰다.

약 7주간의 회기가 끝난 후, 자넷은 캐리가 집에서 점점 정서적으로 불안정해지고 있다고 보고했다. 학교에서 잘 대처하는 것처럼 보였지만 캐리는 악몽을 꾸고 있었고, 양오빠에게 공격적인 태도를 보였으며, 감정적으로 통제 불능일 때 분열의 '순간'인 것처럼 보일 때도 있었다. 나는 자넷과 협력하여 캐리와 내가 해 왔던 외상 처리 작업을 철회하고 전적으로 자기 조절과 안전에 초점을 맞추기로 했다. 특히 캐리는 조절을 위한 감각에 기초한 전략의 사용에 잘 반응했다. 예를 들어, 면도 크림, 마른 파스타, 마른 콩과 같은 다양한 질감의 탐색에 끌렸다. 우리는 다양한 질감의 감각 경험을 탐색하는 데 시간을 보냈다(즉, "네 손에 닿는 느낌이 어떠니?" "어떤 냄새가 나니?"). 이 회기들 동안 나는 캐리가 오빠에게 초점을 맞춘 외상 작업에 복귀할 준비가 되어 있는지를 부드럽게 시험했다. 비록 캐리가 오빠에 관해 이야기할 필요성은 인정했지만, 캐리의 몸짓 언어(예를 들어, 말하는 속도의 증가)와 방어기제(회피)의 재등장은 캐리가 다시 시작할 준비가 되어 있지 않았을 수도 있음을 시사했다. 이후 회기들에서 캐리는 자신의 친가족과의 관계에서 어려운 측면을 처리할 때, 이러한 '감각 쓰레기통'에 끌리곤 했다.

흔히 있는 일이지만 외부 요인들은 캐리의 치료 과정에서 오빠와의 관계를 의식적으로 처리하도록 강요했고, 성장을 위한 기회를 제공했다. 캐리는 수양 가족과 함께 휴가 파티에 참석했는데, 거기서 오빠를 보고 깜짝 놀랐다. 자넷은 처음에는 캐리가 조던을 보고 겁에 질린 것처럼 보였지만, 자넷의 지지로 캐리가 조던에게 다가가 말을 걸었다고 설명했다. 그 경험에 관해 나에게 이야기하면서 캐리는 조절된 상태를 유지하려고 감각에 기반을 둔 치료 전략을 사용했고, 비록 캐리가 조던이 나타났을 때 매우 불안해했지만 이제 조던과 이야기할 수 있는 기회에 감사하게 되었다고 설명했다. 이 사건으로 조던의 개별 치료자와 협력하여 캐리와 조던이 공동 회기를 가질 것을 계획하였다.

캐리는 조던에 대한 양극화된 감정을 표현했다. 비록 조던이 캐리에게 저지른 일과 관련된 공포, 분노, 무력감이 있었지만, 깊은 상실감도 있었다. 조던은 캐리가 위탁 가정으로 옮겨진 이후 연결성이 있었던 유일한 가족 구성원이었다. 캐리는 조던이 지금 몇 살인지, 몇 학년인지, 가족과 어떤 접촉이 있었는지 등 조던에 대한 단순한 호기심으로 보이는 것을 갖고 있었다. 성폭력은 그 자체로 외상을 초래했지만, 그것은 캐리가 유일한 가족과의 관계를 잃은 이유였다. 조던을 본 경험은 캐리에게 힘을 실어 주고 치유에 있어서 캐리를 대담하게 만들었다. 캐리는 조던과의 관계를 재정립하고, 조던에게 하고 싶은 말과 답을 들을 필요가 있는 것을 정확히 연습하면서 자신이 받아들일 경계를 규정하며 합동 회기를 계획했다. 캐리가 성폭력의 직접적인 처리에 압도당했을 때, 놀이 은유로 잠깐 옮기는 것은 캐리에게 심리적 거리를 주는 데 도움이 되고, 안전하고 통제된 방식으로 계속 처리할 수 있게 되었다.

고착점 3: 완전한 통제 상실

약 6개월간의 치료 끝에 우리는 갑자기 방향을 바꾸었다. 며칠에 걸쳐 캐리는 양육 형제들과 부적절한 성적 놀이를 여러 번 시도했다. 일어난 일에 대한 자세한 내용은 분명하지 않지만, 양육 형제 모두 자넷에게 캐리가 자신의 성기를 그들에게 노출하였으며, 그들에게 같은 일을 하도록 요청했을지도 모른다고 보고했다. 캐리는 무슨 일이 일어났는지 설명하면서 조던의 목소리가 자기 머릿속에서 그것을 하라고 말하고, 거절하면 자신을 위협하겠다는 말을 들었다고 밝혔다. 캐리는 몇 달, 어쩌면 몇 년 동안 조던의 목소리를 듣고 있었고, 자신이 공포와 무력감을 느끼고 있었기에 이제야 행동하고 있었다고 말했다. 캐리는 재빨리 일어난 일을 직시할 수 있었고, 우리는 양어머니와 양육 형제들을 만나 무슨 일이 일어났는지에 대해 이야기했다. 우리는 성적 호기심을 정상화하고, 사생활의 중요성과 우리 몸의 경계를 정할 권리를 재차 강조했으며, 앞으로 안전하게 노는 방법에 관해 이야기했다. 캐리는 자신의 행동을 최소화했지만, 이 대화 동안 그 순간에 머물러 있을 수 있었다. 하지만 나와 단둘이 있게 되자 캐리는 몹시 괴로워했고, 양육 형제들 옆에서는 자신을 믿을 수 없기에 보모 집에 가기 위해 집을 떠나야 한다고 주장했다. 우리는 집에 있을 때 자넷과 가깝게 연결되는 것을 포함한 안전 계획에 동의했고, 자넷은 다음 며칠 동안 캐리를 위해 보모를 찾는 데 동의했다. 불행히도 자넷의 집에 있는 아이들의 안전에 대한 우려 때문에 캐리는 사례 담당자에 의해 집에서 긴급 아동 그룹홈으로 재빨리 옮겨졌다. 그러고 나서 머물 만한 다른 그룹홈으로 옮겨졌다. 이러한 움직임에 대한 사전 계획은 마련되지 않았고, 비록 자넷이 이따금 방문했지만 캐리가 집으로 돌아가지 않을 것이라는 점은 캐리에게 명확하게 알려지지 않았다. 캐리가 옮긴 지 3주 후에 나는 캐리, 캐리의 사례 담당자, 자넷 그리고 그룹홈 주인과 만나서 캐리에게 이제 자넷의 집으로 돌아가지 않을 것이라고 말했다. 캐리는 놀라고 슬펐지만, 재빨리 방어막을 치고 다른 일에 집중하려고 애썼다. 캐리는 그 당시 몰랐지만, 이번이 자신이 몇 달 동안 자넷을 보는 마지막 시간이 될 것이었다.

캐리와의 다음 회기들은 가장 최근의 상실과 새로운 집과 학교에 대한 적응에 초점을 맞추었다. 캐리는 그곳에 자신을 돌볼 수 있는 많은 어른이 있었기 때문에 '목소리'가 거기서 자신을 괴롭히지 않았다고 말하면서, 새로운 그룹홈에 있는 것의 긍정적인 점들에 초점을 맞추려고 매우 노력했다. 캐리는 자신의 수양 가족을 잃게 한 것에 대해 조던에게 분노를 표현했다. 양육 형제들을 걱정했고, 자신이 자넷을 다시 볼 수 있을지에 몰두하게 되었다. 불행히도 캐리와 자넷 간의 모든 접촉을 중단하기로 결정이 내려졌지만, 캐리는 이를 모르고 있었다. 나는 이 결정이 캐리에게 해로운 영향을 미칠 것이라고 주장하며, 이 결정을 뒤집기 위해 CIS를 강력히 주장했다. 결국 결정은 번복되었고, 캐리는 자넷과 그녀의 아이들을 정기적으로 방문하기 시작했지만, 이런 일이 일어나기 전까지 캐리는 다시 한번 가족을 잃었다는 것을 모르고 걱정하는 데 머물러 있었다. 우리의 회기는 진정 활동과 아동 주도 놀이의 결합으로 돌아왔다. 혼돈과 상실과 무력한 어른들의 주제가 돌아왔다. 내가 우리의 마지막 치료 단계가 될 활동을 소개한 것도 이때였다.

고착점 4: 점과 점을 연결하기

나는 점점 캐리가 자신의 삶의 구획에 존재하는 자기의식을 발달시켰다는 것을 알게 되었고, 비록 캐리의 삶의 구획들이 때때로 서로 부딪혔지만, 캐리는 그것들을 꽤 분리하여 두었다. 캐리는 자기의 삶의 혼란과 예측 불가능함에 대처하기 위해 생각과 행동을 통제하는 것을 사용했고 이 방법이 캐리를 보호하는 역할을 했지만, 그것은 또한 하나의 일관성 있는 자기의 발달을 방해했다. 캐리가 친가족과 함께한 어린 시절은 한 구획에 존재했고, 조던에 의한 성적 학대가 또 다른 구획에, 자넷과의 삶이 세 번째 구획에, 그리고 이제 그룹홈에서의 '새로운' 삶이 새로운 구획이 되었다. 우리의 작업 중에 캐리의 어린 시절의 기억들이 현재로 흘러들어 와서 더 큰 발달적 트라우마의 처리의 시작을 시사하는 때가 있었다(성 학대 사건에 치료를 제한하는 것과는 반대로). 존슨(Johnson, 1998, p. 79)은 외상이 네 가지 영역에서 혼란을 일으키며, 모두가 아동의 발달 수준에 따라 다르게 영향을 받는다는 연구들에 주목했다. 그것은 서술적 일관성, 정서적 조절, 발달적 이행 및 동료 관계 전환 등을 포함한다. 학습은 타협되었다(Brody, 1993; Krystal et al., 1989; Ornitz & Pynoos, 1989; Pynoos, 1990; Pynoos, Nader, & March, 1991).

캐리의 현재 생활은 결코 안정적이지 않았다. 이제 순환 근무하는 유급 돌보미 집단과 함께 집단 가정에서의 생활에 적응하고 있었고, 여전히 자넷과 양부모의 형제들과의 관계에 대해서는 확신이 없었다. 나는 이 시점에서 치료의 방향과 씨름했다. 비록 캐리가 어린 시절을 탐색하기 위한 '치료의 창'을 열었지만, 캐리의 현재 삶이 여전히 불확실한 상태에 있는 동안 이것을 추구하는 데 위험이 있다고 주장할 수 있다. 그럼에도 불구하고 캐리는 대단

한 회복력을 보여 주었고, 치료적으로 준비가 되어 있다는 증거가 있었다. 다만, 현실은 캐리와의 삶이 결코 '충분히' 안정적이지 않을 수도 있다는 것이다. 그러므로 나는 캐리가 자기 인생의 시대로 구분했던 자기(self) 일부를 통합하는 것을 돕기 위해 예술에 기반을 둔 활동을 도입하기로 했다. 나는 다양한 구두 상자를 이용하여 캐리에게 각각의 구두 상자를 자기 삶의 한때를 대표하는 집으로 만들어 보라고 요청했다. 예를 들어, 한 상자는 그룹홈에 있는 캐리의 현재 집을 나타내기 위해, 다른 상자는 생모와 함께하는 캐리의 집을 나타내기 위해, 또 다른 상자는 최근에 이사를 나온 위탁 가정으로 꾸며졌다. 캐리는 또한 각 집에 살 사람들을 만들었다. 캐리는 결국 여러 집에 우편함을 추가하고, 한 집에서 다른 집으로 편지들을 보내기 시작했으며, 따라서 자신의 존재에서 한때 분리되었던 이러한 부분들을 연결했다.

캐리는 똑같이 이 일에 관여하고 저항했다. 이 회기들 동안 나의 주된 역할은 캐리의 컨테이너(Container)가 되어 명확한 경계를 설정하고 안전을 제공하는 것이었다. 나는 자기 조절을 할 수 있는 공간을 제공하면서 캐리가 그 작업에 머물도록 하였다. 몇 달 동안 이어진 이 활동은 캐리가 친엄마와의 현재와 과거의 관계를 의식적으로, 그리고 직접 탐색할 수 있게 했다. 캐리는 이전의 학대에 대한 기억, 가정폭력의 목격, 그리고 어머니의 안전에 대해 경험했던 두려움을 탐색했다. 자기 엄마와 형제들이 현재 어디에 있는지 궁금했고, 그들과 접촉하고 싶은 욕구를 표현했다. 자넷과 아주 가까운 관계임에도 불구하고, 캐리가 자신의 친가족을 갈망한다는 것이 명백해졌다.

마침내 조던과 조던의 개인 치료자와의 공동 회기가 마련된 것은 이 시기였다. 캐리는 조던을 다시 보게 된 것에 대해 두렵기도 하고 흥분도 되었다. 캐리는 자신이 회기를 통제할 것이라는 사실에 힘을 얻었고, 조던에게 하고 싶은 말을 조심스럽게 연습했다. 회기 동안 캐리는 조던이 자신을 성적으로 만졌을 때의 느낌과 그로 인한 영향에 대해 조던과 맞섰다. 조던은 사과할 수 있었다. 조던의 치료자의 도움으로 나는 안전한 놀이, 도움을 요청하는 방법, 건강한 경계를 유지하는 방법에 대해 논의하는 일련의 활동을 촉진했다. 아이들은 함께 그들의 친엄마에 대한 자기 생각과 기억을 공유했는데, 캐리가 가족 구성원과 함께 추억을 공유할 기회가 거의 없었다는 것을 고려하면 캐리에게는 강력한 경험이었다.

이 치료의 마지막 단계에서 나는 믿을 수 없을 정도로 역할이 작아졌다. 내 역할이 캐리에게 안전한 착륙 장소를 제공하면서 캐리의 길에서 비켜 주는 것임이 명백한 증거였다. 자신의 삶이 지닌 불확실성에도 불구하고, 캐리는 자기 안에서 진정한 안정의 발달을 증명하기 시작했다. 캐리는 두려움의 장소가 아닌 힘의 장소로부터 자신의 치료 과정을 통제했다. 인생은 완벽과는 거리가 멀었다. 캐리는 그룹홈에서 감정적인 소용돌이를 계속 경험했고, 학교에서 다른 학생들과 말다툼을 했다. 캐리는 자넷을 정기적으로 방문하기 시작했지만, 자신의 '영원한 집'은 여전히 알려지지 않았다. 분명한 것은 캐리가 부정적인 삶의 경험을 더 잘 참고 더 건강한 방법으로 자신의 욕구를 옹호할 수 있는 회복력을 발달시키고 있다는 점이었다.

흔히 있는 일이지만, 캐리와의 치료는 우리가 함께한 작업이 완성되었기 때문이 아니라 내가 직장을 옮겼기 때문에 끝났다. 조던과의 공동 회기 직후 캐리는 새로운 치료자에게로 옮겨졌고, 캐리와 나는 마지막 회기를 함께했다. 다시 한번 캐리는 중요한 관계에 대해 문을 닫고 있었고, 비록 시련에 견디고 참된 대처 전략에 의존하고 있었지만(예를 들어, 캐리에게 내가 떠날 것이라고 말하자마자 캐리는 우리가 하고 있는 공동 활동에서 철회하고, 자신의 새로운 치료자에 관해 모든 것을 알고 싶어 했다), 캐리는 내가 과거에 보지 못했던 방식으로 의식적으로 자신의 감정을 표현할 수 있었다. 아직 관계의 혼란이 있었지만 진전은 있었다.

트라우마 서술과 치료 길이의 영향을 연구한 데블링거 등(Deblinger et al., 2011)은 서술적 요소와 인지적 행동 요소를 사용한 8회기의 치료는 부모 쪽의 학대 관련 공포를 감소시키고, 아이들의 학대 관련 두려움과 불안을 감소시킨다는 결과를 밝혔다. 하지만 16회기는 양육 기술을 향상시키고 사후 치료 시 외현화된 아동 행동 문제를 감소시키는 것으로 보고되었다.

여러 가정, 여러 돌보는 사람, 그리고 파괴적 행동 패턴으로 이끄는 애착 붕괴가 있는 캐리 같은 아이들을 다루는 일은 어려울 수 있다는 것을 인정하면서도, 놀이치료를 사용하면 아이에게 자신이 인정받고 받아들일 수 있는 장소를 주는 사람이 적어도 한 명은 있다는 사실을 알게 한다. 이것은 아이의 미래 생활에 깊은 영향을 미칠 수 있다. 캐리와의 치료 여행에서 마주친 많은 고착점에도 불구하고, 중요한 전환점이 있었다. 우리가 함께 보낸 시간이 캐리가 삶의 여정을 계속하면서 자신을 보호할 수 있는 회복력을 기르는 기회가 되었으면 하는 것이 나의 희망이다.

고착점 요약

과정의 단계	사분면	전환점	무엇이 전환점에 기여했는가
1단계: 위기 개입/ 기술 구축	2사분면: 개방적 논의 및 탐색	• 가족이 붕괴하고 있다.	• 캐리의 감정적 소용돌이는 양어머니에게 상당한 타격을 주고 있으며, 양어머니의 위치의 안정성을 위태롭게 하고 있다.
2단계: 관계 형성/ 목표와 개입의 확인	3사분면: 비지시적 반응 1사분면: 적극적 활용	• 난 괜찮아, 괜찮아, 모든 게 다 괜찮아.	• 아동 주도 놀이에서 캐리는 종종 불편하거나 불쾌한 감정의 탐구에 대해 극도로 방어했다(방어심을 갖는다).
3단계: 트라우마 과정	2사분면: 개방적 논의 및 탐색	• 완전한 통제 상실	• 캐리는 자신의 성기를 양부모의 형제들에게 노출하고, 자신을 위협하고 행동을 지시하는 조던의 목소리를 들었다고 밝힌다. • 캐리는 갑자기 양부모 집에서 옮겨졌다.

4단계: 자기 능력 구축과 인생 이야기 재조직	2사분면: 개방적 논의 및 탐색 4사분면: 공동 촉진	• 점과 점을 연결하기	• 삶은 결코 안정적이지 않을 수 있다. • 캐리는 위탁 가정과 새로운 학교로 옮겨졌다. • 자넷과의 접촉이 갑자기 중단됐다.

참고문헌

Bowlby, J. (1973). *Attachment and loss: Separation, anxiety and anger*. New York: Basic Books.

Brody, V. (1993). *The dialogue of touch: Developmental play therapy*. Treasure Island, FL: Developmental Play Therapy Associates.

Deblinger, E., Mannarino, A. P., Cohen, J. A., Runyon, M. K., & Steer, R. A. (2011). Traumafocused cognitive behavioral therapy for children: Impact of the trauma narrative and treatment length. *Depression and Anxiety, 28*, 67-75.

Herman, J. L. (1992). *Trauma and recovery: The aftermath of violence-from domestic abuse to political terror*. New York: Basic Books.

Horowitz, M., & Reidbord, S. (1992). Memory, emotion and response to trauma. In S. Christianson (Ed.), *The handbook of emotion and memory: Research and theory*. Hillsdale, NJ: Lawrence Erlbaum Associates.

Johnson, K. (1998). *Trauma in the lives of children: Crisis and stress management techniques for counselors, teachers, and other professionals*. Alameda, CA: Hunter House.

Krystal, J. H., Kosten, R. R., Southwick, S. M., Mason, J. W., Perry, P. D., & Giller, E. L. (1989). Neurobiological aspects of PTSD: Review of clinical and preclinical studies. *Behavior Therapy, 20*, 177-198.

Levy, T. M., & Orlans, M. (1998). *Attachment, trauma and healing: Understanding and treating attachment disorder in children and families*. Washington, DC:

CWLA Press.

Middleton, W., Raphael, B., Martinek, N., & Misso, V. (1993). Concepts of normal bereavement: A response. In M. Stroebe, W. Stroebe, & R. Hansson (Eds.), *Bereavement: A sourcebook of research and intervention*. New York: Cambridge University Press.

Ornitz, E., & Pynoos, R. (1989). Startle modulation in children with post-traumatic stress disorder. *American Journal of Psychiatry, 147*, 866-870.

Parks, C. (1965). Bereavement and mental illness. *British Journal of Medical Psychology, 38*, 388-397. Turning Points in Play Therapy and the Emergence of Self 222

Perry, B. (2006). Applying principles of neurodevelopment to clinical work with maltreated and traumatized children: A neurosequential model of therapeutics. In N. B. Webb (Ed.), *Working with traumatized youth in child welfare*. New York: Guilford Press. Accessed on 23/05/2018 at https://childtrauma.org/wp-content/uploads/2013/08/Perry-Bruce-neurosequentialmodel_06.pdf

Perry, B. (2013). The neurosequential model of therapeutics. In K. Brant, B. D. Perry, S. Seligman, & E. Tronick (Eds.), *Infant and early childhood mental health: Core concepts and clinical practice*. Washington, DC: American Psychiatric Publishing.

Pynoos, R. (1990). Post-traumatic stress disorder in children and adolescents. In B. Garfinkel, G. Carlson, & E. Weller (Eds.), *Psychiatric disorders in children and adolescents*. Philadelphia: W. B. Saunders.

Pynoos, R., Nader, K., & March, J. (1991). Post-traumatic stress disorder. In J. Weiner (Ed.), *Textbook of child and adolescent psychiatry*. Washington, DC: American Psychiatric Press.

Pynoos, R., Steinberg, A., & Goengian, A. (1996). Traumatic stress in childhood and adolescence: Recent developments and applications. In B. van der Kolk, A. McFarlane, & L. Weiseaeth (Eds.), *Traumatic stress: The effects of overwhelming experience on mind, body and society*. New York: Guilford Press.

Riviere, S. (2006). Short term play therapy for children with disruptive behavior disorders. In H. G. Kaduson & C. E. Schaefer (Eds.), *Short term play therapy for children* (2nd Ed.). New York: Guilford Press.

Siegel, D. J. (2001). Toward an interpersonal neurobiology of the developing mind: Attachment relationships, "mindsight", and neural integration. *Infant Mental Health Journal, 22*, 1-2.

Yasenik, L., & Gardner, K. (2012). *Play therapy dimensions model: A decision-making guide for integrative play therapists*. London: Jessica Kingsley Publishers.

제**11**장

나를 영원히 사랑하는 방법을 찾아서

–아이는 자신의 놀이가 쉬워서가 아니라 어려워서 좋아한다–

Theresa Fraser

사례 소개

놀이치료자로서의 초창기에 나는 사만다와 함께하는 작업을 의뢰받았다. 사만다의 이야기는 내가 아동 및 청소년 보호 전문가(Child and Youth Care Practitioners: CYCP)로 활동할 때, 이전에 함께 작업했던 많은 아이의 이야기와 다르지 않았다. 북미의 온타리오 아동 및 청소년 보호협회(OACYC, 2015, p. 5)를 통한 CYCP들은 다음에 주목한다.

> "아동복지, 청소년 형사 사법, 아동 및 가족 정신건강, 소아/청소년 건강 및 정신건강 케어, 전문교육, 청소년 쉼터, 정신건강 및 물질 남용 주거 치료 등 다양한 서비스 환경에서 실천한다."

CYCP들은 생활 공간을 상호작용하기 위한 환경으로 사용하고, 일상적 상호작용의 의미를 만든다. 25년 동안, 나와 치료 관계를 유지해 온 사무엘과 사만다 같은 아이들이 많았다. 그러나 이번에 나는 정기적으로 매주 약속을 정하여 정신건강 전문가이며 놀이치료자로서 사만다를 놀이치료 작업실로 안내했다. 놀이치료협회에서는 놀이치료를 "훈련을 받은 놀이치료자가 놀이의 치료적 힘을 이용하여 내담자가 심리사회적 어려움을 예방하거나 해결하고 최적의 성장과 발전을 이룰 수 있도록 돕는 대인관계 과정을 형성하는 이론적 모델의 체계적 사용"이라고 정의한다. 놀이치료는 놀이라는 보편적인 언어를 사용하여 개인의 발달 수준에서 개인과 함께 작업하는 방법이다. 놀이에서 우리가 작거나 크거나, 취약하거나 강하거나, 행복하거나 화를 내거나 등을 할 수 있다는 것을 인식한다.

사만다는 컸지만, 또한 매우 작았다. 그리고 자신의 취약성이 드러나지 않도록 강해지려고 노력했다. 사만다는 자신이 경험했던 분노, 슬픔, 거부감을 감추기 위해 행복과 어리석음의 갑옷을 입었다. 사만다는 학령기 아이들을 위한 그룹홈에 거주했다. 사만다는 열한 살이었고, 화가 나 있었다. 내가 사만다를 만날 수 있는 특권을 갖기 전에 사만다는 돌보는 사람을 거부하고 있었고, 삶에서 양육자가 많이 있었다. 사만다는 버림받은 후 주 정부의 돌봄을 받게 되었다.

아기들은 소방서 문 앞에 유기된다. 가끔 아이들이 아동복지사무소에 유기되는 경우도 있다. 사만다는 여러 차례 유기되었는데, 처음에는 네 살 때 생모가 자기 친구 집에 버렸다. 엄마는 식료품을 사러 갔다가 돌아오지 않았다. 그 친구는 나중에 사만다를 입양했다. 사만다가 아홉 살 때 병원에 맡겨질 때까지는 잘 지내는 것 같았다. 사만다는 2주간의 입원치료를 받은 후, 아무도 방문하거나 찾는 사람이 없어서 지역 아동 보호 기관이 데리러 올 때까지 성인 정신 병동에 머물렀다. 사만다는 자신의 출생 이름을 알지 못했으며, 입양 기록은 봉인되었다. 양부모가 자신을 빼놓고 휴가를 가는 것을 감지하고는 양어머니의 뱃속 아이에게 위협을 가했고, 그로 인해 6개월간 위탁 가정에 맡겨졌다. 양부모는 사만다와 가족 휴가를 함께 보내려고 하지 않았는데, 사만다는 그들이 자신을 거부하기 전에 자신이 먼저 그들을 거절했다고 확실히 했다.

어느 날 사만다는 학교에서 집에 도착했을 때 집 앞에 차 트렁크를 열어 놓고 있는 아동 보호 복지사를 발견했다. 사만다의 소지품이 모두 트렁크에 들어 있었다. 사만다의 삶에서는 세 번째로, 주 양육자가 작별 인사도 하지 않았고 곧 닥칠 이동에 대해 통지하지도 않았다. 대신에 다음 사람이 사만다를 데리러 왔다. 사만다를 보호하고 안전하게 지킬 다음 사람은 사만다를 위탁 가정환경에서 그룹홈으로 옮겼다. 다른 아이들이 드나드는 곳이 바로 이곳이었다. 직원들은 보통 12시간 교대로 근무했고, 사만다는 초등학교를 다시 바꿨다. 사만다가 슬픔을 말로 표현한 유일한 사람은 이전 위탁 가정의 학교 건널목 경비원뿐이었다. 사만다는 건널목 경비원에게 안전표지가 올라가 있을 때에만 걷는다는 것을 보여 주며 매일 눈인사만 했다. 아무런 기대도 없이 매일 인사를 하는 경험을 했다.

나는 사만다보다 먼저 그룹홈 직원을 만났다. 그들은 아이들에게 친절할 수 있지만, 자신의 삶에서 친절이나 양육을 보여 주려고 시도하는 그 어떤 어른도 거부하고 있는 어린 소녀에 관한 이야기를 나누었다. 사만다는 도전을 받거나 기분이 나쁘면 거주지와 학교 모두에서 다른 아이들에게 공격적인 상호작용을 보이곤 했다. 사만다는 칼이나 막대기 같은 무기가 손에 닿는 곳에 있으면 사용하곤 했다. 성적 함축과 주제가 있는 언어도 자주 사용했다. 공개적으로 자위행위를 하고, 직원들 뒤에서 걸을 때 직원과 '성교하는' 시늉을 했다. 사만다가 열두 살이 되면 치료팀의 모든 구성원이 사만다를 고소할 언어적 협박도 했다. 사만다는 불안을 느낀다고 말로 표현하고, 그것을 나타냈다. 지나치게 활동적이었고, 과민했고, 충동적이었으며, 평소에는 우울증의 증상을 보이고, 수면에 어려움이 있었다.

직원과 아동 보호 담당자는 상담과 관련하여 사만다에게 어떤 치료 목표를 세워야 할지 확신하지 못했다. 사만다의 많은 삶의 공간에서 관계 구축과 일상적 기능을 방해하는 많은 증상과 행동이 있었다. 그들은 사만다가 도움과 지원이 필요하다는 것을 알았고, 사만다가 말하기를 꺼리는 것을 고려하여 놀이치료가 개입 모델로 타당했다.

사만다의 외현화 행동은 사만다가 안전하다고 느끼지 않고, 다른 사람들과 연결되지 않으며, 감정을 조절하는 데 어려움을 겪는다는 것을 전달했다. 사만다의 복잡한 트라우마 이력을 고려할 때, 이것은 놀라운 일이 아니었다. 브루스 페리 박사는 트라우마를 "종종 극심한 공포, 테러, 무력감을 수반하는 일상적인 인간 경험의 범위를 벗어난 심리적으로 고통스러운 사건"이라고 묘사했다(Perry, 2007, p. 15). 베벌리 제임스의 연구에서 비롯된 정의는 트라우마가 "피해자들에게 무력감, 취약성, 안전의 상실, 통제력 상실의 감정을 만듦으로써 피해자들에게 심리적으로 영향을 미치는 압도적이고 통제할 수 없는 경험을 나타낸다."라는 것이다(James, 2009, p. 1). 사만다의 거듭된 거부로 인해 무력하고 연약하다고 느끼며, 일상생활이나 미래에 대한 통제 혹은 힘이 없다고 느끼는 어린 소녀가 생겨났다.

사만다 이력에의 도전은 현재는 사만다 주변에서 사라진 사람들이 알고 있으며, 개인적 입양 기록은 확인할 수 없다는 것이었다. 병원에 입원한 것은 머리를 부딪히는 것과 같은 자학적 행동으로 인해 촉발되었고, 의붓오빠들과 그들의 친구들이 사만다와 성교했다는 폭로가 있었지만, 사만다는 나중에 이 폭로를 철회했다. 사만다의 아동 보호 담당자는 또한 당시 청각적 환각에 대한 우려가 있다고 지적했다. 트라우마를 작업하는 사람들은 스트레스 반응이 싸움, 도피 또는 얼어붙음 같은 반응을 포함할 수 있다는 것을 인식한다. 얼어붙음은 스트레스 화학물질들이 단순히 멈추지 않고 보상 화학물질들이 결코 또는 거의 나오지 않는 영구적인 스트레스 상태에서 발생한다. '싸움 또는 도피(flight or fight)'상태에서 스트레스 호르몬인 '코르티솔'의 홍수로 결국 '얼어붙음' 분열을 초래한다(Roelofs, 2017). 사만다의 스트레스 반응은 이러한 모든 증상을 촉발하고 영속시키는 것으로 보였다.

이론적 방향

복잡한 외상 이력이 있는 아동과 함께 작업하는 것은 '사건'에 의해 영향을 받은 사람들이 힘을 부여받는 것을 느끼고, 강하게 느끼고, 안전하다고 느끼는 기회를 갖도록 우리가 아동이 어떤 의사결정권을 가지는 기회를 제공하는 것을 보장하며 개입을 시도하는 것을 의미한다. 그들에게는 일상생활에 대한 결정을 내릴 기회가 없을 수도 있지만, 놀이치료실에서 그들은 치유 도구(놀이 대상과 재료)를 사용하여 자신의 감정을 표현하는 방법을 선택할 수 있다. 놀이가 아동의 삶의 외부 현실을 바꿀 수는 없지만, 아동이 자신의 차이점과 유사점을 탐구하고 즐기고, 짧은 시간 동안이라도 모든 사람이 평등하고 가치 있는 참여자인 좀 더 정의로운 세상을 창조할 수 있는 수단이 될 수 있다(Evans, 2010).

통합적 놀이치료

드루위스, 브래튼과 섀퍼(Drewes, Bratton & Schaefer, 2011)는 복잡하고 어려운 치료 사례들이 종종 더 포괄적인 치료 접근방식을 필요로 한다는 점을 공유했다. 이 통합적 놀이치료 접근방식은 이론과 기법의 혼합을 포함할 수 있다. 르블랑과 리치(Leblanc & Ritchie, 2001), 그리고 브래튼 등(Bratton et al., 2005)은 최적의 놀이치료 효과는 정신건강 전문가(Lin & Bratton, 미출판에서 인용)가 구체적으로 치료를 제공할 때 30~40회기 범위 안에 있다는 데 동의했다.

사례개념화

사만다는 치료 과정에 관여하는 동안 다양한 생활 공간에서 현재 자신을 지지하는 사람들이 거의 없는 복잡한 트라우마 이력을 지닌 아이이다. 이것은 사만다의 치료 단계를 진행하면서 유념하기 위해 중요하다. 사만다의 사례는 서두를 수 없었고, 놀이치료 접근방식은 사만다가 자신의 이야기를 기억하고, 자신의 이야기를 방문하고, 자신의 이야기를 공유하고, 자신의 미래 이야기를 다시 쓰는 것을 돕는 것을 포함한 사만다의 현재 및 충족되지 않은 욕구를 충족시키기 위해 통합적일 필요가 있었다. 사만다는 애착을 느끼는 인물이라고 부를 사람도 없었고, 자신을 위해 하나가 되는 데 관심이 있는 사람도 없었다.

사만다는 연약하고 화가 난 것을 상호작용하는 모든 사람에게 드러냈다. 이미 알려진 바와 같이, 치료 동맹을(너무 자주 상처를 입고 거절을 당한 사람과) 맺으면서 과정을 시작하려면 이 작업은 브루스 페리 박사의 치료의 신경순차적 모델(Perry & Szalavitz, 2006)을 이해하면서 아동 중심의 놀이치료 원칙(Axline, 1947; Landreth, 1991)을 따라야 한다. 사만다는 원시, 변연계 또는 대뇌피질을 상향식, 하향식으로 뒤집어 재구성할 준비가 되었을 때 도움이 될 수 있는 활동이 필요하다.

사만다의 놀이치료 과정은 종종 나에게 벤자민 스팍(Benjamin Spock) 박사의 말을 상기시켜 주는데, 그는 "아동은 놀이가 쉽기 때문이 아니라 어렵기 때문에 놀이를 사랑한다."라고 말했다. 사만다는 나에게 치료 여행을 위한 공간을 마련해 주는 특권을 나에게 허락하면서 용감하게 열심히 작업했다.

치료 과정: 전환점과 자기(Self)의 출현

사만다에게 소개되었을 때, 첫 번째 목표는 사만다가 놀이치료 회기 과정에 걸쳐 자신의 감정을 보여 주는 위험을 감수할 수 있도록 치료 동맹을 맺는 시도를 하는 것이었다. 따라서 아동 중심의 접근법(Axline, 1947; Landreth, 1991)은 초기 12회기 동안 활용되었다. 단기 해결 중심 접근방식은 사만다의 많은 유기 경험을 고려할 때 어떤 임상전문가와도 신뢰를 쌓을 기회를 제공하지는 못할 것이다. 고맙게도 사만다의 법적 후견인은 사만다가 의도적으로, 그리고 신중하게 함께 작업해야 한다는 것을 인정했다. 사만다는 보통 나를 향한 욕설로 각 회기를 시작하고 끝냄으로써 우리의 치료적 관계의 발전에 도전했다. 이 강도 높은 욕설은 항상 놀이를 '북마크'했다. 나의 임상 놀이치료 슈퍼바이저는 사만다가 치료 준비가 되었는지 두 달 동안 의문을 가졌다. 사만다는 매우 화가 난 것 같았다. 놀이치료자로서의 나의 감각은 강화된 복수의 유기 경험들이 나 자신의 헌신과 놀이치료 과정에 대한 이러한 주간 시험들을 촉발하였다는 것이다. 한 번은 내가 아파서 약속을 취소해야 했는데, 사만다는 두 회기 동안 나에게 욕하는 것조차 거부했다. 사만다는 들어와서 앉았다. 그리고 눈도 마주치지 않고 자기 구두를 응시했다.

사만다의 (그날의 첫 약속) 회기는 나 자신의 관리를 위해 그날 마지막 약속이 되도록 재조정되었다. 언어폭력을 받으며 시작한 날은 다른 날과 달리 피로를 촉진하였다. 이러한 공격과 철회의 시도가 자기 보호 전략임을 인식한 것은 치유가 되는 환경을 조성하면서 공격을 개인화하지 않는 데 도움이 되었다. 쿠스켈리, 폴센과 지비아니(Cuskelly, Poulsen, & Ziviani, 2013)는 "치료 환경의 가장 관련이 있는 측면은 특정 맥락 안에서 자신의 욕구 만족을 충족시키는 활동에 성공적으로 참여하고 관여하는 개인의 능력을 지지하거나 방해하는 측면들이다."(p. 236)라고 말했다. 사만다의 연대기 체계나 다른 시간 단계에서 사만다에게 영향을 미친 일생의 사건들을 이해하는 것이 폭력을 비

개인화하는 데 도움이 되었다. 치료를 받으러 오는 것은 힘들었다. 그것은 사만다가 판자로 막아 두었던 기억의 부분들을 건드렸다. 놀이치료 회기에서 사만다가 기억을 만나고 검토하였는데, 때로는 놀이치료실에 판자로 막아 놓은 기억들을 두고 갈 수 있도록 함으로써 도움이 되는 것이 분명해졌다. 사만다가 집에 도착했을 때 과거에 관한 토론이나 놀이가 항상 사만다와 청소년 보호 직원들과의 규제를 촉발하였다는 점을 고려하면 이것은 의미심장했다. 12회기 후에 사만다는 치료를 그만둘 수 있다는 허락을 받았지만 계속해서 자기 옹호를 했고, 그래서 계속 치료를 받았다. 욕하는 시간은 점차 15분에서 10분 그리고 5분으로 바뀌었다. 욕설은 덜 난폭해지고, 화도 줄어들게 되었다. 그러고 나서 사만다는 인형에게 욕을 하는 것으로 옮겨 갔고, 인형이 아이들에게 했던 비열한 행동에 대해 인형과 맞서면서 대화를 할 수 있었다.

회기가 끝날 무렵 화가 난 사만다가 돌아오곤 하는 것은 놀라운 일이었지만, 이제 사만다의 분노는 매주 견뎌야 했던 결말과 헤어짐에 관한 것이었음이 분명하다.

전환점 1

사만다는 자신에게 나쁜 짓을 한 사람들의 명단을 작성하였다. 목록을 제대로 작성하는 데 몇 주가 걸렸다. 사만다는 자신을 강간한 오빠 친구들의 이름을 알지 못했고, 정책이 무엇이든 상관하지 않는다고 말했다. 왜냐하면 가해자들을 잡는 데 도움이 되지 않을 것이기 때문이다.

어느 날은 욕도 하지 않고 뛰어 들어와서 밤새도록 무엇을 가지고 놀고 싶은지 생각하고 있었으며, 무엇이 필요한지 알고 있다고 진술했다. 사만다는 놀이실에 보관되어 있던 발포 고무칼로 싸움을 벌이기로 마음을 먹었다. 칼을 집기 전에는 자신에게 나쁜 짓을 한 많은 사람을 나열하기 위해 분필과 칠판을 사용했다. 명단은 길었다. 칼 놀이를 하면서 사만다는 나에게 역할을 부탁하곤 했다. 사만다를 다치게 한 사람 중 한 사람이 되는 것이 내 일이었다. 각각의 상황에서 사만다는 그 사람에게 자신에게 한 행동을 어떻게 느꼈는지 말했다. 그러고 나서 (가해자에 따라) 그들의 귀, 눈, 팔, 발을 잘라 버렸고, 우리가 다음 가해자로 옮기기 전에 결국 그들을 죽였다. 그 사람을 죽이기 전에 사만다의 분명한 대립이 진정시키는 것 같았다. 사만다는 또한 내가 죽는 척을 몇 번이고 반복하면서 자신이 '그들을 꾸중하는' 것을 도와준 것에 대해 감사하곤 했다. 사만다의 목록이 완성되었을 때(그것은 거의 전체 회기가 걸렸다), 사만다는 나에게 죽이고 싶은 사람들의 목록을 공유하기 위해 칠판을 사용하라고 부탁했다. 나는 명단이 없었다. 나는 이미 내 마음을 아프게 한 모든 사람에게 내가 어떻게 느꼈는지를 말한 어른이라고 설명했다. 우리는 지금-여기 논의의 자기(Self)의 언어적 사용 논의를 했다(부록 A). 사만다는 이 공유를 자신의 반응에 포함하였다.

사만다는 무너졌다. 자신이 가장 취약한 경험을 공유했다고 말했고, 나는 화답할 필요가 있었다. 사만다는 울면서 땅에 몸을 내던졌고, 내가 조용히 옆에 앉아 있는 것만을 참을 수 있었다. 나는 일부러 사만다를 건드리지 않았다. 나는 말하지 않았다. 그냥 옆에 앉아서 휴지와 물을 주었다.

전환점 2

이때 나의 골든 리트리버가 문에서 낑낑거리고 있었다. 나는 내 놀이치료실(그곳은 마침 출입구가 따로 있는 홈 오피스였다.)의 문을 열었다. 나는 골든 리트리버인 패치가 문을 통해 들어오도록 허락했고, 그 개는 아주 조심스럽게 계단을 내려와서 사만다 옆에 누웠다. 그룹홈 차가 건물의 주차구역에 주차할 때, 사만다는 패치가 짖는 소리를 들은 적이 있지만 만난 적은 없었다. 패치는 자기 발을 사만다의 팔에 올려놓았고, 사만다는 회기가 끝날 때까지 흐느끼면서 자기 팔로 패치를 감싸 안았다. 회기의 이 시점에서 나는 비지시적인 반응과 공동 촉진을 활용하고 있었다. 패치와 사만다는 서로를 보지 않거나 나를 보지 않고 조용히 서로를 접촉하며 누워 있었다. 사만다가 대화에 참여하기를 원했거나 내가 사만다에게 더 많은 대화를 하기를 권했다는 증거는 없다. 그룹홈 직원이 문을 두드리는 소리를 듣자마자, 사만다는 자리에서 일어나더니 놀이치료실을 뛰쳐나갔다. 마지막 작별 인사도 하지 않았고, 패치를 껴안지도 않았다. 나는 그룹홈 직원에게 연락했고, 우리는 격렬한 회기를 가져서 사만다가 위기로 치닫는 것처럼 보이면 나에게 연락하라고 설명했다. 역설적이게도 갈등도 없었고, 제한도 없었다. 직원들은 사만다가 집안일을 하는 것을 즐기지 않았다고 보고했지만, 우리는 이것이 나이에 걸맞은 저항 행위라는 데 동의했다. 사만다는 또한 다음 회의에 오는 것에 대해 언급하지도 않았고, 어떤 걱정도 표명하지 않았다.

사만다는 다음 회기에 여전히 화가 나서 돌아왔다. 우리는 죽이기라는 은유가 그간 겪었던 상처뿐만 아니라 남겨지고 거절당하는 것에 대해 얼마나 사만다가 분노하고 슬퍼하는지를 말로 표현할 수 있게 하는 느낌을 주는지에 대해 이야기했다. 그러고 나서 사만다는 용서에 관해 이야기하면서 아직 엄마를 용서할 수 없다고 말했다. 나는 아무도 사만다에게 언제 용서하라고 요구하거나 말할 수 없지만, 자신이 그렇게 할 준비가 되어 있다면 스스로 알 수 있음을 인정했다. 10대와 어른들은 그들이 용서의 장소에 있다는 것을 확인(식별)할 수 있지만, 아이에게는 결코 강요되어서는 안 된다.

전환점 3

이 회기에 앞서 나는 사만다가 안전한 장소에 관한 그림을 만드는 데 참여할 수 있기를 바라며 몇 가지 미술 재료를 준비했다. 사만다는 내가 준비한 어떤 활동에도 기꺼이 참여하려고 하지 않았다. 대신에 장난감 인형을 집는 것을 선택했고, 그 인형을 목욕시켜 달라고 부탁했다. 우리는 플라스틱 인형 욕조에 따뜻한 물과 라벤더 향의 거품을 채웠다. 사만다는 자신이 그렇게 하는 것을 누가 볼 수 있는지를 거듭 물어보면서 인형을 목욕시켰다. 목욕을 마치자 인형을 싸서 앞뒤로 마구 흔들기 시작했다. 사만다가 사무실에 들어오기 전에 인형을 목욕시키는 것을 두 번의 회기에서 더 했고, 그러고 나서 '낚시하러 가기' 카드 게임을 시작했다. 카드는 몇 번의 회기 동안 사만다의 관심사가 되었다. 우리는 교대로 카드를 돌렸고, 교대로 카드를 치웠다. 카드놀이는 몇 번 더 이어지는 회기에서 주제가 되었다.

전환점 4와 5

사만다의 다음 요청은 나에게 로버트 먼쉬(Munsch, 1986)의 『당신을 영원히 사랑해(Love You Forever)』라는 책을 읽어 달라는 것이었다. 이 이야기는 엄마가 자식에게, 아이가 엄마에게 갖는 상호적인 사랑에 관한 것이다. 사만다가 어린 시절에 양육을 많이 받은 것 같지 않았기에 일부러 고른 책은 아니었다. 내가 사만다에게 그 책을 한 번 읽어 줬을 때, 그것은 사만다가 과거에 만났던 몇몇 특별한 사람들에 관해 이야기하도록 자극했다. 이 명단에는 건널목 경비원도 포함되어 있었다. 다음 회기에서 내가 이 책을 읽어 주는 동안 사만다는 흔들의자에 누워 담요로 몸을 감싸 달라고 부탁하곤 했다. 담요는 부드럽고 양털처럼 푹신해야 했다. 듣고 행복하게 느껴야 할 것을 계획하고 확인하는 사만다의 능력은 매우 구체적이고 명백했다. 이 기간에 나는 사만다가 취한 행동과 사만다의 충족되지 않은 욕구 사이에서 연계 해석(Yasenik & Gardner, 2012)을 하기 시작했다. 사만다는 나이가 들면서 자신이 안전하다고 느끼는 사람들을 찾을 것이다.

반복되는 책 읽기는 나의 아이들이 취학 전의 나이였을 때 내가 책을 읽어 준 것을 떠올리게 했다. 사만다는 '성장하고 있는' 것처럼 보였다. 이러한 개입은 신경순차적 접근방식을 사용하는 예이다. 이 접근방식에서 페리(Perry, 2007)는 신경순차적 모델에 관해 다음과 같이 말했다.

> 신경순차적 모델은 위기에 처한 아이들과 함께 작업하는 발달적으로 정통하고 생물학적으로 존중하는 접근방식이다. 신경순차적 모델은 특정한 치료 기술

이나 개입이 아니다. 그것은 아동의 역사와 현재의 기능을 조직화하는 방법이다. 이 접근방식의 목표는 가족, 교육자, 치료자 및 관련 전문가들이 아동의 욕구를 가장 잘 충족하도록 돕는 방식으로, 아동에 대한 평가, 주요 문제의 표현, 주요 강점의 확인 및 개입(교육적, 강화적 및 치료적)의 적용을 구조화하는 것이다.

사만다는 흔들의자가 제공하는 전정 입력(前庭入力, vestibular input)을 즐기는 것이 분명했다. 사만다는 자신의 세계에 모든 것이 잘 있다는 감각적인 확신이 필요했다. 사만다는 주거지를 옮기지 않았고, 방어작용을 내려놓았다. 스토리텔링과 의자 흔들기는 적어도 네 번의 추가 회기 동안 일어났다. 사만다는 자신에게 깊은 상처를 준 사람들에게 향하는 분노 감정에서 친절함을 받아들인 사람들(이 사람들은 패치라는 개, 몇몇 그룹홈 직원들과 나를 포함했다.)에 대한 애정 어린 감정으로 옮길 수 있었다.

패치는 사만다가 가장 연약하다고 느낄 때 애정과 지지를 나눌 수 있는 안전한 배출구를 제공했다. 회기가 계속되면서 내가 사만다에게 로버트 먼쉬의 테이프를 주어서, 사만다는 잠자리에 들 때 『당신을 영원히 사랑해』를 들을 수 있었다. 사만다는 이 선물에 매우 감사했고 목표를 표현할 수 있었는데, 그것은 다른 아이들이 그룹홈에서 잠드는 것처럼 쉽게 잠이 들 것 같다는 뜻이었다.

치료가 진행되는 동안, 나는 또한 사만다의 인생 이야기를 '말할' 사람을 찾는 것에 대해 우려를 표시했다. 아동 보호 담당자는 사만다나 사만다의 부모를 서로 연결할 수 있는 사람이 정말 없다고 보고했다. 허락을 받고, 나는 사만다의 학교에 가서 사만다의 학교 파일을 검토했다. 파일에는 사만다가 그동안 다녔던 모든 학교의 주소가 들어 있었다. 교장에게 직원 팀이 각 학교에 대해 다음의 것들을 찾고자 한다고 요청하는 편지를 작성했다.

- 사만다의 사진(학급 사진, 특별 이벤트 및 개별화된 사진)

- 사만다에게 편지를 쓸 만큼 사만다를 기억할 만한 직원
- 당시 학교에서 무슨 일이 일어났는지를 설명하는 편지

사만다가 참석했다. 편지가 발송되었고, 한 달 안에 아동 보호 기관에 답신 편지가 배달되었다. 그러고 나서 그 편지들은 나에게 전달되어 우리는 그 편지들을 이용해서 몇몇 인생 이야기 작업을 시작할 수 있었다. 하지만 사만다는 사진을 받아들일 수 있는 위치에 있지 않았다. 심지어 과거의 누구와도 대화하고 싶은 확신이 서지 않았다. 사만다는 자신을 어린 사람으로 보는 것에 대해 걱정했다. 편지를 제쳐 두고 대신에 우리는 사만다가 학교와 집에서 안전하다고 느끼기 시작한 어른들과 현재의 관계를 구축하는 작업을 했다.

담당자의 허락으로 나는 또한 사만다가 시내를 벗어나 청소년 프로그램으로 옮겨지고 있었기 때문에 사만다가 나나 그룹홈의 다른 직원들과 연락할 수 있도록 사만다에게 휴대전화를 사 줬다. 이것은 치료자가 주는 통상의 선물은 아니었지만, 평생 자기 인생에 아무도 없는 사만다에게는 생명줄이 필요하다고 판단되었다.

사만다는 현재 20대 초반이다. 사만다는 대학에 다니면서 몇몇의 팀 스포츠를 한다. 사만다는 몇 년 전에 자신의 고향에서 함께 시간을 보낼 가정을 찾았다고 말했다. 사만다는 행복하다. 사만다는 자신이 원하는 직장에서 일하고 있다. 사만다는 데이트하기 시작했고, 남자들이 다시는 자신을 해치지 않을 것을 알게 되었다. 사만다는 나에게 감사하며, "당신을 영원히 사랑해."라고 말하는 법을 이해하기 위해 노력하고 있다고 말했다. 나는 사만다에게 그럴 필요가 없다고 말했지만, 만약 사만다가 나에게 그렇게 말하고 싶다면 나는 사만다를 보고 싶을 거라고 말했다.

전환점 요약

과정의 단계	사분면	전환점	무엇이 전환점에 기여했는가
라포 형성: 치료자에게 욕을 하는 것-관계 안정을 위한 치료자 시험	2, 3사분면: 아동과 치료자가 이끌었다.		• 치료자는 사만다가 선택한 방법으로 치료 도구를 사용하도록 요청했다.
사만다가 욕하는 것을 멈춘다-거절당한 기분이 들면 자신이 치료 과정에 투자할 것인지 확신하지 못했다.	3사분면: 아동이 이끌었다.		• 치료자가 회기를 취소하자 아동은 거부감을 느꼈다.
욕이 줄어든다.	3사분면: 아동이 이끌었다.		• 치료 관계가 발전하고 있다.
인형에게 욕하기	4, 2사분면: 아동이 이끌었고, 공동 촉진을 하였다.	• 자신에게 잘못한 사람들의 명단을 만드는 것	• 카타르시스(Schaefer & Drewes, 2014)
칼 싸움	3사분면	• 애완동물이 사만다에게 합류	• 아동이 애완동물로부터 보살핌을 받을 수 있다.
장난감을 양육하기	2, 1사분면: 지시적 및 비지시적	• 놀이실에서 아기 인형을 목욕시키기	• 자신이 '다른 사람'을 돌볼 수 있도록 허용하기
독서치료 및 전정 작업	2사분면: 치료자가 이끌었다.	• 사만다가 흔들의자에 앉아 있는 동안 『당신을 영원히 사랑해』(Munsch, 1986) 책을 읽기	• 원거리에서 양육을 경험하고/받을 수 있는 개방성 • 관계적으로 '있을 수 있는' 연습하기

이별 준비 및 치료 종결	1, 2사분면: 치료자 주도 해석	• 사만다가 작별 인사를 함	• 필요할 경우 사만다가 전화할 수 있도록 치료자가 연락처를 알려주었다.

참고문헌

Axline, V. (1947). *Play therapy*. New York: Ballantine Books.

Bath, H. (2008). The three pillars of trauma-informed care. *Reclaiming Children and Youth, 17*(3), 17-21.

Bratton, S., Ray, D., Rhine, T., & Jones, L. (2005). The efficacy of play therapy with children: A meta-analytic review of treatment outcomes. *Professional Psychology: Research and Practice, 36*(4), 367-390.

Bronfenbrenner, U. (1989). Ecological systems theory. In R. Vasta (Ed.), *Annals of child development: Vol. 6*. London: Jessica Kingsley Publishers.

Cuskelly, M., Poulsen, A. A., & Ziviani, J. (2013). *The art and science of motivation: A therapist's guide to working with children*. London: Jessica Kingsley Publishers.

Drewes, A., Bratton, S., & Schaefer, C. (2011). *Integrative play therapy*. Hoboken, NJ: Wiley.

Evans, J. (2010). *Playing: Christian daily living*. Minneapolis, MN: Fortress Press.

James, B. (2009). *Treating traumatized children*. New York: Free Press.

Landreth, G. (1991). *Play therapy: The art of the relationship*. Muncie, IN: Accelerated Development Inc.

Leblanc, M., & Ritchie, M. (2001). A meta-analysis of play therapy outcomes. *Counseling Psychology Quarterly, 14*, 149-163.

Lin, Y. W., & Bratton, S. (n.d.). *Summary of play therapy meta-analyses findings*. Accessed on 03/08/2018 at http://evidencebasedchildtherapy.com/meta-analysesreviews

Munsch, R. (1986). *Love you forever*. Toronto, Ontario: Firefly Books.

OACYC. (2015). *Safeguarding the other 23 hours: Legislation of child and youth care practice in Ontario*. Toronto, Ontario: Ontario Association of Child and Youth Care. Accessed on 23/05/2018 at www.oacyc.org/uploads/File/Safeguarding_FINAL_WEB_VERSION.pdf

Perry, B., & Szalavitz, M. (2006). *The boy who was raised as a dog and other stories from a child psychiatrist's notebook*. New York: Basic Books.

Perry, B. D. (2007). *Stress, trauma and post-traumatic stress disorders in children*. Accessed on 23/05/2018 at https://childtrauma.org/wp-content/uploads/2013/11/PTSD_Caregivers.pdf

Roelofs, K. (2017). Freeze for action: Neurobiological mechanisms in animal and human freezing. *Philosophical Transactions of the Royal Society B: Biological Sciences, 372*(1718), 20160206.

Schaefer, C. E., & Drewes, A. A. (2014). *The therapeutic powers of play: 20 core agents of change* (2nd Ed.). Hoboken, NJ: Wiley.

Yasenik, L., & Gardner, K. (2012). *Play therapy dimensions model: A decision-making guide for integrative play therapists*. London: Jessica Kingsley Publishers.

제12장

상징적 해결책

-관계 회복을 위한 안전의식 구축-

Sonia Murray

사례 소개

칼은 나에게 아동과 치료자 사이의 관계를 확립하고 유지하는 데 필수적인 치료적 요소와 아동의 놀이를 충분히 이해하도록 가르쳐 준 아이이다. 칼은 자그마한 희망의 낟알을 가지고 치료를 받으러 왔지만 자기 자신, 다른 사람들, 그리고 주위 세계에 대한 견고한 내면화된 위협감과 불신을 품고 있었다. 이 장에서는 칼의 치료 과정을 휴머니즘적이고 통합적인 놀이치료를 통해 소개할 것이다. 칼은 9년 동안 심각한 관계 트라우마, 복잡한 발달적 트라우마(van der Kolk, 2005)와 성적 학대, 상실, 사별 등의 방치를 경험했다. 칼의 놀이치료 과정은 4년의 기간에 걸쳐 연장되었고, 칼은 100회기 이상 참석했다. 칼의 복잡한 정신적 외상을 초래하는 경험 때문에 치료자는 치료가 긴 과정이 될 것이라는 점을 알고 있었고, 초기 목표는 안전의식을 확립하는 것이었다. 거기서부터 연결과 신뢰가 시작될 수 있었다. 놀이치료는 초기에는 개별적으로 진행이 되었으나, 이후에는 칼의 위탁 보호자(June)를 포함하게 되었다. 치료적 관계와 과정을 통해 칼은 자신과 관계의 좀 더 건강한 내부작동모델을 통합할 수 있는 내면화된 안전의식을 발달시키기 시작했다. 칼은 자신과 경험, 능력에 대해 좀 더 균형 잡힌 시각을 발달시킬 수 있었다. 게다가 자신과 경험에 대해 더 논리정연한 이야기를 발전시켰다. 칼의 여정은 때때로 느리고 복잡했다. 왜냐하면 칼의 행동 반응은 예측할 수 없었고, 자신의 행동을 통해 고통을 표현하는 다른 아이들과 함께 학교 환경에 놓이는 것을 요구했기 때문이다. 불행히도 이 예측할 수 없는, 그리고 때때로 변덕스러운 환경은 계속해서 칼을 불안, 두려움 또는 공포 상태에 있도록 할 것이다(Perry, 2006). 이것은 칼의 치료 과정에 영향을 미쳤다. 아이의 신원을 보장하고 보호하기 위해 몇 가지 요소가 변경되었다.

이론적 방향

칼의 복잡한 욕구와 인생 경험을 고려할 때, 나의 접근은 노르크로스(Norcross, 2005)의 동화적 통합(assimilative intergration)에 바탕을 두었다. 치료 방법론은 변화 촉진을 위한 치료 환경을 조성하기 위해 외상에 정통한 이론과 애착 인식 이론을 통합한 휴머니즘적 접근방식에 근거했다. 휴머니즘적 접근방식의 가장 중요한 믿음은 아동이 자기실현을 위한 근본적인 추진력을 가지고 있고 이것을 실현하기 위해 무엇을 해야 하는지 알고 있지만, 때때로 이것을 성취할 수 있는 치료 환경과 치료적 관계가 필요하다는 것이다. 발달적 · 사회적 · 정서적으로 아동을 수용하는 액슬린(Axline)의 비지시적 원칙의 사용, 허용/수용하는 환경 조성, 아동의 자기 발견을 존중, 그리고 '3사분면: 비지시적 반응'에서 일하는 치료자(Yasenik & Gardner, 2012)는 변화를 가져오는 치료적 관계와 환경의 기초를 형성하였다. 하지만 치료가 진행되고 칼이 발달함에 따라 성장과 변화를 촉진하기 위해 서로 다른 사분면에서의 작업을 통합하는 것이 적절했다.

치료적 관계는 관계 트라우마를 경험한 아동과의 변화를 촉진하기 위한 필수 요건이다(van der Kolk, 2005). 치료적 관계의 질이 변화의 강력한 예측 변수라는 증거가 축적되어 더 나은 효과의 가능성이 커지고 있다(Flukiger et al., 2012; Karver & Caporino, 2010). 칼은 양부모와 살기 위해 갈 때까지 어린 시절 내내 주로 돌보던 사람과 관계 트라우마를 겪었기 때문에 치료적 관계를 확립할 필요가 있었다. 헤르만(Herman, 1992, p. 133)은 이렇게 언급했다.

> 심리적 트라우마의 핵심 경험은 타인에게 영향력을 잃고 단절되는 것이다. 그러므로 회복은 생존자의 힘의 강화와 새로운 연결의 창출에 기초한다. 회복은 관계의 맥락 안에서만 일어날 수 있다. 그것은 고립에서 일어날 수 없다.

치료적 관계의 특징은 안전함을 제공하고, 괴로움을 달래며, 감정을 조절하고, 기쁨을 조성하고, 평온을 지원하며, 탐구할 수 있는 안전한 기반을 제공하는 데 있어 디베차(Divecha, 2017)가 언급한 애착 목적과 유사하다. 그것은 조화된 관여, 정서적 연결, 그리고 예측 가능한 환경을 갖춘 건강한 아이/부모의 안정적 애착을 잘 보여 준다. 종종 조화된 관여와 감정적 연결은 장난스러운 상호작용을 포함한다. 또한 새로운 신경 경로가 개발될 수 있는 것은 치료적 관계 내의 온정적 적응 안에 있다(Cozolino, 2010).

칼의 욕구가 돌보는 사람에게서 위안을 구하는 것이기에 관계상의 트라우마는 칼에게 심리적 및 생리적 갈등을 초래하였다. 겁에 질렸을 때 아동은 서로 연결하려고 하지만 편안함의 원천 또한 위협이고, 따라서 그들의 타고난 추동은 도망치는 것이기 때문에 아동은 이분법에 직면하게 된다. 그것은 관계에 대한 신뢰를 파열하고 관계가 위협과 예측할 수 없는 것의 원천이라는 내부작동모델을 개발한다. "가장 치명적인 외상은 정신적 외상을 받은 개인이 의존하는 관계, 최악의 경우 부모/자녀 관계에 의존하는 관계에 의도적으로 가해진다"(Allen, 1995, p. 7).

치료적 관계를 형성하는 한 측면은 장난스러운 상호작용이다. 놀이의 치료적 힘은 칼에게 자신의 경험 일부를 안전하게 탐구하고, 발전시키고, 숙달할 수 있는 발달적으로 적절한 매개체를 제공한다고 여겼다. 칼이 겪은 대부분의 경험은 생애 첫 몇 년 동안 일어났는데, 그때는 말을 하기 전이었고 인지적 능력이 제한적이었다. 칼은 정신적 충격을 주는 무서운 경험을 처리할 능력이 거의 없었기에 극심한 스트레스 상태에 놓이게 되었고, 자신의 하뇌에서 기능을 발휘하게 되었다(Perry, 2004). 게다가 칼은 자신의 감정 상태를 이해하고 조절하는 법을 배울 수 있을 만큼 충분히 지속적인 감정 비계를 경험하지 못했다. 칼은 정서적 이해와 인지적 능력의 발달이 부족하여 언어치료를 발달적으로 부적절하게 만들었다. 놀이는 전환점이 발생할 수 있는 수단을 제공했고, 홍과 메이슨(Hong & Mason, 2016, p. 38)이 언급한 바와 같이 "그의 뇌 속 경보 시스템의 균형을 맞추었다".

칼에 대한 나의 이론적 방향은 신체적 · 관계적 · 사회적 · 정서적 그리고 신경생물학적으로 아동의 모든 측면에 미치는 트라우마의 영향과 관련하여 아동 발달로 더 많이 알려지게 되었다. 안전의 결여로 인해 칼은 사회 참여 시스템을 사용할 수 없었다(Porges, 2011). 칼은 소리, 움직임, 냄새에 지나치게 민감하고, 거의 항상 동정적이거나 부교감 미주신경 반응으로 작동하고 있었다. 앞서 언급한 바와 같이, 이러한 반응에 있었기에 칼은 하뇌에서 기능을 발휘하고 있었고, 계속해서 잠재적인 위협의 근원을 찾고 있었다. 이것은 칼의 최우선적인 욕구였고, 전두엽 피질이나 더 높은 뇌에 접근할 수 있는 능력에 영향을 미쳤다. 프리차드(Prichard, 2017)는 "외상을 입었을 때 발달하는 뇌의 부분이 치료를 시작해야 하는 곳"이라고 결론지었다. 그러므로 나의 출발점은 하뇌와 변연뇌에서 작업하는 것이었는데, 이것들은 칼이 안전의식을 확립하고 관계를 형성함으로써 기능하고 있는 영역들이었기 때문이다(Perry, 2006). 칼이 내면화된 안전의식을 확립하기 시작했을 때 칼의 사회적 참여 체계가 작동 중이었고, 칼은 더 높은 두뇌에 접근하여 처리하고, 개념화하고, 이해할 수 있었다. 게다가 칼이 점점 더 많은 공동 조절 행동과 행위를 증가시키며 나에게 의존하고 있었기 때문에, 내가 나 자신과 나의 상태를 이해하는 것이 필수적이었다.

사례개념화

아홉 살짜리 칼은 계속 앞으로 나아가기 위해 노력하는 자신(내면의 회복력이나 추동)에 대한 뭔가가 있었다. 칼의 경험을 돌이켜 보면, 칼이 여전히 누군가와 또는 무엇인가와 연결을 원했던 것은 경이로운 일이다. 의뢰 당시에 칼은 치료 위탁 보호자와 함께 거주하며 사회적 · 정서적 · 정신적 건강과 행동에 어려움을 겪고 있는 아이들을 위한 전문적인 교육에 참여하고 있었다. 칼의 욕구는 주류 환경에서 충족되지 않았다. 칼은 양부모 가정과 학교에서 상당한 정서적 · 행동적 조절의 어려움으로 자신의 고통을 보여 주었다. 의뢰 당시 약 6개월 정도만 위탁 가정을 돌보는 사람과 함께 거주하였고, 그 사람과 애착 관계를 형성하는 초기 단계에 있었다.

수집된 정보와 내가 관찰한 바로는 칼이 무능하고 가치 없는 것으로 인식되는 빈곤한 자기(Self)의식을 발전시킨 것이 분명했다(Harter, 2012). 변화를 관리하고 좌절에 대처하고 반응을 조절하느라 고군분투할 때 칼의 자존감은 취약했다. 칼은 자신을 돌보는 사람들이 자신을 어떻게 대했는지 내면화했고, 자신의 잘못과 자신이 '나쁘다'라는 자기의식을 키웠다(Harter, 2012). 칼의 경험에 대한 포괄적인 이력을 수집하고 학교 주변에서 그 아이를 관찰하면서 나는 치료가 긴 과정이 될 것이라는 점을 알았고, 초기 목표는 외부와 내부 모두에서 안전의식을 확립하는 것이었다. 이러한 연결에서 신뢰가 시작될 수 있다. 페리(Perry, 2000)가 말했듯이, "안전감은 아동 각자의 욕구에 대해 일관되고, 주의를 기울이고, 양육적이고, 세심한 관심에서 비롯된다. 안전은 예측 가능성에 의해 만들어지고, 예측 가능성은 일관된 행동으로 만들어진다". 놀이 요법의 예측 가능한 특성은 안전감을 형성하는 과정을 시작하지만, 치료자의 예측 가능성과 치료적 관계는 교정 요인이다.

치료 과정: 전환점과 자기(Self)의 출현

관계적 트라우마에 대한 칼의 경험은 칼의 발달의 모든 측면, 특히 자기 감각에 영향을 미쳤고, 이것은 놀이치료에서 분명히 나타났다. 칼의 놀이 내용과 반복되는 주제는 종종 불신과 신뢰와 연결되었다(Ryan & Edge, 2011). 처음에 칼의 주제는 위험에 대한 지속적인 노출, 취약성, 보호 요인의 부재, 무망감, 절망, 위협, 유기, 자기의 상실과 관련이 있었다. 나는 이제 치료 과정에서 전환점이 되었던 특정한 놀이 요소를 살펴볼 것이다.

전환점 1~3: 숨바꼭질

칼의 놀이치료 내내 숨바꼭질은 공통적인 요소였고, 이 놀이는 변화 과정의 전환점이 시작되게 하였다. 그것은 물건을 숨기는 것에서부터 숨는 사람, 찾는 사람까지 각각 다른 형태로 나타났다. 숨바꼭질은 관계적 놀이의 한 형태이며, 긍정적인 자기의식을 발전시킬 뿐만 아니라 분리에 대한 불안을 극복하는 방법으로 볼 수 있다. 분리되는 것은 생명을 위협하는 반응을 일으킬 수 있고, 잠재적으로 교감 또는 부교감 미주신경 반응을 유발할 수 있다. 분리되었다가 빨리 재결합하는 놀이는 아동이 자신의 반응을 진정시키고 조절하는 법을 배우도록 돕는다(Frankiel, 1993). 숨바꼭질은 자신을 돌보는 사람의 존재에 대한 내부 인식을 발전시킴으로써 안전한 자기 감각을 발달시키는 데 도움이 된다(Israelievitch, 2008). 또한 안전한 자기 감각의 발달은 아동이 발견될 만한 가치가 있기에 우선 재결합하는 경험에서 비롯되지만, 두 번째는 아동을 발견하는 만족과 기쁨을 표현하는 누군가에 의해 재결합되는 경험에서 비롯된다. 놀이는 감정 활성화 수준이 높을 수 있지만, 놀이라서 생명을 위협하는 것으로 보이지 않기 때문에 아동에게 공포나 공포 상태를 유발하지 않는다. 아동이 놀이를 결정함에 따라 치료자의 지지를 받아 (필요하다면) 활성화 수준을 결정할 수 있다. 신경 발달을 위해서는 신경 경로가 형성되기 위해서 정서적 활성화 수준이 필요하다.

놀이치료에서 숨바꼭질이 일어나면 초기 애착 경험과 상실(Frankiel, 1993; Israelievitch, 2008)을 다시 경험하고 재작업할 수 있는 기회이다. 그것은 흔히 치료 환경 내에서 아동이 안전의식을 형성했다는 신호이지만, 더 중요한 것은 치료적 관계가 발전하고 있다는 지표이다.

칼은 불행하게도 오랜 시간 동안 육체적으로나 정서적으로 돌보는 사람들이 사라지는 공포를 반복적으로 경험해 왔다. 게다가 그들이 돌아왔을 때는 자신에 대한 그들의 반응을 보증할 수 없었고, 때때로 그들은 무시하거나, 거부하거나, 공격적이곤 했다. 따라서 치료 회기에서 숨바꼭질하는 것은 칼에게 상당한 위험을 나타냈다. 치료자는 칼의 이전 경험에 따라 반응할 것인가, 귀찮아질까, 치료자가 그를 찾아서 기뻐할까? 버그만(Bergman, 1993, p. 364)이 언급한 바와 같이, "숨바꼭질을 하는 위험을 감수하면 재결합이 일어날 것이고 즐거울 것이라는 점을 당연히 여길 수 있어야 한다".

숨바꼭질은 서로 다른 위험 수준에서 서로 다른 형태를 취했다. 처음에 칼은 모래 상자에 물건들을 숨기고 그것들을 찾는 것에 대한 나의 반응을 확인함으로써 위험을 시험했다. 나는 숨긴 물건을 찾는 기쁨에 관여하는 것이 중요하다는 것을 매우 의식하고 있었다. 칼은 반복해서 우리가 '그냥 놀고 있는 것'인지 확인하곤 했다. 그러므로 나는 의사소통에서 나 자신의 감정 상태와 나의 몸짓 언어와 억양을 매우 의식하고 있었다. 나는 우리가 '그냥 놀고 있을 뿐'이고, 아무런 위험도 없다는 것을 묘사할 필요가 있었다. 이것은 우리 둘 다 우리의 사회적 참여 시스템을 사용할 수 있게 했다. 칼은 '그냥 노는' 과정을 통해 버려지고 과각성과 저각성 상태에 있던 이전의 경험을 다시 작업할 수 있었다(Kly, 2014). 처음에 칼은 내가 물건들을 찾을 수 있도록 허락하기 위해 애쓰곤 했다. 나는 내가 그것들을 찾을 수 있을 것이라고 칼이 믿는 것이 어려울 거라고 생각했다. 한결같은 내 반응에 칼은 좀 더 자신감을 느끼게 되면서 물건들을 방 주위에 놓아 찾는 것을 더 어렵게 만들었고, 그것들을 찾는 데 있어 나의 끈기를 확인하곤 했다.

칼의 숨바꼭질은 놀이실에 숨어 있는 위험을 감수할 만큼 너무 뻔한 예들을 충분히 경험할 때까지 계속되었다. 물체 사용에서 체화 놀이로의 이러한 변화는 첫 번째 전환점을 나타냈고, 평범한 시야 안에 숨는 것에서부터 실제 벽장 안에 숨는 것 등으로 다양한 수준의 위험을 가능하게 하였다. 케스틀리(Kestly, 2016)는 숨는 역할이 부교감 영역의 저각성 측면을 실험하기 위한 치료적 관계 맥락 안에서 놀이를 사용하는 아동과 연결되어 있다고 제안했다. 불행하게도 칼의 초기 외상 경험에서는 나이와 신체적 능력으로 인해 위협으로부터 도망치거나 회피하는 것이 불가능했기 때문에, 그는 종종 부교감 신경 반응인 부동화 상태에 빠질 수밖에 없었다.

첫 번째 전환점은, 칼은 내가 자기를 찾지 못하는 위험을 견딜 수 없었기에 "나 여기 있다."라고 말하거나 자신이 있는 곳을 나타내기 위해 소리를 내곤 했다. 그러면 나는 칼을 찾는 기쁨을 즐기곤 했다. 이때 나는 '4사분면: 공동 촉진'(Yasenik & Gardner, 2012)에서 작업하고 있었고, 칼의 찾으라는 요청을 받아서 칼이 내가 자신을 찾을 것이라고 믿기 시작하였고, 칼이 재결합을 기다리는 관용을 개발할 준비가 되어 있다는 가설을 가지고 놀이에 들어갔다. 그래서 조심스럽게 대응을 하는 반응, 안전에 대한 나의 묘사, 그리고 칼의 감정적이고 행동적인 상태에 대한 관찰로 나는 나의 행동에 대한 의견을 주고, 칼을 찾는 데 약간 더 오래 걸림으로써 스트레스 반응에 들어가기 전에 칼의 인내심을 점차 넓힐 수 있었다. 예를 들어, "이 책상 밑에 있니? 나는 계속 칼을 찾을 거야. 이 찬장 옆에 있니? 이런, 칼을 몹시 빨리 찾고 싶어."라고 반응했다. 처음에 이 놀이는 칼에게 거의 기쁨을 주지 않았지만, 놀이가 반복되면서 칼은 발견되는 기쁨과 흥분을 경험하기 시작했다.

두 번째 전환점은, 칼이 찬장 안으로 들어가고 싶어 했기에 더 큰 위험을 수반했다. 치료실에는 레버를 돌리면 셔터가 내려와 닫을 수 있는 찬장이 있었다. 처음에 칼은 찬장에 은신처를 만들고 싶어 했다. 그래서 우리는 모든 장난감을 제거했고, 칼은 바닥에 담요를 깔고 손전등과 비스킷을 가지고 찬장 안으로 올라갔다. 그리고는 거기서 충분히 안전하다고 느끼자, 내게 셔터를 닫아 달라고 부탁했다. 이것은 내가 남아 있을지 확신할 수 없었기 때문에 칼에게는 중대한 위험이었다. 그러나 치료적 관계는 상당히 더 강해졌고, 이전의 숨바꼭질 경험은 칼이 위험을 감수할 수 있도록 내면화된 신뢰와 영속성을 확립했다. 치료자가 시야에서 벗어나도 그곳에 있다는 반복된 경험을 통해 칼은 관계와 관련하여 대상 영속성의 개념을 발전시켰다. 이것은 어린 시절 칼의 경험이 아니었다. 나는 점차 칼의 지시로 셔터를 내리고, 칼이 참을 수 없게 되었을 때 요청하면 즉시 그것을 열었다. 이것은 칼이 셔터를 완전히 내려놓고도 해낼 수 있을 때까지 반복되었다. 나는 찬장 옆에 남아서 칼에게 안전하다고 말해 주었다. 칼이 셔터 열기를 내게 의존하고 있기에 이것은 움직일 수 없음의 실제 감각이었다.

칼이 셔터를 내려 달라고 요청했을 때 내 심박수는 빨라졌고, 나의 사고 과정은 "내가 칼에게 이렇게 하도록 하는 것이 맞을까? 남들이 이것을 어떻게 인지할까?"라는 것을 의식했다. 나의 반응 중 일부는 칼의 나에 대한 감정적 전이일 수도 있었지만, 나머지는 나 자신의 의심과 걱정이었다. 이를 알아챈 나는 칼에게 안전의식을 묘사하기 위해 심호흡을 몇 번 함으로써 나 자신을 조절할 필요가 있었다. 이 놀이는 칼에게 매우 중요한 것으로 보였고, 따라서 나의 의심은 제쳐 둘 필요가 있었으며, 나는 나 자신에게 칼의 과정을 믿어야 한다는 것을 상기시켰다.

처음에는 반복해서 셔터를 빨리 올렸다가 다시 내려야 했다. 이로 인해 칼은 자신의 인내의 창 안에 머물 수 있었을 뿐만 아니라, 또한 그것을 연장할 수도 있었다. 셔터를 내린 시간이 길어지면서 평화로운 감각이 나타났다. 안전을 위한 구두 연결의 필요성이 줄어들었고, 셔터를 올렸을 때 나는 칼이 전보다 느긋해졌다는 것을 알아차렸다. 이 놀이는 10회기 이상 계속되었고, 그 후 칼의 놀이는 바뀌었다.

이 놀이를 하는 동안에 나는 '3사분면: 비지시적 반응'에서 작업하고 있었는데, 이는 칼의 놀이 대부분이 암묵적 기억으로 자극받았기 때문이다. 이 체화된 연극의 전환점은 칼의 암묵적 기억들이 놀이의 안전한 맥락 안에서뿐만 아니라, 어린 시절의 경험에서는 없었던 진정으로 존재하고 지지적인 누군가와 함께 재경험하는 것이었다.

다음 숨바꼭질은 내가 이불을 머리에 뒤집어쓰고 놀이방에서 칼을 찾아야 하는 것을 포함했다. 내가 칼을 찾으려고 하는 동안 칼은 놀이방을 돌아다니곤 했고, 놀이는 추격과 탈출 요소를 포함했다. 그 놀이는 움직이지 못함에서 움직임으로 옮겨 갔으며, 이제 칼이 호의적인 영역에서 작업하고 있다는 것을 시사했다. 이 신체감각 놀이로 칼은 통제력을 얻고 있었고, 탈출할 수 있는 힘을 경험하고 있었다. 나는 칼이 계속해서 내 손이 닿지 않는 곳으로 이동할 때마다 칼을 반복해서 찾곤 했다. 다행히도 놀이방은 넓어서 많은 움직임이 허용되었다. 놀이가 진행될수록 칼은 놀이방을 은밀히 돌아다니는 데 더 능숙해졌고, 나는 내 감각을 조율할 뿐만 아니라 칼이 있는 곳에 대한 나의 본능에 의존했다. 나는 칼을 보거나 들을 수는 없지만, 내 몸속의 무언가가 칼이 어느 방향에 있는지를 말해 주고 있다고 주기적으로 언급하곤 했다. 어렸을 때 칼은 위협을 느끼면 자신의 욕구가 돌보는 사람으로부터 위안을 구했기에 자신의 본능적인 반응을 중단하거나 무시해야 했지만, 불행히도 칼의 편안함의 원천은 때때로 위협의 원인이기도 했기에 그 욕구는 달아났다. 그러므로 나의 가설은 칼이 위협과 위안의 원천을 인식하기 위해 자신의 몸과 감각을 이해하고 사용하는 데 지지가 필요하다는 점이다. 게다가 칼의 제한된 감정 지능은 좀 더 발달해야 했고, 이것에 대한 또 다른 모델링이 필요했다. 나는 '4사분면: 공동 촉진'(Yasenik & Gardner, 2012)에서 작업했고, 칼을 찾으려고 할 때 내 몸의 반응과 감정에 대해 알아차린 것을 언급했다. 나 자신과 나의 적절히 대응한 몸의 인식을 이용하여 나는 칼의 치료 과정을 촉진할 수 있었다(Geller, 2013). 치료의 존재는 치료자가 "내면에 체화된 지식, 전문적 기술, 지혜에 접근하기 위해 자신의 신체적 경험을 이해하고 사용하는 것"(p.

209)을 포함하여 그들의 전체 자기를 치료적 관계에 가져올 것을 요구한다.

이전의 숨바꼭질과 마찬가지로 처음에는 칼을 빨리 찾아야 했지만, 놀이가 진행되면서 칼은 내가 자기를 찾는 시간을 연장할 수 있었고, 한 회기 동안에 회기의 마지막 순간까지도 칼을 발견하거나 잡을 수 없었다. 이 놀이 동안에 나는 칼과 계속 연결되기 위해 완전히 참여하여 내 몸과 시각 이외의 모든 감각에 완전히 의존하고 있었기 때문에 엄청나게 몰입했다. 이 놀이는 또한 나중에 칼의 위탁 보호자와 함께 치료에서 재현되었다.

전환점 4: 구조대원들은 구조할 수 있었다

다음 전환점은 구체적 신체 놀이와 투사 놀이(Jennings, 2006)의 통합에서 비롯되었다. 칼은 모래 속에 있는 물체를 활용하여 내러티브를 만들고 불신, 무력감, 절망감의 주제를 탐색했다. 이 놀이는 구조해야 할 차량을 포함하고 있었지만, 구조 차량은 칼의 차량에 도착하기 전에 사고나 재난으로 계속해서 파괴되었다. 그것들은 폭파되어 모래 속에 파묻히고, 추락하고, 연못에 가라앉거나, 깊은 구덩이에 빠져서 뒤덮였다. 때때로 다른 구조 차량들이 망가진 구조 차량 중 일부를 구조하려고 했지만, 그 후 그것들은 파괴되었다. 칼의 내면화된 자기의식은 자신이 도움을 받을 만한 가치가 없거나, 아무도 그를 도울 수 없다거나, 혹은 하터(Harter, 2012)가 시사했듯이 자신은 빈곤한 자기의식을 발달시킨 아이라는 것이다. 인지된 보호자 등 주변 어른들은 여러 차례 칼의 기대를 저버렸다. 칼은 어떤 도움도 거절하고 있었고, 주위 사람들과의 관계 형성에 저항하고 있었다.

이 시점에서 칼의 상징적인 놀이의 안전을 이용할 필요가 있었고, 따라서 나는 '3사분면: 비지시적 반응'에 머물러서 그 행동을 반성하고, 매번 차량이 구조될 것으로 생각했지만 구조대원들은 그곳에 도착할 수 없었다는 것을 생각했다. 가끔 나는 칼이 해석적인 반영을 사용하여 상징적인 자료를 의식적인 사고로 가져올 준비가 되어 있는지 시험하곤 했다. 그러나 매번 이것은 무시되거나 거부되었다('1사분면: 적극적 활용'). 은유 속에 남아 있는 것은 칼이 도움을 받을 수 없다는 무의식적인 방어를 탐색할 수 있는 거리를 제공했다. 이 반복되는 놀이는 외상 후 놀이의 징후가 되었고(Gil, 2017; Terr, 1990), 칼의 해결되지 않은 경험을 통해 작업하는 방식이었다. 주제는 그대로였지만 놀이는 활력이 넘치고, 매력적이며, 융통성이 있어 역동적인 외상 후 놀이(Gil, 2017)의 형태를 취했다. 그것은 칼이 무시되고, 버려지고, 아무도 도와주지 않았던 경험과 연계된 감각과 부정적인 감정들을 다시 작업할 수 있게 해 주었다. 칼의 자기의식이 재구성되는 것 외에도, 놀이는 가족 구성원의 충격적인 죽음을 이해하려는 노력을 대표하는 것일 수도 있다. 불행히도 구조대원들은 제시간에 그곳에 도착할 수 없었고, 아무도 그들을 도울 수 없었다.

이 반복적인 놀이는 칼의 차량에 구조 차량을 포함하도록 확대되기 전까지 약 두 달 동안 계속되었다. 나는 누군가가 칼의 차량에 도착해서 구조를 하려고 하고 있다는 것을 반영했다. 하지만 이때 구조 차량은 칼의 차량을 구조하는 데 필요한 장비를 모두 갖추지 못해서 모래 속에 가라앉고 말았다. 나는 도움의 손길이 왔을지라도 어쩔 수 없다는 것을 반영했다. 하지만 도움을 줄 수 있는 사람이 있다는 가능성을 깨닫는 감정적인 단계가 다음 전환점으로 이어졌고, 절망감과 무력감에서 벗어나는 시작이 다시 다음 전환점으로 이어졌다. 이 놀이는 다음 몇 회기 동안 계속되었고, 나는 누군가가 도움을 주기 위해 도착했지만, 도와줄 수 없다는 실망감을 계속해서 반영했다. 나는 또한 구조대원들이 포기하지 않고 계속해서 칼의 차량에 다다르려고 노력했다는 것을 반영했다.

전환점은 구조대원들이 도착해서 필요한 장비를 모두 갖추었을 때 발생했으며, 다른 구조대원들이 올 수 있는 길을 만들기도 했다. 칼의 차량은 구조될 수 있었다. 나는 구조대원들이 그곳에 도착해서 칼을 구해 냈으며, 또한 필요하다면 다른 구조대원들이 더 올 수 있도록 길이 만들어졌다는 것을 반영했다. 이와 함께 나는 구조된 것에 대한 안도감, 기쁨, 감사의 감정적인 반응을 만들었다. 이 놀이는 칼이 어린 시절의 경험과 관련된 인지적 왜곡을 수

정하고 가치감(sense of worthiness)을 발달시킬 수 있게 했다. 게다가 칼은 자신의 경험과 기억을 정리할 수 있었다. 이러한 상징적인 변화는 칼의 양부모와 학교 직원들로부터 도움을 받아들이는 것에서 실질적인 변화를 나타냈다. 칼은 자신의 위탁 보호자와 강한 관계를 발전시키고 있었고, 학교 직원들이 정서적으로나 학문적으로 자신을 도울 수 있도록 좀 더 기꺼이 용인했다. 하지만 그것은 여전히 연약했고, 스트레스를 받을 때 칼은 도움을 거절하는 방어 전략으로 되돌아가곤 했다.

전환점 5: 심리학적 가계도(genogram)

또 다른 전환점은 '2사분면: 개방적 논의 및 탐색'에서 작업하는 것과 관련이 있었다(Yasenik & Gardner, 2012). 이것은 칼의 놀이치료 3년 후에 일어났다. 칼은 10대 초반이었고 2차 전문의 치료로 옮겼지만, 이 환경에서 감정적이고 행동적인 반응을 조절하기 위해 고군분투하고 있었다. 또한 자신의 영구적인 보호자가 된 위탁 보호자와의 관계의 강함과 끈기를 시험하고 있었다. 준은 양육에서 일관되고 지속적이며 매우 숙련되고 적절히 적응하는 부모이지만, 부모 관계에 대한 칼의 불신은 준의 인내심에 영향을 미쳤다. 따라서 우리는 준이 치료 회기에 합류하는 것이 칼과 칼의 관계 기술 발달, 그리고 자기 가치감에 도움이 될 것이라고 결론지었다. 게다가 칼은 준이 참석할 것을 요청했다. 이 작업의 목적은 관계, 특히 부모의 보살핌에 대한 칼의 신뢰를 강화하고, 칼에게 다른 관점을 제공하는 것이었다. 준을 참여시키는 것은 칼의 욕구를 좀 더 충족시키기 위해 준에게 추가적인 기술, 이해 및 대응 방법을 제공할 것이지만, 더 나아가 그것은 완전히 집중할 수 있는 시간을 제공할 것이다. 게르니와 라이언(Guerney & Ryan, 2013, p. 17)이 언급한 바와 같이, "부모(보호자)에게 긍정적인 기술이 주어질 뿐만 아니라, 이 역할은 아이들의 입장에서 부모(보호자)에 대한 새로운 인식을 심어 줄 것이다".

그 과정에 들어가기 전에 준과 나는 회기의 아동 중심적인 맥락과 반영적인 반응을 탐색하는 데 얼마간의 시간을 보냈다. 주로 회기들은 우리 둘이 칼의 지시를 따르는 것과 관련이 있었고, 놀이는 나 자신과의 회기들을 대표했다. 칼은 숨바꼭질하는 것을 재현했고, 이번에는 위탁 보호자 준이 참여했으며, 그 놀이의 중요한 요소는 발견되는 것에 대한 준의 양육을 받아들이는 것이었다. 그들은 칼을 찾은 기쁨에 즐거워했다. 이 놀이는 여러 회기 동안 계속되었고, 그들은 미소를 지으며 소파에서 포옹을 하면서 끝내곤 했다.

이 작업 중에 준은 칼이 친가족에 대한 혼란스러운 시각과 준의 가족의 맥락 안에서 자신에 대한 감정 간에 갈등이 있는 것처럼 보인다고 했다. 칼은 자신의 초기 삶에서 발생한 모든 사건 경험, 그리고 타인의 행동에 대해 자신이 비난을 받아야 한다는 내면화된 인식을 가지고 있었다. 그래서 칼은 위탁 보호자 준과 그녀의 가족이 주는 사랑과 보살핌을 받을 자격이 있다고 믿지 않았다. 슈퍼비전에서 추가 탐색에 뒤이어 칼은 좀 더 직접적인 기법으로 이것을 탐색할 수 있을 만큼 인지적으로 발달했다는 결론이 내려졌다. 야세닉과 가드너(Yasenik & Gardner, 2012, p. 51)가 언급한 바와 같이, "치료자는 발달적으로 민감한 인지적 놀이치료 접근방식을 활용하여 아동이 제시하는 문제의 의식적인 과정에 참여한다".

나는 또한 칼의 친가족이 복잡하기에 칼이 좀 더 탐색하고 처리할 수 있을 만큼 충분히 안전하다고 느낄 수 있도록 하려고 놀이 재료의 상징적인 거리가 필요할 것이라고 의식했다. 그리하여 칼과 준이 함께 미니어처(Carey, 2010)를 이용하는 가계도 활동을 소개했다. 그 목적은 그의 친가족과 현재 가족에 대한 내면화된 관점을 탐색하는 것이었다.

가족별로 하나씩 두 장의 종이로 모든 가족 구성원이 확인되었고, 그 후 칼은 각 가족 구성원을 나타내는 미니어처를 찾아 달라는 요청을 받았다. 칼은 친가족과 현재 가족의 상징적인 표상에 관여했다. 칼은 알코올과 약물 남용 등 개인에게 영향을 미치는 문제를 나타내는 미니어처를 포함했다. 자신의 친가족에 초점을 맞추면서 칼은 가족 구성원 개인의 긍정적인 면과 부정적인 면 모두를 식별할 수 있었고, 이로 인해 그들에 대한 좀 더 현실적인 시각을 갖게 되었으며, 실제인 것과 자신이 공상하고 바라는 것을 구별할 수 있게 되었다. 칼은 또한 어린 시절에 자신과 자신의 어머니를 보호하는 인물이었던 다른 중요한 인물들도 확인했다. 칼은 그들에 대한 자신의 감정과 생각을 분명히 표현할 수 있었고, 준의 지지적인 환경과 자기 자신, 그리고 놀이의 치료적 힘으로 자기(Self)에 관한 이야기를 전개하기 시작했다.

그 과정에서 칼은 자신을 튼튼한 갑옷을 입은 기사라고 밝혔고, 갑옷의 기능에 관한 대화에서 그것이 사람을 멀리하기 위한 것임을 확인했다. 이것은 관계에서 칼이 발달시킨 안전 방어의 징후였다. 칼은 사람들을 멀리하는 튼튼한 갑옷을 지니고 있었기에 나는 이 갑옷이 칼이 어렸을 때 도움이 되었지만 지금 그것이 그렇게 많이 필요한 것인지를 표명하며, 이것을 자신의 의식적인 사고에 끌어들일 수 있는 칼의 능력을 잠정적으로 시험해 보았다. 칼은 고개를 끄덕이며 인정했지만 아무런 언급도 하지 않았다. 이것은 칼이 안전하고, 지지적이고, 양육적인 환경에서 지금 있는 대안적인 존재 방식에 대한 사고 과정을 불러일으키기에 충분했다. 준은 자신의 관점에서 칼을 나타내는 상징을 몇 개 추가할 수 있느냐고 물었고, 칼은 이에 동의했다. 준은 마법사와 뇌와 한 줄기 햇빛을 포함했는데, 칼이 어린 시절에 한 줄기 햇빛이었을 때 자신과 다른 사람들을 돌보는 데 매우 영리하고 현명했기 때문이다. 불행히도, 외상적 삶의 경험을 겪던 당시의 칼은 인지적으로 이분법적 사고만 가능했던 연령대였으며, 모든 것을 전적으로 좋은 것 혹은 나쁜 것으로만 개념화할 수 있었다. 안타깝게도 그의 삶의 경험은 그의 'I-자기 형성', 특히 자기 인식을 방해했으며, 동시에 긍정적인 자기 인식을 포함한 'Me-자기'에도 영향을 미쳤다. 이 활동은 칼이 태어나기 훨씬 전에 시작된 오랜 문제들이 칼이 받았던 보살핌에 영향을 미쳤다는 것을 이해할 수 있게 했다. 칼은 자신이 문제의 원인이 아니라 결과라는 관점을 가질 수 있었으며, 이를 통해 자신과 가족에 대한 일관된 내러티브를 형성할 수 있었다. 이 활동 내내 무거운 느낌과 슬픔이 있었다. 나는 반드시 놀이가 칼의 '인내의 창' 안에 머물고, 칼이 트라우마적인 침습적 기억을 경험하지 않도록 하려고 이 활동을 통해 칼, 준 그리고 나 자신에 조심스럽게 맞추는 것을 의식했다. 놀이와 치료적 관계의 안전은 고통스러운 감정, 사고, 이해를 신중하게 살펴볼 수 있게 했다.

칼과 위탁 보호자 준은 함께 그들 가족에 대한 상징적인 표현을 발전시켰다. 칼과 준은 자신들의 가족 가계도를 공동 제작하여 각 가족 구성원에 대한 상징에 동의하고 다른 특징을 확인하였다. 이 놀이는 다르게 느껴졌다. 그것에 대한 마음은 편안함, 장난기, 자유가 있었다. 활동을 마치자마자 칼은 뒤로 물러난 뒤 두 개의 상징적인 표현을 멀리 떼어 놓고는 자신의 새 가족이 자신의 친가족의 슬픔과 분노에 '감염되지' 않기를 바란다고 말했다. 그러고 나서 칼은 준에게 다가갔고, 준이 자신을 껴안자 준에게 기대어 긴장을 풀었다. 그 순간 칼은 자신이 그들의 분노와 슬픔의 이유가 아니라는 것을 알 수 있었다. 칼이 그들을 깊이 보살피는 동안 칼은 그들을 바꿀 수 없었고, 그들은 칼의 욕구를 충족할 수 없었다. 하지만 준과 함께 칼은 깊이 보살핌을 받았고, 준은 칼의 욕구를 충족하고 양육적이고 지지적이며 안전한 환경을 제공할 수 있었다.

이 회기는 전환점이 되었지만, 안타깝게도 그의 깊이 자리 잡은 자기 보호 전략과 감각이 크게 영향을 받아 때때로 안전 행동으로 되돌아가며, 생각하기도 전에 반응하곤 했다.

결론

칼과 함께 작업한 것은 놀이치료자로서의 나의 역할에서 가장 중요한 경험 중 하나였다. 이 놀이치료 과정은 나에게 매우 많은 것을 가르쳐 주었다. 특히 치료적 관계의 필요성, 자기 사용, 그리고 아동의 속도에 맞춰 가야 할 필요성을 많이 가르쳐 주었다. 놀이치료 관계에서 칼의 불신을 탐색하는 위험을 감수할 만큼 칼에게 충분히 신뢰받는 것은 특권이자 영광이었다. 치료적 관계, 치료적 환경, 그리고 놀이의 치료적 힘은 칼이 어린 시절의 경험으로부터 탐색하고, 재작업하고, 회복할 수 있게 해 주었다. 전환점은 칼이 이전에는 접근할 수 없었던 인식 수준을 가질 수 있게 해 주었고, 자신과 다른 사람들을 다르게 볼 수 있는 기회를 자신에게 제공할 수 있게 했다. 나는 칼과 성인이 될 때까지 여러 번 만났고, 칼은 인생 여정에서 우여곡절을 겪었지만, 준의 끈질긴 애정 어린 지지로 잘 자라고 있다. 칼과 준은 둘 다 이 장을 쓸 수 있도록 허락해 주었고, 이것 또한 칼에게 전환점이 될지도 모른다.

전환점 요약

과정의 단계	사분면	전환점	무엇이 전환점에 기여했는가
초기 단계	4사분면: 공동 촉진	• 아동이 관련된 숨바꼭질	• 회기에서 자신이 통제하는 것으로 경험하는 아이 • 구체적 체험 놀이 • 기다린 후 발견되는 기대와 기쁨을 경험하는 아이 • 치료자 반응의 예측 가능성 • 치료자의 자기 사용, 특히 자신과 자신의 장난스러움에 대한 내면적 이해 • 놀이의 안전 • 발견되지 않은 위험을 감내할 수 있음을 경험하는 아이
초기 단계	3사분면: 비지시적 반응	• 찬장에서 숨바꼭질	• 회기에서 자신이 통제하는 것으로 경험하는 아이 • 치료적 관계 • 구체적 체험 놀이 • 움직이지 않는 느낌을 다시 경험하는 아이 • 치료자의 자기 사용, 특히 자신에 대한 내면적 이해. 등측 미주신경 상태에 자신을 유지

			• 놀이의 안전 • 누군가가 도와주는 것을 경험하는 아이
초기 단계	3사분면: 비지시적 반응	• 추적과 찾기 요소를 포함하는 숨바꼭질 놀이	• 회기 내에서 자신이 통제 상태에 있는 것을 경험하는 아이 • 구체적 체험 놀이 • 동원되고 있는 아이 • 육체적으로 탈출할 수 있는 아이 • 달리고 탈출할 수 있는 능력을 외현화할 수 있는 아이 • 치료적 관계 • 치료자 반응의 예측 가능성 • 치료자의 자기 사용, 특히 자신에 대한 내면적 이해. 등측 미주 신경 상태에 자신을 유지 • 놀이의 안전성 • 발견되지 않은 위험을 감내할 수 있음을 경험하는 아이
중간 단계	3사분면: 비지시적 반응 1사분면: 적극적 활용	• 구조대원들은 구조할 수 있었다.	• 놀이의 상징성(투사 놀이) • 놀이의 안전 • 치료적 관계와 반영적 반응 • 외상 후 놀이의 재작업 • 놀이의 상징성 내에 머물고자 하는 아이의 욕구를 이해하는 치료자
종결 단계	2사분면: 개방적 논의 및 탐색	• 가계도	• 회기 내에서 자신이 통제 상태에 있는 것을 경험하는 아이 • 치료적 관계 • 자기 가족의 시각적 표현에 대한 상징적 안전 • 위탁 부모와의 관계

참고문헌

Allen, J. (1995). *Coping with trauma: A guide to self-understanding*. Washington, DC: American Psychiatric Press.

Axline, V. (1947). *Play therapy*. New York: Ballantine.

Bergman, A. (1993). To be or not to be separate: The meaning of hide-and-seek in forming internal representations. *Psychoanalytic Review, 80*(3), 361-376.

Carey, L. (2010). Family genograms using miniature objects. In L. Lowenstein (Ed.), *Creative family therapy techniques*. Toronto: Champion Press.

Cozolino, L. (2010). *The neuroscience of psychotherapy: Healing the social brain* (2nd Ed.). New York: W. W. Norton & Co.

Divecha, D. (2017). What is a secure attachment? And why doesn't "attachment parenting" get you there?. *Developmental Science Blog*, 3 April. Accessed on 30/12/2017 at www.developmentalscience.com/blog/2017/3/31/what-is-asecure-attachmentand-why-doesnt-attachment-parenting-get-you-there

Fluckiger, C., Del Re, A., Wampold, B., Symonds, D., & Horvarth, A. (2012). How central is the alliance in psychotherapy? A multilevel longitudinal meta-analysis. *Journal of Counseling Psychology, 59*(1), 10-17.

Frankiel, R. (1993). Hide-and-seek in the playroom: On object loss and transference in child treatment. *Psychoanalytic Review, 80*(3), 341-359.

Geller, S. M. (2013). Therapeutic presence: an essential way of being. In M. Cooper, P. F. Schmid, M. O'Hara, & A. C. Bohart (Eds.), *The handbook of person-centred psychotherapy and counselling* (2nd Ed.). Basingstoke: Palgrave.

Gil, E. (2017). *Posttraumatic play in children: What clinicians need to know*. New York: Guilford Press.

Guerney, L., & Ryan, V. (2013). *Group filial therapy: The complete guide to teaching parents to play therapeutically with their children*. London: Jessica Kingsley Publishers.

Harter, S. (2012). *The construction of the self: Developmental and sociocultural foundations* (2nd Ed.). New York: Guilford Press.

Herman, J. L. (1992). *Trauma and recovery*. New York: Basic Books.

Hong, R., & Mason, C. M. (2016). Becoming a neurobiologically-informed play therapist. *International Journal of Play Therapy, 25*(1), 35-44.

Israelievitch, G. (2008). Hiding and seeking and being found: Reflections on the hide and seek game in the clinical playroom. *Journal of Infant, Child and Adolescent sychotherapy*, 7(1), 58-76. Accessed on 24/05/2018 at www.tandfonline.com/doi/full/10.1080/15289160801946783?scroll=top&needAccess=true

Jennings, S. (2006). *Creative play with children at risk*. Milton Keynes: Speechmark.

Karver, M. S., & Caporino, N. (2010). The use of empirically-supported strategies for building a therapeutic relationship with an adolescent with oppositional defiant disorder. *Cognitive and Behavioral Practice, 17*(2), 222-232.

Kestly, T. A. (2014). *The interpersonal neurobiology of play: Brain-building interventions for emotional well-being*. New York: W. W. Norton & Co.

Kestly, T. A. (2016). Presence and play: Why mindfulness matters. *International Journal of Play Therapy, 25*(1), 14-23.

Norcross, J. C. (2005). A primer on psychotherapy integration. In J. C. Norcross & M. R. Goldfried (Eds.), *Handbook of psychotherapy integration*. New York: Basic Books.

Perry, B. (2000). *Creating an emotionally safe classroom*. Scholastic Early Childhood Today, Vol. 15. Accessed on 24/05/2018 at http://teacher.scholastic.com/professional/bruceperry/safety_wonder.htm

Perry, B. D. (2004). How the brain develops: The importance of early childhood. In *Understanding traumatized and maltreated children: The core concepts* [Video]. Houston, TX: Child Trauma Academy.

Perry, B. D. (2006). Applying principles of neurodevelopment to clinical work with maltreated and traumatized children: The neurosequential model of therapeutics. In N. B. Webb (Ed.), *Working with traumatized youth in child welfare*. New York: Guilford Press. Accessed on 23/05/2018 at https://childtrauma.org/wp-content/uploads/2013/08/Perry-Bruce-neurosequentialmodel_06.pdf

Porges, S. (2011). *The polyvagal theory*. New York: W. W. Norton & Co.

Prichard, N. (2017). The biology of play therapy: At the heart of play [PowerPoint presentation].

Ryan, V., & Edge, A. M. (2011). The role of play themes in non-directive play therapy. *Clinical Child Psychology and Psychiatry, 17*(3), 354-369.

Terr, L. (1990). *Too scared to cry: Psychic trauma in childhood*. New York: Harper & Row.

van der Kolk, B. (2005). Developmental trauma disorder. *Psychiatric Annals; Thorofare, 35*(5), 401-408.

Yasenik, L., & Gardner, K. (2012). *Play therapy dimensions model: A decision-making guide for integrative play therapists*. London: Jessica Kingsley Publishers.

제13장

'고립에서 소속감'으로

-5명의 캐나다 놀이치료자가 전문가 공동체에서 소속감을 찾는 힘을 통해 자기(Self)의 출현을 공유하다-

Irene A. Barrett, Bruce A. Beaudet, Katharine Chapman,
Dana Diamond, and Tammy Reis

직업적 삶에는 단순한 직업적 성장보다 더 깊은 영향을 미칠 예외적인 일이 일어나고 있다는 인식이 생기는 시기가 있다. 이 장의 저자들에게 통합 놀이치료자로서 전문적인 발달을 추구하면서 서로를 찾는 여정은 풍요롭게 할 뿐만 아니라 기초교육이었다. 캐나다에서 등록 놀이치료자나 공인 놀이치료자가 되는 여정은 최근 각광받기 시작하는 직업이라는 사실에 수반되는 우리의 지리적 특성을 고려할 때 독특한 경험이 될 수 있다. 일부 놀이치료자와 놀이치료자 인턴들에게 이 두 가지 요인은 직업을 추구하거나 등록이나 인증 과정을 완료하는 데 장애물이 될 수 있다. 이러한 장애물에도 불구하고 여정을 진행하는 사람들에게 직업 자체에서 종종 고립감을 느낄 수 있고, 전문직의 불안감으로 이어질 수 있다. 해석학적이고 비판적인 해석 렌즈의 사용을 통해 이 장에서는 5명의 캐나다 놀이치료자 및 놀이치료자 인턴들이 전문 커뮤니티로 등장함으로써 고립된 채 실습하는 교착 상태를 벗어나 자기 발견으로 움직이는 여정의 이야기를 풀어 나갈 것이다. 개인적 경험과 대학 연계

의 발전 동력을 강조하면서, 저자들은 대학 자문의 근접성과 제한성 때문에 고립과 같은 문제가 어떻게 다루어지며, 어떻게 임상전문가의 전문가적 자기 감각의 성장을 이끌었는지를 공유할 것이다. 또한 이 장에서는 전문적 발달을 통한 역량 강화의 경험과 놀이치료 차원 모델(Yasenik & Gardner, 2012)의 발견이 어떻게 임상 실무에 정보를 제공하고, 내담자와의 교착 상태를 해결하여 종종 치료적 성공을 거두는지를 탐구할 것이다.

저자들의 서술은 초점 집단에서 발생하는 논의뿐만 아니라 서면 서술에서 집합적 목소리를 포착하기 위해 서로 엮여 있다는 점에 유의하는 것이 중요하다. 이러한 데이터 수집 유형은 '나(I)'와 '우리(We)'를 해석학적이고 비판적인 해석적 연구 방법 내에서 포착하려고 통일된 맥락 안에서 개인과 집단 이야기를 병합하려는 노력에 목적을 두고 있다. 우리는 함께 여정의 각 단계를 축하하며, 비슷한 진로를 고려하고 있는 다른 사람들에게 통찰력을 제공하기를 희망한다.

이론적 방향

이 장의 이론적 토대는 의식 수준이나 자기 인식의 개념화와 윌리엄 제임스와 지그문트 프로이트만큼 오래전부터 다양한 이론적 틀에서 검토되어 온 것에 있다(Morin, 2006). 자기 발달의 결정적 측면은 사적 자기(Self)(private self)의 성장이며, 이는 본질적으로 개념적이고 추상적이다. 자기 인식의 또 다른 영역은 우리의 공적 자기(public self)이다. 직업적 자기는 공적 자기(Self)의 핵심 또는 중심 부분을 형성한다. 뉴엔과 보글리(Newen & Vogeley, 2003)의 자기 인식의 가장 높은 형태 중 하나인 초구상주의적(meta-representational) 자기의식 개념은 반복적인 자기 참조 과정이 일어난다는 것을 확인하며, 이에 의해 개인이 다른 사람들이 자신을 어떻게 생각하는지를 상상하고 모델들의 모델을 구성하려고 시도한다. 모린(Morin, 2006)이 언급한 바와 같이, 이 정도의 메타 자각 수준에 도달하려면 자기 정보의 질뿐만 아니라 자기반성에 쓰는 시간이 필요하다.

논의될 것처럼, 놀이치료자로서 우리의 전문적 자기의 발달은 성장과 자기 성찰의 비슷한 여정을 걷고 있는 동료들과 우리의 전문적 자기(Self)에 대한 정신적 모델들이 상호작용한 결과 일어났다. 통합 개념화 틀에 기반한 훈련 중뿐만 아니라, 이 그룹 내의 연결을 통해 우리의 전문적 자기(Self)에 대한 사고와 성찰의 반복적인 과정이 일어났다. 중요한 결과는 직업적 자기의 고립된 경험에서 놀이치료자로서의 직업적 자기의 새롭게 통합된 개념화로의 전환이었다. 모린의 의식 수준 틀, 특히 초구상주의적 수준의 공적/전문적 인식 안에서 이 독특한 경험을 묘사하는 것은 저자들이 이 여정을 어떻게 경험했는지를 강조한다.

소속감을 찾아서

놀이치료 분야에서 고립 경험은 저자들의 내러티브에서 공통된 흐름이었다. 전문성 발달에 관한 정보를 찾기 어렵고, 동료 놀이치료자들과 협력적 관계를 구축하는 데 어려움을 겪는 등 다양한 형태의 고립 경험이 두드러진다. 또한 미러링(mirroring) 및 관계 발전 기회의 부족과 동료 및 슈퍼바이저와의 자기 탐색 과정의 취약성으로 인해 전문적 자기는 성장이 저해된다.

전문가가 놀이치료자가 되기로 하면 경험할 수 있는 여러 가지 고립 요인이 있으며, 특히 캐나다 놀이치료 현장에서 놀이치료자 동료들의 근처에서 일하지 않는 사람들에게는 더욱 그렇다. 치료자들의 경험에서 공통점은 종종 자신에 대한 회의의 감정을 불러일으키는 고독감이었다. 이 절에서는 놀이치료자의 정신적 모델을 개발하는 과정에서 경험하는 피드백과 자기 사이의 불협화음을 강조한다. 각각의 주목할 만한 경험은 성찰의 순간과 초점을 다루려는 사려 깊은 탐색의 순간을 필요로 했다. 첫 번째 저자에게는 놀이치료에서 훈련을 찾는 여정이 어려운 경험이었다.

> 나는 놀이치료 하는 곳을 찾는 지점에서부터 고립되었다. 어디에서 찾아야 할지 전혀 알지 못했다. 나는 놀이치료를 받는 사람이나 이 직업에 관해 나와 이야기하고 싶어 할 사람이 필요하다고 느낀 것을 분명하게 기억한다.

놀이치료를 발견하는 것은 국가에서 제공되는 놀이치료 교육을 찾는 것과 다르다. 동료가 없는 사람들에게 웹사이트 검색은 혼란스럽고 압도적인 경험이 될 수 있다. 다음의 치료자는 그녀가 일하는 지역에서 종종 경험하지 않는 지리적 의사소통의 장벽을 제공했다는 것을 강조한다.

> 나는 외딴 지역을 방문하느라 이동하는 일이 많았고, 월요일마다 사무실에 있지 않았다. 당시에는 휴대전화나 인터넷을 쉽게 이용할 수 있는 환경이 아니었기 때문에, 사실상 혼자였다. 일을 시작했을 때, 내 업무에 대해 소통할 수 있는 사람이 많다고 느끼지 못했다.

헤이스팅스와 콘(Hastings & Cohn, 2013)은 농촌에서 일하는 실무자들이 많은 도전에 직면해 있으며, 동료의 자문 기회 부족, 여행의 필요에 따른 도전, 기밀성 확보 문제 등의 고립감을 느낀다고 지적했다. 인구밀도가 낮은 큰 땅덩어리는 근로자들이 정해진 일정대로 외딴 지역사회로 장거리 통근하는 이동 클리닉으로, 고객들에게 간헐적인 서비스 제공으로 이어진다. 심지어 가장 기본적인 동료 연결 수준도 이러한 위치에 있는 사람들에게는 제한적이어서 이는 고립의 경험을 강화할 뿐이다. 또한 이러한 형태의 서비스 제공은 치료의 일관성을 제공할 수 있는 능력에 문제를 야기했다.

> 특히 복잡한 트라우마를 겪은 사람들을 위해 먼 지역사회의 아이들을 지원하는 일을 담당하는 상담자로서 내가 염려하는 몇 가지 문제가 있다. 첫째, 유콘

의 지리와 내가 책임을 진 광활한 지역을 기준으로 나는 3~4주에 한 번 정도 각 지역사회에 도착할 수 있을 뿐이었다. 이것으로 많은 서비스 연속성을 제공하지 못했고, 내가 함께 작업했던 아이들과 가족과 치료 관계를 구축하는 데 걸리는 시간이 늘어났다.

우리나라의 시골 지역에서 놀이치료 서비스를 제공하는 이들에게 또 다른 고립감을 주는 경험은 시간과 이동의 제약으로 인해 놀이치료의 최신 실천 기준에 맞춰 서비스를 제공하기 어렵다는 점이다. 놀이치료 문헌이나 슈퍼비전에서 제공되는 정보와 일치하지 않는 방식으로 치료 과정이나 개입을 수정해야 하는 상황은 갈등을 유발하며, '그들 대 나'와 같이 분리된 경험으로 느껴질 수 있다. '그들'이라는 개념은 내가 지금 처한 상황에서 할 수 있는 최선의 방법을 수용해야 하는 임상전문가인 '나'라는 개념 대비 이상적인 환경에서 실습할 수 있는 사람을 말한다. 이러한 경험은 습득한 지식의 일관성이 부족하기 때문에 자기 내면에서 불일치감을 초래할 수 있다.

동료와의 연결 부족은 캐나다 시골 지역에서 일하는 사람들뿐만 아니라 도시 환경에서도 존재한다.

내가 일하는 에드먼턴 지역에는 놀이치료 실습에 대해 말할 수 있는 사람들조차 많지 않다. 나는 직장 동료들에게 내 일에 대해 교육하는 데 시간을 보내서 임상적 놀이치료자들과의 공동체적 연결감으로부터 고립되어 있었다.

캐나다에 있는 더 큰 센터에서조차 놀이치료자들은 동료들의 자문에 접근할 수 있는 동료 공동체에 반드시 연결되어 있는 것은 아니다. 포커스 그룹 토론들의 대부분의 주제는 실무 분야에서 일하는 연결감을 느끼는 것이었다. 따라서 개념적 자기 발달에 필요한 자전적 지식을 얻는 데 필요한 자기 성찰적 과정에 들어가는 능력에 한계가 있다(Newen & Vogeley, 2003).

연결성의 부족은 동료 간의 상호작용에서뿐만 아니라 놀이치료 슈퍼비전 상호작용에서도 두드러졌다. 슈퍼비전 회기는 전화나 화상 회의 기술을 사용하여 원격으로 많이 이루어진다. 일부에게는 이러한 작업 동맹이 형성되는 방식이 풍부한 슈퍼비전 경험을 방해하는 요인이 될 수 있다.

> 스카이프로 서로 얼굴을 볼 수 있을 때도 조금 다르긴 하지만, 목소리만 들리는 전화 통화로 진행될 때는 연결감을 느끼기가 더욱 어려웠다. 나는 슈퍼비전이 유일했고 나름 얻을 것이 있다고 느꼈지만, 그 관계가 충분히 형성되지 않아 내가 성장하기 위해 필요한 만큼 스스로를 드러내면서 취약해질 수밖에 없었다. 그래서 초반에는 더욱 고립감을 느꼈다고 말할 수 있다. 내 주변에서 소통할 수 있는 사람이 많지 않았고, 임상 슈퍼비전에서 정말 묻고 싶은 질문을 안전하게 할 수 있다는 느낌도 들지 않았기 때문이다. 그리고 초반에는 더 어렵다. 예를 들어, 대면으로 작업 관계를 형성한 후에 전화로 전환하는 것은 또 다른 문제지만, 처음부터 그 관계를 형성하기는 어렵다.

이 치료자에게는 그녀가 좋아하지 않는 매체로 슈퍼바이저와 작업 동맹을 발전시키는 것이 참여 장벽을 만들었다. 게다가 원거리 슈퍼비전 과정에 앞서 개인적으로 작업 동맹을 발전시킬 기회가 없었던 것은 저자가 개인적 · 전문적 성장을 위해 필요하다고 믿었던 개인적 노출에 장벽을 초래했다. 이것은 결국 치료자가 자신의 놀이치료자 정신 모델에 알리려고 찾고 있던 정보와 함께 치료자 자신의 자기(Self) 정체성에 대한 경험적인 응집력에 영향을 주었다. 그들의 놀이치료자 슈퍼바이저와 다른 문화적 · 사회적 맥락에서 일하는 것은, 특히 문화 및 지역사회의 역동이 잘못 이해된 경우에 더욱 고립의 원인이 된다.

> 나는 단지 처음에 당신이 처음이고 전화로 슈퍼비전을 하고 있을 때, 예를 들어 백인으로서 캐나다 원주민과 일하는 것과 시골 환경의 멀리 떨어져 있음과 같은 나의 상황을 내 슈퍼바이저가 이해할 수 있을지를 아는 것은 힘들 거라고

> 느낀다. 토론토 시내에 사는 누군가에게 말하고, 그리고 그것이 당신의 현실과 가장 멀리 떨어진 것이라면, 그것이 정말로 완전히 이해되었는지를 확실히 알기는 어렵다.

원격 환경에서 슈퍼비전을 수행하는 사람들에게 우리의 문화 및 직업 세계에 대한 슈퍼바이저의 문맥적 이해뿐만 아니라 개인적 연결의 필요성은 놀이치료자로서의 개인 실천 모델에서 응집력을 위해 필수적이며, 이것은 정신모델로도 생각될 수 있다(Morin, 2006). 고립은 또한 다학제적 맥락에서 혼자 훈련으로 일하는 사람들과 사회복지나 심리학 같은 유사한 정신건강 배경을 가진 동료들 사이에서 혼자 놀이치료자로 일하는 사람들에게도 발생하는 것으로 알려져 있다.

> 한편으로 나는 직장에서 사회복지사들 사이에서 외로운 심리학자이다. 우리는 믿을 수 없을 정도로 함께 잘 일하지만, 나는 우리가 다른 언어를 말하는 것처럼 느낄 때가 있다. 다른 한편으로는, 나의 심리학 동료들은 모두 성인 정신 건강 분야에 종사하기에 나는 때때로 나의 실행과 접근방식이 우리의 규율에 대한 그들의 관점과 일치하지 않는 것처럼 느껴져서, 나는 내 업무 맥락의 어디에도 꼭 들어맞는 것 같지 않다.

이 치료자의 임상적 맥락 안에서 동료 미러링의 결여는 고립되고 오해받는다고 느끼게 한다. 미러링에 대한 욕구는 규율에 근거하여 바라는 것일 뿐만 아니라 성별과 관련하여 원하는 것으로 알려져 있다.

> 나는 그린 스트림(훈련 프로그램)에 처음으로 나타났고, 켄과 나는 그곳에 있는 유일한 남자였다. 30명의 여자와 우리 둘만 있었기 때문에 우리는 남자 화장실을 위한 표지판을 붙여야 했다. 내가 생각하기에 여자가 지배적인 직업에서 남자인 것은 흥미로울 뿐이다.

심슨(Simpson, 2004)이 언급한 성별 고립에 이어 이 치료자는 기술 개발 단계에서 미러링의 필요성에 관한 또 다른 맥락을 제공했다. 기술의 맥락 안에서 자신을 이해할 수 있는 능력을 갖추는 것은 놀이치료자 역할에서 열정적으로 자신의 가치와 연결하는 데 필수적이다. 따라서 놀이치료자 인턴은 상황적 이해를 추구할 뿐만 아니라, 우리의 맥락에 일치하는 동료들 및 슈퍼바이저들과 교류하고 싶은 욕구도 있다. 미러링 문헌은 이러한 수요가 많은 경험이 어떻게 사회적 인지 과정을 통해 지식 이해와 통합을 향상하는지에 주목한다(Gallese, 2009; Kuhbandner, Pekrun & Maier, 2010; Marshall, 2006). 이러한 바람직한 상호작용은 새로 발견된 역할에서 우리의 자기에 대한 이해를 형성하고, 따라서 우리의 전문적 자기(professional self)를 알리는 데 도움을 준다. 또 다른 고립의 영역은 아직 확립된 실제가 되지 않은 시골 지역에서 놀이치료 그 자체에 대한 일반적인 이해 부족이다. 한 치료자에게 있어 놀이치료 커뮤니티가 확립된 지방에서는 이 영역에서 낙후된 다른 곳으로의 이동은 어렵고 감정적인 전환이다.

> 나는 앨버타에서 일정 기간 근무를 하면서 다른 사람들이 놀이치료에 참여하는 모습을 보았고, 동료들이 경험하는 즐거운 순간들에 자연스럽게 이끌렸다. 그런 후 집으로 돌아왔는데, 현실은 내 마음을 아프게 했다. 나는 이미 확립된 놀이치료 실천이 이루어지는 환경에서 이제 막 그 개념을 탐색하기 위해 시작한 환경으로 옮겨 갔다. 나의 초기 실습 시절은 내 주위 사람들에 의한 질문들과 불확실성에 부딪혔다. 그 시절은 내가 나에게 무엇이 필요한지 알고 있었지만, 내 프로그램 분야에서 이 서비스를 구축하려고 노력하는 데 너무 외로움을 느껴서 힘들었다. 나는 정말로 현장에서 길을 잃은 듯한 느낌이었다.

저자들의 공통적인 목소리는 놀이치료자로서 자기 정체성을 형성하는 과정에서 동료 간의 교류가 갖는 중요성과, 외부 피드백과 자신의 사적 및 전문적 자기 사이의 불일치를 인식할 때 어려움을 강조하며 말한다.

문이 열렸을 때: 고립에서 소속감으로의 전환

'고립에서 소속감'으로의 전환은 치료자들에게 강력한 변화였으며, 이것은 놀이치료자로서의 역할에 대한 이해를 공고히 하는 데 도움이 되었다. 총체적으로 고급 놀이치료 훈련 중에 서로를 발견할 때, 소속감이 어떻게 우리 전문적 자기(professional self)의 출현을 촉진하는지를 강조한다. 생각이 비슷함을 인정하는 경험은 담론에서 초기 전환이며, 여기서 서로를 찾는 열정은 귀향의식으로 묘사되었다.

> 나는 내가 사람들을 위해 춤을 추며 돌아다니면서 이해되거나 받아들여지는 것처럼 느껴지지 않는 블라인드 멜론(미국 록밴드—역자 주)의 〈노 레인(No Rain, 노래 제목—역자 주〉 비디오에 나오는 작은 벌 소녀처럼 느꼈다. 이제 나는 당신들 모두가 존재하고, 내가 들어갈 수 있다는 경외감에 입을 벌리며 대문 앞에 서 있는 작은 벌 소녀이다.

고립된 상태에서 놀이치료를 실천해 온 사람들에게 놀이치료 동료들과 연결될 기회에 몰입하는 경험을 하는 것은 흥미진진하고 압도적인 경험이 될 수 있다. 이것은 특히 이 치료자와 같이 동료 관계를 갈망했던 사람들에게는 더욱 그러하다.

전문적 자기의 발달에 있어서 주요한 디딤돌은 놀이치료에서 우리의 담론을 통해 집단적인 지식을 경험하고 있다. 이러한 공통점은 놀이치료 인증 및 등록 프로세스에서 병행 여행 중인 사람들에 의해 지속적으로 자문하고 이해받을 수 있는 기회를 제공한다.

> 비록 당신이 답을 지니고 있을지라도, 끝까지 이야기할 수 있는 기회를 갖는 것은 특별하다. 그것은 당신이 누군가와 그것을 완전히 이야기할 수 있을 때, 그

리고 누군가가 당신이 무슨 말을 하는지 알 때 해답이 명확하다. 우리는 모두 놀이치료에 관한 교육과 배경이 있기에 자문과 브레인스토밍을 위해 그 공통 언어를 갖기 위해 많은 것을 말할 필요가 없다.

'이해하고 있음'이라는 경험에서 편안함을 느꼈다고 표현한 또 다른 저자도 이와 같은 감정을 반영했다.

이것은 마치 외국에 가서 적응하려고 노력하면 어느 정도 잘되긴 하지만, 집에 돌아왔을 때는 소통이 한결 수월하게 느껴지는 것과 비슷하다. 집에서는 다른 사람들이 나를 완전히 이해해 주고, 심지어 문장을 다 말하지 않아도 그들이 알아서 마무리해 줄 정도로 공감이 형성되어 있기 때문이다.

심화 실습을 함께하는 것은 실습 그 자체 동안에 보낸 시간을 넘어서도 동료 관계를 육성하는 기회를 제공한다. 임상팀의 지원이 필요할 때 연락을 취할 수 있는 능력이 만들어지고, 경험했던 고립된 환경에서 실습으로의 복귀는 소속감을 경험하게 한다. 다른 사람들에게 자원 공유의 가치는 고립된 상태에서 일하는 것에서 동료 간의 연결성을 느끼는 것으로의 주목할 만한 변화이다.

직업 경험과 지식의 공유는 놀이치료자로서의 자기에 대한 이해를 지지하는 것으로 경험될 뿐만 아니라, 우리를 고립에서 벗어나게 한다. 검증하는 맥락 내에서 전문적 자기를 이해할 수 있는 맥락을 제공하는 것은 놀이치료자로서 정체성을 형성하는 동안에 메타 자각 수준에 도달할 수 있는 능력을 길러준다. 포커스 그룹 토론에서 동료 간의 유대감은 자신의 놀이 스타일이 어떻게 놀이의 실제와 이론에 부합하는지를 탐색하는 한편, 취약한 방식으로 자신을 안전하게 느끼고 받아들이는 느낌이라는 관점에서 논의된다.

치료자 1: 나 역시 이 그룹에서 나 자신일 수 있을 것 같은 느낌이 들었다. 내가 어떤 사람인지를 나와 그룹에서 받아들이는 것은 좋은 일이다. 어떤 상황에서 나 자신인 것이 좋다.

치료자 2: 하지만 그게 바로 팀워크인 거다. 그렇지 않은가? 나에게 자기의 출현은 정말로 우리의 관계와 이 팀의 경험과 병행되어 왔다.

자신의 동료들로부터의 긍정적인 피드백, 수용, 미러링은 놀이치료자로서의 자기를 발견하는 여정에서 중요한 경험이다. 이 두 치료자의 경우, 서로를 받아들이는 것은 풍부한 집단 경험을 육성했다. 또한 치료자들 사이에서 '우리(We)' 자기의 주목할 만한 발달이 있었는데, 여기서 서로의 강점으로부터의 상호 학습이 집단 놀이 경험의 내면화를 초래했고, 다음으로 이는 임상 실습에 다음과 같이 알렸다.

내가 가장 갈망했던 것은 팀에 있었다. 나는 내 임상 실습에 관해 이야기하고 피드백을 받고 싶었다. 당신들을 찾는 데 있어서 나는 실제로 우리의 집단적 자기(collective selves)를 내재화시켰다. 내가 내 놀이 스타일을 당신의 장점 중 하나에 맞는 것으로 바꾸고 있을 때, 나는 당신들 중 어느 누군가를 목격했던 방법에 대해 생각해 보고 나서 우리가 연습할 때 목격한 것을 서로 반영하려고 노력했다. 그래서 비록 우리가 서로 멀리 떨어져 있지만, 우리는 정말 한 팀이다.

놀이치료 공동체의 형성은 치료자 개인적으로뿐만 아니라 집단적으로도 전환점이 되었다. 이러한 경험들은 사회적 정체성, 공감 그리고 '공동체감(we-ness)'이 개인과 사회 발전의 기본이라고 강조한 갈레스(Gallese, 2009)와 일치한다. 동료 미러링의 경험은 마샬(Marshall, 2006)이 사회적 연결을 촉진하는 '사회적 접착제'라고 언급한 것을 제공한다. 이 치료자는 복잡한 개념적 자기표현이 사적 자기에게 영향을 미치고, 공적 자기의 발달을 풍요롭게 하는 모린(Morin, 2006)의 메타 자기 인식의 개념을 토로한다.

전환점과 전문적 자기(Self)의 출현

전문적 자기의 초기 성장에 이어 치료자들은 통합 개념화 틀인 놀이치료 차원 모델(Yasenik & Gardner, 2012)을 검토함으로써 새롭게 발견된 인식을 확장하려고 한다. 이는 또한 놀이치료 이론과 실천을 통합하고, 자기와 타인에 대한 개념화에 숙달하는 과제를 마주하면서 저자들에게 변혁적인 과정이 되었다. 그렇게 함으로써 또 다른 자기 성찰의 반복적 과정이 시작되어 그들의 메타 자기 인식이 더욱 확대되었다. 이는 놀이치료 차원 모델(Play Therapy Dimensions Model)에 내재된 공통된 언어를 통해, 이론적 기반과 관계없이 그룹 구성원들이 서로 소통할 수 있었음을 저자들이 인정한 부분에서 확인할 수 있다.

> 우리가 놀이치료 과정에 대해 생각하고, 그런 다음 슈퍼비전, 피드백과 방향성을 조언받으려는 동료들과 의사소통하는 것을 돕는 구조로 되어 왔다. 나는 우리가 같은 모델에서 일하고 있기에 상황, 발달적 고려 사항, 세계관, 전이, 역전이, 아동 요인, 치료자 요인, 윤리적 관심사 등을 지속적으로 찾아보고, 이것을 슈퍼비전에서 효율적으로 공유할 수 있는 것이 도움이 된다는 것을 알게 되었다. 이것은 심지어 우리가 매우 다른 방향에서 연습하고, 다양한 조직에 위치하고, 수천 킬로미터 떨어져 있을 때에도 효과가 있다.

또한 놀이치료 차원 모델과 같은 개념적 틀은 임상 과정에 구조를 제공하여 집단 내 슈퍼비전 효능을 향상한다.

> 우리는 사례를 제시하는 공통적인 방식을 가지고 있고, 그것은 항상 일정한 순서로 되어 있으며, 이는 정말 효과적이었다. 나는 그 구조가 우리가 한 팀으로 파일을 처리하는 데 도움이 된다는 것을 알게 되었고, 시간이 지나면서 점점 더

좋아졌다.

모델을 집합적으로 숙달하는 것은 집단원들에게 놀이치료 과정을 공동으로 검토할 수 있는 구조를 제공함으로써 성장과 성찰을 풍부하게 한다.

나는 이 모델이 눈앞에서 일어나는 상황에 유연하게 대응할 수 있도록 해 주기 때문에 좋다. 놀이치료 차원 모델은 놀이방에서 아이의 필요를 충족시키기 위해 조금 더 구조화된 접근이 필요할 때 유용한 틀을 제공한다. 이는 놀라운 개념적 의사결정 도구이며, 그런 점에서 나에게 매우 도움이 된다. 이 모델은 나의 유연성을 더욱 두드러지게 해 준다. 나는 이 모델이 놀이치료자가 진정성을 유지하면서도 구조적인 틀과 함께, 자신의 놀이 선호나 개인적 성향에 국한되지 않고 더 넓은 관점을 고려할 수 있도록 돕는다고 생각한다.

통합적 틀을 접하기 전에는 자신의 자연스러운 놀이 스타일이 내담자의 필요와 어떻게 부합하는지에 대한 불확실성이 두드러졌다. 그러나 이 모델의 틀 안에서 자신을 탐색할 기회를 갖고 그 안에서 자신의 자연스러운 놀이 스타일이 어디에 위치했는지를 이해하게 되면서, 이 놀이치료자는 자신의 실천에 대한 새로운 자신감을 얻을 수 있었다.

치료자 1: 나의 직감에만 귀를 기울이기보다는 나 스스로에게 "이것이 정확한가? 말이 되느냐?"라고 묻는 체계적 방법을 지니고 있다. 내 작업을 지도하는 데 도움이 되는 과정을 거쳤기 때문에 나는 더 많은 자신감을 느끼게 되었다.

치료자 2: 나도 같은 경험을 했다. 나는 이제 내 마음속으로 모델을 연습하고 회기가 진행되는 동안에 그 요소들을 처리할 수 있는 능력을 갖추게 되었다. 나에게 있어서 모델은 내가 심사숙고하는 데 오랜 시간이 걸렸던 것에서 자동적으로 내면화한 것으로 바뀌었다.

모델은 이 '직감'이라고 불리는 치료자의 주관적인 임상적 판단에 객관성을 제공했다. 실제적인 체계적 틀 안에서 이론과 실천을 융합하는 능력은 앞의 치료자들에게 힘을 실어 주며, 고객과의 임상 작업에 대한 자신감을 높여주고 있다. 이러한 내러티브는 통합 개념화 프레임워크가 어떻게 임상전문가가 특정 프레임워크에 맞추기 위해 자연스러운 놀이 스타일을 변경하거나 조정해야 하는 역할이 아니라 임상 실무에서 현재 상태의 임상전문가를 어떻게 충족시킬 수 있는지를 강조한다.

임상적 불안에서 개인의 사적 자기와 공적 자기를 아는 감각으로의 전환은 놀이치료자의 성장 과정에서 활력을 불어넣어 주는 꼭 필요한 부분이다. 놀이치료를 이론적 관점에서 엄격하게 이해하는 것에서 임상 실제에서 이론을 통합하는 것으로의 변화도 그 과정의 필수적인 요소이다. 다음의 치료자는 놀이치료 차원 모델에서 요약된 것처럼 공동 촉진의 개념을 발견한 것이 어떻게 이론에서 실습으로의 여정에 중요한 역할을 했는지를 설명한다.

> 내가 고착되었다고 느꼈던 한 가지 중요한 부분은 비지시적 놀이 동안에 감정적으로 과각성된 트라우마를 경험했던 아이들과 함께한 것이었다. 나는 그들을 돕기 위해 꼼짝할 수 없는 기분을 느꼈다. 놀이치료 차원 모델로 훈련을 받는 동안에 이러한 고착된 지점 중 하나를 발표하면서 나에게 새로운 놀이 스타일인 '공동 촉진 차원'에 관해 배울 때 아하! 하는 순간을 가졌다. 나는 모델 자체가 아이가 있는 곳에서 그를 만나기 위해 나의 이론적 기반에서 변화를 설명하는 언어를 제공한다는 것과 그것이 완전히 괜찮다는 것을 깨달았다. 이것은 내가 작업하는 치료에 대해 구체적으로 개념화를 하고, 그것은 내가 유능한 놀이치료자로 성장하도록 도와주었기 때문에 더 많은 자신감을 주었다.

이 책의 치료자들은 고객이 순간순간 보여 주는 것에 기초하여 다른 치료적 개입을 고려함으로써 임상적 치료적 개입을 확장할 기회를 보았다.

> 이 모델은 기존 요소를 따르는 것뿐만 아니라, 필요에 따라 추가할 수 있는 유연성을 제공한다. 예를 들어, 조절 요인을 살펴보면 모델이 특정 방향을 제시해 주지만, 나는 '내가 경험했던 상황과 함께했던 사람들을 바탕으로 여기에 더하고 싶다'고 생각할 수 있다. 기본적인 구조가 있으면 그것을 상황에 맞게 조정할 수 있고 원하는 방식으로 적용할 수도 있지 않은가?

전문성 발달의 토대는 현재의 다양한 기술을 기반으로 하는 새로운 개념과 기술을 배우는 능력이다. 앞의 저자는 이 모델을 숙달함으로써 임상적 레퍼토리를 보다 체계적으로 확장할 수 있는 여지를 얻을 수 있다고 주장한다. 또 이 내러티브는 치료자가 '자기를 활용하는 방식'을 이해하는 것이 주관적인 임상 경험에 객관성과 논의를 제공함으로써 전문적 자기의 활성화를 촉진한다고 강조한다.

"모든 것을 전환하다"
–자기 활력 증진(self-invigoration)이 놀이치료 과정에 변화를 가져오는 방식–

고립에서 '자기 활력 증진'으로의 여정은 임상 역량에 긍정적인 영향을 미쳤다. 첫 번째 저자는 '놀이치료 차원 모델'이 새롭게 얻은 전문적 자기에 대한 이해가 어떻게 자신의 치료 과정에서 열 살짜리 러셀을 지원했는지에 중점을 두었다.

> 내가 열 살짜리 소년 러셀(가명)과 처음 작업을 시작했을 때, 소년의 어머니는 어디에서도 찾을 수 없고 아버지는 기능을 제대로 발휘하지 못해 소년을 돌볼 수 없다는 말을 들었다. 러셀은 그룹홈 외에는 갈 곳이 없었다. 그룹홈에서 러셀이 속이 상하고 우울한 경향이 있을 때 자주 자신을 고립시켰다고 보고되었다. 나는 '아동 중심의 놀이치료 접근방식'을 택했는데, 그것이 러셀에게는 효과

> 가 없을 거라는 것을 금방 알게 되었다. 내가 추적하고 반영하는(3사분면) 동안 러셀이 모래 상자 군대 전투를 반복했기에 회기는 아무 성과도 못 보는 것 같았다. 러셀은 무기력하였다. 나도 마찬가지였다. 우리 둘 다 충격이 필요해서 다음 회기 때 칼싸움을 하기로 했다. 러셀이 회기에 도착했을 때, 나는 즉시 러셀에게 칼을 던져 주고 전투에 참여시켰다(4사분면). 러셀은 생각할 틈도 없이 재빨리 자신을 방어했다. 우리는 칼을 챙챙 부딪히면서 찌르고 피하며 활발한 전투를 벌였다. 우리가 싸우고 있을 때, 러셀은 자기 친구들(2사분면)과 참석했던 캠프에서 그들과 함께했던 긍정적인 경험에 관해 이야기했다. 우리가 신체적으로나 관계적으로나 참여를 할 때, 러셀은 살아 있었고 나도 살아 있음을 느꼈다. 우리는 이어지는 회기들에 걸쳐 계속 칼싸움을 했고, 나는 그것이 진부하지 않도록 다른 신체 활동을 추가했다. 때때로 우리는 꼭두각시 싸움을 했고, 다른 때는 그냥 산책하곤 했다. 시간이 흐르면서 러셀은 부모에 의해 혼자 남겨진 자신의 감정과 그에 수반되는 슬픔을 표현할 수 있었다. 러셀은 자신의 세계를 내면화했다. 그것은 자신의 주변 세계에서 보이지 않는 곳이었다. 결국 부모가 실망시켰을 때, 러셀은 누구를 믿을 수 있었을까? 나는 나의 내적 세계를 똑같이 사랑하기에 내가 거기에 머물러 있는 것도 편했을 것이지만, 그렇게 하는 것은 러셀에게는 아무런 이득도 되지 않을 것이다. 러셀과 나는 내면으로부터 외부로 이동하는 평행한 과정에 있었다. 나는 모래 상자에서 전투를 벌여 생명을 불어넣었다. 우리는 더 이상 우리만의 세계에 머물러 있지 않았다.

치료자, 내담자, 놀이치료 차원 모델의 관계는 치료자로서의 자기 출현과 사용이 어떻게 내담자의 자기 출현을 지원하는 것으로 변형되는지를 강조한다. 저자의 내러티브는 임상적 교착 상태에서 성공으로 나아가기 위해 다양한 차원을 탐색하는 과정을 아름다움을 보여 준다. 그다음, 저자는 자기 안에 갇혀 있던 상태에서 외적 자기를 발견하게 된 아동 릴라(가명)를 지원한 내러티브를 공유한다.

나는 릴라가 극도로 수줍고 조용하기 때문에 그 아이와 함께 작업해 달라는 부탁을 받았다. 릴라는 수업 시간에 거의 말을 하지 않았고, 질문을 받으면 얼어붙으며, 어떤 종류의 직접적인 관심도 멀리했다. 학교 직원들은 릴라가 자신의 잠재력을 발휘하지 못할까 봐 걱정했다. 릴라에 관한 기록을 보면, 비언어적 기술이 뛰어나지만 언어 기술이 발달하지 못한 매우 똑똑한 아이라는 것을 알 수 있었다. 영어는 모국어가 아니었고, 이것이 일부 불일치를 설명해 주었다. 릴라는 매우 불안정한 가정생활을 계속했다. 예의 바르고 협조적이었지만, 릴라가 조심스럽고 말하기를 꺼리는 것은 놀라운 일이 아니었다. 나는 질문을 했고, 릴라는 거의 들을 수 없는 대답을 속삭였다. 우리는 게임을 했고, 릴라는 조용히 같이 놀았다. 나는 책을 읽었고, 릴라는 모든 단어를 들었다. 회기는 길고 고통스러웠다. 나는 릴라와의 작업 초기에 록키 마운틴 놀이치료연구소와 함께 나의 첫 놀이치료 훈련에 참석했다. 놀이치료 차원 모델은 내가 릴라와의 치료 과정을 개념화하는 데 도움을 주었다. 나는 직접적이고 의식적인 접근법(2사분면)이 릴라에게는 통하지 않는다는 것을 인식했다. 릴라의 발달 단계, 강한 비언어적 기술, 약한 언어 기술, 그리고 외상 경험이 있는 배경을 고려할 때, 나는 은유와 비언어적 상징을 사용하면서 덜 지시적인 접근방식으로 이동하는 것이 릴라가 치료에 참여하는 데 도움이 될 수 있다는 가설을 세웠다. 이러한 변화가 도움이 될 것으로 생각했지만, 미니어처와 스토리텔링의 사용을 통해 상징과 은유로 바꾸는 것은 나조차도 놀라게 하는 반응을 불러일으켰다. 나는 과제를 소개했지만, 거기서부터 릴라가 회기(3사분면)를 이끌었다. 릴라는 세부적인 내용으로 가득 찬 풍부한 이야기를 만들어 냈다. 상징을 이용해서 그림을 그리는 것을 넘어, 크고 용감한 목소리로 자신의 이야기를 말했다. 그 은유적인 작품은 릴라에게 변화를 일으켰다. 시간이 지나면서 릴라는 학교 활동을 하기 시작했고, 회기에서 목소리가 커지면서 교실과 과외 활동에서도 더 크게 말하기 시작했다. 나는 릴라의 내면에서 나오는 엄청난 성장을 보았다.

이 치료자는 통합적 접근이 어떻게 억압된 아이들에게 다양한 치료 옵션과 경험을 제공할 수 있는지 강조했다. 이는 결국 치료적 성장을 뒷받침한다. 각각의 아이는 치료 회기에서 그 순간에 서로 다른 필요와 욕구를 가질 수 있다. 놀이치료 차원 모델과 같은 통합적 틀을 기반으로 한 놀이치료자는 내재된 조율 요인을 이해하고 내담자의 필요와 임상 실천을 보다 균형 있게 조정할 수 있다.

요약

우리의 집단적 내러티브를 공유하는 것은 고립에서 활력을 되찾아가는 여정을 보여 주는 의미 있는 과정이었으며, 놀이치료 공동체에 존재하는 장벽을 알리는 데 목적이 있었다. 우리는 또한 우리가 이러한 난관을 어떻게 다루고, 어떻게 풍요롭고 만족스러운 전문가로 가는 길을 찾았는지를 강조하고 싶다. 변화를 만들어 갈 수 있는 위치에 있는 이들에게 우리의 집단적 목소리가 고려되기를 바란다. 또한 놀이치료 분야에 입문하려는 이들에게는 우리의 개인적인 통찰을 생각할 거리를 제공하는 지혜의 말로 전하고자 한다.

치료자 1: 놀이치료에 대해 더 많이 배우는 것을 고려하는 어떤 치료자라도 나는 두 발로 뛰어들어 가서 공부와 슈퍼비전을 하기를 권장한다. 나는 놀이치료를 통해 수백 명의 아이가 성장하고, 앞으로 나아가고, 삶의 변화를 가져오는 것을 보아 왔다. 풍요롭고 보람 있는 분야이다. 만약 사람들이 훈련에 간다면 나는 그 사람들을 격려할 것이다. 그리고 그것은 그 훈련 기관에 잠시 머물면서 자신의 주위에 지원 집단을 형성하는 그들의 필요성에 맞는 것처럼 느껴진다.

치료자 2: 〈나는 모든 좋은 사람들을 보았다〉라는 노래에 "너 자신으로 너를 에워싸지 마라."라는 대사가 있다. 놀이치료에 관한 한 그것은 건전한 조언이다. 놀이치료에 관한 모든 것을 읽고, 앞서 걸어간 이들의 경험을 통해 감각을 익혀라. 마음이 맞는 사람들과 함께 여행을 떠나 여정을 즐겨라. 옳고 그름에 너무 집착하지 마라. 인생이란 원래 그런 것이지만, 결국 해낼 것이다. 계속 나아가라!

참고문헌

Gallese, V. (2009). Mirror neurons, embodied simulation, and the neural basis of social identification. *Psychoanalytic Dialogues, 19*, 519-536.

Hastings, S. L., & Cohn, T. J. (2013). Challenges and opportunities associated with rural mental health practice. *Journal of Rural Mental Health, 37*(1), 37-49.

Kuhbandner, C., Pekrun, R., & Maier, M. A. (2010). The role of positive and negative affect in the "mirroring" of other people's actions. *Cognition and Emotion, 24*(7), 1182-1190.

Marshall, R. J. (2006). Suppose there were no mirrors: Converging concepts of mirroring. *Modern Psychoanalysis, 31*(2), 289-312.

Morin, A. (2006). Levels of consciousness and self-awareness: A comparison and integration of various views. *Consciousness and Cognition, 15*(2), 358-371.

Newen, A., & Vogeley, K. (2003). Self-representation: Search for a neural signature of self-consciousness. *Consciousness and Cognition, 12*, 529-543.

Simpson, R. (2004). Masculinity at work: The experiences of men in female dominated occupations. *Work, Employment and Society, 18*(2), 1-35.

Yasenik, L., & Gardner, K. (2012). *Play therapy dimensions model: A decision-making guide for integrative play therapists*. London: Jessica Kingsley Publishers.

제14장

논의와 요약

Lorri Yasenik and Ken Gardner

놀이치료에서 전환점에 초점을 맞추면 무엇을 이해할 수 있을까? 놀이치료에서 아동과 작업하면서 성장과 발달을 평가할 때 우리는 무엇을 찾고 있는가? 우리는 이러한 질문에 대답할 때 고려해야 할 중요한 요소들의 합류점이 있다는 것을 많은 사례를 검토한 후에 절실히 알게 되었다. 좀 더 구체적으로 치료자의 자기 사용, 개입의 시기, 지시와 의식의 정도, 아동의 드러나는 자기(Self), 놀이치료 환경에서의 일관성과 안전성의 정도, 그리고 치료자와 아이의 관계 등과 관련된 요소들이 예시되었다. 놀이치료의 변화를 자극하는 움직임의 이해를 돕기 위해 한 가지만 활용되는 요소는 없다. 각 저자가 아동과의 작업에 대해 서로 다른 이론적 접근방식을 확인했지만, 각 실무자는 중심이 되는 중요한 지점을 확인하는 유사한 경로를 따랐다. 실무자들은 아동의 행동, 태도, 어조, 언어, 대상의 사용, 놀이 주제, 감정의 강도, 권한 부여 감각, 자기 이해, 그리고 자기 인식 등에서 미묘한 변화를 찾았다. 이러한 미묘한 변화는 아동을 증상의 완화로 이끌었고, 더욱이 아동 문제 해결

에 직접적인 영향을 미쳤다. 놀이치료 과정에서 전환점을 관찰하고 확인하는 치료자의 인식과 능력은 우리가 흔히 놀이치료의 '마법'과 경이로움을 넘어서는 것이다.

전환점과 치료자의 의사결정

놀이치료 차원 모델은 치료자가 아동과 함께 작업할 때 "내가 뭘 하고 있지?" "내가 어떻게 하고 있지?" 그리고 "왜?"라고 계속 질문할 필요성을 강조한다. "왜"와 "왜 지금 이 아동과?"에 대답하지 않고 기법이나 이론을 이용하는 것만으로는 충분하지 않다. 아동이 이끄는 대로 따르는 것이 중요한 고려사항이지만, 그것만이 유일한 고려 사항은 아니다. 우리가 제2장 '놀이 배우기 치료를 통한 자기(Self)의 출현'으로 관심을 돌리면, '빌리'와의 작업에서 많은 의사결정 포인트가 확인되었다. 빌리는 놀이치료(Stagnitti, 1998)를 통해 평가되었으며, 뚜렷이 자신의 나이와 발달 단계에 비해 낮은 놀이 수준에서 운영되고 있었다. 자신과 다른 사람들에 대한 인식은 제한되어 있었고, 방 안으로 '떠다니는' 것으로 묘사되었다. 이 경우, 빌리가 이끄는 대로 따르는 것만이 그 아이를 이롭게 하지는 않을 것이다. 누락된 놀이 기술을 확인한 치료자는 빌리를 정서적으로 끌어들이기 위해 놀이 유형(감각 운동)을 선택했고, 빌리가 합류할 수 있는 곳에서 시작했다. 긴 팔을 가진 인형의 사용을 통해 공 게임이 도입되었다. 빌리는 아이가 자기 관련 놀이 활동을 하기 전에 시작하는 것이라고 저자가 묘사한 '기타 관련' 놀이를 장려하는 인형에 집중해야 했다. 치료자는 빌리의 첫 번째 회기 동안에 모든 놀이 활동을 지휘하고 소개했다. 놀이 기술이 떨어져 보이는 아동을 위해 '아동의' 수준에서 참여하고, 연결과 즐거움을 높이는 방법을 찾는 것이 중요하다. 놀이가 일상 활동을 포함한 대본에서 벗어나자 빌리는 자기 생각을 놀이에 반영하기 시작했다. 다음 회기까지는 치료자가 자신이 첫 번째 전환점으로 결정한 것을 확인했다.

빌리는 더는 자기와 다른 사람을 모르는 것처럼 행동하면서 방 안을 다니지 않았지만, 흥분되고 참여하는 태도로 들어섰다. 아이는 행복했고, 자신이 왜 그곳에 있는지 알았다. '전환점 유형 1: 어떤 것에 관한 사고, 행동, 정서 또는 이해'의 변화를 치료자가 확인하였다. 행동과 정서 모두 중요한 것으로 관찰되었고, 빌리의 집중적인 관심과 즐거움은 계속되었고, 놀이 시나리오의 순서 및 구성 능력(이전에는 빌리가 가용할 수 없었던 기술)이 증가하였음을 나타내는 이어지는 전환점의 진화에 도움을 주었다.

놀이치료자들은 놀이 기술이 전체적인 아동 발달(인지적 · 신체적 · 사회정서적 · 도덕적)에 필수적이라는 것을 알고 있다. 빌리가 놀이 장면을 독립적으로 구성하는 능력이 미묘하게 증가하고 타인과의 관계에서 새로운 감각이 나타나는 것을 주목하는 것이 치료자들의 의사결정에 필수적이었다. 치료자는 놀이에 대한 지원 구조에 중점을 둔 지시적 접근에서 덜 지시적인 접근으로 전환하며 자기 사용(self-use) 방식을 조정해야 했다. 치료자의 상호작용을 통해, 그리고 놀이 재료의 제공을 통해 아동을 따라가는 것과 아동에게 방향을 제공하는 것 사이에는 앞뒤로 얽힘이 있었다.

제3장 '마치 아이처럼!'으로 넘어가면서 우리는 전환점과 관련된 아들러 놀이치료자의 의사결정 과정을 되돌아본다. 여덟 살의 '로니'는 붕괴된 학대적인 가정 출신이고 현재 할머니와 함께 살고 있지만, 감정적이고 행동적인 어려움을 자주 보였다. 치료자는 상담의 네 단계를 식별한 아들러식 개입 모델(Kottman & Meany-Walen, 2016)을 사용했는데, ① 내담자와 평등주의의 치료 관계 구축, ② 내담자의 생활양식에 대한 조사, ③ 내담자의 자기 생활양식에 대한 통찰력 돕기, ④ 내담자의 재정향/재교육 등이었다. 치료자는 학교 환경에서 작업했고, 로니와 작업하기 전에 그 아이의 사회적 · 감정적 · 행동적 문제에 대해 알았다. 로니는 치료 과정 동안에 많은 통제가 필요했고, 아들러 치료자들은 그들의 실제에서 지시적이기도 하고 비지시적이기도 하지만 로니와 함께 일할 때 '어떻게' 지시적인가가 중요한 의사결정 문제 중 하나였다. 치료자는 처음 관찰된 전환점을 로니가 상담에 참석하라는 요청으로 보고 도

움을 청하는 것을 보았다. 이전에 로니는 다른 사람들과 자신을 도우려는 그들의 시도를 거부하는 경향이 있었다. 치료자와 '함께 놀고자 하는' 로니의 개인적인 요청은 전환점 유형 1, 즉 어떤 것에 관한 사고, 행동, 정서 또는 이해의 변화였다. 치료자가 중요하다고 느낀 것은 다른 아이들과 함께 일하고 있는 것으로 알고 있는 치료자와 연결하려는 로니의 추동이었다. 그다음 전환점은 작은 대인관계 행동, 즉 직접적인 눈 맞춤의 순간(전환점 1)이었다. 많은 치료자는 이 접촉의 순간을 놓칠 수도 있고, 따라서 그것을 전환점으로 보지 못할 수도 있다. 이것이 가볍게 보일지 모르지만, 그것은 연결과 치료 관계의 시작이다. 점진적으로 작지만 다양하고 좀 더 분명한 행동, 정서 또는 이해는 자신을 이용하는 방법에 있어 치료자에게 신호를 보낸다. 이 순간만큼 중요한 것은 치료자는 고도로 방어된 로니와 접촉할 가능성에 대해 과잉반응을 하지 않고 자신의 감정적 흥분을 가라앉히는 결정을 내려야 했다.

그 후 치료자는 '규칙을 바꾼다'는 자신의 설명에서 또 다른 전환점을 찾아냈다. 로니는 우노 게임을 하면서 놀이를 주도하고 지휘하기 시작했다. 로니는 반복적이고 제한된 놀이에서 자신이 어느 정도 통제력을 가지고 동시에 치료자에게 어느 정도 선택권을 제공하는 정교한 형태의 게임으로 옮겨 가며 자신을 다르게 포지셔닝하기 시작했다. 규칙을 바꾸는 것으로 치료자에게 더 가까워지고 치료의 다음 단계에서 더 큰 치료 기회가 주어졌다(전환점 유형 3: 아동이 이전에 관찰되지 않았던 방식으로 자신을 이용하거나 물건을 가지고 노는 순간, 즉 놀이의 주도 및 지휘에서의 변화, 놀이에서 자기 위치 설정의 변화). 게임의 변화에 얼마나 빨리 관여하느냐는 치료자가 내려야 하는 하나의 결정이었다. 치료자는 얼마나 지시적이어야 하는가? 무슨 해석을 하고 있는가? '3사분면: 비지시적 반응'에서 작업해야 하는가? 이것들은 중요한 치료적 의사결정 사항들이다.

제9장에서는 트라우마를 경험한 일곱 살 소녀 '시앤'을 소개한다. 통합적 접근법은 외상치료의 틀 안에서 아동의 자기 조절 프로필에 대한 이해를 발전시키기 위해 사용된다. '인내의 범위' 창을 구축함으로써 치료자는 아동의

각성 상태와 관련된 순간적인 기능 능력을 세심하게 평가하여 치료의 첫 단계(안전과 안정성)를 통해 움직이도록 도움을 주었다. 두 번째 치료 단계(외상 기억 처리) 중 치료자는 더 높은 수준의 의식적 자각으로 잠깐의 움직임을 예상할 수 있었으며, 이는 전환점 유형 2의 특징이다. 즉, 이전에는 아동이 이용할 수 없었던 자각 수준의 출현이다. 주체적 자기(I-Self)로부터 대상으로서의 자기(Me-Self)로의 잠재적으로 부정적인 평가의 불편함으로부터 거리를 제공하는 모래놀이와 같은 매체를 통해 아동은 자신과 다른 사람들에 대한 도식적인 표현들을 회복하고 긍정적으로 바꿀 기회를 얻게 되었다.

19회기 동안 치료자는 시앤의 모래 놀이의 변화를 관찰했고, 그 과정에서의 명백한 움직임은 주로 무의식에서 의식의 수준으로 증가한 것으로 나타났다. 이러한 변화는 시앤이 물과 모래 상자에서 '모래 폭풍'을 사용하는 과정에서 그녀의 에너지가 더욱 강렬하고 집적으로 변하는 것으로 나타난다. 이전의 '투쟁'이라는 주제는 1단계에서 나타났으며, 이는 '질서의 회복'과 더 큰 '조직화'라는 주제의 출현과 함께 '해결'로 전환되었다. 치료자가 가설을 세운 것처럼, 이 질서와 회복은 시앤의 내부 세계에서 일어나고 있는 일을 반영했다. 좀 더 구체적으로 시앤의 놀이는 최근에 생겨난 자각과 함께 외부의 영향을 인식하고 인정하는 능력을 개발하고 있음을 시사했다. 이러한 인식은 시앤이 살아 있는 경험에서 개인으로서 인물과 사물에 관계하기 시작했을 때 시앤의 서술에서 더욱 예시되었다. 이러한 인식의 변화는 제1사분면에서의 짧은 처리 과정을 촉진하였으며, 이는 경험과 감정이 다시 한번 은유를 통해 공개되고 재구성되는 제3 및 제4분면에서 무의식적으로 처리되었다.

그러나 의사결정과 관련하여 전환점의 또 다른 예는 제6장 '수치심은 목에 걸릴 수 있다'에 예시되어 있다. 네 살의 '프레디'는 과거의 성적 학대를 다루기 위해 치료를 받으러 왔다. 유연한 순차적 놀이치료 모델에 따라 치료자는 단일 회기에서 6개의 전환점을 확인했다. 어떤 중추적인 순간은 시간이 지남에 따라 관찰되는 반면, 다른 순간들은 단일 회기 중에 발생할 수 있다. 이 장에서는 한 회기 동안에 여러 전환점을 확인했다. 관심사는 아동의 자기 성장과 변화를 향한 점진적이고 간헐적인 움직임이다. 프레디는 많은 사회적 지지를 받고 있었으며, 치료 과정에서 소외된 생각과 감정을 다룰 기회가 주어지자 충분한 자아 강도를 발휘하여 빠르게 나아갈 수 있었다. 회기가 진행됨에 따라 프레디는 과거의 성적 학대 경험에 대해 의식에 더 가까이 다가갈 수 있는 수많은 징후를 제공했다. 치료자는 자신의 자기 사용(신체적 및 감정적)과 지시의 수준을 각 전환점에 맞춰 조정해야 했다. 관심사는 회기가 끝날 무렵에 프레디가 용을 사용함으로써 용에게 감정과 행동을 투사하는 것에서 "무서웠고, 정말로, 정말로 그런 일이 있었다."와 같은 자기 참조적 진술을 하는 것으로 옮겨 갔으며, "무서웠다."라는 단어를 강조하면서 "나는 무서웠다."라고 말한 것이다. 이 과정에서 이 점은 전환점 유형 4, 즉 놀이에서 조명되거나 보이는 것에서의 변화, 자신이나 다른 사람을 보는 방식의 변화를 예시했다.

이 사례에서 프레디는 자신의 과거 경험을 직접 토론과 탐색의 영역으로 끌어들일 수 있었다. 이런 경우에서도 프레디에게 일어났던 것과 관련하여 프레디의 자기 관념으로 얼마나 오래, 어떤 방식으로 '함께 머물러야' 하는지에 대한 결정이 내려져야 했다. 프레디의 단절된 감정은 이제 참고가 되었고, 그 아이는 나중에 '사회적 자기'에게 알리기 위해 '주체적 자기'를 이용할 수 있었다. 그것은 치료 과정에서 중요한 지점이었고, 많은 치료자가 느낄 수 있는 것은 상징적이고 투사적인 놀이의 '종결'이다. 제6장은 독자들이 엮는 과정을 이해할 수 있도록 도와주며, 비록 프레디가 '자기'에 대한 의식적인 언급을 더 많이 활용할 수 있지만, 결국 자신의 경험의 분리된 많은 부분을 통합하기 위해 때때로 거리를 둘 필요가 있도록 돕는다. 우리는 몇 개 장의 사례를 강조할 때 어떤 유형의 전환점이 등장하고 있는지를 확인하는 데에서 가치를 볼 수 있다. 네 가지 유형의 놀이치료 전환점은 여러 가지 방법으로 놀이치료자에게 알려 줄 수 있다. 말을 사용하는 것이 아동이 놀이치료에서 무슨 일이 일어나고 있는지 우리에게 알려 주는 유일한 방법은 아니다. 놀이치료는 놀이치료자가 동시에 많은 생각을 보유해야 하는 복잡한 실제이다. 그 기술은 이론의 효과적인 사용을 넘어 놀이 행동, 감정 표현, 놀이 주제에 내재된 작은 변화를 관찰할 수 있는 능력을 포함한다.

슈퍼비전에서의 전환점

넓은 의미에서 슈퍼비전은 전문적 가치, 책무 그리고 심지어 개인의 전문직 정체성이 형성되는 관계를 제공한다. 또한 슈퍼비전의 실제에 있어서 '암묵적 훈련'을 제공한다(Falender & Shafranske, 2004). 이러한 관점에서 전문가에게 새로운 수준의 인식과 이해를 창출하는 슈퍼비전에서의 전환점은 시간이 지남에 따라 전문직의 전체 발전 궤도에서 잠재적 조언 사항에 기여한다. 개인과의 동맹과 공동의 책임이 형성되는 슈퍼비전 관계의 중요한 역할 외에도, 치료 과정에 대한 이해를 촉진하고 슈퍼바이지가 자신의 직업과 그것에 대한 개인적 공헌에 대한 풍부한 인식을 촉진하는 근본적인 탐구 과정이 있다(Falender & Shafranske, 2004). 비록 여러 슈퍼비전 모델이 직접적인 지시, 관찰, 역할 수행 등 분명한 학습 전략을 강조하지만, 대부분의 슈퍼바이지는 전문가로서 자기에 대한 슈퍼바이지의 인식이라는 데 동의할 것이다. 슈퍼바이지와 슈퍼바이지가 유사한 이론적 지향을 공유하더라도 의사결정 틀에 내재된 탐색과 숙고의 과정이 없는 한 슈퍼비전에서 수많은 충돌 지점이 있을 가능성이 있다(Gardner & Yasenik, 2008).

치료자의 자기 사용은 검사와 성찰이 선뜻 접근할 수 없는 영역의 일부이기에 슈퍼비전에서 다루기 어려운 영역이다. 위험은 이러한 복잡한 개념을 지나치게 일반적인 용어로 다루거나 즉흥적으로 처리함으로써 감독을 애매하거나 변화하는 용어와 일관성 없는 피드백으로 혼란스럽게 만드는 데 있다. 필요한 것은 특정 유형과 몰입도에 대한 피드백으로, 치료자의 자기 사용을 반영하고 아동 내담자 상호작용 중에 순간적으로 발생하는 특정한 행동이라고 묘사된다. '몰입도: 치료자의 자기 사용 척도'(부록 A)는 아동 내담자에게 미치는 영향에 대한 치료자의 인식을 강화하고 적절한 의사결정을 지원하기 위해 개발되었다. 이 척도는 슈퍼비전 회기에 앞서 미리 슈퍼바이지가 완료하여야 한다. 놀이에 몰입하는 정도를 탐색하기 위해 슈퍼바이지는 몰입의 특정 범주 및 하위 범주를 탐색하고, 자신의 몰입 수준과 자신의 몰입에 대한 아동의 반응을 평가한다. 이것은 치료 과정을 이끄는 것은 아동의 욕구라는 핵심 가정으로부터 비롯된다. 정기적으로 슈퍼비전에 사용될 때, 이 척도는 슈퍼바이지가 자신과 내담자 간의 상호작용을 지속적으로 성찰하도록 하여 아동에 대한 슈퍼바이지의 동조성을 향상시키고 의사결정 능력을 강화한다. 많은 경우에 그것은 또한 전이, 역전이와 놀이 과정에서의 문제의 영향에 대한 슈퍼바이지의 인식을 지원한다.

'치료자의 자기 사용에 관한 슈퍼비전 양식: 다음 회기 계획을 위한 몰입도'(부록 B)는 슈퍼바이지가 몰입도 양식에서 자기 점검을 하는 중 얻은 슈퍼비전 피드백에 기초하여 특정 몰입의 형식을 목표로 하는 데 도움을 주기 위해 고안되었다. 몰입의 정도를 증가시키거나 감소시킬 영역을 식별함으로써 슈퍼바이지가 다음 회기에는 아동의 치료 과정에서의 동기와 방향에 더욱 민감하게 반응할 수 있기를 기대한다. 개인의 자기 사용이 치료 공간에서 지속적으로 조정되어야 한다는 것을 인식하면서 치료자는 물론이고 필요에 따라 수정할 수 있다.

스톨텐버그, 맥닐, 그리고 델워스(Stoltenberg, McNeill, & Delworth, 1998)와 기타 발달 중심 슈퍼바이지들은 치료자들의 발달을 수준, 단계 또는 국면에서 발생하는 것으로 개념화하였다. 다양한 개념화를 검토한 후, 놀이치료자를 슈퍼비전하기 위해 저자들은 3단계 접근방식을 채택하였다(Yasenik & Gardner, 2012). 놀이치료 차원 모델과 결합하여 발달 프레임워크를 활용하는 것은 놀이치료 슈퍼바이지에게 다음과 같은 방법을 제공한다. ① 슈퍼바이지의 발달 단계를 확인하고, ② 슈퍼바이지의 발달 단계에 적합하고, 필요에 부합하는 활동을 설계하고, ③ 슈퍼바이지가 놀이치료 과정에 대해 자기 성찰을 지원하며, ④ 슈퍼바이지에게 무분별하게 다양한 이론을 조합하는 관행을 피하도록 지지한다(Gardner & Yasenik, 2008).

'1단계 놀이치료자를 시작하기'라고 하는 놀이치료자 발달의 첫 번째 단계에서는 놀이의 힘과 아동과의 의사소통의 상징적 특성에 대해 배우는 데 시간을 할애하는 것이 특징이다. 일반적으로 초기 단계에서 치료자의 자기 인식은 제한적이지만, 치료자들은 회기 중 자신의 행동을 어떻게 조절하는지에 대해 신경을 쓰기 때문에 자기 집중도가 높다. 놀이치료에는 독특한 기술이 필요하고, 그 표현적 특성 때문에 고도의 개인 인식이 필요하기에 이 발달 단계를 서두를 수는 없다.

1단계 치료자들과 작업할 때는 슈퍼바이지의 기술, 지식, 경험을 향상시키기 위해 설계된 연계 활동을 하여야 한다. 슈퍼비전 중 연계 활동으로는 이론적 논의, 개인 실습 모델의 탐색, 비디오테이프를 활용한 놀이치료 회기 검토, 놀이치료 기법 소개, 놀이치료실에서 슈퍼바이지의 실제적 기술 시연 등이 있다. 그들은 또한 인형이나 모래와 같은 표현적 놀이 기반의 모형을 이용한 자기 계발 훈련을 도입하고 긍정적인 피드백을 제공하는 것을 포함한다. 놀이치료 슈퍼바이지를 위한 훌륭한 자원으로는 드루위스와 뮬렌(Drewes & Mullen, 2008)이 편집한 책이 있다.

2단계인 "전문가 모방 단계"에서 슈퍼바이지는 아동의 욕구를 더 잘 인식하고 아동의 세계관을 식별하는 능력이 향상된다. 전반적인 인식이 향상되면, 슈퍼바이지는 자신의 연약함에 더 취약해질 수 있다. 이 단계에서 슈퍼바이지는 슈퍼바이지의 관용, 인내, 공감 능력에 대해 배운다. 2단계의 가장 혼란스러운 측면 중 한 가지는 광범위한 지식의 통합에 대한 기대가 훨씬 더 높고, 학습 경험을 계속 추가해야 한다는 압박감을 동반한다는 점이다. 성장을 촉진하기 위한 슈퍼비전 연계 활동으로는 위험 감수와 창의성 장려, '말해 주세요'에서 '보여 주세요'로 접근 방식 전환, 자율성을 증진시켜 슈퍼바이저의 구조적 개입 줄이기, 치료적 직면 강조하기 등이 있다. 이것은 슈퍼바이지와 슈퍼바이지 모두에게 어려운 발달 단계이지만, 슈퍼바이지에게는 아마도 더 그럴 것이다(Yasenik & Gardner, 2012).

3단계, 슈퍼바이지는 상급 놀이치료자로 여긴다. 이 단계 동안 슈퍼바이지는 종종 전문화 영역을 식별하기 시작한다. 이 수준에서 놀이치료자는 넓은 지식 기반을 가지고 있으며, 사례를 개념화하는 다양한 방법에 초점을 맞춘다. 이 수준의 발달에 따라 놀이치료자는 놀이치료 회기에서 자기를 어떻게 활용하고 있는지, 그리고 아동의 욕구를 신속하게 파악하여 적절하게 대응하는 방법을 이해한다. 3단계 치료자는 아동의 고유한 특성, 나타난 문제 및 특정 의뢰 문제를 다루는 수많은 방법을 동시에 염두에 둘 수 있다.

아동의 고유한 욕구와 치료자 몰입의 표시에 초점을 맞춤으로써 슈퍼바이지와 슈퍼바이지는 놀이치료 과정, 특히 짧지만 교훈적인 전환점의 움직임을 공동으로 개념화할 수 있다. 시간이 지남에 따라 슈퍼바이지는 차선의 기술이나 접근방식에 매우 집중하는 전문가로부터 자신의 자기 사용과 아동의 고유한 욕구와 관련하여 접근방식을 비판적으로 검토하는 자기 성찰적 전문가로 옮겨 갈 것이다(Yasenik & Gardner, 2012). 이러한 변화는 그 자체로 전문가 발달의 중요한 전환점을 나타낸다.

참고문헌

Drewes, A. A., & Mullen, J. A. (2008). *Supervision can be playful: Techniques for child and play therapist supervisors*. Lanham, MD: Jason Aronson.

Falender, C. A., & Shafranske, E. P. (2004). *Clinical supervision: A competency-based approach*. Washington, DC: American Psychological Association.

Gardner, K., & Yasenik, L. (2008). When approaches collide: A decision-making model for play therapists. In A. A. Drewes & J. A. Mullen (Eds.), *Supervision can be playful: Techniques for child and play therapist supervisors*. Lanham, MD: Jason Aronson.

Kottman, T., & Meany-Walen, K. (2016). *Partners in play: An Adlerian approach to play Therapy* (3rd Ed.). Alexandria, VA: American Counseling Association.

Stagnitti, K. (1998). *Learn to play: A program to develop the imaginative play skills of Children*. Melbourne: Coordinates Publications.

Stoltenberg, C., McNeill, B., & Delworth, U. (1998). *IDM supervision: An integrated developmental model for supervising counselors and therapists*. San Francisco, CA: Jossey-Bass Inc.

Yasenik, L., & Gardner, K. (2012). *Play therapy dimensions model: A decision-making guide for integrative play Therapists*. London: Jessica Kingsley Publishers.

부록 A

몰입도: 치료자의 자기 사용(Self-use) 척도

몰입은 아동과 놀이치료 회기 동안에 당신이 자신을 사용하는 방법 및 정도와 관련이 있습니다. 다음의 척도를 사용하여 다음 요인에 대해 당신의 '몰입'을 평가하는 정도를 선에 표시하시기 바랍니다.

1. 자기(Self)의 언어적 사용

1. 1. 지금-여기 논의(개방적 논의 및 탐색)

회기 중 아동의 삶에 대해 언어적 논의에 참여한 정도 또는 아동과 놀이 외 활동에 관여한 정도는 어느 정도였습니까?

1	2	3	4	5
낮음		중간		높음
거의 전혀 없음. 놀이 활동에 머물고 아동의 주도를 따름		약간의 논의가 관찰되고, 보통 아동이 주도했음. 논의에는 학교와 활동, 가족 등에 대한 자발적인 정보가 포함됨		은유적 놀이 외에 회기의 상당 부분을 직접 토론에 할애함

아동의 반응: 당신이 '지금-여기 논의'를 사용한 효과를 평가해 주십시오.

☐ 낮음 (놀이가 종료되었다. 아동은 방어적 반응으로 전환되었다.)

☐ 중간 (아동이 놀이를 정교화했다. 즉, 언어화 그리고/또는 놀이 주제/행동을 추가했다.)

☐ 높음 (아동이 치료자가 촉진하는 언어 또는 행동을 통합/동일화함으로써 자기[Self] 또는 상황에 대한 인식이 더 높다는 것을 나타낸다.)

아동의 반응에 대한 당신의 평가를 지지하는 예를 제시해 주십시오.

1. 2. 반영 및 추적 반응(비지시적 반응/공동 촉진)

회기 중에 당신은 반영과 추적 반응을 어느 정도 사용하십니까? 추적은 내담자가 무엇을 하고 있는지 또는 놀이 대상이 무엇을 하고 있는지를 나타냅니다. 반영 반응은 "당신은 지금 행복해 보입니다."와 같이 치료자가 내담자가 경험하고 있다고 생각하는 것, 또는 캐릭터가 "저것은 매우 화가 났다."를 경험하는 것에 관한 추측이나 진술을 말합니다.

1	2	3	4	5
낮음		중간		높음
반영 및 추적 반응을 거의 또는 전혀 사용하지 않음		반영 및 추적 반응을 일부 사용함. 반영은 놀이에서 비언어적 행동을 포함함		주로 아이의 감정, 비언어적 행동, 놀이 행위, 언어적 내용의 놀이 순서 또는 은유와 관련된 문장을 반영하고 추적하는 데 사용됨

아동의 반응: 당신이 반영 및 추적 반응을 사용한 효과를 평가해 주십시오.

☐ 낮음 (놀이가 종료되었다. 아동은 방어적 반응으로 전환되거나, 아동이 반영 및 추적 반응의 사용에 짜증을 냈다.)

☐ 중간 (아동이 놀이를 정교화했다. 즉, 언어화 그리고/또는 놀이 주제/행동을 추가했다.)

☐ 높음 (아동이 치료자가 촉진하는 언어 또는 행동을 통합/동일화함으로써 자기[Self] 또는 상황에 대한 인식이 더 높다는 것을 나타낸다.)

아동의 반응에 대한 당신의 평가를 지지하는 예를 제시해 주십시오.

1. 3. 내용 재진술(비지시적 반응/공동 촉진)

회기 중에 당신은 의미나 해석을 덧붙이지 않고 아동이 한 말을 어느 정도까지 다른 말로 바꾸어 표현합니까? 아동은 치료에서 놀이 매체에 대해, 놀이 매체를 통해 직접 이야기합니다.

1	2	3	4	5
낮음		중간		높음
언어 내용의 재진술을 거의 또는 전혀 사용하지 않음		아동의 의견 후에 아동에게 행해진 재진술 또는 다른 말로 바꾸어 말하기를 약간/중간 정도 사용함		놀이 중 아동의 언어화에 관해 자주 재진술/다른 말로 바꾸어 말하기를 사용함

아동의 반응: 당신이 내용 재진술을 사용한 효과를 평가해 주십시오.

☐ 낮음 (놀이가 종료되었다. 아동은 방어적 반응으로 전환되거나, 아동이 반영 및 추적 반응의 사용에 짜증을 냈다.)

☐ 중간 (아동이 놀이를 정교화했다. 즉, 언어화 그리고/또는 놀이 주제/행동을 추가했다.)

☐ 높음 (아동이 치료자가 촉진하는 언어 또는 행동을 통합/동일화함으로써 자기[Self] 또는 상황에 대한 인식이 더 높다는 것을 나타낸다.)

아동의 반응에 대한 당신의 평가를 지지하는 예를 제시해 주십시오.

1. 4. 해석(적극적 활용)

회기 중에 당신은 해석 진술을 어느 정도 활용하십니까? 해석은 치료자가 (반복적인 놀이 주제와 놀이 시나리오를 관찰한 후) 하는 구두 의견입니다. 놀이와 아동의 생동감 있는 삶 사이의 연결고리를 의식적 인식으로 가져옴으로써 아동이 새로운 이해/의미를 개발할 수 있도록 놀이 재료를 활용하는 기능입니다. 해석의 유형은 다음과 같을 수 있습니다. 반영적 해석, 연결 해석 그리고/또는 브리핑 해석(Yasenik & Gardner, 2012) 등입니다.

1	2	3	4	5
낮음		중간		높음
해석을 전혀 사용하지 않음. 해석을 사용하기에 너무 빠름. 추적과 재진술이 사용됨. 여전히 가설을 만들고 있음. 아동이 준비되지 않았거나 높은 수준의 의식에서 일할 수 없음		해석의 일부/중간 정도 사용함. 첫 수준: 반영적 진술이 사용됨. 일부 부드러운 가설이 형성되어 관찰된 가설을 검정하는 데 문자를 사용함. 해석은 주로 놀이의 은유를 통해 이루어짐		하나 이상의 해석 진술(반영적, 연결 또는 브리핑)을 사용함. 놀이에 내재된 아동의 현재 또는 과거 경험은 치료자가 아동에게 하는 해석을 통해 더 높은 수준의 의식으로 끌어올려짐

아동의 반응: 당신이 해석을 사용한 효과를 평가해 주십시오.

☐ 낮음 (놀이가 종료되었다. 아동은 방어적 반응으로 전환되거나, 아동이 반영 및 추적 반응의 사용에 짜증을 냈다.)

☐ 중간 (아동이 놀이를 정교화했다. 즉, 언어화 그리고/또는 놀이 주제/행동을 추가했다.)

☐ 높음 (아동이 치료자가 촉진하는 언어 또는 행동을 통합/동일화함으로써 자기[Self] 또는 상황에 대한 인식이 더 높다는 것을 나타낸다.)

아동의 반응에 대한 당신의 평가를 지지하는 예를 제시해 주십시오.

2. 정서적 자기 사용

2. 1. 정서성(비지시적 반응/공동 촉진)

회기 중에 당신이 반영적 반응에 부여하거나 놀이 은유에 나오는 캐릭터나 캐릭터들에 정서나 정서적 의미를 넣은 정서적 강도는 어느 정도입니까? 만약 당신이 역할극을 하고 있다면 목소리 톤, 어조, 지속 시간, 소리의 크기, 얼굴 표정(치료자) 등 감정에 부여된 캐릭터와 관련된 감정 사용의 강도를 생각해 보십시오.

1	2	3	4	5
낮음		중간		높음
주로 아동을 관찰하고, 놀이에서 아동이나 캐릭터의 감정을 거의 반영하지 못함		약간/중간 수준의 정서적 강도가 사용되고, 아동의 정서적 표현을 보여 주는 한 개 이상의 캐릭터나 정서성에 집중함		정서성의 사용이 높음. 찰적 진술 또는 삽입된 정서적 의견이 주목됨. 자기(Self)의 전반적 사용은 몇 가지 수준에서 강력했고, 치료자가 주도하거나아동이 지시함

아동의 반응: 당신이 정서성을 사용한 효과를 평가해 주십시오.

☐ 낮음 (놀이가 종료되었다. 아동은 방어적 반응으로 전환되거나, 아동이 반영 및 추적 반응의 사용에 짜증을 냈다.)

☐ 중간 (아동이 놀이를 정교화했다. 즉, 언어화 그리고/또는 놀이 주제/행동을 추가했다.)

☐ 높음 (아동이 치료자가 촉진하는 언어 또는 행동을 통합/동일화함으로써 자기[Self] 또는 상황에 대한 인식이 더 높다는 것을 나타낸다.)

아동의 반응에 대한 당신의 평가를 지지하는 예를 제시해 주십시오.

2. 2. 정서성(모든 사분면)

회기 중에 당신은 정서적으로(감정적으로) 어느 정도 참여하셨습니까? 이것은 당신이 특정한 강렬한 감정을 느끼는 것이나, 당신이 스스로 정지하고 멍해지는 것이나, 일시적으로 내담자를 따라가는 것을 놓친 것을 알아채는 것을 포함할 수 있습니다. 당신은 개인적인 경험을 알게 되거나 개인적인 기억을 촉발할 수 있습니다.

1	2	3	4	5
낮음		중간		높음
특별히 감정적으로 관여한 것은 아니지만 감정이입을 계속했고, 중립적이지만 현재의 느낌이 뚜렷함		적당히 감정적으로 관련되어 있다고 느낌. 내담자 자료와 관련된 나만의 감정을 지니고 있다는 것을 알아차림		내담자의 증상이나 놀이 시나리오 그리고/또는 아동의 공개에 매우 감정적으로 관여하고 영향을 받았다고 느낌. 나는 회기 중 부분적으로 가득차거나 정지된 것을 느낌

나는 다음의 감정을 한 가지 이상 알게 되었다.

□ 분노

□ 슬픔

☐ 공포

☐ 혼란

☐ 기쁨

☐ 걱정

☐ 좌절

☐ 기타 ______________________________

아동의 반응: 당신의 정서적 자기를 사용한 효과를 평가해 주십시오.

☐ 낮음 (놀이가 종료되었다. 아동은 방어적 반응으로 전환되거나, 아동이 반영 및 추적 반응의 사용에 짜증을 냈다.)

☐ 중간 (아동이 놀이를 정교화했다. 즉, 언어화 그리고/또는 놀이 주제/행동을 추가했다.)

☐ 높음 (아동이 치료자가 촉진하는 언어 또는 행동을 통합/동일화함으로써 자기[Self] 또는 상황에 대한 인식이 더 높다는 것을 나타낸다.)

아동의 반응에 대한 당신의 평가를 지지하는 예를 제시해 주십시오.

3. 신체적 자기 사용

3. 1. 신체적 자기(모든 사분면)

회기 중에 당신은 신체적으로 어느 정도 참여하십니까? 신체적 자기는 놀이 활동에서의 신체적 움직임, 신체적 근접성 또는 접촉, 그리고 신체 에너지 수준을 포함합니다.

1	2	3	4	5
낮음		중간		높음
신체적 관여가 거의 없음. 주로 아동을 관찰하고 그 공간에서 아동을 따라다님		직접 요청을 받았을 때에만 신체적 놀이에 참여함. 적당한 접촉이 있는 신체적 놀이와 움직임이 있었음		놀이에 완전히 참여했음. 놀이 일부에서 신체적으로 접촉함. 치료 놀이와 같은 터칭 요법을 높게 고려할 수 있음

아동의 반응: 당신의 신체적 자기를 사용한 효과를 평가해 주십시오.

☐ 낮음 (놀이가 종료되었다. 아동은 방어적 반응으로 전환되거나, 아동이 반영 및 추적 반응의 사용에 짜증을 냈다.)

☐ 중간 (아동이 놀이를 정교화했다. 즉, 언어화 그리고/또는 놀이 주제/행동을 추가했다.)

☐ 높음 (아동이 치료자가 촉진하는 언어 또는 행동을 통합/동일화함으로써 자기[Self] 또는 상황에 대한 인식이 더 높다는 것을 나타낸다.)

아동의 반응에 대한 당신의 평가를 지지하는 예를 제시해 주십시오.

4. 자기 체계

4. 1. 체화(모든 사분면)

회기 중 아동이 있는 동안에 당신의 자기 체계에 대해 어느 정도 인지하셨습니까? 자기 체계는 다른 사람(아동)과의 관계에서 당신의 신체/에너지에 관한 인식을 포함합니다. 그것은 당신의 내적 존재 상태를 의식적으로 인식하는 능력입니다.

1	2	3	4	5
낮음		중간		높음
실체가 없음: 나는 대부분 인지적 공간에서 작동함. 나는 회기의 대부분 동안 나의 내적 존재 상태를 구체적으로 알지 못했음. 체화되는 것을 잃어버림. 나는 회기 중에 내 몸, 자기의 내적 상태 반응을 알지 못했음		자기 체계에 대한 중간 및 간헐적 인식. 그 과정에서 주체적 자기/대상으로서의 자기가 반영적이고 의식적인 방식으로 작동하는 지점이 있었음. 나는 회기에서 아동과 관련하여 나의 내적 경험을 확인할 수 있는 적어도 한 지점을 파악할 수 있었음		내 자기 체계를 잘 알고 있음. 나는 대상으로서의 자기와 주체적 자기가 서로 알리는 반영적 과정을 대부분 알고 있었음. 신체-마음 인식이 작동 중이었음

아동의 반응: 당신의 자기 체계에 관한 인식의 효과를 평가해 주십시오.

☐ 낮음 (놀이가 종료되었다. 아동이 방어적 반응으로 전환되거나, 당신이나 또는 놀이에서 분리되었다.)

☐ 중간 (아동이 놀이를 정교화했다. 즉, 언어화/감정 그리고/또는 놀이 주제/행동을 추가하고, 비언어적으로 연결하는 것처럼 보였다.)

☐ 높음 (아동은 비언어적 또는 언어적 방식으로 매우 연결된 것으로 보였다.)

아동의 반응에 대한 당신의 평가를 지지하는 예를 제시해 주십시오.

전체 몰입 점수 ☐ ______________________

☐ 8~16 (낮은 몰입) / ☐ 17~24 (중간 몰입) / ☐ 25~40 (높은 몰입)

5. 몰입 요약

5. 1. 언어적 자기 사용

지금-여기 논의	☐ 감소	☐ 증가	☐ 제대로 진행 중
반영 및 추적 반응	☐ 감소	☐ 증가	☐ 제대로 진행 중
내용 재진술	☐ 감소	☐ 증가	☐ 제대로 진행 중
해석	☐ 감소	☐ 증가	☐ 제대로 진행 중

5. 2. 정서적 자기 사용

정서성	□ 감소	□ 증가	□ 제대로 진행 중
정서적 자기	□ 감소	□ 증가	□ 제대로 진행 중

5. 3. 신체적 자기 사용

신체적 자기	□ 감소	□ 증가	□ 제대로 진행 중

5. 4. 자기 체계

체화	□ 감소	□ 증가	□ 제대로 진행 중

당신의 평가를 지지하는 근거를 제시해 주십시오.

참고문헌

Yasenik, L., & Gardner, K. (2012). *Play therapy dimensions model: A decision-making guide for integrative play therapists*. London: Jessica Kingsley Publishers.

부록 B

치료자의 자기 사용(Self-use)에 대한 슈퍼비전 양식: 다음 회기 계획을 위한 몰입도

당신이 몰입의 정도를 높이거나 낮추려고 계획하는 몰입의 각 영역에 대해 당신이 '자기 사용'을 변화시킬 방법을 설명하십시오.

1. 자기(Self)의 언어적 사용(Verval use of Self)

1. 1. 지금-여기 논의

____

____

____

____

1. 2. 반영 및 추적 반응

____

____

____

____

1. 3. 내용 재진술

1. 4. 해석

2. 정서적 자기 사용(Emotional use of Self)

2. 1. 정서성(Emotionality)

2. 2. 정서적 자기(Emotional Self)

3. 신체적 자기 사용(Physical use of Self)

3. 1. 신체적 자기

4. 자기 체계(Self-System)

4. 1. 체화 체험 놀이

사후 관리 슈퍼비전 날짜: ____________ 시간: ____________

슈퍼바이저: ____________ 슈퍼바이지: ____________

주제(주요 용어) 색인

편저자 소개

캐나다 앨버타주 캘거리에 위치한 로키 마운틴 놀이치료 연구소(Rocky Mountain Play Therapy Institute)의 공동 소장으로 활동하고 있다. 이 연구소는 1996년에 설립된 공인 교육 기관으로, 놀이치료 이론과 실천을 통합하는 체험 학습 기회를 제공한다.

Lorri Yasenik

공인 놀이치료자이자 앨버타 놀이치료 협회(Alberta Play Therapy Association)의 창립 멤버이며, 전임 이사회 구성원으로 활동했다. 그녀는 놀이치료, 아동 심리치료, 애착, 가정 폭력, 이혼 및 가족 조정 분야에서 국내외 학술 발표를 진행해 왔으며, 박사 연구 주제는 '법적 절차에서 아동의 목소리(The Voice of the Child in Legal Matters)'이다.

Ken Gardner

임상심리학자이자 공인 놀이치료 슈퍼바이저이며, 캐나다 아동 심리치료 및 놀이치료 협회(Canadian Association for Child Psychotherapy and Play Therapy)의 전임 이사회 구성원으로 활동했다. 24년 이상 임상 실무자로 활동하며, 특수교육이 필요한 유아를 가르친 경험을 바탕으로 초기 개입 서비스, 치료자, 학교, 사례 관리자 및 가족을 대상으로 자문을 제공하고 있다. 또한 놀이치료와 놀이 기반 개입과 관련된 다양한 주제로 국내외 학술 발표를 진행하고 있다.

역자 소개

김민정, Ph.D.

현 동명대학교 상담 · 임상심리학과 교수

- 이화여자대학교 문학박사
- 한국아동학회 아동상담 지도감독전문가 · 부모존경-자녀존중 부모교육협회 부모교육전문가 수련감독자
- 한국아동학회 자격관리위원장
- 인지발달중재학회 부회장

박예진, Ph.D.

현 (주) 한국아들러심리연구소 소장
(사) 한국아들러협회 회장

- 북미아들러학회 전문 수련관(Adlerian Diplomate by National American Society of Adlerian Psychology)
- 국제 공인 아들러 심리치료자(Certified Adlerian Therapist by International Association of International Psychology)

이운경, Ph.D.

현 이화여자대학교 아동학과 조교수

- 미국 Wisconsin-Madison 대학교 박사
- 이화여대 아동학과 박사후 연구원 및 연구교수
- 이화여대 아동가족 연구소 연구교수

놀이치료 과정에서의 자기 출현

유아동 트라우마 사례를 중심으로

Turning Points in Play Therapy and the Emergence of Self:

Applications of the Play Therapy Dimensions Model

2025년 7월 10일 1판 1쇄 인쇄
2025년 7월 15일 1판 1쇄 발행

엮은이 • Lorri Yasenik · Ken Gardner
옮긴이 • 김민정 · 박예진 · 이운경

펴낸이 • 김진환
펴낸곳 • (주)학지사
04031 서울특별시 마포구 양화로 15길 20 마인드월드빌딩
대표전화 • 02-330-5114 팩스 • 02-324-2345
등록번호 • 제313-2006-000265호

홈페이지 • http://www.hakjisa.co.kr
인스타그램 • https://www.instagram.com/hakjisabook

ISBN 978-89-997-3452-6 93180

정가 24,000원